“十三五”国家重点图书出版物出版规划项目

面向未来的交通出版工程·政策与规划系列

城市交通学导论

汪光焘　著

同济大学出版社
TONGJI UNIVERSITY PRESS

图书在版编目(CIP)数据

城市交通学导论/汪光焘著. --上海:同济大学出版社,2018.10

(面向未来的交通出版工程·政策与规划系列/汪光焘主编)

"十三五"国家重点图书出版物出版规划项目

ISBN 978-7-5608-7494-4

Ⅰ.①城…　Ⅱ.①汪…　Ⅲ.①城市交通　Ⅳ.①U12

中国版本图书馆CIP数据核字(2017)第288385号

面向未来的交通出版工程·政策与规划系列

上海市高校服务国家重大战略出版工程项目

城市交通学导论

汪光焘　著

出品人：华春荣

策　　划：高晓辉　陆克丽霞

责任编辑：高晓辉

助理编辑：宋　立

责任校对：徐春莲

装帧设计：陈益平

出版发行　同济大学出版社　www.tongjipress.com.cn

(上海市四平路1239号　邮编:200092　电话:021-65985622)

经　　销　全国各地新华书店、建筑书店、网络书店

排版制作　南京新翰博图文制作有限公司

印　　刷　上海安兴汇东纸业有限公司

开　　本　787mm×1092mm　1/16

印　　张　22

字　　数　549 000

版　　次　2018年10月第1版　2018年10月第1次印刷

书　　号　ISBN 978-7-5608-7494-4

定　　价　108.00元

内 容 介 绍

我国城市交通正在面临新变化和新挑战，为了深刻认识我们所面临的问题，梳理解决问题的思路，有必要对当代中国城市交通的问题结构进行深入的讨论。本书正是以此为出发点，结合作者多年来政府管理经验，汇集城市交通研究者的智慧，提出对于城市交通的系统观点。

本书可用作交通运输工程有关专业学生、研究人员、工程技术人员及行业管理者的专业参考书和相关课程的教学参考书。

作者介绍

汪光焘，现任国际欧亚科学院中国科学中心副主席，同济大学兼职教授、博导。曾任徐州市副市长、国家建设部城乡建设司司长、总工程师，哈尔滨市市委副书记、市长，北京市副市长，建设部部长，第十一届全国人大环境与资源保护委员会主任委员等职。已出版《中国城市规划理念：继承、发展、创新》《城乡建设可持续发展的理论与实践》《北京历史文化名城的保护与发展》《气象、环境与城市规划》《领导干部城乡规划建设知识读本》《城市交通与可持续发展》等专著，发表论文 20 余篇。主持“中国城市交通发展论坛”。

《面向未来的交通出版工程·政策与规划系列》编委会

总 序

PREFACE

伴随城镇化和机动化进程，交通的发展目标、关注问题和对策方法等也在发生着巨大的变化。未来的交通运输工程将是工程科学、人文科学等交叉学科融合发展又具有独立特色的领域，目前在这一领域中相关理论与技术正处于挑战、探索和机遇并存的重要发展阶段。

中国快速城镇化、机动化带来的前所未有的压力，由于受到资源和环境的制约，已经不可能单纯依靠交通基础设施建设来加以化解，需要构建适合中国国情的战略—政策—规划—建设有机融合的城市交通一体化对策理论体系；城市交通进入建设与管理并重的转型发展阶段，如何将社会管理与交通技术系统建设有机融合，通过理性供给和动态调控，引导城市交通模式进入可持续发展的轨道，是理论研究者、管理者和工程技术人员苦苦思考与探索的命题。

近年来相关技术领域的快速发展，促使交通领域中的许多技术概念正在发生巨大的变化。信息技术与控制技术的融合，促成了车联网的孕育与发展；对交通安全的社会关注，促进了车辆与交通技术设施两方面主动与被动安全技术的应用；“互联网＋服务”“互联网＋交通”催生了共享单车、分时租赁、网约车等新型交通服务模式；新型有轨电车、个人城市交通(PRT)等交通方式正在逐渐走进我们的生活；交通信息系统建设以及大数据理论的发展，为针对具有复杂适应特征的城市交通系统监测和战略调控创造了条件。

在此背景下，无论是交通工程研究者、工程技术人员还是行业管理者，都深感原有知识和经验面临挑战，需要重新认识我们所面对的问题，适应需求和技术环境变化，进行理论创新与技术变革。

《面向未来的交通出版工程》这套丛书正是为了适应这种需求而编纂。面对一个快速变化和发展的领域，本丛书采用滚动组织编写的方式，力求更快地反映出相关理论研究成果和实践经验。

在本丛书的出版选题中，强调如下三个基本原则。

(1) 适应发展阶段需求的理论针对性

我国交通进入转型发展的新阶段,对生态环境和城市人居环境的关注,要求在可持续发展理念指导下,研究绿色交通和新能源车辆推广的对策问题;在城市规划进入用地总量控制内涵式发展的背景下,需要正确处理土地再开发引发建成区交通需求增长与交通基础设施难以大规模扩展的矛盾;城镇化进入城市群发展阶段,要求从城市群视野整合综合交通体系,调整中心城交通模式,以适应功能布局的演化。

(2) 符合国际交通理论发展趋势的科学技术原创性

在交通网络流分析和交通行为分析等传统领域的研究日益深化;大数据和复杂性理论的交融对交通理论变革产生了重要的推动作用;城市规划理论关注点从"位空间"转向"流空间",地理学的关系转型和对空间中行为研究等方面提供了丰硕的成果借鉴。整个学科体系正在出现变革的趋势。

(3) 适合中国国情特点的实践探索性

城市交通战略、政策和规划并非单纯的技术问题,而是一种科学发展观和公共政策的体现。正因为如此,在特定管理制度架构下的实践探索,具有理论和技术研究所不可替代的作用。

中国交通的快速发展急切需要与之适应的理论与技术支持,中国交通的实践又为相关理论与技术的变革提供了成长的"土壤"。面对发展与变革,不必苛求体系的完美。研究和实践中的百花齐放,必然带来中国交通科学与技术领域的万紫千红。

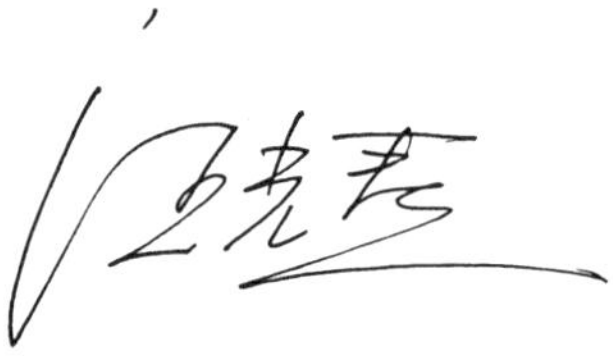

2016 年 4 月

前言
FOREWORD

伴随社会发展和技术进步，交通被赋予越来越深刻的内涵。特别是在城市交通领域，交通的研究对象已经从传统的技术系统，拓展为社会-技术系统。这促使城市交通逐渐从学科交叉走向交叉学科，城市交通学正在逐步形成独立的完整学科架构。

城市交通学强调采用多学科的思维和系统论方法来研究城市与交通的协调可持续发展问题，所研究的领域既包含了采用新视角和新理念重新审视城市交通规划、公交运行管理、交通网络构建等传统领域的问题，也包含了从传统社会管理走向社会治理过程中所面临的新问题，同时还将城市交通的空间研究范围从相对封闭的城市空间，扩展到都市圈、城市群范围。

城市交通学首先力图重新定义城市交通问题，资源和环境约束成为发展的重要前提，交通需求更加注重以人为本的本质属性，可持续发展的理念对于交通规划和管理的指导作用受到高度关注，交通政策在对策体系中的总纲地位需要强化，组织城市高效、安全、低耗运行的目标需要转化为对策体系中的各项具体管理指标，信息化的深刻影响正在被逐步认识。

对于城市交通所涉及的行为机理和系统演化机理，基于经济学原理的解释，以及引入心理学原理的发展阶段之后，社会学原理正在被逐步导入，一种复合机制的分析正在展现出更加合理的说明能力。

城市交通的载体是交通网络，城市交通对策的落脚点和作用效果也体现在交通网络之中。但是，城市交通学并不把交通网络作为一个孤立的研究对象，而是将其视为城市生命体的有机构成。也就是说，交通网络自身形态的演化，需要从城市的发展过程中加以认识；交通网络状态的变化，需要从城市空间活动和空间要素集聚过程中加以剖析；城市交通网络的效能，要从对城市经济、社会活动的影响角度加以评估。

城市交通学目前还不是一个成熟的学科，尽管中国城镇化过程对其产生了迫切的需求，但是从传统交通工程学科中破茧而出，还需要许多艰苦的研究工作和社会实践。因此，本书所讨论的内容，更多的是为了抛砖引玉，期待不同学科背景的研究者加入到城市交通学的队伍中，共同推进学科的创新。

编　者

2018 年 10 月

目 录
CONTENTS

1 绪 论

1.1 城市交通学的提出背景
1.2 城市群主体形态的几类交通初释
1.3 建立城市交通学的基本思考
1.4 城市交通学应当深入研究和关注的焦点
1.5 相关学科研究城市交通的视角和内容
1.6 多学科思维系统论方法的城市交通学

“城市交通学”是本书力图向各位读者介绍的一门新兴交叉学科，相比传统的交通运输工程（学科代码：0823），它更强调采用多学科的思维和系统论方法来研究城市与交通的协调可持续发展问题。

为让读者快速了解本书的核心思想并在后期阅读中逐步深入理解本书的主要内容，本综述进行如下组织：

首先，既然交通运输工程学科在我国的发展已有多年沉淀，并在一定的历史时期发挥了重大作用，且其二级学科（如“交通运输规划与管理”）中也涉及城市内部的交通规划与工程技术问题，为什么还要专门针对“城市交通学”进行大讨论？因此，综述中首先阐述了城市交通学提出的背景，并阐述了建立城市交通学的基本思考。

其次，从资源环境约束下的城市发展和城镇化发展、城市交通需求的再认识、可持续发展理念、城市交通政策等角度出发，介绍了相关学科、不同视角对城市交通的认识，并旗帜鲜明地提出城市交通学的内涵：服务于人的需求，组织城市交通高效、安全、低耗（低能耗低排放）与可持续运行。

最后，论述了城市交通学与城市科学及其范畴内其他学科的关系，并基于这一关系确定了城市交通学自身的研究对象（城市交通网络的构建和运行）、研究特征、研究方法和研究目标等。总而言之，以城市交通学的视角研究城市交通问题，既要注重工程技术，又要注重与政治、法律、经济、社会等学科的相关关系。

1.1 城市交通学的提出背景

(1) 当下，针对城市交通焦点问题（如交通拥堵、交通污染、交通安全等）的研究方法，往往跳不出“头痛医头，脚痛医脚”这一就事论事的思维方式去探寻问题并寻求对策，缺乏总体构思与全局统筹，往往治标不治本，不能积极有效地适应经济社会发展的要求。

(2) 城市规划偏重要素的布局研究，与制度建设和交通运行有机关联不足。尽管“公交都市”、交通引导开发（Transit Oriented Development, TOD）等理念早已应用于研究城市功能布局、引导土地集约利用，但由于政策法规的支持能力，以及交通网络高效运行的重要性在城市规划编制阶段未被给予足够的重视，加之土地、投融资等相关制度尚不完善，建成后运行的实际效果与最初的规划预期往往存在显著差距。

(3) 土木工程师们倾向于依赖工程建设措施或者局部地区的技术解决方案来研究应对城市交通问题，造成整体上的失衡。特别是以小汽车为服务对象，旧城改造大拆大建，强调大街区、宽马路的发展模式，不仅不能从根源上解决问题，反而使得形势更为恶化、矛盾更加尖锐。

(4) 大交通的从业者倾向以交通运输行业管理（铁路、公路、民航、水运等）的思维方式来研究城市交通，忽略法律、法规、政策、技术标准以及设施和服务的有机对接，往往导致技术方案和措施适用性差，以及政策导向的偏差，难以有效引导和支撑城市交通发展。

(5) 对公共交通的认识仍停留在解决交通拥堵、污染等问题，且多从交通集约运输视角出发探讨问题、从设施规模角度出发增加公共交通供给，而对促进城市发展模式转型认识远远不足，在适应公众需求和换乘便捷等要求方面还存在明显差距。

(6) 交通需求管理理论缺少全面系统的研究，社会学、经济学、人文学、环境学等学科的学者参与不够，政府部门、专家学者、社会公众认识差距较大，法律基础缺失。

(7) 当前，学界、政府、社会公众关注的交通问题多聚焦于城市范围内。与之形成对照的是，以人为本的新型城镇化发展背景下，城市群交通问题日益显现，矛盾也更加突出，而这一发展态势下若要实现跨区域的交通一体化整合，进而带动并服务于都市圈、城市群综合竞争力的提升，法律、法规、政策等问题的研究仍面临空白。

综上所述，我国经济社会发展已进入新常态，新型科学技术的发展创造了无限契机和诸多可能，中国城市交通问题的改善和解决，必须立足于理论方法创新，基于与国际、国内发展形势更加适配的全新理念，建立指导城市交通可持续发展的基础理论，用崭新的视角、系统论和多学科思维指导实践，开创城市交通发展的新篇章。

1.2 城市群主体形态的几类交通初释

(1) 中国的快速城镇化已进入了以城市群为主体形态的发展阶段，这一阶段内，深化以城市交通为核心对象的研究，不仅对于促进我国城镇化战略的落实和现实问题的有效破解尤为重要，而且也是世界各国在力求实现城市、城镇群可持续发展的努力中势必长期高度重视的研究方向。

(2) 各类交通问题的研究与探索，不应局限在工程技术范畴，多学科、系统论的思维十分必要，且研究有必要针对现实目的的效益开展。

(3) 对综合交通运输、城市群交通、都市圈交通、城市交通等几个重要概念的基本认识与关系浅析如下：

综合交通运输：是公路、铁路、航空、水运、管道五大系统的综合，是统筹国民经济运行的重要内容，在空间范畴上统筹全国所有行政区域，并因国家的对外交往诉求兼具与境外地区的交通衔接。

城市群交通：是城市和市镇密集地区的各类交通的综合，在空间范畴上关注的区域包括国家重点经济发展区域、对国家经济实力与国际竞争力有影响甚至对世界经济发展有影响的区域。其中，跨行政区域的交通问题是研究重点。

都市圈交通：是与超大、特大以及大城市的核心建成区发展有直接关联的跨城市行政区域的交通，主要体现在通勤交通的关联性上。由于城市财政制度、行政管理受行政边界制约这一体制框架与交通需求“同城化”特征之间存在矛盾，都市圈交通体系建设的关键恰是交通基础设施建设和服务运行机制对上述矛盾的适应性，甚至有机融合。

城市交通：是以行政区作为空间边界和基础的各类非机动化（如行人、自行车等）和机动化（如私家车、公共交通等）交通方式等的总称，城市交通服务的对象是城市行政区域范围内的全体居民（通常指常住人口）以及来城市活动的人员（通常指流动人口）。城市交通是城市社会经济发展水平、城市管理能力、城市文明程度等的最直接反映。

综上所述，上述各类交通概念涉及的交通工具、需求特征、服务功能等可能存在局部的重叠，但各自均有明确的边界，经济、法律、标准以及运动组织方式存在明显差异。以上述各类交通概念为对象开展研究，在尊重工程技术通用性、普适性的同时，更要关注研究对象各具特点这一现实背景下的个性化问题，以兼顾区别化对待和有机结合为原则，处理好城市交通与都市圈交通的关系，以及综合交通运输与城市群交通的关系。

1.3 建立城市交通学的基本思考

（1）城市交通问题研究经历了若干阶段，始于汽车产业诞生并蓬勃发展之后，旨在保障机动车使用，减少机动车交通安全事故的措施研究。伴随交通量的增加、各类交通问题的不断涌现，学界开始研究适应汽车运行的定性道路网规划、交通流运行规律理论等，其中《马丘比丘宪章》首次提出了城市规划中应重点采用大容量交通工具的交通规划。交通工程学的兴起，同时又对城市交通的工程建设和交通行为的管理产生重要推动作用，基于居民出行调查的定量交通规划理论和方法的研究开始起步。20 世纪 70 年代各类交通矛盾相继凸显，一方面设施建设跟不上需求发展，另一方面又必须考虑与外部环境之间的有机联系，研究重心转向交通（出行）需求管理、以停车管理控制车辆使用等措施的研究，学界、政府开始更加注重用经济政策、法律等来调控需求，事实上，既要重视工程技术又要重视政策法律的研究观点已基本形成雏形。当前，资源环境问题突出，加上技术进步和人们对自然规律认知的深化，转变城市发展模式已成为必然，无论是对交通需求的理解，还是对城市交通对策措施的探索，均需要从多学科、系统论的角度去研究思考。

（2）城市无序蔓延带来的资源环境问题已成为世界各国城市发展的共性问题，针对这些问题，20 世纪 70 年代城市管理者先后提出了“紧凑城市”和“新城市主义”，以及后来居上的“精明增长”等理念。国际经验表明，若想通过城市交通引导城市可持续发展，盲目扩大建成区域范围是一条不归路，如何从基础理论的角度出发，引导、提倡城市发展应当采取公共交通主导的紧凑集约方式而不是私人小汽车主导的无序蔓延方式，以集约化交通为主、个性化交通为辅的综合交通体系，进而引导城市的可持续发展和有机更新，是城市交通学研究的关键。

（3）城市发展是长期的历史和文化沉淀，交通工具的发展和更新是社会进步的必然结果。城市交通的目的在于服务于人的需求，除了“出行”这一派生需求以外，更须予以高度重视的是原生需求，包括就业、就医、就学、游憩娱乐，甚至包括移动互联网大发展背景下各类“足不出户”服务所派生的运输需求等，城市交通学恰恰要研究如何更好地服务上述提及的多样化的“人的需求”，让不同人群的合理诉求都能得到满足，体现社会公平，继承前人的文化传统，规划美好未来，促进可持续发展。

(4) 互联网已对传统研究方法产生了革命性影响，科技远不止于互联网，城市的延续和发展是人类文明的永恒主题，面对这一主题，城市交通领域的研究者、决策者、从业人员应承担起什么责任，历史和现实都对学科体系因时制宜的构建、基础理论的夯实与完善，以及城市交通研究团队的不断创新提出了新的要求。

(5) 现实城市的可持续运行这一目标的实现，依赖于城市交通网络的构建和运行。此处所言“城市交通网络”，并非传统意义上的道路网(设施)、公共交通网络(运营)等，而是以组织城市高效、可持续运营为目标，以城市居民生产、生活(包括出行)涉及的各项要素为基础，由城市功能布局、土地开发利用特征、交通基础设施格局、交通运行服务网络、信息化平台、城市与交通综合治理体系，以及涉及土地、财政、投融资、行业管理等方面的经济、政策、法律、制度共同构成的，城市与交通协同运行的网络。

1.4 城市交通学应当深入研究和关注的焦点

1. 资源环境约束下城市发展和城镇化发展

在总结发达国家二三百年城市化发展历程经验与教训的基础上，20 世纪 70 年代提出了城市要紧凑发展，提出了优先发展公共交通和交通需求管理等理念。我国经过近三十年的快速城镇化，已进入城市与都市圈、城市群协同发展阶段，应当注重资源节约和环境保护，转变城市发展模式；应当注重农村劳动力就地就近就业，统筹城乡发展。在这样一个发展时期，城市交通可持续发展面临理论和方法上的制约，亟待创新。这就是“城市交通学”应有的战略思维，也是涉及城镇化和城市发展的战略思维。

2. 城市交通需求的再认识

当代社会，人类生活方式不断多元化，技术手段日新月异，交通工具也在需求和技术的驱动下不断更迭，尤其是当今绿色发展的高要求和互联网科技的新发展，城市交通已经不只是基础设施的提供，而应在研究出行需求、出行方式的同时，更广义地从服务人的需求角度来研究城市交通问题，更重要的是体现城市的运行效益，并带动周边城乡发展。

城市交通应综合思考如何最有效服务于人的需求，即就业和生活需求，当然，还包括由于就业、生活所衍生的社会交往需求，交通是服务上述需求的最基本保障。就业需求本质是产业发展和就业岗位，包括相应的物流。生活需求是指衣食住行的基本生活需求和教育、医疗、休憩等社会服务需求，这是对城市交通服务需求定义进一步完善的重要背景。

3. 可持续发展理念

据统计，我国城市经济占国民经济的 70%以上，而且将继续提高。城市在有限的资源、能源、环境的共同约束下，结合交通需求的刚性（或脆性）特点，对交通需求进行管理和控制，推动绿色交通发展，自 20 世纪 70 年代以来已成为世界同行共识，在实践中绿色交通内涵也不断丰富。我们面临着世界气候变化、能源危机、粮食短缺等问题，绿色发展是破解发展瓶颈的必经之路。在坚持优先发展公共交通的进程中，更重要的是应当全面、系统地审视城市交通在推动绿色发展中的作用、地位，更有效组织城市社会和经济可持续发展，实现社会公平，也有利于运用科技进步促进城市交通改善。

4. 城市交通政策

研究城市交通既要注重工程技术，又要注重与法律、经济、财税等之间的关系，可称谓城市交通政策。城市交通政策是指导、约束和协调城市交通活动，引导城市交通网络构建和运行的总纲。城市交通政策是基于城市交通战略思维和规划的框架制定的，直接影响城市交通网络的构建和运行状况，必须统筹兼顾城市经济和社会的发展状况、资源环境的约束情况以及城市交通发展趋势，注重实施的可操作性和对解决现实问题的指导作用。城市交通政策是“城市交通学”的重点内容之一。

5. 组织城市高效、安全、低耗的运行

城市交通目标是服务于人的需求，组织城市可持续的运行，应当体现社会公平和可持续发展，保护和改善生态和人居环境。因此，研究城市交通网络的构建和运行是提高城市运行效益的关键。要在高效、安全、低耗三个层面整合统一：“高效”是指人流、物流的通达、有序，是基本要求；“安全”是保障流通过程中人、财、物的完好无损；“低耗”是从城市环境质量的角度要求降低交通的物耗、能耗和排放。这就迫切需要研究城市交通网络内系统间的融合，发挥系统自身功能和各系统要素在相关系统中的作用，强调系统的整体性，即亚里士多德所说的“整体大于部分之和”，这是“城市交通学”研究的目标和任务。

6. 信息化对城市交通的影响

随着互联网（特别是移动互联和电子商务）时代的到来，人的需求和交通行为发生了巨大改变，这一改变势必带来城市运行模式和效率的革命性变化。信息化发展，使定量研究交通特征、动态诊断交通问题成为可能，大数据和信息化作为改善城市交通运行的技术手段，推进了交通数学模型和交通流理论的研究与应用，为解决城市交通甚至城市发展问题提供了新的理念和方法。为用户提供出行决策的信息服务，对城市交通的作用和影响，将完全有可能超越基础设施建设。采用互联网、大数据、云计算等系列技术方法，将会突破原有的研究思维。科学技术的进步，为“城市交通学”的建立提供了新机遇。

1.5 相关学科研究城市交通的视角和内容

城市交通学是多学科的综合，融合相关学科的视角和内容，与其他学科既有交叉，又各有侧重。

(1) 城市学是从整体上研究城市产生、运行和发展的学科。发现和掌握城市发展和运行的规律,以便采取相应的调控措施,高效率地解决城市运行中的问题,促进城市按着人们预期的科学方向发展。

(2) 城市经济学主要研究城市内的经济活动,是用经济分析方法,分析、描述和预测城市现象与城市问题的学科。其研究重点为探讨城市重要经济活动的状况、彼此间的互动关系,以及城市与其他地区和国家的经济关系等。在交通方面,主要运用经济学规律分析交通需求与供给、交通成本、价格与服务、交通投资、效益与政策等。

(3) 城市社会学主要研究城市居民各类社会活动的形态及其对城市发展的影响,是以城市的区位、社会结构、社会组织、生活方式、社会心理、社会问题和社会发展规律等为主要研究对象的学科。在交通方面,主要运用社会学规律释疑交通问题,协调交通矛盾,促进城市交通与社会良性互动。

(4) 城市生态学主要研究人的活动与城市所处的环境,聚焦于城市居民、城市交通、城市生态环境之间的相互关系,是以城市空间范围内生命系统和环境系统之间联系为研究对象的学科。在交通方面,结合城市交通网络构建,建立城市生态廊道,是规划城市生态的重要方法,是解决当前城市建设活动造成的生态破碎化以及随之而来的众多环境污染问题的重要措施。

(5) 城市规划学主要研究城市未来的空间安排与布局的学科。城市规划主要从城市功能布局与土地使用来研究城市交通网络的基础设施情况,这一技术路径源于《雅典宪章》和《马丘比丘宪章》的交通观点。《雅典宪章》将城市交通作为城市的四大功能活动(居住、工作、游憩、交通)之一,就是"在区域规划基础上,按居住、工作、游憩进行分区及平衡后,建立三者联系的交通网"。《马丘比丘宪章》提出,城市运输中公共交通是城市发展规划和城市增长的基本要素,强调公共交通优先。这一理念一直延续至今并作为规划界研究城市交通的主要原则。在此基础上,通过城市规划区范围内交通的走向,结合环境资源约束,来协调和引导土地使用和城市功能布局,关注交通外部效应的影响及处理。城市规划是以发展眼光、科学论证、专家决策为前提,对城市经济结构、空间结构、社会结构发展进行规划,具有指导和规范城市建设的重要作用,是城市综合管理的前期工作,是城市管理的龙头。城市的复杂系统特性决定了城市规划是随城市发展与运行状况长期调整、不断修订,持续改进和完善的复杂的连续决策过程。在交通方面,主要从城市功能布局与城市土地使用来研究城市交通网络的基础设施问题。

(6) 城市地理学,曾经作为聚落地理学的一部分,是一门研究城市(镇)形成、发展、空间结构和分布规律的学科,它着重从空间观点研究个别城市或区域城镇体系的功能结构、层次结构和地域结构。在交通方面,该学科关注可达性,研究交通区位论、城市及交通网络组织演化、空间可达性等。一方面,从区域的视角研究区域城市交通系统的空间组织演化;另一方面,针对城市个体本身,研究城市交通内部组成部分的空间组织演化。

(7) 城市人口学主要研究人口对城市社会、经济、生态、交通等各方面的影响以及各类城市人口的适宜数量。

(8) 生态学是研究生物体与其周围环境(包括非生物环境和生物环境)相互关系的科学。城市交通引起的生态环境问题及对策是生态学领域学者的研究方向之一,包括:流动污染源的载体和污染物的排放规律、道路建设的资源消耗和回收、城市交通项目在规划建设和使用过程中的环境影响评价等。

(9) 管理学是系统研究管理活动的基本规律和一般方法的学科,该学科是为适应现代社会化大生产的需要而产生的,其目的在于:研究在现有的条件下,如何通过合理的组织和配置人、财、物等因素,提高生产力的水平。改变城市交通发展中"重工程、轻管理"的观念早已在管理学学者与交通学学者间达成了高度共识,城市交通信息化管理、城市交通安全管理的战略措施、城市交通需求管理、城市交通秩序管理、城市交通应急管理与保障的组织等是应当予以高度重视的研究方向。

(10) 信息学是以信息为研究对象,以计算机等技术为研究工具,扩展人类的信息功能为主要目标的一门综合性学科。有信息学领域的学者提出,信息技术的发展对城市交通的作用和影响将完全有可能超越基础设施建设,应推进数学模型和交通流理论的研究与应用。应综合考虑公众层面、企业层面、政府层面的不同诉求进行顶层设计,从城市整体运行的角度把握城市各交通方式系统特性,研究内容包括信息服务、需求诱导、实时监管等角度组织交通系统,关注城镇密集地区的交通保障,服务协同地区发展等。

(11) 法学,又称法律学、法律科学,是以法律、法律现象以及其规律性为研究内容的学科,它是研究与法相关问题的专门学问,是关于法律问题的知识和理论体系。城市交通是城市发展的基本元素,调整交通需求,应充分考虑不同社会利益群体的诉求,体现社会公平,引导可持续发展,法律是基本保障。

(12) 交通工程学是从道路工程学科中衍生出来的一门较年轻的学科,交通工程学将人、车、路、环境等综合在交通工程学这一统一体系中进行研究,包括:从城市居民出行需求的源头上引发的交通产生、分布、分配的分析;城市土地使用与交通系统规划(其中包括道路系统规划);交通车流分析与交通工程设计、道路设计;交通对环境影响与交通效益分析;交通运行分析与组织;交通管理与控制、交通安全分析、预防措施等。交通工程学主要涉及城市交通学实施的工程技术措施。

(13) 交通运输学是从管理的角度系统阐述交通运输的经济学原理与管理方法,以及运输方式与技术在实际中的应用学科。该学科往往从交通设施、交通工具的视角,或者从客货运组织视角出发开展研究,涉及公路、铁路、民航、内河航运、海运、管道运输的多个领域。与城市交通学的衔接,主要是对交通基础设施通过有效的运输组织实现系统服务目标。

1.6 多学科思维系统论方法的城市交通学

1. 城市交通学是城市科学的重要组成部分

城市是一种包含复杂物质要素、社会关系和活动内容的客体。钱学森先生强调："城市建设要有规划，要搞城市学的研究，都是说整体考虑的重要性。城市也是一个大系统，没有系统的整体考虑怎么行！"城市科学是以城市为研究对象的学科群体。城市交通学在其中承担的任务是，研究城市交通对城市肌理、结构、形态、组织、运行等的关联及影响。城市交通作为城市最基础、最关键的元素，与城市学科群中其他学科关系十分紧密。城市交通学是城市学的重要分支，受益并影响城市规划学、交通工程学、交通运输学、经济学、社会学、生态学、行政学等，并相对独立，具有交叉属性。

2. 城市交通学的研究目标

城市交通学的研究目标是服务于人的需求，组织城市可持续地高效、安全、低耗（低能耗低污染）运行，提出有战略的思维的交通政策，以及因地制宜的工程技术措施。

3. 城市交通学的研究对象

城市交通学的研究对象是城市交通网络的构建和运行，研究范围重点包括：

（1）城市内部交通研究的重点，是地面道路交通、快速路、公共交通、停车、物（货）流、交通秩序管理六个系统及其相互协调。

（2）城市对外交通研究的重点，是公路、铁路、航空、内河航运、海运、管道运输等交通运输系统与城市内部交通的衔接，即场站、交通枢纽等。

（3）城市群范围内的城际交通系统研究的重点，是适应城镇密集地区中心城市与周边地区紧密联系的都市圈交通。都市圈交通是超越行政边界的，要注重中心城市与周边中小城镇之间的衔接，其特点是同城化的通勤交通为主。

上述重点相互关联，体现了城市交通的整体性、综合性，其载体为城市交通网络，该网络由地面道路交通系统、快速路系统、公共交通系统、停车系统、物（货）流系统、交通秩序管理系统六大系统融合构成，并强化步行、自行车的组织衔接，处理好城市交通与对外交通枢纽和场站的交通衔接及疏散，处理好中心城市与都市圈范围内城镇区域的高效关联。

城市交通学研究对象是城市交通网络的构建和运行。应强调系统的整体性，应明确城市交通网络中各子系统的服务功能，促进各子系统的协调、融合，做到"整体大于部分之和"；应区分新、老城区内不同区域的运行组织模式。城市发展和有机更新，决定了城市交通网络的构建和运行是动态的，且构建与运行之间的关系是互动、互补的，城市交通网络的构建和运行的效益是实现城市可持续发展的关键。

4. 城市交通学的研究特征

城市交通学以服务功能和运行效率为主线。依据国家发展战略安排，结合当地资源和环境状况，遵循城镇化发展规律，按照交通需求管理的理论，注重运用工程技术措施完善工程设施的同时，注重法律、经济、财税等措施调控供求关系，制定和实施具有综合性、战略性特点的城市交通政策，保障和改善城市的运行效益。

5. 城市交通学的研究方法

城市交通学采用多学科思维、系统论方法研究城市交通，以战略的眼光，兼顾规划未来与解决现实问题。

（1）系统论的基本思想

将所研究的对象当作一个系统，分析系统的结构和功能，研究系统、要素、环境三者的相互关系和变动的规律性，并优化系统。强调整体与局部、局部与局部、整体与外部环境之间的有机联系，具有整体性、动态性和功能性三大基本特征。

（2）战略的眼光

城市交通是一个有机的系统整体，由各个具有不同功能的子系统构成，各子系统相互耦合、新系统与现有系统相互耦合，促进城市交通的协调发展。城市交通与城市交融协同发展，城市发展对城市交通发展提出更高要求，城市交通发展推动城市进步。

（3）数据信息为基础

城市交通学的调查方法包括问卷、访谈、实地调研，以及基于现代信息技术的数据采集等方式，新兴移动互联网的发展为数据信息在更大规模、更多角度、更高频次的采集方面开拓了新渠道。调查涉及人的需求，也涉及人、车、路与自然环境等综合交通系统中各个方面的资料，还包括经济、土地等其他相关资料。在应用交通模型预测出行需求、应用交通流理论模拟交通流量分布中，信息化水平亟待提升，大数据分析方法必将成为城市交通学的重要研究手段。

（4）工程学的实施技术

通过流量、速度、密度等技术指标考查交通量的一般规律；通过通行能力、延误、行程车速等评价指标，定量分析交通设计方案的服务功能与运行效益；通过交通设施设计保障城市交通网络安全、快捷运营；通过管理技术实现城市交通发展良性循环。

（5）经济、法律以及必要的行政措施保障

遵循市场规律制定技术措施和经济政策，法律、法规是提高公众意识和建立法律制度的保障，行政管理措施是依法保障公平公正的社会秩序。

综上所述，“城市交通学”的学科要素已经具备，形成学科的时机也已经成熟：①城市交通学研究主题明确，其相关议题广泛存在于各个学科体系之中；②城市交通学研究具有迫切现实需求和战略意义，城市发展与有机更新势必涉及城市交通，且城市交通拥堵、污染、安全等问题的解决势必是一个长期的过程；③城市交通学研究实践基础扎实，已拥有庞大的行业体系和研究队伍。

2 城市和城镇化

人类进步阶梯上的两大创造和工具：一个是文字，另一个是城市。

——刘易斯·芒福德

脱离城市演化过程，就很难理解城市交通发展；脱离城市发展目标，就很难确定城市交通发展目标；脱离城市发展战略，也很难确定城市交通发展战略。

2.1 城市与工业化

城市发展与工业化进程具有紧密关联，工业化奠定了城市发展的基础，也推动了城市演化进程。

2.1.1 城市的形成与发展

历史上最初的城市出现在距今五六千年前，主要分布在西亚流域南部、古埃及尼罗河下游三角洲、印度河流域和中国黄河流域等地区。在原始社会末期与奴隶社会初期，稳定的区域性的商业生产和商业交易，是城市得以产生的经济基础，是城市产生的根本内在动力。发生于新石器时代中期的第一次社会分工，农业从畜牧业中分离；发生于原始社会瓦解时期的第二次社会分工，实现了手工业与农业的分离；而发生于原始社会末期至奴隶社会末期的第三次社会分工，实现了商业从手工业中分离，产生了对城市的催化作用。

一般认为城市的发展经历了四个阶段，如表 2-1 所示。

表 2-1　城市发展的不同阶段与特征

阶段	时　期	时代背景	特　征
古代城市	原始公社解体到公元476年西罗马帝国灭亡	奴隶社会	城市规模小且数量少，主要成为行政、军事、手工业和宗教的中心，城市的政治统治功能突出，经济功能弱
中世纪城市	公元476年至1640年英国资产阶级革命爆发	封建社会	城市的范围分布更为广泛；城市成为商品市场和贸易中心，也成为文化中心；城市的功能日趋多样
近代城市	1640年至1917年俄国社会主义革命	资本主义社会	城市规模急剧扩张、数量急剧增加；城市成为机器大工业生产为基础的社会生产力中心，以及世界贸易和科学技术中心；城市成为社会意识形态剧烈冲突与各类文化汇集的区域；城市也成为各类环境问题和社会问题最为集中的地区
现代城市	1918年至今	经济全球化和互联网	城市成为人类主要聚集区；城市成为第三产业和高新技术的中心；城市成为世界经济联系网的基本节点；城市空间是区域形态的基本构成；城市生态在可持续发展中地位凸显

城市起源于商品交易和行政管理，最初形成的是剩余产品交换的商市，随后“日中而市”的交易场所被固定下来，与此同时，伴随私有制和阶级分化，形成具有防御性的

“城”，从而演化成为城市。

城市在工业化时代得以迅速发展，以工业革命为标志，近代城市进入快速发展的阶段。机器生产逐步取代手工劳动，极大地推动了社会经济的发展和技术的进步，也使城市发生了巨大变化。

工业带动了人口聚集。瓦特发明蒸汽机所带来的能源和动力的革命，使人们开始摆脱依赖风力、水力等自然能源的局面，使生产集中于城市，从而使加工工业迅速地在城市发展，并随之带动了商业和贸易的发展，城市人口迅速膨胀。工业化吸收了大量农业人口，使之转化为城市人口，城市扩展也吞并了周围的农业用地，失去土地的农民流入城市成为工人，加速了城市化进程。

工业促进了城市布局的变化。随着工业的进一步发展，产业的种类日益增多，工业需要大量原材料，产品要运输至外地，原料及产品均需要储运，就出现了城市仓储用地。城市人口聚集，生活水平的提高和需求的多样化，应运而生了许多新类型的商业以及工业建筑，经济活动的增加，金融机构的产生，城市中又出现商务贸易活动的地区。产业类型和城市职能的增加大大影响了城市功能布局[1]。

工业促进了城市生活质量的飞升。工业的发展、工业门类的增加、科技的进步、多种产业的协作、科技的交流，带来城市的聚集效益和规模效益。科技的发展，促进了市政工程及城市公用设施的发展；学校、剧院、娱乐设施的集中也使城市的文化生活水平不断提高。

进入经济全球化，以及其后的互联网时代，“流动”和“联系”在城市发展中成为重要的影响因素。基于 Castells[2] 的网络社会理论，城市体系包含“流通空间”(space of flows)和“场所空间”(space of places)。“流通空间”是指资本、信息、人员、物资等发展资源的流通形成城市之间的关联网络，“场所空间”是指城市作为关联网络的枢纽(hubs)或节点(nodes)。国际研究表明，城市关联网络的本质是城市之间的经济联系，而企业是城市关联网络的“作用者”(agents)，众多企业的区位策略(location strategy)界定了城市之间的关联网络(interlocking network)[3-4]。

2.1.2 交通与城市发展的互动关系

回顾城市与工业化的发展历程，可以从中清晰地看到交通发展与城市发展的紧密关联。在工业发展和科技进步的推动下，交通工具的升级换代进一步丰富了城市内涵，交通方式变革标识出不同城市发展阶段。为适应人类生产和生活的需要，城市交通呈现出相应的演化，并进而深刻影响了城市运行。

交通对城市形成具有很强的促进作用，过境交通促进了人与物的流通与集聚，进而在适当条件下在交通沿线形成城市。可以说对外交通是城市交通的最初形态，随着城市功能完善和规模扩大，城市内部交通也随之形成并发展。

从最初轮船、火车的出现，并成为城市对外交通运输的主要工具，铁路及车站、码头均有着自己的用地选址要求，大大改变了城市结构布局。同时也因交通区位在更大范围乃至全球经济体系中的独特地位，形成了具有代表性的港口贸易城市、交通枢纽城市等。

国内外的许多城市发展历程，都显示出交通对城市和产业发展的促进作用。

今天的伦敦是功能齐全的综合性世界城市，贸易、金融、保险等业务在世界上占有重要地位，并有“金融城”“贸易之都”之称。而正是18世纪工业革命使伦敦得到了迅速发展，到18世纪末，伦敦人口已超过100万，成为当时的世界大城市和英国最大贸易城市。

在这一发展过程中，港口发挥了至关重要的作用。凭借特定的地理和历史条件，伦敦是世界上最早出现的国际航运中心城市。泰晤士河口是不列颠群岛通向欧洲大陆的最短航线的起点，位居大西洋航道的要冲，是连接西欧与北美洲的桥梁。18世纪末以后的100多年间，整个英国拥有世界上最大的商船队，控制世界海上贸易。同时，以伦敦为中心城市的英格兰中部大城市带开始崛起，为伦敦发展成为国际航运中心提供了可靠的腹地货运保障。

伦敦成为全球国际商业和贸易中心、国际金融中心，进一步带动了海运、金融、保险服务的发展，成为国际运输枢纽与欧洲的门户。伦敦港是“伯明翰—巴黎—鲁尔工业区”这一经济发达地带中最大的港口。在18世纪时，伦敦港货运量曾经高达英国对外贸易货运量的3/4，现在仍占据约1/4。在陆路，国内主要交通干线均以此为起点，由铁路和公路通往全国各大城市。伦敦有全国最大的机械工业，主要工业部门有机电、电子、汽车制造、精密仪器、飞机、船舶制造、印刷和纺织工业等。这些工业主要分布在城市东部的泰晤士河下游两岸，紧靠港口区，交通运输和工业生产用水十分便利。

中国高速铁路建设则是改变城市格局的另一个典型案例。在2004—2014年的10年间，中国高速铁路实现了跨越式发展。1949—2002年的53年间，我国铁路营运里程共增长5万公里；而2004—2014年的短短10年间，全国铁路营运里程就突破了11.2万公里，增长近4万公里[5]。至2016年年底，中国铁路营运里程达到12.4万公里，其中高速铁路营运里程2.2万公里，位居世界第一，标志着中国进入了高铁时代。

高速铁路具有比较优势的辐射区域(100～750 km)，给沿线城市带来人口、知识、技术的高速流动性，高速铁路覆盖城市的铁路枢纽地位得到显著提升。高速铁路网络的建设，以及运行图的多次调整，意味着铁路资源在各级城镇中的重新配置，促进了沿线城市资源的重新评估、定位和布局，铁路枢纽地位随之变化[6]。

通过度中心性指标可以对不同城市铁路枢纽地位进行测度。度中心性是“某节点与网络中其他节点直接相连的个数”，城市经停的车次数目越多，列车开行频次越高，度中心性越高[7]。从2007年、2011年、2014年三个时间节点的度中心性情况可以看出，近10年来高速铁路的运营，对设站城市的枢纽度中心性有极大提升(图2-1)。

2007年，京沪、京广、陇海、京哈通道沿线城市度中心性较高，其中，北京、郑州作为两条以上轴线的交汇点，地位尤为突出。2011年，京沪高铁、武广高铁、甬台温铁路通

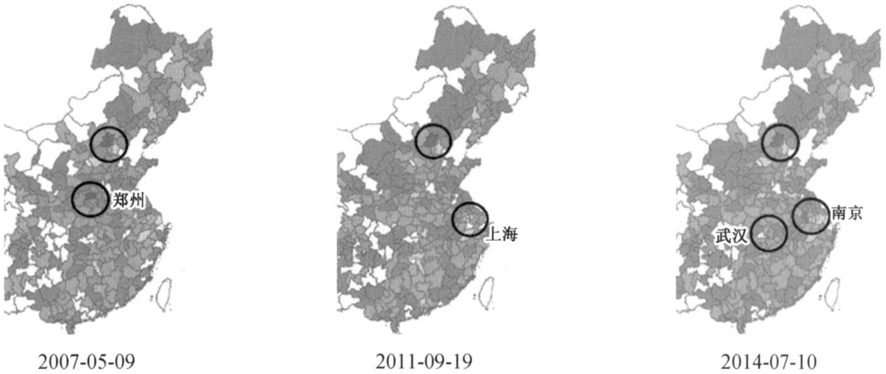

图 2-1 中国东部地区铁路枢纽城市中心度分析

车，沿线城市度中心性提升显著。至 2014 年，京广高铁贯通，沪汉蓉高速铁路通车，武汉成为纵横高铁干线的交汇点，度中心性大幅提升。

以被誉为“火车拉来的城市”郑州为例，得益于其独特的地理位置，其城市发展与铁路交通具有密切的联系。清朝末年，平（京）汉和陇海两条铁路选择在郑县（即郑州）交汇。伴随交通便利而来的，是全国各种商贸物品在郑州集聚，商业贸易十分繁荣。时至 1920 年，河南省议会通过了在郑县设立商埠的议案。1923 年 3 月，北洋政府正式下文将郑州开辟为商埠，在郑州设立商埠督办公署，这也奠定了郑州市全国商贸中心城市的基础。

然而今日的郑州，受到高铁资源重组等多方面的影响，枢纽地位也日益受到威胁。面对挑战，郑州采取的开行郑欧国际铁路货运班列、打造航空枢纽等一系列举措，正是试图利用其完善的铁路枢纽体系，通过航空、高铁努力巩固和提升郑州大枢纽的地位。这种努力吸引了 UPS、富士康、国泰、辛克、乔达等国内外航空物流和货运代理企业入驻郑州，全面展开空空中转、陆空联运等业务，反映出相应的成效。

城市内部交通支撑和影响着城市内部人的各项活动和货物的流动组织，伴随交通方式的进步，城市运行模式也发生着巨大变化。

第二次世界大战以后，大量军事工业转向民用，推动了汽车、航空工业的发展。汽车作为个体化的交通方式，成为居民工作、居住、休闲娱乐的重要交通工具，大大提高了人的流动性，人们日常生活的范围也随之扩大，对城市发展产生了深远影响。英国在工业革命之前，人们通常都住在劳动的地方，房屋下面是工场，上面住人，居住和劳动场所区分不清楚。在 19 世纪，劳动的场所逐渐扩大，工场的重要性也日益增加，建起了大的工业区，劳动的地方逐渐与生活和居住的地方分开。

不同城市的规模和形态也可以显著看出交通方式所引发的差别。

洛杉矶的生活方式是由它的高速路（Freeway）决定的。20 世纪 30～40 年代是美国城市基础设施建设高峰期。大规模推行援助公路建设的政策，促使公路网尤其高速公路网迅速形成。在 1921—1983 年期间，美国用于公路建设的费用高达 5 000 亿美元。

被称为小汽车王国的洛杉矶在这一阶段建成了70%以上的高速公路和漫山遍野的停车场，形成低密度蔓延的城市空间形态。

伦敦的生活方式则是由19世纪建造的铁路和地铁所促成。英国的工业化进程早，在大量机动车出现以前，大片地区的城市化条件便已具备，使得伦敦发展到饱和状态。铁路的发明使伦敦向外扩展的路径非常独特。铁路和地铁向乡村四面八方伸展，使首都周围的郊区和卧城得以建设和发展。伦敦没有其他交通工具与铁路竞争，因此是否能方便到达火车站是决定一个地区地价和建筑密度的主要因素。铁路使市中心容纳的工作人员数大大增加，工作人员所需要的空间面积减小。由于市中心虽然地位优越，但住房租金高，迫使大批居民迁往交通方便的郊区或城镇居住。接着市中心范围扩大到把12个铁路终点站，形成一个环，一些住房改成事务所，市中心的工作岗位数增加到140万，而市中心的居民数量却降到20万。

2.1.3 工业时代出现的城市交通问题

城市化与交通机动化联动发展的同时，也带来了城市交通问题：城市交通需求总量急剧增长，供需矛盾日益尖锐，汽车交通的盲目发展，造成了城市交通拥堵，增加了交通污染。随着城市规模的不断扩大，人口岗位集聚，现代化的交通正朝着综合一体的方向发展，充分发挥各类运输方式的长处，将轨道交通与城市交通、公共交通与个体交通、机动化交通和非机动化交通紧密协调，更为方便地组织人和货物的流动。

工业革命不仅推动城市以超过以往的速度快速发展，而且使城市化以一种不可遏制的势头在全球展开。伴随技术进步的交通工具更新，在推动城市进步的同时，也造成交通事故多发，对以步行和自行车这类方式活动的人产生负面影响，产生了噪声、尾气等环境问题，以及能源过度使用、停车大量占用空间等资源浪费等一系列后果。

交通问题是城市经济高速发展伴生的普遍现象，作为一种社会现象，它的出现与升级和经济、人口、产业、空间等因素的联系非常紧密。纽约、伦敦和巴黎、东京、首尔等国际大都市先后于20世纪40年代、60年代、70年代和90年代经历了严重的交通拥堵。众多国家、城市的发展经验表明，在以小汽车为代表的机动化时代，城市在经济腾飞、生产生活活跃的阶段，均难以避免经历严重的交通拥堵。

2.2 中心城市都市圈的形成

2.2.1 都市圈的形成

都市圈的概念，起源于20世纪前中期。美国学者在1930—1970年期间提出和使用了“大都市地区”“标准大都市区统计区”等概念；日本于1953年提出“日本标准城市地区”的概念。日本行政管理厅采用了量化指标定义“都市圈”：中心城市为中央指定市，或人口规模在100万以上的城市，并且外围人口有50万以上的城市；外围地区到中心城市的通勤人口不低于本身人口的 15%，大都市圈之间的货物运输量不超过总运输量的 25%。

一般来说，都市圈的定义考虑了三个要素的影响：①以一个中心城市为核心，覆盖相邻城镇的高度城市化地区；②城市之间存在紧密的社会、经济联系；③跨行政区划的通勤出行组织。

都市圈的形成标志着城市化水平达到一定高度，是城市功能区域化组织、职住分离诱发通勤的跨行政区划分布的结果。由于受到核心城市功能外溢、产业转移以及区域交通时空改变等因素的影响，核心城市与外围居住新城、产业新城，以及两个相邻中心城市间，均可能形成都市圈。都市圈的形成有两个关键要素：

(1) 集聚力：中心城市公共资源丰富，就业岗位集中，吸引人口快速集聚，产业规模效应进一步强化就业岗位在中心城区的集聚。

(2) 差异性：中心区与外围地区，以及相邻城市间在土地价格、公共服务等方面存在巨大差异，促使人口和部分产业在空间分布上突破城市区划的边界，形成中心城市的功能外溢，并体现为居住和就业大尺度的空间分离与通勤交通的区域化组织。

都市圈在不同国家的出现，都有一个共同的发展特征——处于经济增长和快速城市化的时期，国家城市化水平达到 50%左右(都市圈中心城市达到 70%左右)。城镇化率达到 50%左右的时期，往往既是城镇化的快速发展期，也是城市矛盾凸显和城市病集中爆发阶段(图 2-2)，包括房地产价格快速上涨、环境污染、交通拥堵以及由此带来的城市运行效率下降、竞争力减弱等问题。因此，都市圈的出现，也是城市管理和交通组织模式转变的重要节点。

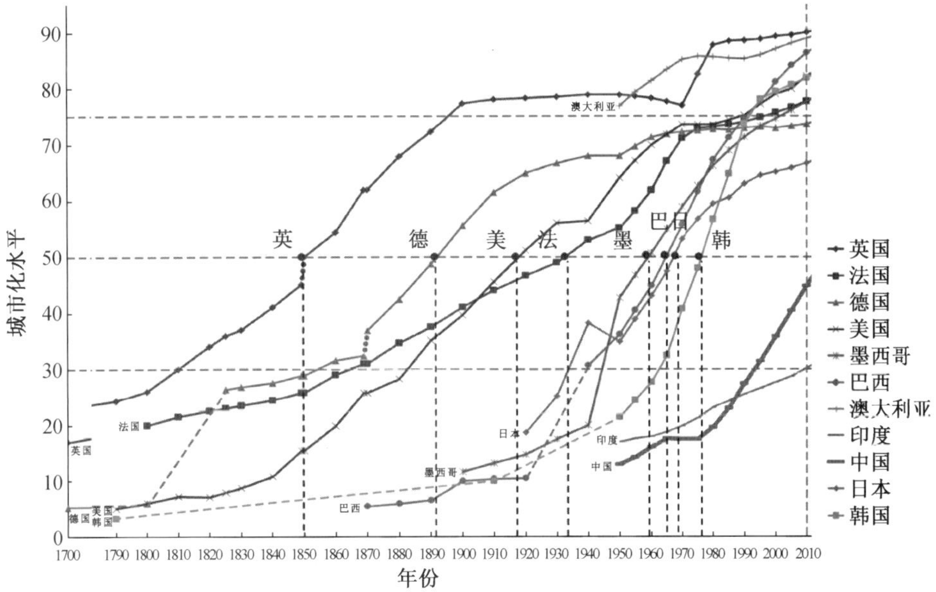

图 2-2　1700—2010 年主要国家城市化率增长[8]

日本东京大都市圈形成于 20 世纪 60 年代末期。在第 2 次首都圈基本规划(1968 年)中废止了近郊地带概念,首都圈区域被扩大为 1 都 7 县;在第 3 次首都圈基本规划(1976 年)中既成市街区和近郊整备地带相结合表示为"东京大都市地域"的圈域概念(图 2-3)[9]。

图 2-3　第 3 次东京首都圈基本规划

韩国首尔大都市圈形成于 20 世纪 70 年代末期,1982 年颁布的《首都圈整备规划法》确定了这一区域的边界,包括首尔特别市、仁川广域市和京畿道地区(图 2-4)。

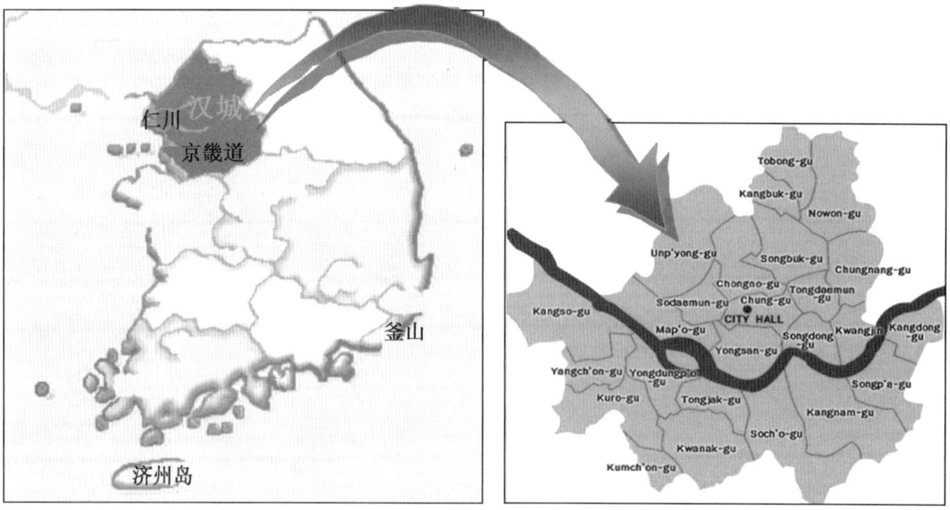

图 2-4　首尔首都圈位置示意(2009 年)

2.2.2 都市圈空间结构的演化

伴随城市化进程和产业结构演变，都市圈的空间结构也处于一个演化过程之中。

以日本东京为例，其城市本身的规划起步于 1889 年提高城市防卫的设计，在经历了发展起步期（1889—1892 年）、缓慢发展期（1892—1957 年）、恢复发展期（1958—1968 年）和高度发展期（1968 年至今），东京地区成为近代工业发展最快的地区，由一个单纯的政治中心转变为了政治中心、工业中心与经济中心三位一体的集合型大城市，并在第二次世界大战时期初步形成以东京、横滨为轴线的东京都市圈。

战后伴随日本经济的迅速发展，农村人口向城市进行了大规模迁移，东京圈成为主要的人口流入地。由此引发了一系列城市问题，令日本政府开始关注都市圈的空间结构。1956 年日本制定了《首都圈整备法》，将东京都、神奈川县、千叶县、埼玉县、茨城县、枥木县、群马县、山梨县界定为首都圈范围。

第一次首都圈规划始于 1959 年，设想在建成区外围设置 5～10 km 宽度的绿化带，并在其外围布置卫星城，试图以此控制建设用地沿建成区向外无序蔓延扩展；1968 年实施的第二次首都圈规划，则提出将东京作为日本经济高速成长的管理中枢，并实施围绕相应功能的城市改造；1976 年出台的第三次首都圈规划，基于对“单极依存结构”城市空间模式的反思和大城市增长极限的认识，提出了在首都圈分散中枢管理功能，建立区域多中心城市的“分散—互联”结构；1986 年制定的第四次首都圈规划，基本延续了第三次首都圈规划思想，对外围核心城进行了适当调整，并提出进一步强化中心区的国际金融职能和高层次中枢管理职能的构想；1999 年制定的第五次首都圈规划，再次强调了建立区域多中心城市“分散—互联”结构的空间模式（图 2-5）。

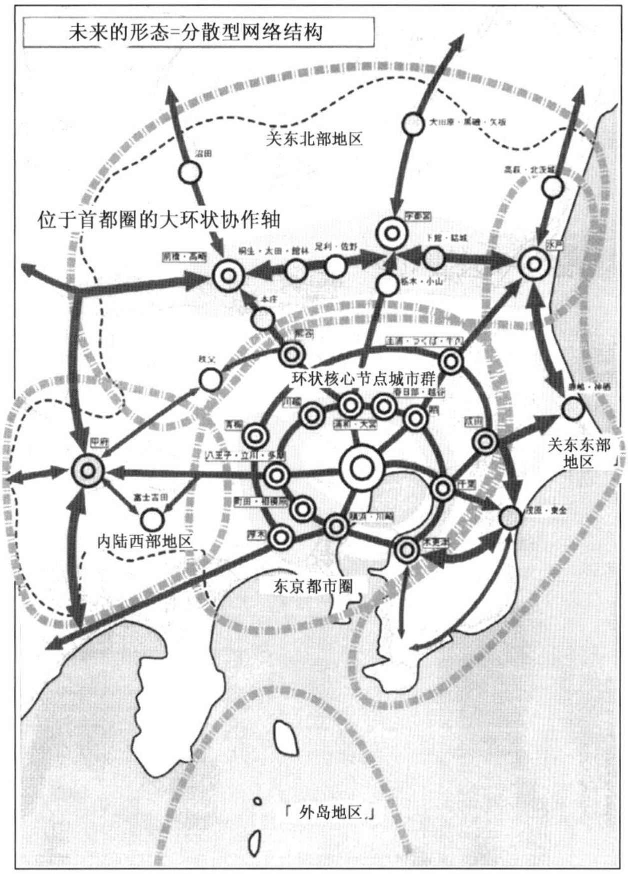

图 2-5 日本第五次首都圈整备规划空间结构示意图

东京通过推行“首都职能再配置”政策，先后将外围

22个城市设定为业务核心都市，希望培育业务核心都市的行政、业务、金融、信息服务及会议培训等中枢职能，在外围打造多个功能复合型城市，带动都市圈外围发展形成相对独立的小型都市圈，如图2-5所示。通过该计划的实施，各业务核心都市根据自身基础和特色逐渐承担不同职能，使得都市圈在一定程度上形成区域职能分工体系，其具体分工如表2-2所示。

表2-2　　东京都市圈各区域职能分工体系

区域	业务核心都市	职能分工
东京区部	23区	政治、经济、金融、商业、商务、服务、国贸、信息、科技、交通、文化、教育、居住、旅游
东京多摩部	八王子、立川、青梅、町田、多摩	商业、科技、教育、研发、居住
神奈川县	横滨、川崎、厚木、相模原	渔业、工业、商业、商务、服务、国贸、科技、教育、研发、居住、旅游、军事
埼玉县	大宫、浦和、川越、熊谷、春日部、越谷	行政、农业、工业、商业、服务、居住、旅游
千叶县	千叶、成田、柏、木更津	农业、渔业、工业、商务、国贸、居住、国际空港、旅游
茨城南部	土浦、牛久、筑波	教育、研发、旅游、会展

东京都市圈就业岗位与就业人口的集聚分布特征呈现较大差异，就业岗位聚集程度明显高于人口聚集程度(图2-6)。人口主要分布东京区部及周边地区的主要城市，呈大饼状铺开；而就业岗位仅集中在京滨工业带以及仅靠区部的千叶滨海区域和埼玉南部区域。就业岗位与就业人口密度差值清晰反映了东京都市圈就业形态，东京都心及副都心所在各区差值较大，形成“岗位人口差值高地”，大量就业岗位需要外围就业人口填补；距东京站10～30 km，就业岗位密度明显小于就业人口密度，形成“岗位人口差值洼地”，对照就业岗位密度图可以看到，该范围虽然也分布一定规模的就业岗位，但居住

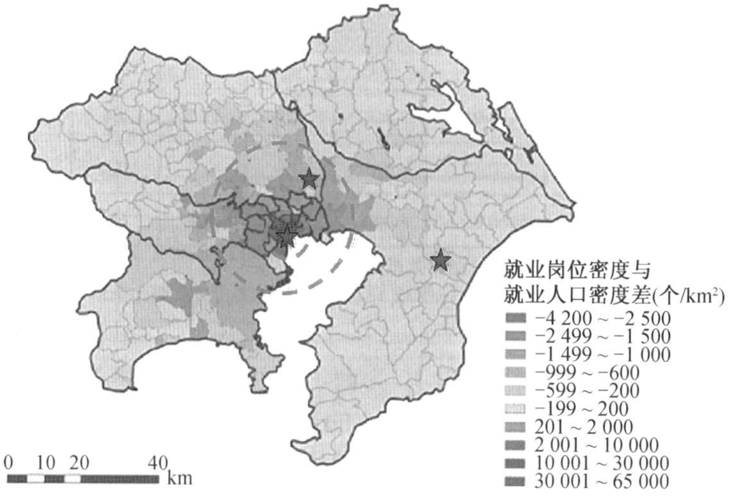

图2-6　东京都市圈“岗位—就业人口”密度差值分布

功能更为强大；30～50 km 范围就业岗位密度也低于人口密度，但不如 10～30 km 范围内明显，该现象表明在这一区域内，有部分就业人口前往都心、副都心及业务核心都市就业，但受距离因素影响，其比例明显下降；50 km 以外地区由于就业岗位及人口差值较低，职住基本处于平衡状态。

东京都范围内，区部开发强度较大，尤其以都心三区及副都心三区的区部核心，其开发强度远高于其他区域。整个都市圈建筑景观特征基本呈现都心和副都心等商务中心高楼林立，而其他大部分地区多被低层建筑覆盖的特征。

东京都市圈的地价分布基本与其开发强度一致，即由中心向外围逐渐降低(图 2-7)。其中，都心和副都心处于地价的最高水平，区域内基础设施完善、交通发达，是营利性高的商业和高端服务业的聚集中心。都市圈外围地价相对较低，但交通便利性及基础设施完善程度相对也较低，人们根据自己的经济承受能力和对交通基础设施的要求选择合适的居住地。神奈川县的横滨和川崎、多摩地区的立川、埼玉县的浦和、大宫作为区域中心，聚集了一定程度的商业和居住功能，其地价水平较周边区域高。此外，轨道交通对地价影响程度较大，都市圈外围区域轨道沿线土地价格明显高于其他区域。

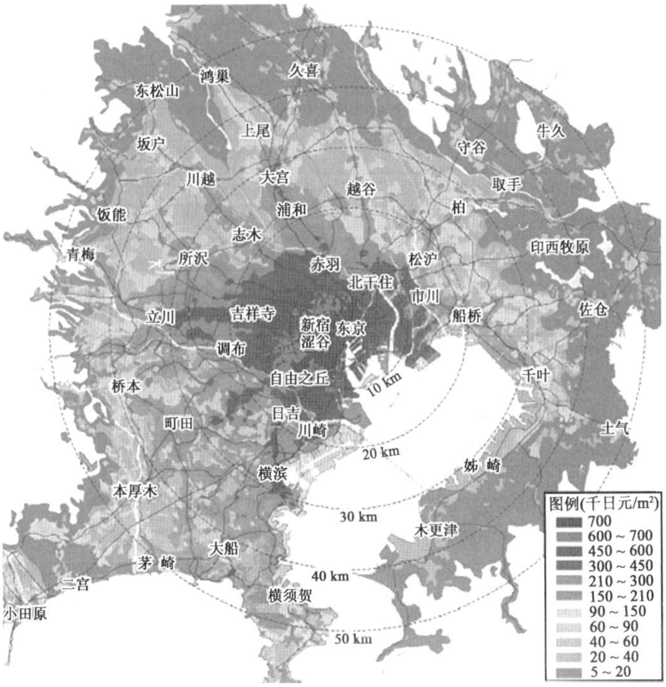

图 2-7　东京都市圈地价分布

2.2.3 都市圈与城市、城市群的区别

都市圈和城市(狭义)同为城市化地区，二者的区别在于：城市是行政区划体系下分级管理和资源配置的行政单元，其范围由行政管理者划定；都市圈是城市化地区居

民活动的自然地域概念，都市圈的范围是动态的，基于对社会经济联系及人的活动空间的识别（主要基于通勤交通）而确定。都市圈是城市活动突破行政边界的外延区域。

城市群是指“在特定的地域范围内具有相当数量的不同性质、类型和等级规模的城市，在一定的自然环境条件下，以一个或两个超大或特大城市作为地区经济中心，共同构成的一个相对完整的城市‘集合体’”[10]。都市圈和城市群的共同点在于：在空间上具有临近性，在发展上具有相关性的两个或两个以上城市形成的区域。二者的区别在于，都市圈的不同城市之间具有较强的依赖性，跨界联系中每日通勤出行比例较高，以中心城市为中心的向心交通分布特征较为突出；城市群的不同城市相对独立，跨界联系是以商务出行以及休闲、购物等目的为主的城际交通，交通分布网络化。城市群可以是多个都市圈的集群。

2.3 城市群与国家竞争力

2.3.1 城市体系内在联系结构

城市发展的动力并非来自其内部，而在于为其他城市和地区提供产品与服务。因此，对城市的研究不能孤立进行，而需要在城市的联系网络背景下加以展开。

霍尔等[11]在研究欧洲多中心城市区域时，总结了 20 世纪 80 年代后的四方面重要研究：弗里德曼（Friedmann J）[12-13]、萨森（Sassen S）[14]等人对世界城市等级体系研究；泰勒（Taylor P）提出的世界城市网络的概念[15-17]；斯科特（Scott A）对全球城市—区域的重新审视[18]；卡斯特尔（Castells M）在其著作《网络社会的崛起》中所提出的“流动空间”概念[19]。

弗里德曼（1986）在《世界城市假说》（*The World City Hypothesis*）中提出了有关世界城市的观点，从新的国际劳动分工视角，来研究世界城市的等级层次结构布局。在继承既有的“核心—半边缘—边缘”世界区域思想的基础上，进一步考虑工业化的发展阶段差异，提出了将世界城市分为了“核心首位—半边缘首位—核心次位—半边缘次位”四个层级的构想。该理论从资本配置、全球控制力、人口迁移、空间和阶级的两极分化等几个方面总结了世界城市的主要特点，认为集中了控制和指挥世界经济的各种战略性功能的世界城市，成为全球经济系统的中枢或组织节点。

萨森于 1991 年正式提出的“全球城市”，与弗里德曼的“世界城市”概念具有某种类似性。基于对跨国公司与高端生产性服务业区位集中的研究，将全球城市定义为能为跨国公司经济运营管理提供优质服务和通信设施的场所，是跨国公司总部的聚集地，并提出全球城市具有四个基本特征：①高度集中化的世界经济控制中心；②金融及高端生产性服务业的主要所在地；③创新生产等主导产业的生产场所；④产品和创新市场所在地等。

在弗里德曼、萨森等人研究的基础上，英国学者泰勒等基于卡斯特尔流动空间理论进一步指出“城市不可能在仅与其腹地互动的前提下取得成功，城市应该是一种进程，它们彼此联系，形成群体，进而形成网络”，应该基于“城市关系”来理解城市，将城市网络作为研究当前城市体系的重点。泰勒等研究者将城市与企业看作是一种二模网络关系，认为在同一总部下设有分支机构的城市之间均有联系，并据此构建了城市连锁网络模型（interlocking network model）。他们所提出的将网络/城市关系的视角拓展成为一种研究城市和区域的方法，成为定量解释和描述城市网络的特征的有力分析工具。

斯科特则在霍尔、弗里德曼等所提出的“世界城市”，以及萨森所提出的“全球城市”等概念基础上进一步拓展，提出了“全球城市—区域（global city region）”概念。相比以往的城市以及因“地域邻近”而形成城市群概念，“全球城市—区域”特指在全球化高度发展的背景下，以经济联系为基础，由全球城市及其腹地内经济实力较强的大中城市相互联系而呈现出的一种全新空间现象，表征了为了应对日益激烈的全球竞争，核心城市与腹地区域内城市联合发展的一种空间形态。与全球城市聚焦于对全球/区域的控制力和生产性服务业功能不同，“全球城市—区域”将关注点扩展为生产网络中包括研发、生产、营销等的全部价值链环节。不同的价值链环节在“镶嵌”地方后，由于其自身的组织特征必然会呈现出不同的空间形态和结构，由此形成的“全球城市—区域”空间系统是由全球化和地方化共同作用而形成。

美国当代学者卡斯特尔于 1989 年首次提出，并于 1996 年在《网络社会的崛起》中进一步加以明确和解释的“流动空间（space of flows）”概念，认为社会是围绕资本流、信息流、技术流、组织互动流、影像流、声音流和象征流而建立起来的，流不仅仅是社会组织里的一个要素，而且是贯穿和支配整个经济、政治与象征生活的过程。是“流动空间”而非“场所空间”造就了全球城市体系。流空间理论的提出改变了传统的地理学和经济学思维，其主要影响包括以下几方面：第一，地区之间的连接性逐渐增强，地理空间距离和物理邻近性逐渐被弱化。流空间强化了区域空间相互作用的强度和广度，在时间对空间的转换中，消除了部分距离摩擦对空间相互作用的制约，并降低了交易费用，有效改善了传统意义上的可达性。从这个角度看，传统的地理学将重构，发展的范式也由此发生改变。第二，推动了地区区位优势的变化，流空间颠覆了建立在地区资源和邻近性基础上的区位优势，取而代之的是地区在网络中的地位，以及由此而产生的生产要素流动的集聚与扩散条件。一些地区在流空间的作用下产生了新的区位优势，且地区之间的相互关系决定着该区域是否能获得更多的区位优势。第三，对影响地区优势因素的重视和关注从地区资源、邻近性向网络结构、中介性、流动性和地区势能转变，这种转变表明，地区优势通过较高程度的综合而发生改变，它更能体现对变化产生的灵活性和适应性。

近年来，我国研究者从上述理论基础出发，基于企业联系对城市网络关联展开了不少研究，这方面的工作一般从全球层面、全国层面和区域层面三个层次展开[20]。

在基于生产性高端服务业跨国公司的全球关联网络的研究中，可以发现京津冀、长三角和珠三角地区的异同所在。第一，3 个地区都与作为全球核心城市的纽约、伦敦、东京、巴黎有较高的关联度，北京、上海、广州和深圳分别是所在区域对接全球生产性服务业网络的"门户城市"，发挥着对外连接全球经济网络、对内辐射区域腹地的"两个扇面"作用，区域中的门户城市、主要城市、一般城市与全球生产性服务业网络的关联度形成明显的梯度格局。第二，生产性高端服务业的主要跨国公司在长三角的分支结构数量是京津冀的 1.26 倍、珠三角地区的 2.04 倍，在上海的分支结构数量(190)和北京(186)处于同一水平，但是明显高于广州(83)，香港作为亚太门户城市也承担了作为珠三角地区门户的部分职能。第三，上海和北京的首位度分别为 6.0 和 5.6，明显高于广州的 1.8，表明京津冀和长三角为单核格局，而珠三角为双核格局。

在基于制造业跨国公司的全球网络，对于京津冀、长三角和珠三角地区与全球制造业关联网络进行比较，则表明了如下异同点。第一，3 个地区与全球制造业关联网络形成相似的梯度格局，依次是地区核心城市、主要城市和一般城市。第二，长三角地区与全球制造业关联网络明显高于京津冀、珠三角地区，制造业主要跨国公司分支结构数量分别是京津冀的 2 倍和珠三角的 3 倍，在上海分支机构的数量分别是北京的 1.8 倍和广州 4.7 倍。

对于京津冀、长三角和珠三角地区与全国的关联网络进行比较，北京、上海、广州和深圳不仅是这些地区的核心城市，也是全国的核心城市。上海、北京与全国其他地区城市的总关联度要远大于地区次位城市(南京、天津)与全国其他地区城市的总关联度，形成明显的梯度格局；而广州、深圳与全国其他地区城市的总关联度相当接近，在此表明珠三角的双核格局。

2.3.2 城市群在国家社会经济发展中的战略地位

最近 20 多年来，我国地理学家与城市规划学家从不同的空间角度阐述了"城镇密集地区""城市群""都市连绵区""都市区""都市圈"等概念[21,10,22,23]，形成以下共识：城市群形成于城镇化过程之中，是社会生产力和城镇化发展到一定水平的必然结果。从各国城镇化的模式看，当城镇化进入一定阶段后，城市群已逐渐成为城镇化进程中的主体形态。中国的城市群已经成为经济发展中最有活力和潜力的核心增长极。

事实上，对于城市群的关注早已超越了学术范畴，与国家发展战略之间形成了紧密的联系。

以日本为例[9]，占日本国土面积 27.66%的太平洋沿岸大都市圈(一级都市圈)，包括首都圈、中部圈、近畿圈 3 个二级都市圈，聚集着日本 62.37%的人口，而其核心区域东京圈、名古屋圈、关西圈(三级都市圈)，则以 10.33%的面积聚集日本 46.73%的人口，也就是说以 1/10 的国土容纳了近一半的国民(表 2-3)。其中，又以首都圈的人口最为密集，人口密度达到 1 137 人/km²，分别是中部圈和近畿圈的 2.75 倍和 1.48 倍。

表 2-3　　日本三大都市圈的人口情况(2000 年)

地区		人口		面积		人口密度/(人·km^{-2})
		数量/千人	比重	数量/km²	比重	
1	首都圈	41 317	32.55%	36 346	9.62%	1 137
	东京圈(东京、琦玉、千叶、神奈川)	33 414	26.33%	13 280	3.51%	2 516
	东京圈以外的首都圈(茨城、枥木、群马、山梨)	7 903	6.23%	23 066	6.10%	343
2	中部圈(除北陆)	16 990	13.39%	41 012	10.85%	414
	名古屋圈(爱知、三重)	8 901	7.01%	10 877	2.88%	818
	名古屋圈以外的中部圈(长野、岐阜、静冈)	8 090	6.37%	30 135	7.98%	268
3	近畿圈(除北陆)	20 855	16.43%	27 168	7.19%	768
	关西圈(京都、大阪、兵库)	17 000	13.39%	14 897	3.94%	1 141
	关西圈以外的近畿圈(滋贺、奈良、和歌山)	3 856	3.04%	12 271	3.25%	314
4	三大都市圈小计	79 162	62.37%	104 526	27.66%	757
5	新潟北陆	5 606	4.42%	22 114	5.85%	254
6	其他的地方圈	42 151	33.21%	251 215	66.48%	168
全国		126 919	100.00%	377 855	100.00%	336

资料来源：阿部和彦，2001。

由于特殊的地理、经济和政治原因，在相当长时期内美国对国土空间战略并未给予很大的重视。但是近年来，在技术、地缘政治、人口和环境迅速变化的背景下，美国感受到来自世界各国前所未有的竞争。美国认为，这些竞争者都制定了长周期增长与竞争战略，而自身缺少国家层面的发展战略成为一个制约因素。由此提出，21 世纪美国需要尽快分析未来竞争、可持续发展和提升生活质量的战略。

《“美国 2050”空间战略规划》(以下简称“美国 2050”)是美国第一个综合性的全国国土空间战略规划，由联邦政府提议，旨在研究和构建美国未来 40～50 年空间发展的基本框架，以应对 21 世纪面临的各种挑战(图 2-8)。“美国 2050”最关注的主要问题之一是美国城市群的发展。城市群是由一些大城市组成的网络，是 21 世纪中期人口增长的最主要区域。“美国 2050”的首要目标是为美国识别和构建 10 个乃至更多的城市群，其原因在于投资城市群能够最大化提升美国的竞争力和给予社会人员更多的发展机遇，从而提升本国在全球经济中的竞争力和生活宜居水平。在此基础上，围绕 10 个城市群的发展需求，探索创新性的政策和投资战略，提出五大对策建议框架，以促进国家在基础设施、环境、经济发展的投资实现有机整合。同时衍生出相应的专项规划，重点专业领域包括交通基础设施、创造就业机会、保护景观、财政和决策框架、联邦在土地利用中的角色。

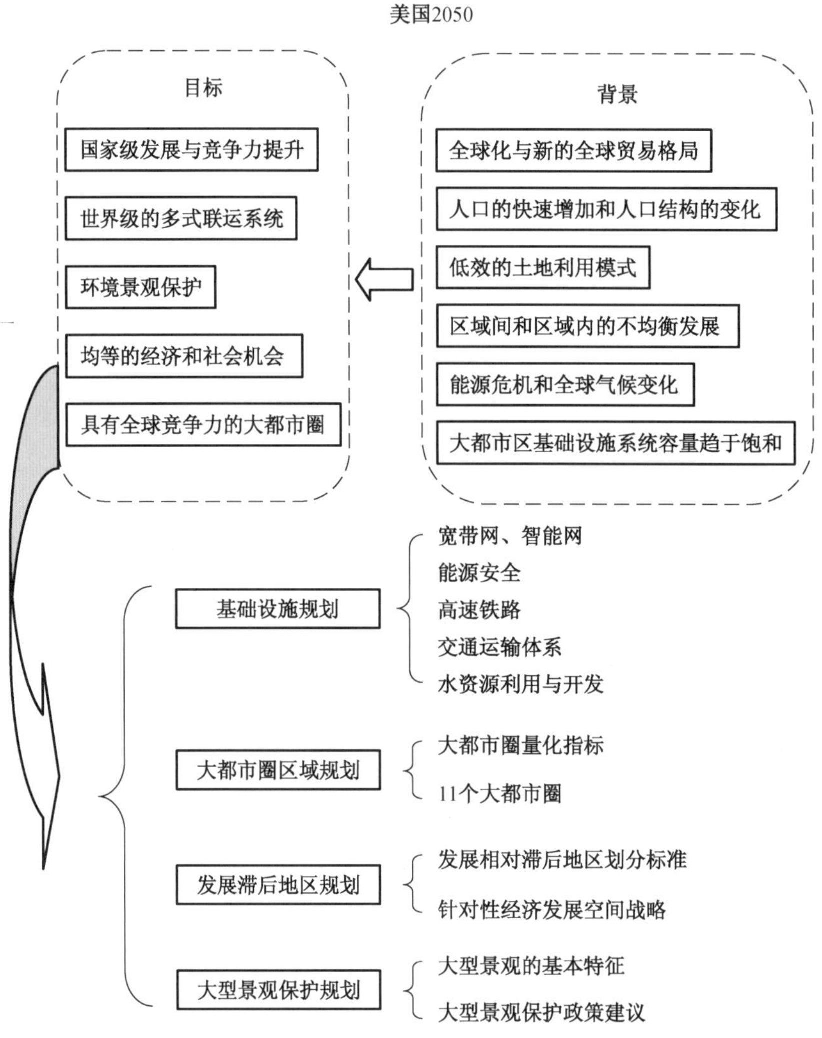

图 2-8 《"美国 2050"空间战略规划》的研究思路

中国自"十一五"规划以来，在国家政策和实际发展两个层面上，城市群在国家社会经济发展中的主体地位都得到有效凸显。国家 3 个五年规划连续 15 年把城市群作为推进新型城镇化的主体，《国家新型城镇化规划（2014—2020 年）》《国家主体功能区规划》等一系列国家顶层规划进一步确立了城市群在推进新型城镇化、促进国土均衡开发方面的主体地位。

国家"十一五"规划提出："要把城市群作为推进城镇化的主体形态，逐步形成以沿海及京广京哈线为纵轴，长江及陇海线为横轴，若干城市群为主体，其他城市和小城镇点状分布，永久耕地和生态功能区相间隔，高效协调可持续的城镇化空间格局。"

国家“十二五”规划进一步明确提出：“积极稳妥推进城镇化，坚持走中国特色城镇化道路，遵循城市发展客观规律，以大城市为依托，以中小城市为重点，逐步形成辐射作用大的城市群，促进大中小城市和小城镇协调发展。”

国家“十三五”规划继续提出：“坚持以人的城镇化为核心、以城市群为主体形态、以城市综合承载能力为支撑、以体制机制创新为保障，加快新型城镇化步伐，提高社会主义新农村建设水平，努力缩小城乡发展差距，推进城乡发展一体化。”

2014 年 3 月 16 日，党中央国务院批准实施《国家新型城镇化规划(2014—2020 年)》，提出以人的城镇化为核心，有序推进农业转移人口市民化；以城市群为主体形态，推动大中小城市和小城镇协调发展；走以人为本、四化同步、优化布局、生态文明、文化传承的中国特色新型城镇化道路。

国务院批准实施的《国家主体功能区规划》首次将全国国土空间划分为优化开发区、重点开发区、限制开发区和禁止开发区 4 类主体功能区。对比分析中国城市群的空间分布状况可知，中国绝大部分城市群分布在主体功能分区中的重点开发区和优化开发区，说明城市群在国家主体功能区划中占据着十分重要的主体地位。

反映在实际发展中，长三角、珠三角、京津冀、山东半岛、中原经济区、成渝经济区、武汉城市圈、环长株潭、环鄱阳湖九大城市群的面积超过 128 万 km^2，约占全国的 13.3%；人口近 6.3 亿，约占全国的 46.6%；GDP 总额达到 31 万亿元，约占全国的 66%。从九大城市群的人口、面积及经济总量看，它们不仅对中国区域与城市发展起着十分关键的作用，从中也可以看出城市群已成为我国城镇化发展的核心载体。

随着中国城市化与工业化进程的不断加快，城市群进入区域协调发展和空间组织格局调整的关键阶段。相关研究者分别从不同视角提出了中国城市群空间组织格局的不同方案，包括“5＋6＋11”的空间组织格局、“5＋9＋6”的空间组织格局、“3＋7＋17”的空间格局、“3＋3＋7＋17”的新格局、“10＋6”的新格局、“10＋3”的新格局等。总体来看，各种方案对于重点建设的 5 个国家级城市群达成了高度共识，对于建设若干个区域性城市群基本形成共识。

综合相关研究，国家级城市群格局完善和区域性城市群崛起，是未来城市群发展的重要方向。

(1) 国家级城市群引领生产要素区域化重组，成为支撑我国相对均衡发展的战略支点。珠三角、长三角、京津冀等城市群地区逐步建成空间连绵发展的城镇空间格局，同时，成渝、长江中游地区快速崛起，成为支撑国家东中西部协调发展的五大核心城市群。当前，五大城市群仍处于发展的初、中期阶段，特别是京津冀、成渝与长江中游城市群发育仍不充分，未来随着经济产业的发展，这一地区仍将吸引大量的人口集聚，相关规划预测京津冀、成渝城市群城镇人口规模将达到 1.3 亿左右，仍有较大增长空间。

(2) 在五大国家级城市群外的城镇化潜力地区，将以各省域中心城市为核心形成多个区域性的城市群。伴随着我国区域经济的演进和一体化交通网络的发展，海西、中原、长江中游、江淮、关中—天水等地区未来是各省区经济产业发展核心载体，也将是城镇人口集聚的核心空间。

据方创琳[24]研究，未来将形成由 5 个国家级城市群、9 个区域性城市群和 6 大地区性城市群组成“5＋9＋6”的中国城市群空间结构新格局。按照 2010 年数据，这些城市群地区以 1/4 的国土面积，集聚了约 63％的人口（78％的城镇人口）、80％的 GDP，成为我国城镇人口集聚的重要空间载体（图 2-9，表 2-4）。

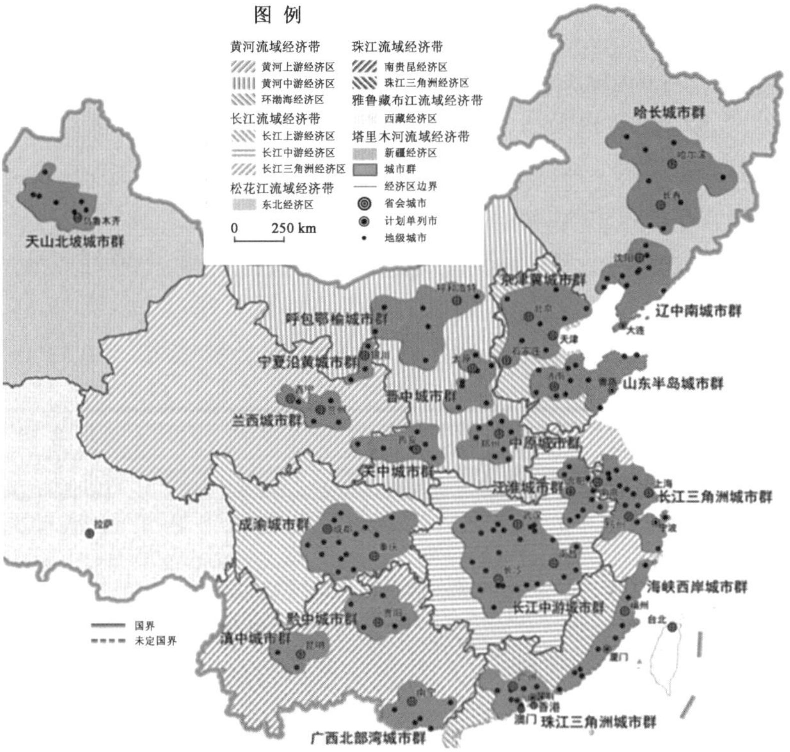

图 2-9 中国未来建设的“5＋9＋6”城市群空间结构新格局示意图[23]

表 2-4 中国不同级别城市群分类主要指标在全国城市群及国家的地位分析（2010 年）[24]

城市群分类名称		总面积	城市建成区用地面积	总人口	城镇人口	GDP（现价）	第一产业增加值	第二产业增加值	第三产业增加值	全社会固定资产投资	实际利用外资
占全国城市群比重/％	国家级城市群	35.09	52.48	49.96	55.90	57.69	48.07	55.58	61.79	50.88	66.00
	区域性城市群	38.12	38.00	39.27	35.75	34.76	44.18	36.74	30.84	40.56	30.86
	地区性城市群	26.78	9.52	10.77	8.35	7.55	7.75	7.68	7.36	9.56	3.14

（续表）

城市群分类名称		总面积	城市建成区用地面积	总人口	城镇人口	GDP（现价）	第一产业增加值	第二产业增加值	第三产业增加值	全社会固定资产投资	实际利用外资
占全国比重/%	国家级城市群	9.06	35.19	31.39	43.83	46.48	28.78	52.96	53.23	39.11	57.58
	区域性城市群	9.84	25.48	24.67	28.04	28.00	26.46	35.01	26.57	31.18	26.92
	地区性城市群	6.92	6.39	6.77	6.55	6.08	4.64	7.32	6.34	6.58	2.74

2.3.3 发达的综合交通系统是城市群发展的重要支撑

纽约、伦敦、东京、巴黎等的发展经验表明，世界级城市群必须具备一个方式多样、层次清晰、运行可靠、绿色低碳的综合交通运输体系，尤其要依托一个发达、便捷的轨道交通网络，促进人口与产业的集聚，加强各城市的中心区、核心功能区、重点开发地区与区域交通枢纽、发展潜力地区之间的交通联系。

对比国际上各大都市圈交通结构情况，进出中心城市的客运联系中，公共交通约占20%，且均以轨道交通作为公共交通主体（表 2-5）。可以预见，随着都市圈一体化进程推进，未来公共交通承担都市圈跨界交通比重将大幅提升。

表 2-5　　国际各大都市圈客运结构对比

名称	都市圈			中心城市			进出中心城市交通方式		
	范围	面积/km²	人口/万	名称	面积/km²	人口/万	公共交通占机动化比例	个体机动化出行比例	轨道占机动化方式比例
东京都市圈	包括东京都、埼玉县、千叶县和神奈川县人部，茨城县南部	16 793	3 760	东京都	2 188	1 058	80.2%①	19.8%①	79.6%
伦敦都市圈	包括大伦敦在内的英格兰东南地区	27 224	1 805	伦敦市	1 601	755	19.4%②	80.6%③	13.5%
纽约都市圈	包括纽约市及周围纽约州、新泽西州和康涅狄格州 3 个州的 26 个县	30 670	2 336	纽约十区	6 246	1 223	18.6%③	81.4%③	9.5%

数据说明：

① *The Four World Cities Transport Study*，统计年份 1996 年。

② *Transport for London Travel in London*，*Supplementary Report*：*London Travel Demand Survey*（*LTDS*），统计年份 2009 年。

③ *RT-HIS Regional Travel-Household Interview Survey*，统计年份 2000 年。

日本由于考虑到国土资源承载能力，很早就确立了城市间客运交通轨道为主体的发展战略，各城市群中心城市之间的交通中轨道占据了很大的比例（图 2-10）。

我国高速公路在 20 世纪第一个 10 年迅速发展，形成了现阶段城市群网络化的格局，东部城市群地区县级以上行政区划高速公路覆盖率已经达到 90%以上。但与国外城市群相比，我国城市群交通系统发展整体较为滞后，突出体现在城际铁路发展滞后、

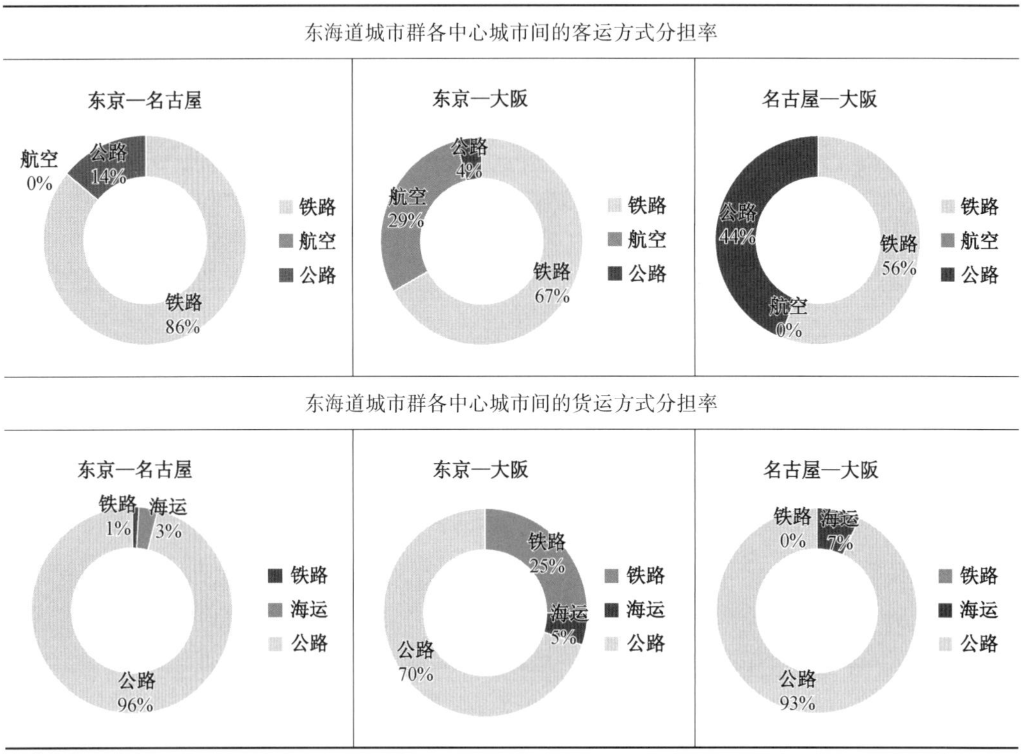

图 2-10　日本东海道城市群各中心城市间客、货运方式分担率

区域运输模式不完善和枢纽功能分工面临调整等方面。

城际铁路发展严重滞后于城市群的城镇与经济组织(图 2-11)。东部地区城镇化快速推进、城镇及人口分布密集、人民生活水平高、出行需求巨大,有京津冀、长三角、珠三角等多个地区适宜发展城际铁路,但建成和在建城际铁路不足 3 000 km,多条线路初期运量超预期,难以适应区域的发展速度。中部地区城市群发展程度低于东部沿海,城市间旅客交流量不高,城际铁路建设略显超前。西部地区经济社会发展水平、城镇化水平相对较低,主要城市带动性不强,现有人口布局和密度难以支撑城际铁路的运营。公路方面,国家通道与区域网络功能复用问题突出,高速公路跨区干线的运输密度高于地区内部交通线路,京沪、京广、京哈等运输通道压力较为集中。

公路主导的区域运输模式(图 2-12、图 2-13)制约了区域一体化发展。区域城际客货运输高度依赖干线公路系统,难以满足城市群空间成长和网络化联系需求。现状主要依托于以核心城市为中心放射布局的国家干线公路来满足城际联系需求,外围联络性通道缺乏,中心城市及枢纽港口、机场的辐射带动作用发挥不足,区域网络型空间结构的形成和发展受到严重制约。分层次的轨道交通系统建设滞后,制约区域功能分工协作和空间结构的优化。近远郊依赖公交和单一地铁系统延伸服务,加剧了城市空间的无序蔓延。

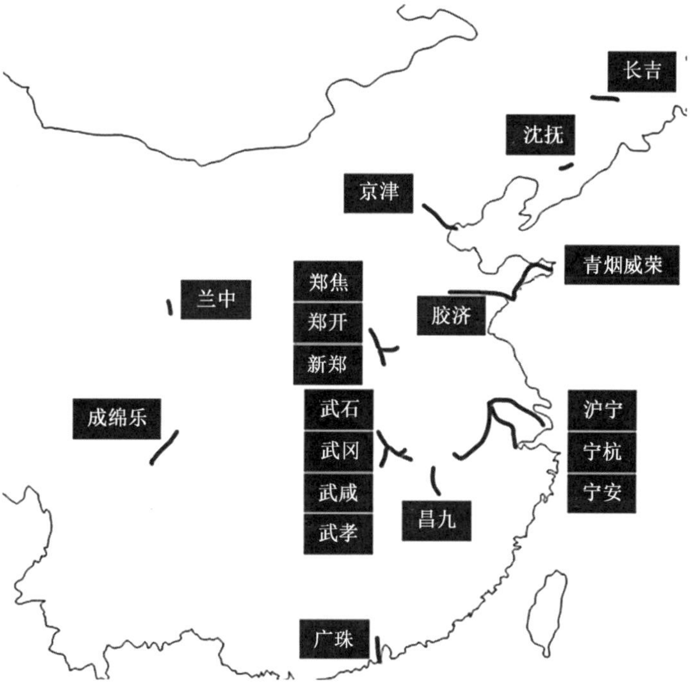

图 2-11　我国城际铁路分布现状示意

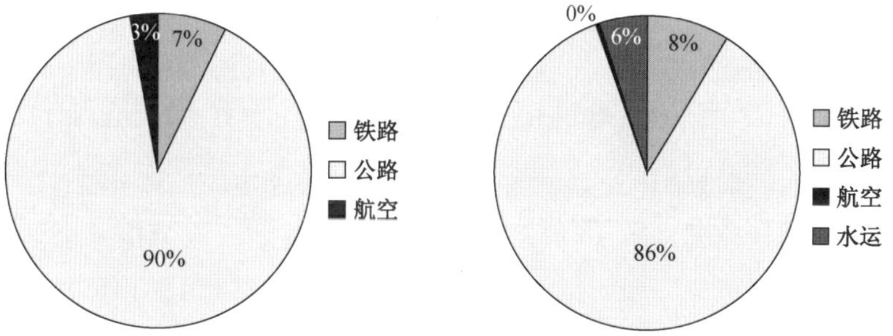

京津冀客运结构　　京津冀货运结构

图 2-12　京津冀城市群交通运输方式结构

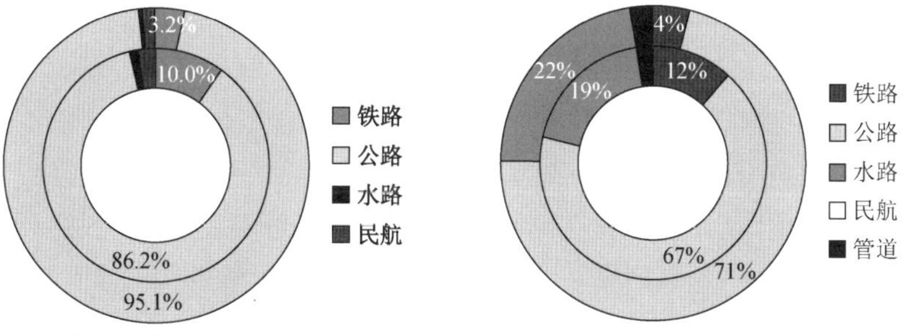

内环为2005年　外环为2013年　　内环为2005年　外环为2013年

(a) 珠三角客运结构　　(b) 珠三角货运结构

图 2-13　珠三角城市群交通运输方式结构

核心城市群枢纽功能分工面临调整。铁路、高速公路均体现以核心城市为中心的放射式布局，枢纽功能在核心城市过度集聚。区域门户功能缺乏区域性分工与组织，带来核心城市压力集聚和区域交通服务不均衡的现象并存。以京津冀为例，国家运输通道以北京为中心放射式布局，区域高等级客货运枢纽集中于北京中心城区，北京汇集大量通过性交通和区域转换交通，承载过多国家运输组织职能，而天津、石家庄等区域中心城市面向区域的网络不完善，区域组织功能不强，交通分流和功能分担作用不明显。在京津冀航空客运量中，北京占据了高达83%的客运量，天津为11%、石家庄为5%。相比之下，同样具有多个机场的日本关西都市圈中，大阪机场和神户机场与关西机场之间形成了明显的相互配合关系(图 2-14)。

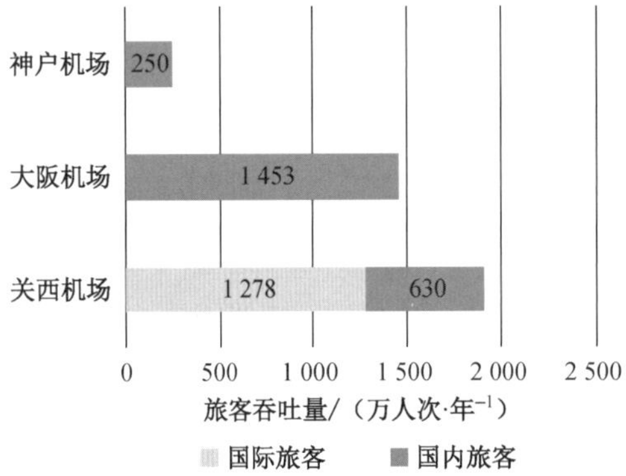

(a) 机场旅客吞吐量

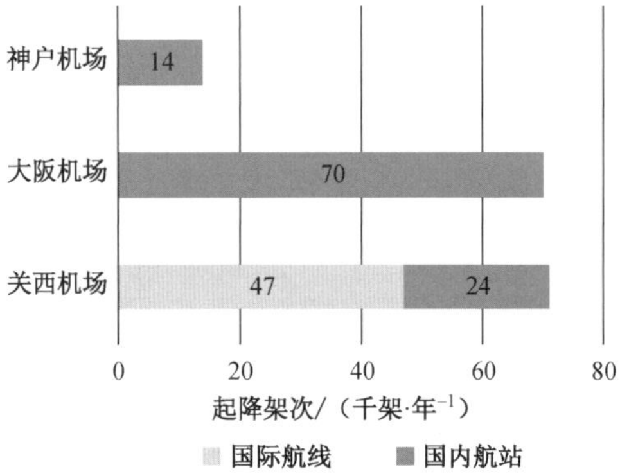

(b) 机场航班起降架次

图 2-14 日本关西都市圈机场旅客吞吐量和航班起降架次(2014 年)

为推进《国家新型城镇化规划(2014—2020 年)》的实施，2015 年 11 月 24 日，国家发展改革委和交通运输部发布了《城镇化地区交通网规划》，成为指导全国城市群交通系统规划建设的重要文件。规划范围包括 21 个城镇化地区，涵盖 215 个城市。到 2020 年，京津冀、长江三角洲、珠江三角洲三大城市群基本建成城际交通网络，相邻核心城市之间、核心城市与周边节点城市之间实现 1 h 通达，大部分核心城市之间、核心城市与周边节点城市之间实现 1～2 h 通达。城际铁路运营里程达到 3.6 万 km(其中新建城际铁路约 8 000 km)，覆盖 98%的节点城市和近 60%的县(市)；新建和改扩建国家高速公路约 1.3 万 km。对 21 个城镇化地区的综合交通网布局做出了具体安排，制定了提升运输服务、发展智能交通、创新体制机制、加强规划实施等保障措施。

其中，城际轨道交通规划建设成为城市群交通发展的重中之重。2015 年，“轨道上的京津冀”初现端倪，京津冀三地未来将以城际铁路互联互通，城际铁路网以北京、天津、石家庄为核心形成“四纵四横一环线”，规划 24 条城际铁路线，2050 年全部建设完成，总规模达 3 453 km①。海峡西岸城际铁路建设规划(2015—2020 年)、成渝地区城际

① 引自《京津冀城际铁路网规划修编环境影响报告书》，2015。

铁路建设规划(2015—2020 年)、皖江地区城际铁路建设规划(2015—2020 年)、宁夏回族自治区沿黄经济区城际铁路建设规划(2015—2020 年)先后获得国家批准。福建省海峡西岸将建设 6 条城际铁路,总里程 583 km。成渝地区规划以成渝双核为中心的“5 骨架 18 辅助”城际铁路网,总里程 1 008 km。皖江地区以合肥为中心规划6 条骨架城际铁路和 4 条都市区城际铁路,2020 年前实施 4 个项目,总里程 310 km。宁夏回族自治区沿黄经济区规划总里程 311 km 的城际铁路,覆盖区域内 80%以上 20 万人口城镇。

2.4 交通枢纽城市

交通枢纽城市是指因国家运输网络的需要而诞生的城市,这类城市一方面在交通运输服务方面占据着重要地位,另一方面又得益于交通运输所带来的发展机遇。同时,这类城市往往因交通运输而盛,也因交通运输而衰。

2.4.1 交通区位与城市功能

交通枢纽城市中较为典型的古有泉州——作为海上丝路的起点成为一时繁华无两的大都会,现代有石家庄、株洲和蚌埠等——“火车”拉来的城市。

图 2-15 描述了蚌埠因铁路而起,由凤阳府的一个区位边缘的小渔村一跃而成为京沪线上最重要的铁路枢纽,其重要地位一直延续至我国开始新一轮的铁路设施建设。

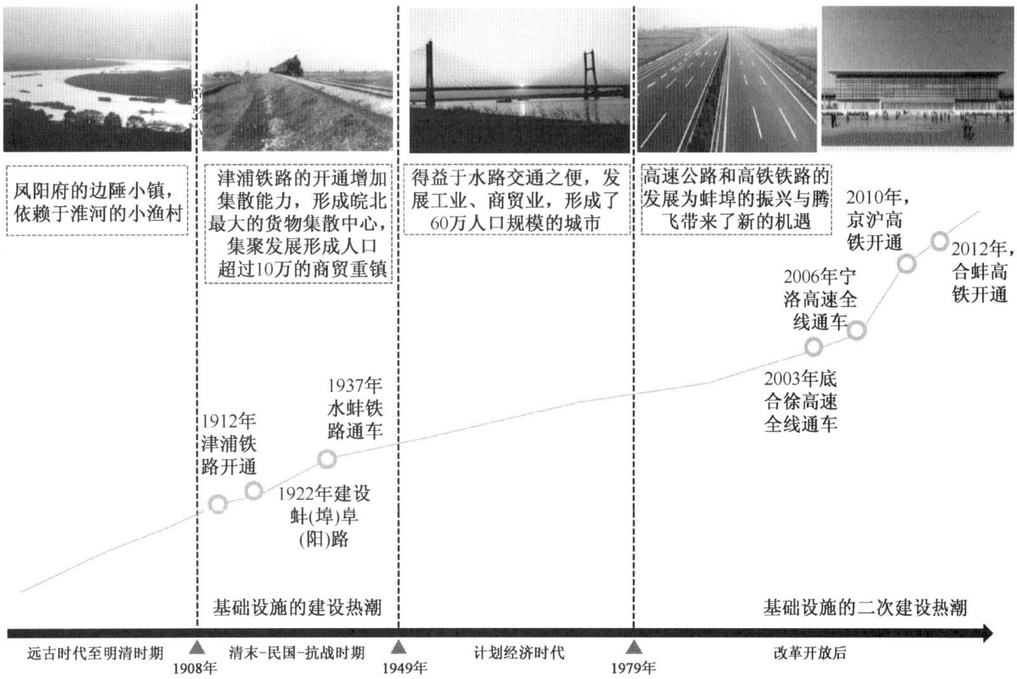

图 2-15 蚌埠城市定位与区域交通区位的互动关系

而图 2-16 则反映了蚌埠城市地位的变化。

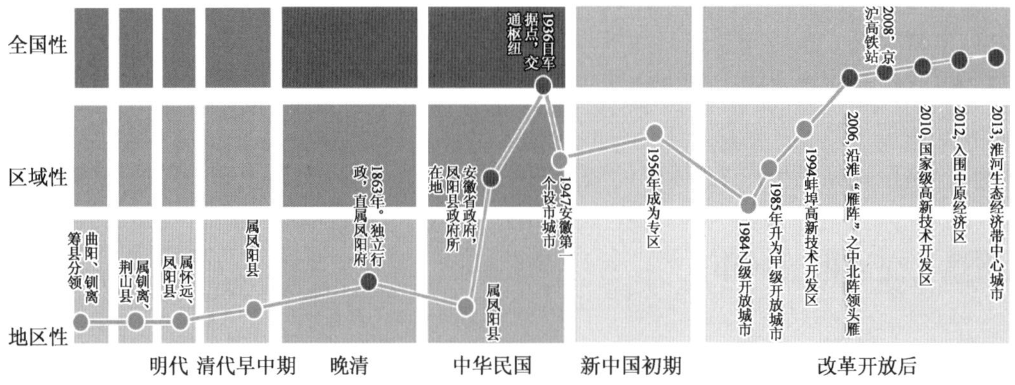

图 2-16　蚌埠市城市地位的变化

河北省石家庄与保定两个城市在 20 世纪二三十年代的规模变化，非常明显地反映出铁路交通对城市发展的影响。石家庄是京汉铁路与正太铁路的交汇点，自正太铁路通车以来，铁路这一效率更高的运输方式的兴起直接促进了处在铁路枢纽位置的石家庄的发展。凭借交通枢纽位置，石家庄在短短的 10 年间发展迅速超越了保定，成为商贸重镇，人口迅速集聚；而保定由于失去了枢纽地位，人口数量迅速减少(表 2-6)。

表 2-6　　20 世纪二三十年代期间保定市与石家庄人口变化对比　　单位：万人

城市＼年份	1921 年(京汉铁路开通)	1923 年(正太铁路开通)	1932 年
保定市	8	10	4.2
石家庄县	0.6	4	9

交通枢纽与城市职能背后是现代工业的分工组织及经济成本。交通所形成的城市区位是一种经济空间场，从产业组织来看待近现代城市分布与交通干线及枢纽的相互关系能够得到更加深刻的认识(图 2-17)。

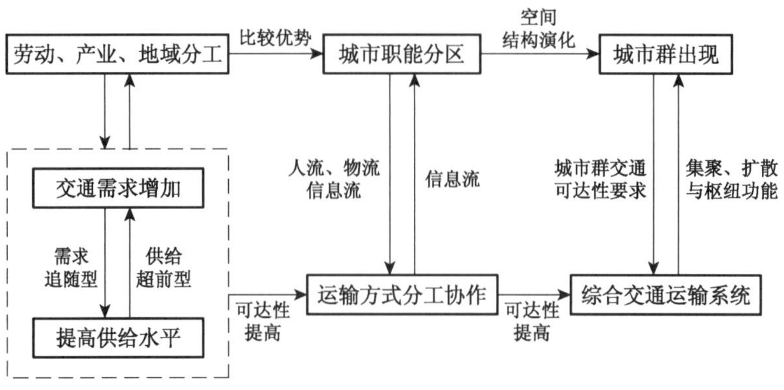

图 2-17　城市职能分工与交通运输之间的关系

2.4.2 枢纽城市的兴起与变迁

交通运输的空间收敛效应是指交通运输发展对社会经济活动克服空间阻隔能力的不断提高而产生的一种时空相对压缩，从而能够在一个更为广阔的空间范围进行经济活动的现象。基于交通运输的方式更替和网络发展，使得相同规模的社会经济活动在相同距离之间的运输成本持续下降和运输时间相对减少，从而引发经济活动空间范围的扩大，形成空间辐射和集聚效应。空间收敛包括“成本—空间收敛”和“时间—空间收敛”两种形式。

1. 成本—空间收敛

交通运输的发展意味着可以在空间范围内通过修建基础设施，或者通过更为便宜快速的交通运输方式替代原有的高成本方式，完成较低成本的空间范围内的位移活动；也可以通过提供更高等级的线路，负荷更高效的要素流动，从而大幅度降低交通运输成本。例如，美国 1825 年通航的伊利运河，使得布法罗和阿尔巴尼之间的运输价格从 100 美元/吨迅速下降到 10 美元/吨，其后又逐步下降到 3 美元/吨，运输成本的直线下降使得在没有运河通航之前两地间不可能完成的贸易开始繁荣起来，空间的相对收敛开始发生。

低价快速的交通运输还引发城市在空间中迅速扩张，这也是交通运输“成本—空间收敛”的一种表现形式。城市获得远距离的基本生活供应能力，从而导致城市人口规模的扩大和城市建成面积的不断向外扩展；低价运输使得城市制成品的输出范围扩大，从而刺激生产规模的扩大；交通运输改善所带来的运输成本下降对城市土地价值产生显著影响，进而导致不同类型的经济活动主体（如商业、穷人、富人等群体）对城市空间的需求产生差异，最终导致不同经济活动在城市空间上的拓展和重新分布。

2. 时间—空间收敛

“时间—空间收敛”是交通运输导致的空间收敛的另一种表现形式，是由交通运输发展所带来的相同距离的运输时间的缩短而产生的。在特定的时间区间内，由于不同交通运输方式的经济特性差异很大，所以当采取不同的交通方式时，会导致相同运输距离的出行时间有很大的不同。原本可能需要耗费很长时间才能完成的空间位移，由于交通运输出行方式的改变，时间被大大压缩。

美国交通运输发展对整个美国空间的改变曾经产生非常显著的影响。特别在几种交通运输方式的相对更替过程中，以出行时间表示的美国整个空间范围被大大压缩了，交通运输发展所造成的“时间—空间收敛”显著存在。这一特性对于美国东中西部区域经济发展的影响无疑是巨大的。

以佛罗里达半岛为例。1800 年从美国的纽约到达此地需要 2～3 周的时间，1830 年这一时间缩减为 1 周左右，而到 1857 年所需时间又大幅下降到 3 天左右。相对于 20 世纪初期以铁路为主导的交通方式，今天依靠航空方式的美国国土交通的时间距离已经大大缩短。

由此可见，交通运输发展所带来的“时间—空间收敛”规律在较长时间内对空间的影响非常大。交通运输的空间收敛效应造成不同城市空间关系不断变化，促使枢纽城市发生了一系列变迁。

3. 我国的交通发展变迁

我国兰州这一典型枢纽城市的变迁，表明枢纽城市的兴盛规律与国际和国家的战略部署密切相关。每一轮国家大型交通基础设施的建设都将牵动城市枢纽地位的变更(表 2-7)。

表 2-7　　兰州枢纽地位变化

时期	枢纽地位	表　征
汉	国际交通枢纽	张骞出使西域，打通中原通西域的“丝绸之路”
隋唐	国际交通枢纽	隋文帝开皇元年(公元 581 年)，废郡改州，置兰州总管府，以兰州为中心的西北驿道系统逐渐形成
	全国交通枢纽	“是时中国盛强，自安远(开远门)西尽唐境万二千里，闾阎相望、桑麻翳野，天下富庶者无如陇右”(《资治通鉴》)
宋	区域交通枢纽	自宋而降，随着海路的开通和政治经济中心的东移南迁，陆上“丝绸之路”逐渐被海上“丝瓷之路”所取代； 兰州和兰州以西地区，逐渐归西夏统管，由于他们在经济上的相互依赖关系，兰州成为茶马互市的重要场所之一
清	区域交通枢纽	乾隆二十九年(公元 1764 年)陕甘总督衙门自西安移驻兰州，裁减甘肃巡抚，管辖整个西北地区； 左公大道，一条横跨陕甘新三省的战略要道
“一五”“二五”期间(1949—1972 年)	全国交通枢纽	陇海、兰新、包兰、兰青四大干线铁路在兰州交汇，构成了以兰州为中心的西北铁路交通网； 20 世纪 60 年代后期，国家投资 5 000 万元，在中川修建了一座现代化的二级机场，1970 年投入使用，使兰州成为一座大型的航空港； 西兰、甘新、甘青、兰包、甘川 5 条国道交汇

兰州位居中国版图的中心，九曲黄河穿城而过，故称为“陆都”。秦宋以降，在兰州黄河两岸筑城设县，拱卫渡口，兰州遂成为开拓大西北的军事、政治、经济中心。汉唐是兰州历史上的黄金时期，毗邻京畿(长安)，位于中西交流重要通道“丝绸之路”的有利区位，使得兰州成为各路商旅必经之地，因贸易繁荣从而促成“天下富庶者无如陇右”(《资治通鉴》)。

宋代海上“丝绸之路”开辟后，中西贸易多经海路。陆路的贸易通道趋于冷落。兰州逐渐远离运输主通道，由枢纽变为边缘。加之边防问题，兰州由商贸城市演变为边防前哨，一度“陇中苦瘠甲天下”。

抗战前夕的大后方建设，大量工业内迁，兰州又迎来历史上的高峰发展时期。与之同步展开的西兰公路及兰新公路的整治，使其直接成为国道 312 与国道 309 的重要节点。1937 年抗战爆发，西北公路运输顿时成为国内运输主线及国际运输中转枢纽。当时，西兰和甘新公路已成为西北运输要道，华双公路又是连接西北和当时国民政府所在地西南地区的主要通道。其后相继修建的甘川、兰宁、甘青及河西三支线等公路，促使汽车运输迅速增加。公路运输在发展甘肃经济，支援抗战等方面均发挥了一定的作用。

1945—1949 年间抗战胜利后至新中国成立，政府内迁，兰州发展动力尽失，再陷萧条。兰州远离全国政治经济中心，交通区位再次陷于边缘境地。

1949—1972 年，国家发展重点在内地和三线地区，为了使工业布局接近原料地、燃料地以及国防建设的要求，优越的区位条件是兰州成为国家和西部少数几个重点建设和投资的城市之一。凭借优越的交通区位，兰州在众多西北城市中脱颖而出，成为国家重点发展城市。陇海、兰新、包兰、兰青四大干线铁路在这一时期建成通车，兰州在全国铁路网络中的枢纽地位被确立。公路除西兰、兰青与兰新外，另辟兰包、甘川及兰郎公路。联系陕、青、宁、新四个方向的铁路、公路的建设，使其“座中连四”的区位优势得到充分发挥。

改革开放以来，在世界经济一体化背景下，在中外贸易以海运为主的格局下，全国交通网络的格局再次向沿海偏移，兰州的交通区位再次下降。我国经济向沿海布局，兰州再次远离中国经济发展重心。

需要注意的是，对具体的城市而言，单一的交通区位优势只能带来发展的可能性，并不成为城市发展的直接动力，只有理解全球分工背景下的产业特征，并提供契合产业发展需求的城市公共产品，才能凭借于此在城市发展竞争中脱颖而出。

2.4.3 枢纽功能与城市功能的冲突与协调

传统意义上的交通枢纽功能主要是指运输中转功能，与城市发展既互相促进，又互相制约。在城市发展的初期，受益于交通基础设施所创造的便利性，城市功能发展迅速。随着城市功能日益扩展，交通枢纽设施与城市的矛盾日益激烈，大型交通基础设施的搬与不搬问题成为城市规划及交通规划需要处理的重要问题，也是一个棘手的问题。这种矛盾突出反映在港口、铁路和机场与城市的关系之中。

以上海市为例，城市夹在港口与腹地之间(图 2-18)，即使在本市范围内，在城市西部布局的大量工业园区与港口之间产生的大量货物运输需要穿越城市空间(表 2-8)，从而对城市本身产生了大量影响。

又如在石家庄可以看到的，随着城市的发展，石家庄的城市交通组织受到“十字形”铁路线路和枢纽分割的巨大影响(图 2-19)。为此，石家庄采取了垂直分离的模式来处理铁路系统与城市系统的干扰问题，通过地下铁路通道来衔接国家干线铁路系统。

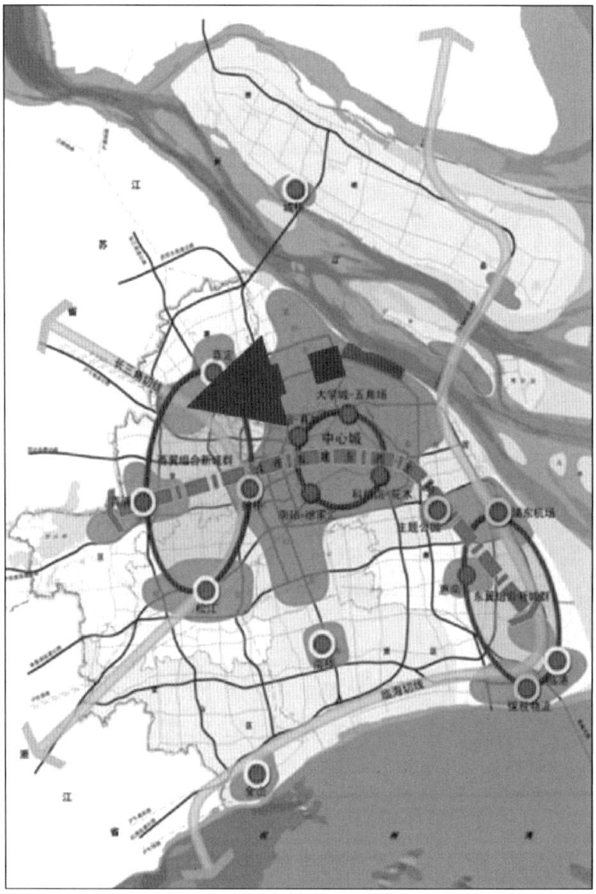

图 2-18 上海市空间联系结构示意图

表 2-8 上海市部分工业园区与外高桥港口之间发生的集装箱运量(2013 年)

工业园区	外高桥港区			
	出口量/(万 TEU・年$^{-1}$)	比例/%	进口量/(万 TEU・年$^{-1}$)	比例/%
外高桥保税区	—		246	26.1
金桥出口加工区	17	1.7	53	5.6
漕河泾出口加区	—		62	6.6
闵行出口加工区	—		34	3.6
宝山物流园区	85	8.7	35	3.7
嘉定出口加工区	—		48	5.1
青浦出口加工区	62	6.3	231	24.5
松江出口加工区	766	78.2	84	8.9
金山化学工业园区	50	5.1	151	16.0
小　计	980	100	944	100

注：—表示缺少数据。

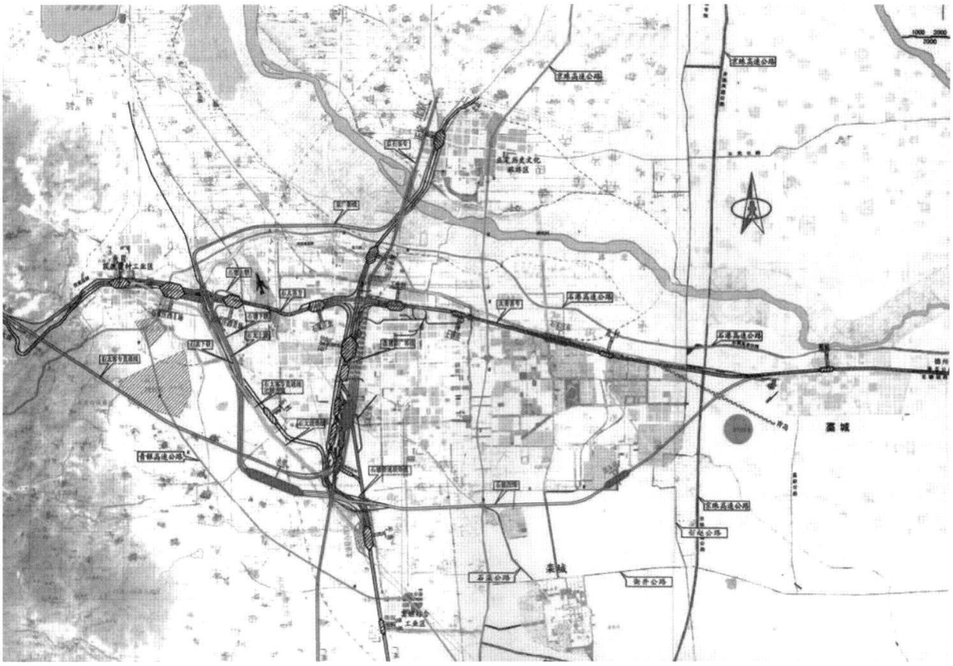

图 2-19　石家庄市铁路枢纽总体布置示意图

纵观国内外城市与铁路相互发展的历史，一般经历了如下的互动过程：经济、社会的需求—铁路的修建—沿线周边的发展—对铁路提出新的要求—城市规划、铁路规划的协调—互补和沟通—协调和双赢。铁路枢纽既与城市经济社会生活、用地布局等各方面密切配合，又在相当大的程度上对城市空间发展起到了引导作用(图 2-20)。

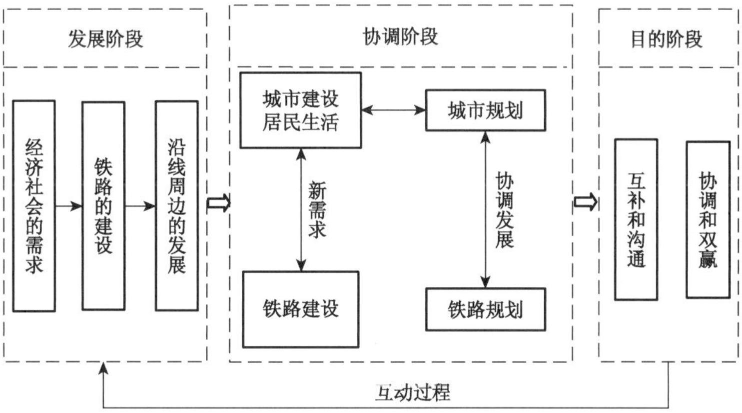

图 2-20　铁路与城市发展互动过程[27]

对于处于快速发展阶段的中国城市来说，即使是与城市保持一定间距的机场，往往也面临空间位置调整的要求。以温州为例，温州机场对改变温州自身的交通区位发挥着至关重要的作用(图 2-21、图 2-22)。

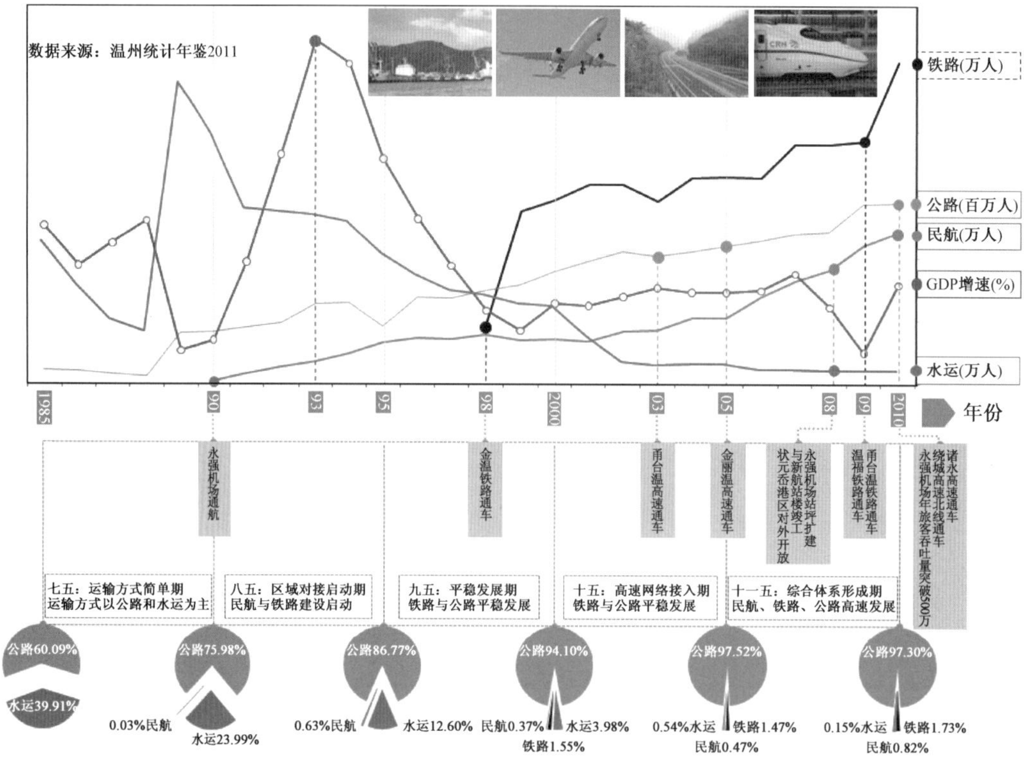

图 2-21 温州市对外交通系统发展历程

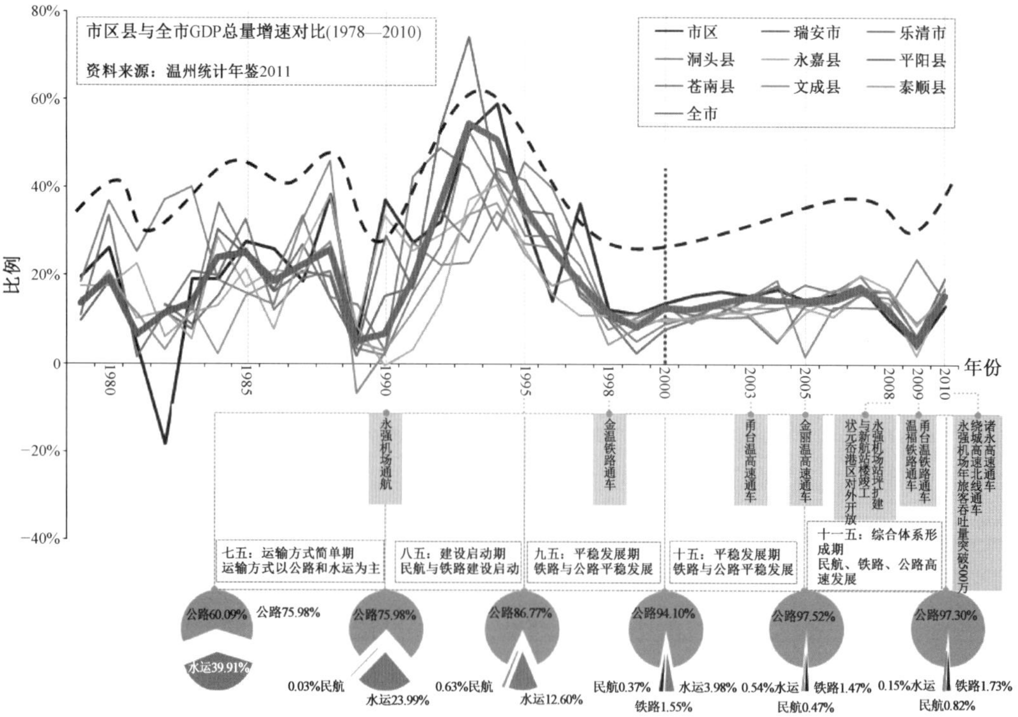

图 2-22 温州市对外交通系统发展与国民经济发展的互动关系

但是，随着城市的发展，温州机场的位置已经处于城市扩张的关键咽喉位置。温州按照城市发展战略的要求，将从沿江城市迈向滨海城市，整个城市空间形成垂直的两条发展轴。而温州机场的位置恰恰处于两条轴带的结合点处(图 2-23、图 2-24)。

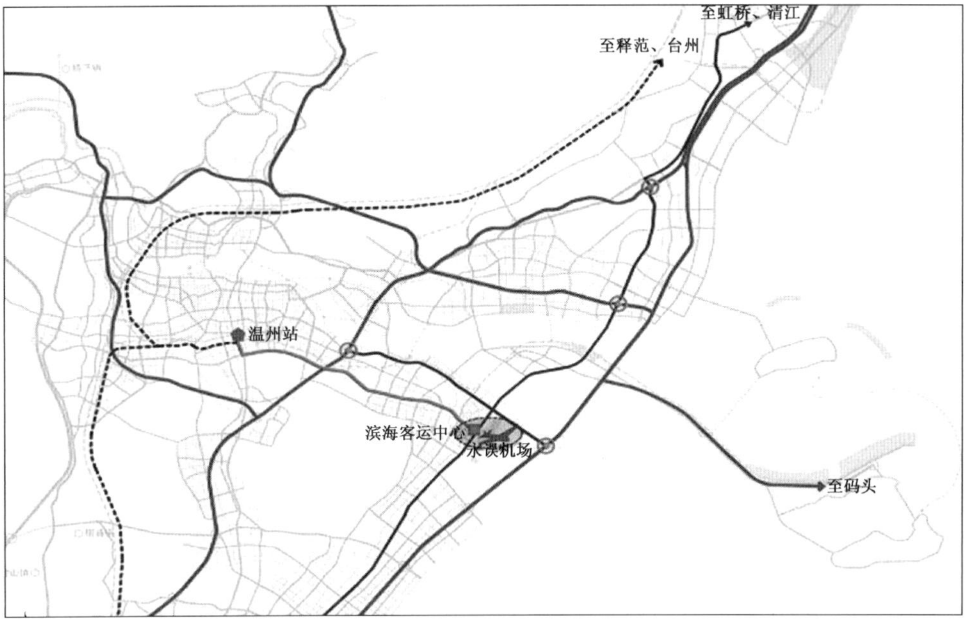

图 2-23 温州机场位置示意图

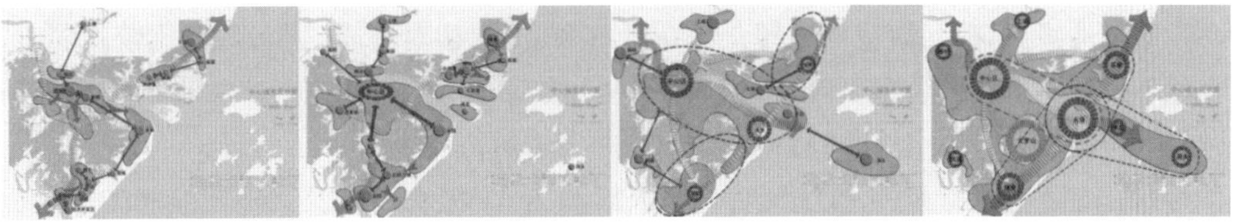

图 2-24 温州市城市空间发展战略示意图

进入高铁时代，对机场与城市发展的矛盾是“一迁了之”，还是转变思路，结合机场的便利打造以城市综合枢纽为发展动力的城市新区，是温州近来正在思考的问题。

总体来看，交通枢纽与城市发展是密不可分，交通枢纽既为城市发展提供必要条件，也难免会在城市发展过程中成为某种束缚。

历史上很多辉煌的城市，受世界产业组织的转变趋势和国家对外开放的政策影响，在国家网络中的地位起起落落。这说明交通的职能必须和产业组织、城市功能相结合才能理解其规律。从时空收敛和成本核算的角度去指导交通设施的布局与选址，已经成为当下城市发展的核心战略。

成为枢纽和成为中心，是城市发展的两个目标，互相密不可分。唯有理解中心城市的核心价值，才能把枢纽城市的价值发挥到最大。

2.5 我国的新型城镇化

2014 年 3 月,《国家新型城镇化规划(2014—2020 年)》正式发布,其中明确提出我国要加快推进中国特色的新型城镇化。与过去传统模式相比,新型城镇化到底新在何处?对城市交通发展会有哪些影响?这些问题需要认真思考与领会。

2.5.1 传统城镇化与新型城镇化

诺贝尔经济学奖获得者、美国经济学家斯蒂格利茨(Joseph E. Stiglitz)曾经预言,中国的城镇化是影响 21 世纪人类发展进程的两大关键因素之一。全世界已经见证了中国自改革开放以来由于城镇化快速发展带来的全球性影响。1978—2013 年,我国城镇常住人口从 1.7 亿增加到 7.3 亿,这比美国和日本人口总和还要多2 亿人[28];城镇化率从 17.9%提升到 53.7%,用 30 多年的时间经历了西方国家上百年才走完的城镇化进程。同期,我国的经济发展也取得了举世瞩目的成就,经济总量跃居世界第二位,制造业和对外出口的强势发展改变了全球产业分工和国际贸易格局。在此过程中,京津冀、长江三角洲、珠江三角洲三大城市群,以 2.8%的国土面积集聚了 18%的人口,创造了 36%的国内生产总值,成为带动我国经济快速增长和参与国际经济合作与竞争的主要平台。可以说,过去 30 多年的发展历程为今后新型城镇化建设打下了坚实的基础。

必须注意到,前一阶段的城镇化是在人口多、资源相对短缺、生态环境比较脆弱、城乡区域发展不平衡的背景下推进的。在成绩和数字背后,还存在一些突出的矛盾和问题,需要在新型城镇化建设过程中予以重视并着力解决:

(1) 市民化进程滞后,被统计为城镇人口的 2.34 亿农民工及其随迁家属未能全面地享受到城镇居民的基本公共服务,产生新的二元化矛盾,给经济社会发展带来诸多风险隐患。

(2) 建设用地粗放低效,土地城镇化快于人口城镇化,一些城市"摊大饼"式扩张,新城新区、开发区和工业园区占地过大,而人口密度偏低,产城融合不紧密。

(3) 城镇空间分布和规模结构不合理,城市群内部分工协作不够、集群效率不高;部分特大城市主城区人口压力偏大,与综合承载能力之间的矛盾加剧;中小城市集聚产业和人口不足,潜力没有得到充分发挥;小城镇数量多、规模小、服务功能弱。

(4) "城市病"问题日益突出,公共服务供给能力不足,城市管理运行效率不高,停车问题和交通拥堵问题十分严重。

在此背景下提出的新型城镇化,强调坚持以创新、协调、绿色、开放、共享的发展理念为引领,以人的城镇化为核心,更加注重提高户籍人口城镇化率,更加注重城乡基本公共服务均等化,更加注重环境宜居和历史文脉传承,更加注重提升人民群众获得感和幸福感。

根据《国家新型城镇化规划(2004—2020年)》的诠释,我国的新型城镇化之"新"体现在以下六个方面①:

(1) 强调以人为本,有序推进农业转移人口市民化。提出要统筹推进户籍制度改革与基本公共服务均等化,通过实施差别化的落户政策,把有能力、有意愿、长期在城镇务工经商的农民工及其家属逐步转为城镇居民,努力实现1亿左右农业转移人口和其他常住人口在城镇落户。常住人口城镇化率达到60%左右,户籍人口城镇化率达到45%左右,户籍人口城镇化率与常住人口城镇化率差距缩小2%。

(2) 强调四化同步,深入推动新型城镇化与新型工业化、信息化和农业现代化同步发展。工业化是发展的动力,农业现代化是发展的根基,信息化为发展注入新的元素和活力,城镇化是一个载体和平台。新四化相辅相成,融合互动,从而推动现代化建设的进程。

(3) 强调优化城镇化布局,以城市群为主体形态,促进大中小城市和小城镇协调发展。适当疏散转移特大城市的经济功能和其他功能,增强城市群内中小城市和小城镇集聚经济、人口的能力。在发挥中心城市辐射带动作用的同时,要加快中小城市的发展,有重点地发展小城镇。

(4) 强调生态文明,着力推进绿色发展、循环发展、低碳发展,要节约集约利用水、土地、能源等资源,推进绿色城市、智慧城市的建设,转变城市发展模式。以密度较高、功能混用和公交导向的集约紧凑型开发模式成为主导,人均城市建设用地严格控制在100 m^2以内,建成区人口密度逐步提高。

(5) 强调文化传承,彰显城市的特色和个性,城市生活和谐宜人。体现差异性,倡导多样性,防止千城一面。城镇基本公共服务覆盖全部常住人口,基础设施和公共服务设施更加完善,消费环境更加便利,生态环境明显改善。

(6) 强调制度改革,形成有利于城镇化健康发展的体制机制。逐步破除城乡二元结构及城市内部的二元结构。通过改革来释放城镇化的发展潜力,为新型城镇化注入活力和动力。

归根结底,新型城镇化是围绕人的城镇化这一核心,不是简单追求数字指标,而是提升发展质量,实现产业结构、就业方式、人居环境、社会保障等一系列由"乡"到"城"的转变。

2.5.2 新型城镇化对城市交通的影响

新型城镇化对城市交通发展的影响主要体现在需求侧和供给侧,以及由于新的供

---

① 徐宪平. 新型城镇化主要"新"在六个方面. 根据2014年3月19日新闻发布会内容整理,详见 http://www.gov.cn/xinwen/zb_xwb01/2014-03/19/content_2641511.htm。

需模式带来的规划技术体系上的改变。

1. 从城市交通需求侧面看新型城镇化在服务空间和对象范畴内需关注的问题

（1）城市群发展给城市带来新的交通需求。在京津冀、长三角、珠三角等率先发展起来的区域，随着国家运输通道和城市群内部通道的逐步分离，城市群交通已经出现明显的多中心、网络化组织特征，城市之间的分工协作不断加强，呈现以空间连绵为主要特征的城镇密集地区，城际交通和城市交通的界限已经模糊，在交通需求分布上表现为“区域交通城市化”和“城市交通区域化”特征。在成渝、长江中游、辽中南等正处在成长过程中的区域，依托中心城市形成“点—轴”式发展模式，走廊经济特征十分明显。无论是多中心网络化，还是“点—轴”式发展，都会使支撑城市功能的交通需求向更大范围延伸，不再局限于任何预先可划定的范围之内。

（2）城市交通服务的人口数量和服务方式要适应新的需求。首先，城市要按照公平性原则，为在城市务工的农业转移人口提供与市民无差别的交通服务，因此在设施配置和服务供给方面要具有包容性，也要保有适当的前瞻性和调整弹性。其次，城市交通出行目的逐渐多元化，总体趋势是通勤、上学等刚性出行比例相对下降，而休闲、购物等生活性出行比例不断上升，这需要城市交通服务既要注重能力储备、准时准点，还要注重服务品质和出行体验。同时，城市交通出行的平均距离不断增长，其中，通勤出行距离增长尤为快速，而生活出行的距离相对稳定，这些特征对城市交通系统中的各个子系统发展提出了差异化需求。从人口结构上，随着老龄化社会的不断发展，城市交通还面临着如何为老年人提供安全、可靠、便利的交通服务的问题。此外，互联网经济和相关产业的发展催生了前所未有的、个性化的交通新需求，这是传统的城市交通系统无法妥善应对的。

（3）城乡关系转型带来城乡之间交通联系需求的新变化。随着社会经济的快速发展，中小城市吸纳的农村劳动力数量不断增加，大量务工农民居住在农村、工作在城市，以致城乡之间出现了较强的通勤联系[29]。与传统的城乡交通二元化模式不同的是，这种联系需求是搭接在传统城市交通服务上面向农村的延伸，具有鲜明的时代特征、社会属性和政策因素。这种趋势与机动化进程的叠合，使城乡之间的交通机动性显著提高，又进一步助推通勤需求增长，通勤距离更远。这些新特征和新需求的出现，势必要求我们对现有的城乡交通二元化模式进行深度调整。

2. 从城市交通供给侧面看新型城镇化深入改革的问题

这主要表现在调整和优化交通方式结构、创新交通服务方式和进行顶层战略设计等方面。

（1）从提高供给的质量和效率出发，调整和优化城市交通的方式结构。目前一些城市交通供给存在严重的结构性短缺问题，片面强调满足小汽车交通需求的道路设施建设，而公共交通、步行和自行车等绿色交通方式发展滞后。即便在应对机动化交通需求方面，也存在失衡现象，即过度重视通行空间，而忽视静态停车空间的建设和管理。另一方面，优化城市交通结构还意味着加强多模式交通体系的整合和衔接，既要注重客运和货运综合换乘枢纽的布局和建设，还要注重交通方式末端与出行目的地的高质量连接，满足城市居民出行的可达性要求。

(2) 创新城市交通服务方式，以适应城市居民多元化的出行需求。传统视角下的城市交通服务在蓬勃发展的互联网经济和大数据技术的冲击下，正在经历着一系列变革，城市交通研究者和实践者对新技术的认识和应用也处在不断探索之中。互联网技术从用于提供交通信息服务、发挥信息沟通媒介作用，现在已发展到重塑城市生产和生活模式，进而改变了城市客运和货运交通需求结构。传统的城市交通供给采用集计方式，无法反映数量庞大的、非集计的、个性化出行需求，但是基于大数据分析技术的成熟和创新应用开发，新型的城市交通供给系统要能够满足各种差异化、个性化的交通出行需求。

(3) 制定城市交通发展的顶层战略，完善战略实施保障措施和管理政策。城市交通服务具有鲜明的公共产品或准公共产品属性，是城市政府制定公共政策的重要内容。首先，城市交通涉及大量的行政管理部门、利益相关者和交通参与者，要实现公共政策的一致性和协调性，必须制定城市交通发展的顶层战略，建立城市交通发展方向、供给结构、服务标准和重大项目的基本共识。其次，要改变城市交通重建设、轻管理，重技术、轻政策的现状，加强战略、设施、技术、管理和政策的融合。此外，明确城市交通服务产品的定位，在政府供给与市场配置之间找到平衡点，更好地与市场导向相协调，充分发挥市场在配置资源中的决定性作用。

2.5.3 新型城镇化对城市交通规划技术体系的影响

1. 需要更加人性化的交通设施规划与设计

既然新型城镇化的核心是人的城镇化，那么城市交通的服务对象就应该摒弃传统的以机动车作为主要研究对象的技术体系。现实情况是，当越来越多的城市在解决了交通设施有无问题以后，市民对交通的意见不仅没有减少，反而有所增加。究其原因，使用者体验的缺失和人性化尺度的忽略是最突出的问题[30]，这关系到公平性、安全性、便捷性、舒适度、存在感和归属感。当宏大的开发计划确定以后，如何让规划设计落到实处，以每个人的视角和感受来谋划各类设施的适宜布局和功能，把人性化的口号落实在精细化设计中，是今后交通规划技术体系的重要方向。

2. 促进城市交通多学科交叉体系建设，推动多规合一

在新型城镇化背景下，城市交通系统的发展必须实现社会、经济、管理、政策和技术的多维度融合，才能全方位地满足人的出行需求。在城市交通研究领域，建立多专业的观察视角，除了传统的交通工程、城市规划专业以外，还应引入经济学、地理学、社会学、公共管理和公共政策等相关专业。在城市交通规划领域，除了与城市规划、产业规划相协调，还要推进与生态、土地、居住、人口等多项规划和计划的协同，促进多规合一。

3. 加快城市交通标准规范的增补和修订以及规划研究技术更新

在城镇化和机动化快速发展的阶段，交通规划的理念和技术方法也需要不断更新和完善。现有的一些交通规划技术规范和标准已经十分陈旧，或者内容过于庞杂，强制性与建议性条款区分不清，这些均不适应当前城市交通发展的新要求。应该明确区分规范性控制条文和技术标准指南这两类行业文件，前者应侧重于保底限，避免重大失误，后者则应鼓励和推动创新、滚动发展。

参考文献

[1] 李德华. 城市规划原理[M]. 3版. 北京：中国建筑工业出版社，2001.

[2] Castells M. The Rise of the Network Society[M]. Oxford：Blackwell，1996.

[3] Sassen S. The Global City：New York，London，Tokyo [M]. NJ：Princeton University Press，Princeton，1991.

[4] Taylor P J. World City Network：A Global Urban Analysis [M]. London：Routledge，2004.

[5] 中国铁路总公司. 中国铁道年鉴 2013[M]. 北京：中国铁路总公司，2014.

[6] 世界银行. 中国高铁区域经济影响分析[R]. 北京：世界银行，2014.

[7] 钟柯. 中国列车运行网络节点中心性度量及演化分析[D]. 北京：北京大学，2012.

[8] 刘枭，黄桂英. 都市圈研究回顾与展望[J]. 经济研究参考，2014(61)：77-83.

[9] 原新，唐晓平. 都市圈化：日本经验的借鉴和中国三大都市圈的发展[J]. 求是学刊，2008，35(2)：64-69.

[10] 姚士谋，许学强. 中国城市群[M]. 合肥：中国科技大学出版社，1992.

[11] Hall P G，Pain K. The polycentric metropolis：learning from mega-city regions in Europe[M]：Routledge，2006.

[12] Friedmann J. The world city hypothesis[J]. Development and change，1986，17(1)：69-83.

[13] Friedmann J，Wolff G. World city formation：an agenda for research and action[J]. International Journal of Urban and Regional Research，1982，6(3)：309-344.

[14] Sassen S. The Global City[J]. Global City，1991，18(3)：621-645.

[15] 谢守红，宁越敏. 世界城市研究综述[J]. 地理科学进展，2004，23(5)：56-66.

[16] Taylor P J. Specification of the world city network[J]. Geographical Analysis，2001，33(2)：121-194.

[17] Taylor P J，Hoyler M，Verbruggen R. External urban relational process：introducing central flow theory to complement central place theory[J]. Urban Studies，2010，47(13)：2803-2818.

[18] Scott A. Global city-regions：trends，theory，policy [M]. London：Oxford University Press，2002.

[19] Castells M. The rise of the network society，economy，society and culture[M]. Cambridge，MA：Blackwell Publishing Inc. Information Age Economy Society & Culture，1996.

[20] 唐子来，李涛. 京津冀、长三角和珠三角地区的城市体系比较研究——基于企业关联网络的分析

方法[J]. 上海城市规划,2014,(6):37-45.
[21] 胡序威,周一星,顾朝林,等. 中国沿海城镇密集地区空间集聚及扩散研究[M]. 北京:科学出版社,2000.
[22] 胡序威. 应厘清与城镇化有关的各种地域空间概念[J]. 城市发展研究,2014,(11):1-4.
[23] 方创琳,姚士谋,刘盛和,等. 2010中国城市群发展报告[M]. 北京:科学出版社,2011.
[24] 方创琳. 中国城市群研究取得的重要进展与未来发展方向[J]. 地理学报,2014,69(8):1130-1144.
[25] 阿塔克 J,帕塞尔 B. 新美国经济史[M]. 罗涛,等,译. 北京:中国社会科学出版社,2000:146,153,164.
[26] 吴传钧,等. 现代经济地理学[M]. 南京:江苏教育出版社,1997:254.
[27] 陈白磊. 现代交通运输背景下大城市铁路枢纽规划研究[D]. 上海:同济大学,2009.
[28] 李铁. 新型城镇化与交通发展[J]. 城市交通,2014(3):1-4.
[29] 王继峰,陈莎,姚伟奇,等. 县域农民工职住关系及通勤交通特征研究[J]. 国际城市规划,2015,30(1).
[30] 扬. 人性化的城市[M]. 欧阳文,徐哲文,译. 北京:中国建筑工业出版社,2010.

3 城市交通发展历程和问题的回顾

3.1 城市交通发展的历史回顾

3.1.1 世界城市交通发展历程

古希腊时期，崇尚小国寡民、精神富足而生活简朴的城市文化，城市街道一般比较狭窄（最窄的 1.5 m、平均 4.5 m），大多围绕集会广场修建，以便于人们活动交流。进入古罗马时期，城市被赋予重要的军事防御功能，同时也作为统治阶级权利的象征，全社会倡导、追求物质生活享受。相应地，城墙＋环城道路为城市空间典型格局，城市道路大多为网格状，宽度 6～12 m，便于军队快速调动[1]。

公元 476 年西罗马帝国覆灭后，欧洲进入了长达 1 000 年的中世纪。在中世纪前 500 年，城市发展遭受毁灭性打击，几乎没有任何城市发展的新迹象，古罗马时期的殖民城市、四通八达的道路网络日渐颓败消失。直到公元 10～11 世纪之后，随着地中海商业贸易复活，欧洲城市才逐渐复兴。这一时期，城市的本质是商业性的，一切活动围绕商业利益进行，城市空间分配也重点体现商业价值，从而形成了教会、市场、城墙三大城市要素。在商业城市驱动下，城市交通也体现了市场需求，以市场作为道路汇集点，出现以市场为中心的蛛网状道路布局。同时，为便于商业交易，对罗马网格式街道进行加密、缩窄，并普遍形成市场侵街的状态，原本规则的道路网也逐渐变得不规则。

中世纪后期文艺复兴、宗教改革活动进一步推进，"个人精神"兴起，民族国家崛起。作为君权象征，城市建设强调浮华、夸张，开始大兴土木，对中世纪狭窄的城市道路、广场等进行重新规划和改建。城市道路按直线型发展，大部分活动沿交通线展开。这些改建一方面是满足轮式车辆交通运输需求，另一方面也体现了道路、广场作为阅兵场所的新功能。

18 世纪中叶开始的工业革命带来了城市发展史上一个崭新的时期，城市快速发展，发生了巨大的变化。工业化促进了城市化进程，从 1801 年到 1851 年，英国城镇人口比例从 26%增至 45%，到 1900 年上升到 75%，英国成为世界上第一个城市化的国家。同时，工业生产方式引起了城市性质的变化，城市类型增加，原有的大城市发展成为工业、商业、金融、贸易中心。大工业生产方式也引起了城市空间结构的变化，城市的工业区、仓储区、商业区、居住区开始明显分化，对外交通、行政、教育等设施开始出现。为了支撑城市空间的快速扩张，工业化时期交通工具发生了革命性变化：1830 年第一条蒸汽机铁路在英国问世，1863 年伦敦开通世界第一条城市地铁，1881 年第一条城市有轨电车在柏林开通，1886 年汽车问世，1901 年第一条无轨电车投入应用。另外，1857 年电梯问世，从而为高层建筑与高密度开发建设提供了竖向交通保障。同样也是为了加速城市扩张，城市道路大多采用简单、实用的方格网布局，并加大了对既有城市道路优化、改造，以适应新的交通工具使用。

第二次世界大战结束后，欧洲经济逐步复苏，新建筑运动思潮兴起。随着新技术不断问世，铁路、汽车等交通工具的普及对城市发展产生重大影响。为满足城市扩张与小汽车交通的大规模使用需求，大城市普遍形成了放射路＋环路的道路格局(图 3-1)。

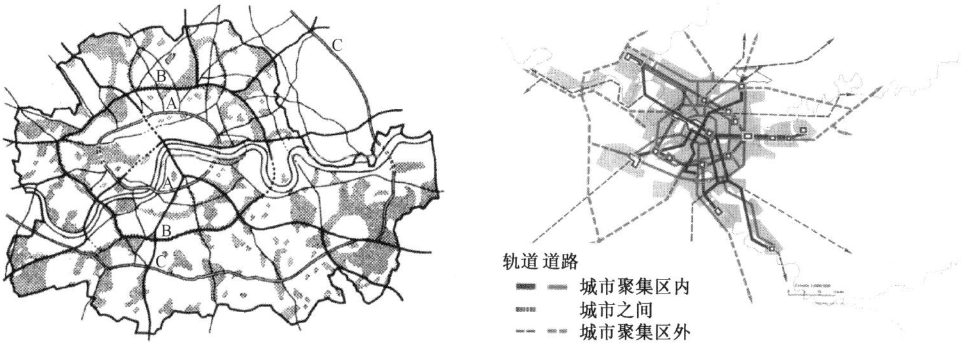

(a) 1944 年伦敦市中心区道路网规划　　(b) 1976 年巴黎大区交通网络

图 3-1　放射＋环线的道路网络布局

1776 年美国独立至 1920 年期间，是美国工业化主要发展阶段。运河、铁路的发展，西部贵重金属的开采，逐步形成美国东北部、中西部和西部三大城市发展带。这一时期城市发展的主要特点有：①城市规模扩大，人口增长迅速；②住房短缺问题突出，卫生状况恶化；③缺乏对私有土地和房产的控制，土地投机拍卖盛行，形成网格状街道与混杂的用地功能；④社会阶层分化逐步显现，出现城市郊区化。工业化时期运河与铁路大发展，支撑中部、西部城市扩张；城市内交通主要以马车和电车为主，大多数仍然是步行尺度的城市。

第二次世界大战结束后，美国城市迈入居住、制造业、零售业、办公业全面郊区化的进程。城市中心兴起以清除贫民窟为代表的城市更新运动，城市及周边地区则兴起大都市区建设，形成各类大都市区规划组织。这一时期城市建设呈现突出的低密度、无序蔓延现象，城市拥堵、污染等大城市病显现。同时小汽车迅速普及，洲际高路网建设全面完成，公交系统逐渐退化，人车矛盾突出。20 世纪 90 年代后期，随着冰茶法案、续茶法案、SAFETY-LU 等法案颁布，美国城市交通系统发生了转变，由原来小汽车单一模式向包含公交、步行等在内的多模式交通体系转变。

一般来说，世界城市交通发展历程大致可划分为 4 个阶段：第一阶段是以步行、非机动化交通工具为主；第二阶段是以常规汽电车为主的传统公共交通阶段；第三阶段是以私人机动化交通工具为主的现代个体交通阶段；第四阶段是以地铁、轻轨等快速轨道交通为主的现代公共交通阶段。

由于城市发展的历史阶段和背景不同，不同城市也呈现各自的特点。以纽约、伦敦、巴黎、东京、新加坡这 5 个世界级城市为例：纽约由于免受第二次世界大战破坏，城市发展成熟较早，都市圈的形成和成熟也领先于其他城市；伦敦、巴黎和东京的城市发展基本以第二次世界大战结束后的重建为起点，20 世纪四五十年代开始进入大都市快速发展阶段，并在 20 世纪 80 年代左右形成繁荣的大都市圈；新加坡相对属于新兴城市，在 20 世纪 60 年代左右开始经济腾飞，城市快速发展，并在 20 世纪 90 年代达到发达国家水平，成为国际大都市。

1. 美国纽约

20 世纪 20 年代，随着汽车工业的快速发展，纽约市政府加大了道路基础设施的投入，供给能力大体与交通需求相适应，推动了汽车进入家庭。从 1900 年到 1920 年，纽约市小汽车由 1 396 辆增加到 25 万辆。这一阶段小汽车发展迅速，纽约市的公共交通系统开始萎缩。

随着小汽车数量的增多，原有道路无法承载迅速增加的通行需求，纽约的交通也变得拥堵不堪。1940 年，纽约的交通拥堵达到了令人难以忍受的程度，城市人口停止增长，大气污染严重，经济发展受阻。

交通拥堵严重影响了环境、公众健康及城市的经济发展，从 20 世纪 40 年代到 60 年代，纽约开始重视发展公共交通。公共交通逐渐成为城市交通的主体，约占总客运量的 75%(其中轨道交通占 50%以上)。同时，轨道交通的发展改变了纽约地区的发展形态，使城市沿轨道交通走廊轴向伸展。

自 20 世纪 80 年代起，纽约开始强调各种运输方式的协调发展，其宗旨是促使各种交通方式经济上有效、环境方面友好、能源利用高效。

2. 英国伦敦和法国巴黎

在伦敦的交通发展史上出现过两次较大的危机：第一次于 19 世纪中叶，由于城市的不断扩张，交通总量不断发展，城市交通出现了危机，处于停滞状态。对此，伦敦采取改善原有道路系统和将客运铁路引入市内的办法，很大程度上缓解了交通紧张状况。由于经济的发展和伦敦市区的不断外延，19 世纪末出现了第二次交通危机，伦敦采取的办法是大量修建地铁。至 20 世纪初，伦敦已经具备了较为完善的内城地铁系统，逐步形成了近 400 km 地铁和 3 000 km 市郊铁路，在解决城市交通问题上发挥了骨干作用。由于城市土地利用的合理规划以及轨道交通的引导作用，城市由同心圆环发展模式转换为以交通走廊为依托的发展模式，通过建设新城镇减轻中心城的交通压力，是伦敦城市交通的一大特色。至 1983 年，英国总共建设了 28 座新城，中心城区的人口从 1960 年的 800 万下降至 650 万。

巴黎于 20 世纪初就对城市交通进行了规划，在小汽车快速发展并造成城市交通拥挤后，巴黎迅速开发以城市快速铁路和地铁为主的轨道交通，形成了内外衔接、较为完善的公共交通体系，将市中心与近郊就业区、生活区及远郊 5 个卫星城镇有机连接起来，逐渐形成多中心的城市结构；同时注重对私家车的需求控制(实行小汽车进入市区的准入政策)，通过经济手段调节出行结构。

3. 日本东京

东京是世界上人口最多的城市，20 世纪 60 年代，东京的交通问题日益突出，政府历经20余年的努力才使问题基本上得以解决。东京解决城市交通问题的重点是大力发展以轨道交通为主的公共交通系统:东京大都市圈人口3 200多万,拥有一千多公里地铁和轨道,铁路密度高达0.48 km/km^2,远高于巴黎、伦敦、柏林和纽约。轨道交通系统每天运送旅客2 000多万人次,承担了东京全部客运量的86%。与世界其他三大都市的主城区相比,东京主城区轨道交通出行比重达到58%,而纽约、巴黎、伦敦三大城市则分别为29%,26%,19%。在早高峰时的市中心区,有91%的人乘坐轨道交通,而乘坐小汽车的仅为6%。同时,为发挥轨道交通的最大作用,东京通过建设综合性枢纽,有效地将高速铁路、城市轨道交通、地面公交、汽车停车和商业布局有机地联系在一起。此外,在注重交通管理现代化的同时,制定了相应的交通需求管理措施,通过经济杠杆(提高停车费用等)调节进入市区的机动车需求,引导和鼓励居民使用公共交通系统,使公共交通在城市交通中始终处于主导地位。

4. 新加坡

新加坡国土面积仅为700多km^2,人口却有550多万,人口密度达到7 697人/km^2。自20世纪80年代以来,新加坡和许多高速发展的城市一样面临日益严重的交通压力。为此,新加坡政府不断加大发展公共交通的力度,制定和完善城市交通总体规划,投入巨额资金,加快城市陆路交通网络的建设,引进先进技术改造交通指挥和通信系统,并于1995年9月成立了新加坡陆路交通管理局,旨在制定交通政策、规划和发展公共交通系统以及负责交通管理和道路基础设施建设。由于国土狭小,土地资源十分有限,新加坡采取了科学规划城市的举措:概念性规划为前瞻性的土地利用和交通综合规划,指导新加坡在未来40～50年的发展方向,每隔10年调整一次;总体规划每隔5年调整一次,并形成了一个完整的规划体系。新加坡地铁和轻轨的规划和实施只用了10年的时间,10年前就为这些交通项目预留了土地。目前,新加坡全国公路干线长度已超过3 000 km,构筑起高度发达的立体陆路交通网络,以地铁和轻轨为主线,以公交车和出租车为辅助,基本解决了城市交通的拥堵问题,实现了城市交通快捷、便利与舒适的目标。新加坡极力推崇“对门”交通和“无缝”交通,力图将人们的工作、购物等各种活动用公交系统紧密地连接起来,使居民在不同交通工具转换间所需的步行距离控制在合理的范围内,从而真正体现出公共交通的便捷。

3.1.2 我国城市交通发展历程

我国古代,人们为了生存,尽量沿河生活,水上交通就成为最早产生的运输方式。在陆上交通方面,驯马牛以为陆运工具出现得最早,此后出现马牛拉车而促进了道路的人工修筑,直至出现丝绸之路。近代工业发展的起步带动了铁路和航运的发展,但是政治动荡和战争动乱制约了城市交通发展。1949年后中国城市交通则经历了大致三个发展阶段:

首先是平静的起步发展阶段(1949年至改革开放前)。新中国成立初期,对城市进行了新的建设和改造，原有破烂不堪的道路得到了整治，城市开始建立起较为合理的道路骨架系统，在一些重点城市中进行了大规模的基础设施建设，道路条件明显改善。到1957年底，全国城市道路长度和面积分别比1949年增加64%和71%。这一时期，与居民收入水平相适应的自行车作为城市居民主要代步工具得到了迅速发展。而同期的汽车增长比较缓慢，道路容量大于交通量，因而城市交通比较畅通，车速稳定。至改革开放以前，我国长期实行严格限制农业人口向城市和非农产业转移的政策，限制了城市化水平的提高，城市交通的发展总体处于一个沉寂时期。

随后是充满活力、矛盾初显的交替发展阶段(改革开放至20世纪90年代末)。1978—1995年期间，我国城市化水平增长至改革开放以前的大约3倍，成为新一轮城市道路建设的推动力。进入80年代后，由于城市基础设施建设投资不足，造成严重的供需失调，各大中城市普遍产生交通问题。为求改变交通面貌，不少大城市开始建设环路、大型立交、高架道路、地铁，由于交通需求同样增长迅猛，交通基础设施的建设仅仅局部、短时间地改善了城市交通。这一时期，城市交通拥堵问题开始显现，且日益严重，主流交通政策力图通过不断加大交通供给满足交通需求的快速增长，却出现了“路越修越多，车越来越堵”的局面。

随之而来的是矛盾凸显的小汽车交通蓬勃发展阶段(2000年至今)。针对快速发展的小汽车，出于拉动经济发展等多方面目的，大部分城市没有采取严格的限制措施，基本政策导向是鼓励拥有。国家有针对性地取消了各地对小排量汽车的限制措施，通过了汽车购买税收优惠措施等。这些政策没有充分考虑我国城市进入机动化的前提条件和面临的具体实际，即城镇化和机动化在短时间内集中发生以及二者间的强关联作用。修建道路、完善设施、严格执法、宣传教育、智能管理等各种手段纷纷登场。但是，交通拥堵还是如期而至，迫使城市的节奏放慢，大气污染、噪声污染、视觉污染、空间侵占，市民的工作生活开始受到严重影响。当逐渐认识到受到资源制约的交通供给永远无法满足无节制的交通需求的事实后，国内各大城市开始重新反思城市交通发展政策。北京、上海、广州、天津等大城市纷纷确立优先发展城市公共交通的战略。在公交优先发展的政策指引下，各大城市先后制定了大规模的轨道交通建设规划，“以轨道交通为骨干，常规公交为主体，其他公共交通方式为补充”的公共交通发展目标日渐明晰。这一阶段，除公交优先政策之外，很多管理者和学者也提出应综合运用结构合理的基础设施建设、优先发展公共交通系统、结合土地利用的交通引导型城市发展模式，以及多样的交通需求管理等措施。

3.2 相关学科对城市交通的研究

钱学森先生强调：“城市建设要有规划，要搞城市学的研究，都是说整体考虑的重要性。城市也是一个大系统，没有系统的整体考虑怎么行!”城市科学是以城市为研究对象的学科群体。概括起来讲，城市学从整体上研究城市产生、运行和发展；城市经济学研究城市中的经济活动；城市社会学研究城市居民各类社会活动的形态与对城市发展的影响；城市生态学研究人的活动与城市所处的环境；城市规划学研究城市未来的空间安排；城市地理学研究城市职能的位置关系；城市人口学研究人口对城市社会、经济、生态、交通等各方面的影响以及各类城市的适宜人口数量。

城市交通是城市最基础、最关键的元素。城市交通学研究城市交通与城市肌理、结构、形态、组织、运行等的关联和对其产生的影响，它与城市社会学、城市规划学、城市地理学、城市生态学、城市经济学等学科之间既相对独立又具有交叉属性。

3.2.1 城市交通学与社会科学

交通既是社会的要素，又是一个小社会。作为社会系统的大动脉和重要的社会现象，交通具有鲜明的社会公益性；作为重要的经济部门，交通运输生产，具有半公共性。作为人类的行为本能，交通具有人文性和社会性，它本身就是我们人类的生活内容。

城市交通与社会的发展密切相关，主要表现在如下方面：交通是社会生活的必要条件，更是现代人实现自身价值的重要中介；有利的交通区位是进行社会、经济和文化活动的重要条件；交通发展影响人口迁移方向；交通方式的革新促进了社会的转型。因此，城市交通学的研究离不开城市社会学。

在研究方法上，城市交通学和城市社会学互相取长补短，在研究内容上相互融合，并由此发展出交通社会学。交通社会学是探索社会交通行为、交通现象以及交通行业良性运行和整个交通系统与社会协调发展规律的一门社会科学。交通社会学是交通科学和社会学的交叉科学，具有三方面的内涵：

(1) 用社会观和社会学理论与方法来研究交通系统，属于应用社会学。首先，它用社会观和社会学视角审视交通现象、交通行为以及交通行业。把交通看成社会系统内的要素，看成联系各种社会要素的网络和社会有机体的循环系统，对交通的立论有别于其他交通科学。其次，用社会学理论和方法研究交通系统。所运用的社会学理论有社会有机体论、社会运行论、社会文化理论、人学思想以及社会变迁理论等；所采用的社会学研究方法有结构功能分析方法、系统方法、实证研究方法等。

(2) 将交通置于社会系统之中进行研究。交通社会学将交通看成社会要素，不像交通工程学将它看成技术改造对象，也不像交通经济学将它看成经济元素。研究重点在于交通的社会属性、内外关系以及在社会系统中的运行机制。

(3) 交通社会学不仅研究交通的静态关系，而且还研究交通的动态运行过程。静态研究主要是探究交通的不变性质、固定的内外关系和稳定的内在结构以及其他的静态表象。动态研究主要是探究交通的历史发展、动脉循环和运行机制以及其他的动态表现。

社会科学不仅直接介入城市交通领域的研究，其本身产生的大量研究成果，也不断为城市交通提供新的理论和方法，促使其在融合中变革。

例如，与城市交通学具有密切联系的政策科学，近年来取得了非常值得关注的成果。政策科学也称政策分析，是对政策的调研、制定、分析、筛选、实施和评价的全过程进行研究的方法。在早期的研究中，拉斯维尔（Harold Lasswell）所提出的决策过程理论主导了政策过程的研究，认为政策过程是由情报（Intelligence）、提议（Promotion）、规定（Prescription）、合法化（Invocation）、应用（Application）、终止（Termination）、评估（Appraisal）七阶段所构成。其后，加里·布鲁尔在七阶段决策过程理论基础上提出了由创始（Initiation）、预评（Estimation）、选择（Selection）、执行（Implementation）、评估（Evaluation）、终止（Termination）构成的阶段启发框架，并在20世纪70—80年代，形成了一种有用的分析工具。针对政策阶段启发框架对如何进行政策议程设置缺少正面回答的问题，金登[2]有针对性地提出了多源流分析框架，说明了问题源流、技术源流和政治源流三者的概念，以及其通过政策窗口进行耦合的过程。问题源流是指需要政府行动来解决的问题的觉察过程，阐述问题是如何引起相关方注意的；技术源流则是说明通过技术分析形成政策建议产生、讨论、重新设计以及受到重视的过程；政治源流是指对问题解决产生影响的政治过程，主要由公众舆情、意识形态、利益集团间的竞争等因素产生作用。一般情况下，三股源流相互独立、互不相交，只有在作为关注和提案机会的“政策窗口”打开时才形成交汇，从而完成政策的决策。

现代意义上的社会科学已经摆脱了纯文科的形象，作为控制论分支的社会控制论，就是用控制论方法研究社会系统的学科。N. 维纳1948年曾经指出[3]，用控制论方法研究社会系统有两个主要的困难：①由于观察者会对被观察对象施加巨大的影响，很难像物理实验中那样将观察者与被观察对象间的耦合降到最低限度。②社会科学家没有从与时间、地点无关的角度来冷静地观察研究对象的那种条件。1975年，罗马尼亚的控制论专家内戈伊策（Liviu Gheorghe Negoiţă）在第三届国际控制论与系统大会上提出退馈原理，认为前馈和反馈都是在系统外部研究系统的行为，属于行为研究方法。研究人体系统和社会系统则往往要从内部干预，属于结构研究的范畴，应使用退馈的概念，这一概念成为社会控制论的核心。1978年，在阿姆斯特丹召开的第四届国际控制论与系统大会上，社会控制论正式定名，作为一个学科而登上科学研究的舞台。退馈的概念特指处于系统内部的观察者通过重新审视，将对系统的“自我认识”升华到更高的综合水平。这就宛如后退一步，从更高、更广的境界来认识研究对象，并调整对系统的控制方法。也就是说，“退馈”强调要正视自身认识局限，不断重新审视对问题的理解，修正认识偏差和纠正行动错误。对于社会系统控制者来说，置身于系统之中时，往往不能全面准确地认识受控系统所产生的错误，只有让自己暂时退到系统之外，或者借助于系统之外的视角，才能较准确地掌握系统误差，以便于更加准确地控制。近年来，城市交通领域内不断出现的新服务模式和新问题，促使我们思考及时发现新问题的理论方法，以避免受制于“模型”“仿真”等建立在已有经验基础上的分析手段的束缚。

3.2.2 城市交通学与地理学

城市地理学是研究城市(镇)的形成、发展、空间结构和分布规律的学科。城市地理曾经是聚落地理学的一部分,它着重从空间观点研究个别城市或区域城镇体系的功能结构、层次结构和地域结构。

城市地理学在研究过程中也常借鉴城市交通的研究成果,将城市路网、交通区位、空间可达性等纳入地理学的研究范畴;城市交通学在研究城市交通状况时也需将城市地理条件纳入交通规划设计考虑因素。二者在研究过程中相互借鉴,共同发展。

二者都以城市为研究对象,但是侧重点和研究方向具有很大不同。城市地理学是一门地理科学,是研究城市地域状态和分布规律的一门地理科学。城市交通学侧重对城市基础设施规划、网络布局、系统运行的研究。

交通与城市的发展密切相关,城市地理条件也影响着城市交通方式的选择。如株洲市沿京广铁路线延伸,被称为“火车拉来的城市”,武汉市沿长江两岸发展,嘉兴市沿沪杭铁路延伸,皆是城市交通与地理学相融合的典型案例。

城市交通与地理密切相关,并由此衍生出交通运输地理学分支学科,研究交通运输地域组织的规律。其核心是研究交通网(包括线网、枢纽和港站)的结构、类型、地域组合及其演变规律;同地区间的运输经济联系、经济发展水平和人口分布有紧密联系的客、货流的产生与变化规律;交通运输在地域生产力综合体形成与发展中的地位与作用。

按研究对象的内容,分为交通网地理、客货流地理以及作为整个学科理论、方法基础的理论交通地理;按研究对象的类别,分为部门交通运输地理、区域交通运输地理和城市交通运输地理等。该学科具有明显的地域性与综合性,特别注意地理环境(自然条件、经济地理环境、社会文化环境)与交通运输的相互作用和影响,大量采用区域对比、系统分析与空间区划等方法,并十分重视交通运输网络系统各组成部分的综合研究,以及影响其形成因素(自然、技术、经济等因素)的综合分析。拉萨机场的选址考虑了城市地理地形、风力风向、噪声、城市干扰等因素的影响,而落定于西藏自治区山南市贡嘎县甲竹林镇,坐落在壮丽的雅鲁藏布江南岸,这是典型的交通运输地理学的应用(图 3-2)。

交通运输地理学的基本任务有以下几点:根据有关生产力布局方面的要求,进行客货流和交通网的调查与规划;各种运输区划;交通运输布局的条件评价和经济论证;解决交通运输发展中的各种经济地理问题;以及参与国土规划、经济区划、区域规划、城市规划、工业布局和其他生产力布局等任务中有关交通运输问题的研究工作。其目的在于促使交通运输地域组合的合理化,从而取得最佳的社会经济效果。

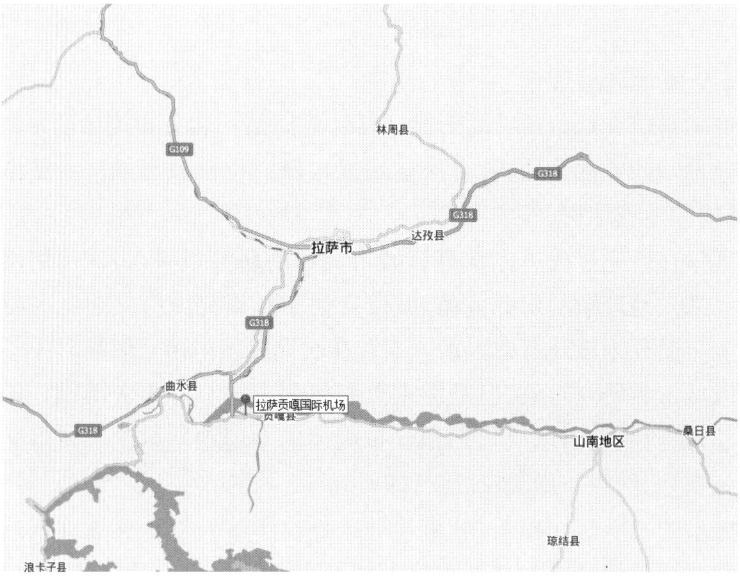

图 3-2　拉萨机场选址示意

20 世纪 60 年代以来，地理学发生了重要的转型，将关注重点从空间转向空间中的行为，由此诞生了行为地理学。尽管人文地理学始终将自己的任务视作从人的角度更深入揭示人工环境（如社会、城市）与人类之间的关系与规律，或者更确切地说，从某种环境条件下人所产生的行为以及这些行为背后的决策过程出发来推论空间形态的特征。但是传统的区位论和中心地理论暴露出与真实世界不符且对真实世界的预测能力较低的缺点。为此，行为地理学尝试建立基于个人决策过程来理解空间现象的模型、尝试取代区位论、中心地理论甚至微观经济学的汇总规范模型成为行为地理学初期研究的理论目标（表 3-1）。

表 3-1　　行为地理学的主要研究领域

领域	方向	概　　述
人类行为与地理环境	环境知觉与认知	环境知觉是人们在环境外观感受的基础上对地理环境的整体认识和综合解释的过程
	地理物象	地理物象是指地理环境以及事物通过知觉、认知过程反映在人们头脑中的形象，是知觉判断、地理优选以及决策行为形成的基础
	物象评价与外在行为	人类的外在行为是以地理物象为基础的，人们所做出的决策行为是人们对地理物象评价后而产生的相应结果。对地理物象的评价过程实质上是一个动机产生和决策形成的过程，这一过程往往从心理图谱的分析入手

（续表）

领域	方向	概　述
人类活动的行为空间	通勤活动的行为空间	这一行为空间是由持相同目的的通勤者和通学者所构成的，居住地和工作地、学校的场所，以及可以利用的交通手段决定通勤和通学的行为空间特点
	购物活动的行为空间	购物活动是人们日常行为活动的重要组成部分，与消费者自身的行为特征、商业环境、居住环境及社会环境四方面因素有关
	交际与闲暇活动的行为空间	朋友、同事、邻里和亲属之间的交际活动是闲暇活动的重要组成部分，交际活动行为空间也有其规律性。从总体上看，邻里、同事、友人之间的交际活动随距离的增加，交际次数减少；亲属之间的交际活动则较少受距离的限制。时间较长、距离较远的交际活动大多又与旅游活动有关
	人类迁移活动的行为空间	迁居活动是人们从原居住区向新居住区的空间移动。迁移行为决策的产生，是由于迁移者认为在目前自己居住区位以外的某一区位能更好地满足自己的意愿。从人类行为的角度研究迁移活动的行为空间了解有关迁移空间行为的规律，以便用来揭示迁移行为的机制和模拟未来的迁移活动

行为地理学与城市交通的最大契合点在于它对交通产生的根本问题——出行行为的研究。其对于出行行为的关注更多的是出行行为本身的再现和规律探讨，并且借助空间行为模式研究行为决策，探讨人的行为特点及其对城市环境和规划决策的影响。行为地理学在对于出行行为的研究中，往往把出行看作是人们为了顺利进行各项活动而用时间交换空间的位移过程，从行为决策的角度进行研究，通过构建离散选择模型对出行行为进行描述和预测。

20 世纪 90 年代中后期进入成熟发展阶段的时间地理学，其突出特点是采用“空间上的区位、面积上的拓展以及时间上的持续”来描述行为（活动）所受到的制约。近年来其研究提升了对虚拟空间关注，融入了 GIS 技术，推进了在城市规划和城市问题研究中的应用，进入了一个全新的发展阶段。

当代时间地理学观察角度具有几个方面特点：

（1）将对于活动行为本身的研究从物理空间扩展到虚拟空间。由于通信技术发展的影响，人际交往从物理空间延伸到虚拟空间，很多活动在没有空间移动的情况下仍然可以完成。空间限制不仅是物理的，也可以是虚拟的；时间限制可以是同步的，也可以是异步的。据此认为人类交流分为四种模式：①同步物理到场，即传统的面对面交流；②同步虚拟到场，即只要求时间同步（其典型是通过电话的交流），允许人们在同一时间不同场所实现交流；③异步物理到场，例如书面留言等，只要求空间的一致性；④异步虚拟到场，例如通过电子邮件、微信等方式，在不一致的空间和时间中完成交流。活动模式改变了传统理论中的组合制约（个人或者集体从事某项活动必须与其他人或者物的路径同时存在于同一场所），虚拟空间行为弱化了时空制约条件的影响，改变了人的生活模式。

（2）融入情感因素的行为过程研究。伴随人文地理学领域内对个体“选择”与“能动性”的重视，时间地理学开始关注从人的主体性角度理解行为与所处时空间的关系。尝试将行为者在活动过程中的心理感受加以标记，并整合到时空路径中，通过引入态度、偏好等概念说明行为过程中个体主观差异的影响。

(3) 行为主体假设的分解。在传统时间地理学中，其均质化个体的假设和标准化外部空间的定义均带有较强的男性行为主体的印迹。伴随研究对象细分的需求发展，近年来增强了对女性和各类弱势群体的时空行为模式的关注。特别是在对日常行为的研究中，注意到女性社会地位、家庭责任、情感变化的特殊性。

3.2.3 城市交通学与规划学

在城市规划学科发展过程中，在建筑学、城市交通和人文科学等方面汲取了大量的知识，不断巩固、充实了学科的内容和方法，逐步构建了自身的体系结构。其中与交通相关的主要理论理念包括田园城市、广亩城市、线形城市、新城市主义、精明增长、紧凑城市、公交都市等。

城市规划中包含着交通规划的一部分知识，而城市的交通规划又是城市规划的重要组成部分。城市的规划决定了交通发展的前提、依据、环境和条件，但是城市交通又在某种意义上决定了城市规划的形态、布局、网络和动脉。城市干道系统，特别是轨道交通巨大的社会经济效应，使之成为发展城市经济、改善产业结构、提高市民生活水平的重要手段，成为促进城市可持续发展的主要动力。

丹麦首都哥本哈根为防止城市“摊大饼”式向外扩张带来的问题，在 1947 年提出“手指规划”方案，并提倡建立“自行车城市”(图 3-3)。为此，哥本哈根城市规划与交通的紧密衔接，相互配合，从交通方面提出诸多支撑方案。这是城市交通学与规划学融合的最著名的成功案例。

(a) 城市空间形态　　(b) 城市街景

图 3-3　哥本哈根“手指布局”与“自行车城市”

近年来,城市规划与交通规划之间越来越呈现出相互融合协同的趋势。2014 年欧盟发布《可持续城市移动性规划》(*Sustainable Urban Mobility Plan*, SUMP)编制与实施导则,作为指导新时期欧盟城市交通发展规划的纲领性文件。经历道路交通(traffic)和交通运输(transportation)规划,SUMP 被视为一种全新的规划理念和规划范式,可以说其中包含了大量将交通与土地开发、公共服务设施紧密协同规划的内容。

与传统交通规划相比(表 3-2),SUMP 的突出特点表现在以下三个方面:

(1) 规划视角由交通(traffic/transport)转向人的移动(mobility),由此带来规划目标、规划思想、规划成果及编制和评估手段的一系列变化。SUMP 认为公共服务与设施的可获得性(accessibility)是城市移动性规划的目的,交通只是达成这一目的的手段。SUMP 的一个基本原则是,使用尽可能少的交通为城市居民提供出行服务。更少的交通,意味着更少的能源与资源消耗,更少的污染,更低的成本,更少的交通事故等。传统对交通流通行能力、移动速度的关注,也进一步转向对可达性与生活品质的追求,对经济活力、社会公平、公众健康和环境质量等多维度的关注。

(2) 注重多方参与和多部门决策协调。SUMP 认为人的活动需求是城市移动性规划的核心。因此,规划编制过程中公众和相关利益团体的共同参与尤为重要。只有公众和相关利益团体全程参与,才有可能认可和支持 SUMP 的理念并付诸实施。同时,SUMP 着重强调了与其他相关政府部门决策协调的重要性。提出要打破基于行政管理的边界,服务于人的实际活动(尤其是通勤)空间;跳出在交通行业内部编制规划的约束,与土地利用、经济发展、环境保护、能源、公众健康等相关部门协调;摈弃按照单一

表 3-2　　可持续城市移动性规划与传统交通规划对比

项目	传统交通规划	可持续城市移动性规划(SUMP)
规划关注点	交通	人的出行
规划目标	交通流通行能力与移动速度	可达性与生活品质,同时注重可持续性、经济活力、社会公平、公众健康和环境质量
规划思想	分方式的独立系统	不同交通方式协同发展,并向更清洁、更可持续的交通方式转变
	基础设施建设导向	一系列整合行动计划,成本—效益高的综合解决方案
规划成果	行业内部规划报告	与相关行业(如土地利用和空间规划、公共服务体系规划、公众健康规划等)整合、互补的规划报告
	中短期实施规划	与长远目标、战略相协同的中短期实施规划
	基于行政管理边界	基于人的实际活动(尤其是通勤)空间边界
规划编制	交通工程师	多学科背景构成的规划团队
	精英规划	公众和相关利益团体(stakeholders)共同参与
规划效果评估与调整	有限的效果评估	定期规划实施效果监测与评估,适时启动规划完善程序

交通方式编制规划的思路，围绕人的需求整合各类方式，并将资源分配向更清洁、更可持续的交通方式倾斜。

（3）建立定期监测、评估和报告规划实施效果的制度，适时启动规划完善程序。SUMP 设定可度量的城市移动性规划绩效目标，并通过建立一整套指标体系监测和评估绩效目标的实现程度，由此对规划目标和（或）方案提出修正措施。SUMP 还建立规划绩效报告制度，定期公布规划实施效果。公众和相关利益团体可以及时掌握这些信息，以更好参与规划编制、实施与修正过程。

3.2.4 城市交通学与生态科学

生态学科已经成为一门研究人类与自然的综合学科，其与社会学、经济学等人文学科进行相互渗透和“杂交”，而且生态学的基本原则已经被看成是经济持续发展的理论基础，基于生态学原则的生态城市理论也得到普遍重视，被认为是能够实现持续发展的未来城市范式。

从交通规划的理论研究角度来看，城市交通污染问题、城市客运交通供应方式失衡和需求膨胀带来的交通服务效率的降低（交通拥堵）、交通安全恶化、交通公平问题也亟待缓解。而且随着城市居民社会经济水平的提高，人们对交通服务水平和交通环境必将提出更高的要求。这些现实需要都成为城市交通学科更加多地融入生态科学成果的原动力。

城市生态学是城市学、城市规划与生态学、人类生态学相互交叉、相互融合形成的一门新兴科学，是根据生态学研究城市居民与城市环境之间相互关系的学科。城市生态学认为从城市发展的全过程来看，城市交通问题既具有不可避免性，又完全具有可将其调控、限制在一个微小幅度之内的可能性。生态学思想及其观点的介入，使这一可能性更加明显。要解决城市交通问题，完全可以也应当从协调城市社会经济发展与自然环境及自然生态系统的关系角度来入手。生态交通的建立首先必须按照生态学和城市科学原理，将住宅、交通、基础设施及消费过程与自然生态系统融为一体，通过科学合理的交通规划，利用生态工程、环境工程和社会工程等手段，合理开发和利用土地等自然资源，提高人类对城市生态系统的自我调控能力，促进城市经济和环境的协调发展。因此，用全面、系统的生态学观点指导交通规划和建设，是解决城市交通问题、促进城市交通可持续发展的重要途径之一。

生态城市（英文说法有 ecocity，ecological city，ecopolis，ecoville 等），又称生态社区（eco-community），它是源于现代生态学发展起来的城市理论。认为城市发展存在生态极限。其理论从最初在城市中运用生态学原理[4]，已发展成包括城市自然生态观、城市经济生态观、城市社会生态观和复合生态观等的综合城市生态理论，对城市弊病从生态学角度提出了一系列的解决办法。

罗斯兰（Roseland）认为[5]，“生态城市”包括了以下所有理念（图 3-4）。

可持续发展
(Sustainable development)

健康社区
(Healthy Community)

社区经济开发
(Community Economic Development)

可持续的城市发展
(Sustainable urban development)

生态城市
(Eco-Cities)

优良技术
(Appropriate)

可持续的社区
可持续的城市
(Sustainable Community)
(Sustainable City)

社会生态
(Social Ecology)

生物区域主义
(Bioregionalism)

土著人世界观
(Native World View)

绿色运动
绿色城市/社区
(Green City/community)

生态城市理念并非独立存在，而是与其他相关理念并存和包含了其他理念；该图特意不使用箭头，不用线条，没有边界，但它仍应被视为一个整体的图示。

图 3-4　生态城市概念的含义[5]

当今社会，生态城市已经不再是停留在理论上的理念，而成为许多城市的实践行动。

瑞典的斯德哥尔摩 2007 年被欧洲经济学人智库评为全球宜居城市，2010 年被欧洲委员会授予“欧洲绿色之都”称号，离不开在交通、资源回收利用等领域所取得的成果，是城市交通与城市生态相结合的典型案例。

在交通方面，斯德哥尔摩通过一系列创新措施来实现绿色交通(图 3-5)：首先，在市中心建设功能混合的生态住区来减少出行需求，降低私家车使用；其次，通过改造街道来增加步行和自行车道，建设轨道交通，增加通勤公交运量，使每平方千米城市用地的步行和自行车道长度达到 4 km，人均专用自行车道达到 1 m；再次，在市中心易引起交通拥堵的地区征收每天最高 6 欧元的通行税，提高了拼车和非机动出行比例；最后，大力鼓励交通工具使用可再生能源。在这些政策的综合作用下，全市 93%的居民采用步行、骑自行车或乘坐公交上下班。

图 3-5　斯德哥尔摩的轨道交通与自行车

3.2.5 城市交通学与经济学

从城市经济发展的轨迹，不难看出，城市交通与城市经济的发展有直接的内在关系，城市交通是城市经济活动有序进行、推进城市经济发展的前提；交通运输业还是国民经济的重要支柱性产业，不仅自身创造着巨大的社会经济效益，同时在促进其他各行各业的发展中也起着不可替代的重要作用；交通还影响着城市的产业布局，交通条件是城市产业区位选择和城市产业布局调整的重要因素；交通从吸引资本的投放以及促进人们的活动两方面对城市经济发展的市场环境。

城市经济学主要运用经济学规律分析交通需求与供给、交通成本、价格与服务、交通投资、效益与政策等。经济学相关研究聚焦于交通与国民经济的关系、交通与产业布局的关系，从成本角度考虑与交通产生的用地效益等相互耦合。部分经济学学者提出需要研究交通中有限空间资源的最优配置和影响、路权分配、交通的外部性、交通的空间管制效益，以及交通相关税收的收益。近期更加注重运用经济手段调控城市交通运行效益，研究治理城市交通拥堵、停车等问题的经济措施。

如何合理有效利用城市交通资源，使出行者效用最大化是交通问题的一种经济学解释。基于对城市交通的经济属性的分析，学者对交通拥堵问题、公共交通补贴问题、出租车定价问题、交通需求管理问题等，采用经济学理论与模型进行理论分析及决策支持。

交通经济学是一门以国民经济体系中的交通系统为特定研究领域的经济学分支学科。交通经济学主要是研究交通运输经济活动的内在联系，现代化交通运输同国民经济的相互关系及其发展的规律性。其任务在于指导交通经济的现代化建设和发展，为交通经济管理体制改革和合理利用交通资源，提高交通部门的经济效益提供理论依据。其研究内容主要包括：①交通运输经济的性质、分类和管理体制；②交通运输经济的具体规律和政策；③交通运输经济的结构、布局、成本、效益和投资。

第二次世界大战后，交通经济学理论出现了较快发展，究其原因，一方面，由于世界上诞生了一系列第三世界国家，这些国家要求发展民族经济与交通建设，客观上促进了这门学科的发展；另一方面，由于发达资本主义国家加速了城市化和城市现代化的进程，也需要经济学理论给予日趋尖锐的交通问题以新的解释。战后资本主义世界经济危机的周期加快，使越来越多的经济学家从传统的宏观理论，转向部门经济的研究，交通经济理论中的均衡、竞争以及运输产业和价格理论，也成为这一时期研究的重点。

国外研究这一学科主要代表人物有美国的费尔，其主要著作为《交通经济学》(1950年)；威廉和特罗克塞尔，其主要著作为《交通经济》(1955年)；哈佛大学的迈耶等，出版的《运输产业和竞争经济学》(1959年)一书也是较有影响的著作。特别在20世纪60年代，洛克林的《运输经济学》的出版标志着交通经济学正式成为一门独立的经济科学。但是，国外的有些交通经济学者对洛克林的理论持有分歧。到了70年代中期，美国的诺贝尔经济学奖获得者柯普曼，在他的“稀少资源的最佳配置”理论中提出了最优运输计划模式,进一步丰富了交通经济学中的计划与价格的理论体系。80 年代以来,国外交通经济学理论有了新的发展趋势:其一,这门学科中的交通运输和通信技术理论,越来越多地同自然科学和社会科学中的新成果融合在一起;其二,未来的交通经济学理论,将更多地同新学科的发展交织在一起;其三,多学科交叉的研究方法,使交通经济学理论朝着横向的综合化趋势发展。

中国对交通经济理论的研究已有相当长的历史。余松筠编著的《交通经济学》(1937 年)是中国最早论述这一学科的专著。20 世纪 50 年代,中国学者通过对东西方交通运输经济理论的比较、分析,初步形成了运输经济理论。70 年代,交通经济学在中国逐渐成为独立学科,有关交通经济的研究在政治经济、交通运输、现代化管理和价格理论的研究领域中也越来越活跃。中国著名学者马洪、于光远曾分别就运输业的性质、社会主义交通运输经济中出现的问题,发表了独特的见解,提出了从整体角度认识交通问题的新观点。80 年代以来,中国的交通经济学研究又有新的发展,许多学者分别对交通运输与生产力布局,对社会再生产的关系,对运输投资的国民经济效益,对运输的管理体制,以及对交通经济学的研究对象、方法、结构和理论体系等提出了新的看法。

3.2.6 城市交通学与其他学科

把行为学理论应用于城市交通系统与土地利用研究的方法最早可追溯到 20 世纪 60 年代,它把人们出行方式(包括工作、居住)的选择作为主要问题引入城市交通与土地利用研究中。1960 年,盖伯格在《城市结构与城市发展理论》一书中率先将城市交通的"通达性"归为城市空间结构发展的核心指标;1970 年,哈格斯特朗从人本主义出发,调查总结了人们出行行程与时间、地理位置之间的关系,建立了时间地理理论。之后,该理论被逐步深化,并被应用于研究城市居民日常生活行为的空间模式之中,为后来的非集聚模型及理论的形成奠定了基础。

系统学以系统论为前导和基础,提炼系统论、信息论、控制论的共同基础理论而形成的一门学科。系统学思想在自然科学和社会科学领域均得到广泛的应用。系统论是研究系统结构与功能(包括演化、协同和控制)一般规律的科学。系统学的研究对象是各类系统,根据组成系统的元素和元素种类的多少以及它们之间关联的复杂程度,把系统分为简单系统和巨系统两大类。系统学中的基础知识与理论被用于研究交通系统的结构与功能特征,如熵、计算机与信息、临界现象与自组织临界性、元胞自动机模型、复杂性的定义与量度、博弈论、数理统计、图论等。复杂网络理论中的描述网络拓扑结构的统计性质以及一些有影响的网络演化模型也被用于研究城市交通网络的现状及演化过程。

应用心理学的一个分支学科是交通心理学,主要研究汽车驾驶员和行人在交通过程中的心理活动规律和个性心理特征。心理活动是指人的认识活动、情绪、意志等心理过程。个性心理特征是指人的能力、性格方面的差异。驾驶员的活动是在人、车辆、道路、环境等相互作用的因素组成的复杂条件下进行的。但是在相当长的时间内,人们侧重于对汽车和道路的研究。20 世纪 50 年代人们开始注意研究人的因素,主要研究驾驶员对交通标志产生的视觉反应特性,研究驾驶员的适应性。直到 60 年代,美国、日本才对驾驶员的各种特性、在交通过程中的心理活动,以及行人特性和事故心理进行广泛的研究。70 年代还开始研究人与车辆的冲突、交通公害与儿童性格形成的关系等问题。

城市交通理论,即城市交通学,已经从单一的道路规划学发展成集合了城市规划学、经济学、社会学、地理学以及自然科学的一门综合学科,是城市科学的重要组成部分。

研究城市的发展,无论是哪个城市学科,都离不开对城市交通问题的考虑。研究城市交通问题,绝不仅仅是对出行者、交通工具、道路设施的研究,而是需要从城市的高度、站在城市运行的角度,进行综合考虑,结合其他学科的理论与方法对其开展系统性研究。

3.3 与城市相关的不同类型的交通

3.3.1 城市交通本质

亚里士多德说:"人们来到城市是为了生活,他们定居在那里是为了生活得更好。"《雅典宪章》里提出"城市规划的目的在于综合城市四项基本功能——生活、工作、休憩和交通。在区域规划基础上,按居住、工作、游憩进行分区及平衡后,建立三者联系的交通网。"这些经典论述至今仍然对于城市交通理论具有基础性价值,从根本上提出了城市、人、交通之间的关系。

城市交通与城市紧密相关,而城市之所以为城市,是因为人们在其中生活、工作、休憩,归根结底还是在于人的活动。因此,研究城市交通应当分析不同社会阶段的城市发展和人的活动需求[6]。

城市交通涉及城市土地资源利用,受到城市经济发展的影响,与城市居民的居住方式、出行工具的选择也有很大关系,也影响着城市生态环境。因此,城市交通是一个复杂的、动态的大系统,它涉及社会、经济、环境、居民心理等多方面的因素,具有多方面的属性[7]。

城市交通主要依托城市道路和轨道运行,具有出行密度高、随机波动性、出行选择多样性、运行组织复杂、各类城市差异大等特点,反映出城市交通是一个复杂、综合、开放的系统,同时各种运行方式间又具有很强的相互影响和互补性[8]。

(1) 出行密度高。据《2013 年北京交通发展年报》统计,城市居民出行率平均 2～3 次/日。2013 年北京市公共汽(电)车客运量 48.4 亿人次,轨道交通客运量 32.0 亿人次,铁路对外发送量 1.16 亿人次,城市公共交通年客运量远远高于铁路对外客运量。

(2) 出行随机波动性。体现在城市居民出行目的、出行方式的随机性。城市道路网和轨道交通线网布局相对稳定，居住和产业布局也相对稳定，而人的出行需求除通勤外，教育、医疗、休憩等需求具有不确定性和随机性。

(3) 出行选择多样性。城市居民的出行方式存在多种选择，包括公共汽(电)车、轨道交通、出租汽车、小汽车、自行车、步行等。各种出行方式间存在一定程度的替代性，多种出行方式衔接和互补为居民出行营造了便利条件以及个性化、多样化选择。

(4) 运行组织复杂。组织城市交通正常运行的管理系统科技含量高，包括轨道交通、公共汽(电)车运行组织和交通管理等。例如，地铁运营组织，发车间隔短、客流量大、安检任务重，对运力调配、高效运行和安全保障提出了很高的要求，高科技产品和装备应用普遍；再如，道路交通秩序管理与行车安全保障系统，集成了信息、控制、智能等技术，是高新技术的重要应用领域。

(5) 各类城市差异大。中小城市与大城市具有差异性，不仅是交通组织方式、交通工具构成等，城市功能、内部功能区划和布局决定的交通需求也截然不同，不同城市的地形、地貌特点各异，应因地制宜，不可一概而论。例如，枣庄市是带状城市，所以设置BRT通道将整个市区联系起来，有效地缓解交通压力；而广州市将BRT通道建成网络格局，从而有效地保证城市交通运行。

城市发展是长期的历史和文化沉淀，交通工具的发展和更新是社会进步的必然结果。实现城市的可持续发展就应当重视城市文化，继承前人的文化传统，规划好未来。这也是城市交通学应有的内容。城市是历史文脉的凝聚和沉淀，城市有机更新是重要主题，切忌以机动化为目标的城市改造。应从以下三个方面对城市交通本质进行再认识：

(1) 城市交通的战略思维。城市交通问题与工业化技术进步直接关联，与信息化紧紧伴随。战略是长期思考，20多年前的里约会议提出了可持续发展理念，现在关注2050年的能源、绿色经济，因此绿色交通是一个战略问题。当前公共交通优先发展是国家层面的城市发展战略。这些战略都是国际、国家层面的，是社会公认的。具体到每个城市，有必要根据社会发展阶段，研究城市发展和城市交通服务人的需求，包括就业方式和生活方式变革带来的城市交通的变化。这就是城市交通学应有的城市交通战略思维，也涉及城镇化和城市发展的战略思维。

(2) 城市交通的根本是服务人的需求。一般意义讲城市交通是研究在现已形成的城市建成环境下人的出行需求，研究出行方式即人、车、路、环境的关系，以及交通工具提供的服务，包括客运和货运。面对现代社会人们生活方式的多元化、技术手段的创新、交通工具的现代化，尤其是当今对环境绿色发展的高要求、互联网科技的新发展，城市交通不只是基础设施的提供，应在研究出行需求、出行方式的同时，从更广义的服务人的需求角度研究城市交通问题，更重要的是体现城市整体的综合服务功能与运行效益。城市交通服务于人的需求，包括出行需求，也包括对没有出行但有需求的满足，因此城市交通学要研究满足不同人群的合理需求，才能体现社会公平。

(3) 城市交通是综合思考如何最有效地服务人的需求。人口集中于城市,必然产生就业和生活需求,服务这两种需求,交通是最基本的保障。就业需求本质是产业发展和就业岗位,包括相应的物流,这里提到的物流是立足于产业发展以及就业需求的。生活需求指衣食住行的基本需求和教育、医疗、休憩等社会服务需求。这是对城市交通服务需求定义的进一步完善。

3.3.2 都市圈交通

都市圈是以一个中心城市为核心,内部具有紧密关联,并具有相当规模跨越行政区划的通勤交通的空间结构,在这一空间结构中的交通需求具有其特殊性。

1. 都市圈交通特征及发展趋势

(1) 呈现以中心城市为中心的圈层分布。中心城市(特别是 CBD 等就业中心)成为都市圈最重要的交通发生和吸引中心。受到时空距离的约束,都市圈由内向外均呈现圈层分异化的空间发展格局,通勤联系强度随离中心城市距离的增加而衰减:临近中心城市的圈层通勤联系紧密;随着距离的增加,外围圈层与中心城市之间的通勤人口比例逐步下降(图 3-4、图 3-5)。

(2) 出行距离长,出行时间和空间分布不均衡。都市圈的发展往往伴随着高端服务功能在中心城市核心城区的高度密集混合,以及居住人口向外围地区的扩散。在这一进程中,居住和就业在大尺度分离,通勤出行距离大幅度增加,早晚高峰潮汐交通极为

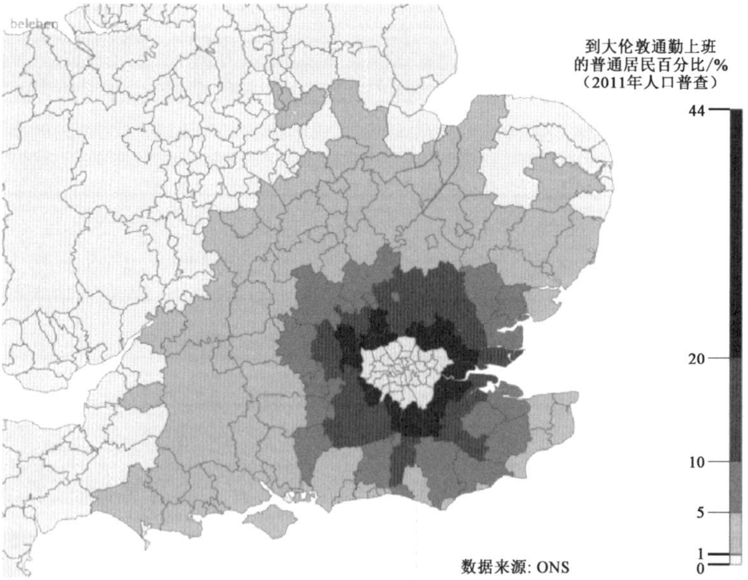

图 3-4 伦敦外围地区与大伦敦地区通勤人口比例及分布①

① 资料来源:https://beleben.wordpress.com/2014/11/01/hs2-and-long-distance-commuting/.

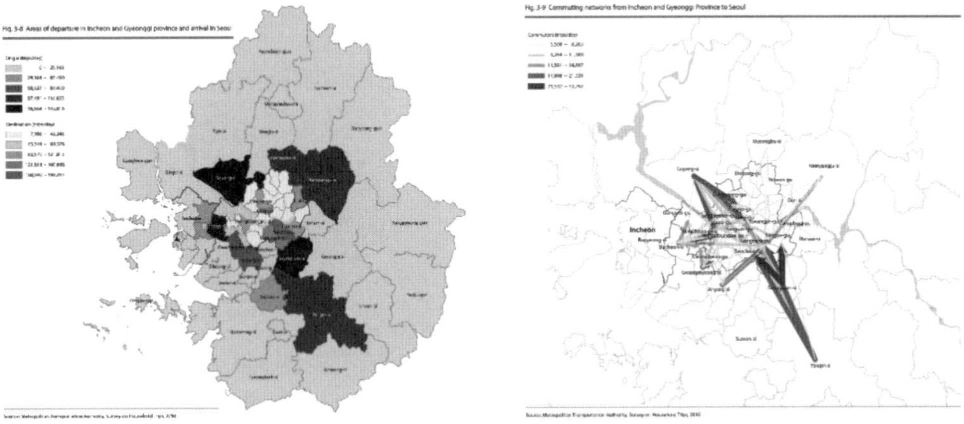

(a) 以都市圈外围地区为出发地、以首尔市为目的地的通勤人口比例和交通分布

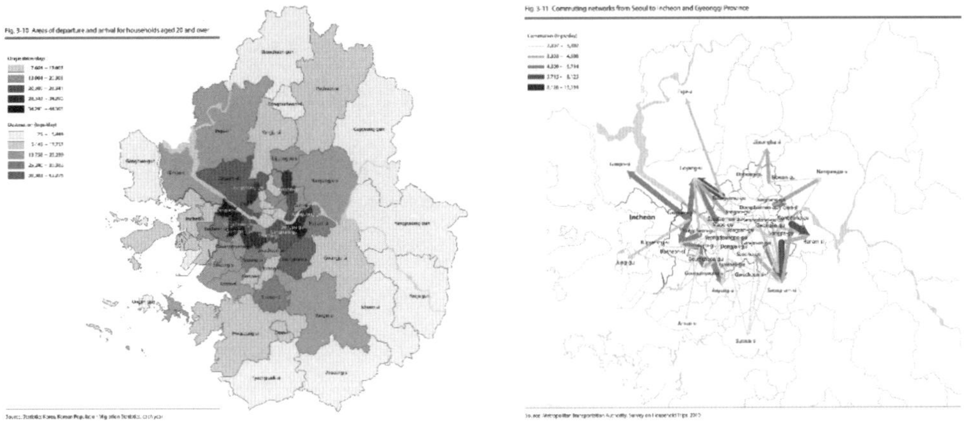

(b) 以首尔市为出发地、以都市圈外围地区为目的地的通勤人口比例和交通分布

图 3-5 首尔的都市圈通勤交通

突出。都市圈通勤交通往往给予单独定义以突显其特征，例如在美国超过 50 mile 或超过 90 min 的通勤出行被认为是都市圈通勤。在北京都市圈，抽样调查显示，燕郊地区 77%的本地居民，工作地点在北京市；平均通勤距离超过 20 km，42%的通勤者单程通勤时间 2 h 以上；2013 年北京市全网早高峰小时轨道交通客流分布，中心城区与通州方向的客流东西向方向比例达到 10∶1。

(3) 交通服务供给不足，道路和公交拥堵问题突出。都市圈交通往往成为大城市地区交通的瓶颈，出行体验差、乘车困难、拥堵严重等问题突出。一方面源于都市圈扩张速度过快，交通系统建设相对滞后；另一方面，由于存在行政区划的制度障碍，跨行政区划的交通系统建设协调难度大，交通服务供给严重不足。以城市为基本单位的城市交通规划、建设、运营和管理的机制，不能适应都市圈交通需求。以北京为例，抽样调查显示，燕郊 62%的通勤者依靠公共交通出行方式。北京与燕郊之间有 11 条公交线路，每日 2 000 班次，日输送乘客 12 万人次，但远不能满足数十万人的通勤需求（图 3-6）。

燕郊与北京间 930 线路高峰乘车难现象　　燕郊与北京间公路高峰期拥堵情况

图 3-6　燕郊与北京之间的通勤交通景象

都市圈交通的发展趋势呈现出与城市内部交通的显著差异，主要表现为：

（1）人口规模和空间尺度继续扩张，交通需求持续增长。在中国未来的城市化进程中，人口向大城市集聚的态势不可逆转。未来，将有更多人口千万以上的大都市圈出现。都市圈人口的持续增长，将给中心城市的公共服务设施带来巨大压力，水资源承载能力不足。空间的扩张，导致出行距离增大，交通供需矛盾加剧。迫切需要提高都市圈交通出行时间的压缩和可靠性的提高。

（2）"圈层"结构逐步向"轴带""分区"结构演变。随着都市圈规模的增长，"圈层"空间结构将逐步发生分异。依托交通枢纽地区、交通走廊等设施和服务，人口向可达性更好的地区集聚。如日本都市圈依托放射形铁路、轨道系统形成具有轴向发展特征的空间结构。特大都市圈有可能逐步"解构"，形成若干分区和组团单元。

（3）迫切需要构建高效、低碳的都市圈交通组织模式。目前，我国都市圈公共客运服务相对落后，跨行政区划的居民出行以小汽车等个体机动化方式为主，对公路系统的依赖较高。比较我国与世界发达国家铁路运输指标，明显发现，铁路短途运输是我国的"短板"，在未来将发生巨大进展。都市圈交通将逐步向高效、低碳的组织模式转变。

2. 都市圈交通发展策略

国内外的实践告诫我们，都市圈交通需要突出如下发展策略：

1）促进都市圈相对均衡发展，缓解职住分离

在都市圈进一步集聚发展的趋势下，以"区域协调"和"均衡发展"为导向，优化都市

圈空间结构和土地利用，从源头调控都市圈交通需求，减少“过度通勤”(图 3-7)。

(1) 中心城市核心区：兼顾“功能疏解”和“结构优化”两个战略方向。一方面，疏解低端产业，引导人口向郊区新城、周边中心城市和重点功能区集聚，疏散向心交通；另一方面，应强化高端功能的多点集聚，实现面向都市圈的多个方向、多个中心的对接。

(2) 中心城市近郊区：完善城市综合功能，降低对核心区枢纽的依赖，加强近郊圈层内部联系，提升面向远郊区县和外围城镇的交通服务和组织功能。

(3) 外围中小城镇：积极承接中心城市的产业功能外溢，提高本地就业比例，减少与中心城市核心区之间长距离的通勤交通。

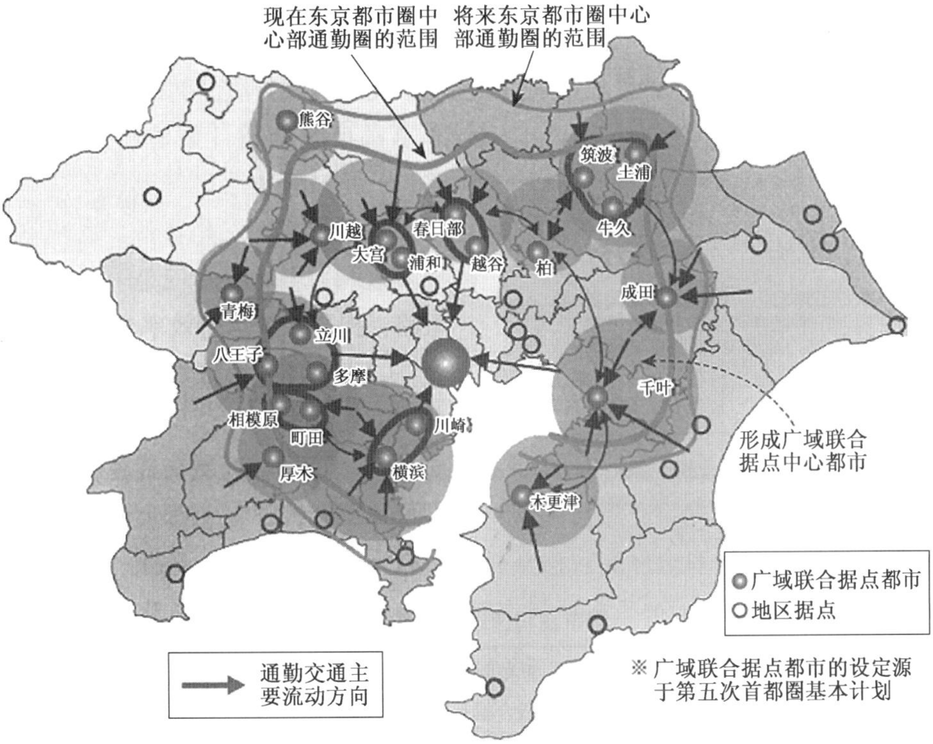

图 3-7　东京都市圈力图实现的通勤结构调整目标

2) 统筹规划，交通设施一体化布局

都市圈交通统筹布局，着重从空间范围和交通层级两个方面予以考虑。

统筹布局中心城市和外围中小城镇的交通系统，将都市圈作为整体进行交通设施的布局和交通服务的供给。加强城市之间道路系统和轨道系统的联通，相邻城市公交跨境运营。逐步将“单极化”“分割式”的区域交通系统，向“网络型”“一体化”的布局模式转变。

统筹组织城际交通、都市圈交通、城市交通。充分利用城市群范围的区域交通设施，服务都市圈交通需求，如城际轨道可兼顾部分都市圈组团间长距离交通联系需求等；加强都市圈交通枢纽体系的构建，实现三个层次交通系统的便捷转换，提升都市圈运行效率；加强不同层级交通在中心城市稀缺通道、车站资源上的协调和共享。

3）特大都市圈构建以轨道交通系统为骨干、与空间发展相适应的交通模式

世界级大都市圈必须构建以轨道交通系统为骨干的都市圈交通结构和组织模式。这不仅是基于提供快速、大容量客运服务的目标导向，更是实现布局紧凑、集约高效的都市圈空间发展方式的重要依托。从已经建成的都市圈轨道网络来看，不仅具有层次丰富（地铁、快线、市郊铁路、有轨电车等）、规模庞大等特点，也显示出与空间结构相呼应的圈层差异化布局。

（1）城市轨道交通系统（地铁、轻轨）通常为中心城区提供服务，服务范围根据城市空间布局和用地特征，一般集中在 15～20 km 半径以内。

（2）半径 30～50 km 范围的近郊圈层，主要依托市郊铁路或轨道快线系统，服务于外围新城、新区与核心城区的通勤出行联系；这一层次轨道系统模式多样化，巴黎以都市区快速轨道（RER）和市郊铁路服务、东京以国铁 JR 线和私营铁路服务、德国以地区间快速列车（Regional Express）和地区普速列车（S-BAHN）服务、纽约以通勤铁路服务等。

（3）伦敦、巴黎、莫斯科的市郊铁路、东京私铁系统向 50 km 以外圈层延伸，甚至达到半径 100 km 左右。

4）加强制度设计，强化财税政策和经济手段对交通供给和需求的引导

投资模式：在坚持利益共享、风险共担、优势互补的原则下，针对跨越城市行政边界的重大交通基础设施建设项目，创新跨区域合作的交通设施建设投融资模式。如广东广佛轨道交通有限公司是由广州地铁、佛山轨道公司分别作为广州市和佛山市政府的出资代表成立的有限责任公司，负责“广佛地铁”的投资、建设、运营及经营管理。

协调机制：构建都市圈交通规划和管理机构，制定相关法规和政策，承担都市圈交通规划和交通政策等。如美国的 MPO（Metropolitan Planning Organization），是一个交通规划决策机构，美国联邦法律规定，人口大于5 万人的城市化区域，必须建立 MPO。

票制票价：都市圈城际间公共交通跨越行政边界，但是与城际间的公路长途客运有本质区别。都市圈公交主要服务通勤客流，对价格较为敏感，应制定有别于城际长途客运、具有一定公益属性的都市圈公共交通票制票价，并制定相配套的政府补贴机制。

3.3.3 城市群内的城际交通

城际交通被定义为城市之间的交通，为了便于表述，将城市群内的城际交通简称为“城际交通”，而将超越城市群范围的城际交通，称为“区际交通”[9]。

相比于城市内部交通来说，城际交通主要以商务、探亲为主的出行，通勤出行比例低；而城市交通以通勤出行为主；在出行距离上，相比于城市交通较短的出行距离，以不同城市为出行起讫点的城际交通，出行距离相对较长；在交通方式上，城际交通基本采用机动化方式，包括小汽车、客运班车、火车等；除小汽车、班车直达外，往往会经过城市对外交通枢纽的转换。

城际交通与城乡交通的区别，主要在于后者是城市与其辐射影响范围内的乡村联系；不同于属于同一行政主体管辖范畴的城乡交通，城际交通涉及两个行政主体，需要更多地关注跨越行政区划的管理协同问题。

相比区际交通而言，城际交通具有更大比重的高频度用户。这首先是由于发育成熟的城市群内部具有更加紧密的经济、社会联系，且城市群内部的产业具有更加紧密的关联。

例如，2016 年在杭州东站进行的外地乘客问卷调查，一定程度上反映出城市群中城际交通的特点。

首先，调查数据反映出在受访对象中，出入杭州的外地旅客主要集中在江、浙、沪、赣、徽等地，其中浙江本省外地旅客量居首(图 3-8)，即使用高铁和城际铁路的乘客中用相当比例的城际交通量。

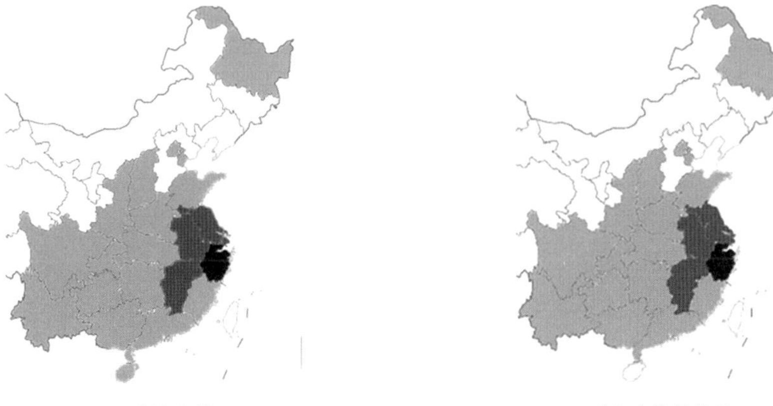

(a) 来杭省份　　(b) 出杭目的地

图 3-8　杭州东站外地乘客来杭省份与出杭目的地

其次，各种出行目的中均有一定比例一月内多次造访的人员(图 3-9)，具有城际交通中使用频度高的特点。

而在图 3-10 显示的数据中，来访外地乘客中有一定比例是当天往返，具体诉求中反映出对于市内交通衔接便利性的关注。

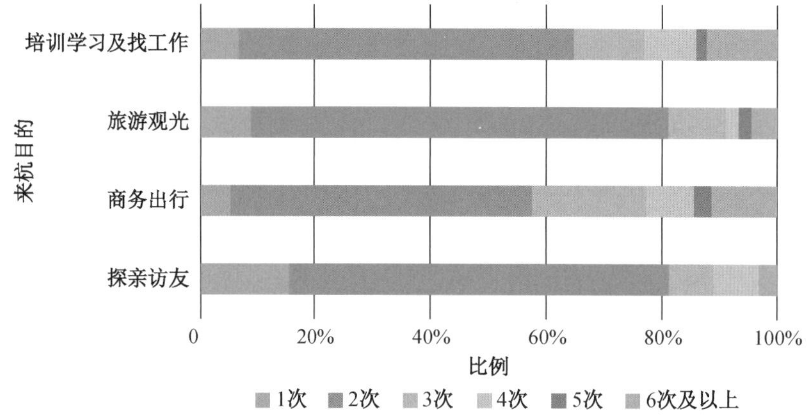

图 3-9　过去一个月通过杭州东站坐火车的次数与“来杭目的”的关联

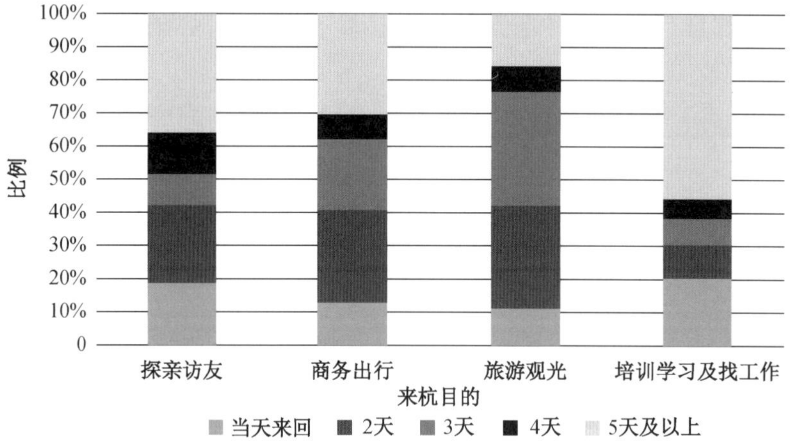

图 3-10　杭州之行的逗留天数与“来杭目的”

目前，我国城际提供交通服务的主要交通方式包括：

(1) 城际高速公路。城际高速公路是特定区域(城市化地区)的高速公路，它解决的是特定区域内部的交通问题，城际高速公路以中短途运输为主。目前，城际高速公路已经成为我国城市群重要的交通基础设施，如广深高速公路、沪宁高速公路、京津唐高速等这些城市化地区的高速公路就是我国城际高速公路的典型代表。

(2) 城际公交。城际公交目前国内尚无统一的定义，存在公路客运“公交化”和城市公交“公路化”的说法。具体方式包括：一是传统的班线客运实现公交化运营，其特点是按固定时间发车(半小时或更短)，运行线路固定，途中不能上落客，不能超载，具体票价制定不统一；二是在具备按照城市公交的运行模式运行的地区开通城际公交，特点是线路编号统一，有固定的起讫点和中途停靠站，定点发车，票价相对统一，配置车辆按照公交车辆的技术标准。只有少部分城市圈如深圳、广佛、珠三角、长株潭等地区有标准城际公交。

(3) 城际轨道交通。城际轨道交通可以界定为服务于经济区或城市群的网络化快速轨道交通系统，它采取小编组、高密度、公交化运行的行车组织方式，主要承担沿线各城市和主要中心城镇之间的客流，并兼顾各城市组团和次中心城镇之间的客流。区域轨道交通的客运特点是客流相对稳定，乘车对象相对固定，旅客的平均乘距比干线铁路短、比城市轨道交通长，最远距离一般不超过 300 km，一次出行时间不会超过 2～3 h (表 3-3)。

表 3-3　　城际铁路与高速铁路、城市轨道交通的区别

比较项目	城际铁路	高速铁路	城市轨道交通
服务对象	以区域城市群范围内中心城市之间以及与周边城镇之间的中短途通勤与商务客流为主	以跨区域的中长距离旅客为主，兼顾沿线城镇之间的部分客流	以市区通勤旅客为主
线路长度	一般 100～300 km	一般大于 400 km	一般小于 50 km
站间距	平均 5～10 km，经济发达地区甚至更短	一般 30～60 km	市区 1 km，郊区 1～3 km
运营速度	一般不超过 250 km/h	一般在 250 km/h 以上	一般不超过 80 km/h
行车组织	行车密度介于城轨和高铁之间，快慢车导致出现越行	本线和跨线列车共线运行	开行密度大，列车种类单一，组织方式简单
主要竞争交通方式	中长途客车	飞机（400～800 km 范围内）	城市公交车
服务特点	连接中等规模城市：强调联运一体化，方便舒适，服务频率高	追求速度，连接远距离的大城市	低价、舒适、乘车方便

由于城际交通的特殊性，其基本要求也与其他交通存在不同之处，具体反映在：

(1) 服务要求。缩短城际交通出行链时间，提供准点、高频、快速、大运量的服务。

(2) 组织要求。城际交通应兼顾点到点直达和服务客流走廊等多样化需求：满足核心城市核心功能区之间直达的需求以及沿线城镇与核心城市间的联系需求；满足主要城际走廊和次要城际走廊不同的服务要求；满足对轨道交通、道路交通不同的城际服务要求。

(3) 衔接要求。优化城际交通与多层次交通的衔接。城镇群交通系统之间实现有效集成和服务的“无缝衔接”，建立一体化的城镇群公交系统，推进城际、城乡交通一体化。

(4) 协调要求。加强城际枢纽布局与城市功能中心的契合。城际轨道尽量深入城镇内部，与城市功能中心在空间上契合，依托城际交通提升城镇交通区位。

我国城际交通目前存在的问题主要表现在：

(1) 城镇群的发育程度影响城际交通的发展。发育成熟的城镇群，核心城市之间城际交流频繁，形成多 O 多 D 之间的密切联系，城际交通网络也相对完善。处于起步阶段的城镇群，仅在有限的城市之间存在密切的城际联系需求，城际交通网络不完善。与国际上发达的城镇群相比，我国城镇群发展起步较晚。

（2）当前我国城际交通的服务水平和便捷性不高。我国城镇化发展起步较晚，发育成熟的城镇群少，且长期以来国家和地方交通基础设施投资的重点是完善大区域交通设施，导致专门服务日益增长的城际交通需求的设施发展缓慢。一方面，网络覆盖度不够；另一方面，部分走廊优先保证跨区域交通，使得城际服务受到制约；第三，多样化的城际服务系统还未建立，城际轨道交通功能还远未发挥。

（3）城际交通与城镇群发展、特大城市功能布局优化的契合度不高。城际交通不仅体现在交通运输功能上，还应充分发挥与城市功能提升的互动作用。在公路及大铁路运输组织模式下，城镇群的核心城市（如京津及城镇群）均呈现城市内部的功能自组织，核心功能区对区域的辐射带动不足；成长性地区偏离区域发展主轴线，与区域的联动不足。目前大型客运枢纽主要呈现交通运输功能，区域交通枢纽与城市核心功能区之间空间错位，不仅制约功能区对区域的辐射带动，还加剧内外交通割裂状态，增加城市交通的压力。

比较我国与世界发达国家铁路运输指标明显发现，铁路短途运输是我国的“短板”。发达国家形成以中心城市为中心的发达地区铁路网，是城镇群形成的重要基础，并促进了城际之间交流的日益频繁，而我国铁路的不足主要在于城际铁路、市郊铁路发展还相对缓慢。

我国旅客周转量、运输密度远高于德、法、日，而客运量不及德国，只是日本的 1/12。这主要是因为我国铁路以中长途运输为主，旅客平均运程达 520 km，而其他国家以城镇群内部的短途运输为主，日本约 30 km，欧洲发达国家 40～50 km。日本国民每年坐火车 70 多次，德、法在 13 次以上，而我国仅 1.4 次（表 3-4）。

表 3-4　　我国与一些国家铁路旅客运输和运量密度比较

国　家	中国	美国	俄罗斯	德国	法国	日本
客运量/亿人	18.93	0.3	9.93	20.35	10.9	226.32
旅客周转量/（亿人・km^{-1}）	9 812.3	107.35	1 398	823.66	860.94	3 950.67
换算运输密度/（万人・km・km^{-1}）	3 994.8	1 087.02	2 662.56	561.97	354.02	1 501.53
年人均坐车次数	1.41	0.07	6	16	13.5	70

注：数据来源于中国城市规划设计研究院，《京津冀区域交通规划统筹整合方案（一期）》。

《国家中长期铁路网规划（2008 年调整）》提出“经济发达和人口稠密地区建设城际客运系统，覆盖区域内主要城镇”。以城际快速客运系统支撑城镇密集地区的发展，将成为未来区域铁路系统发展的趋势。

近几年城镇群城际铁路运输呈现持续增长态势，凸显出客运专线、城际铁路在承担城镇群内部城际联系的作用越来越突出。随着区域一体化发展的推进，城际间联系将区域紧密，城际客运需求大规模增长。区域客运强度和结构将向集约化方式发生转变，区域客运交通联系将由高速公路向客专、城际铁路为骨架转化。例如京津唐走廊客运量,根据预测至2020年将较2012年增长80%,铁路运输占比由55%上升至60%,其中城际轨道将由16%增长至31.6%(表3-5)。

表3-5　　京津唐交通走廊各运输方式客流分担预测表

年度	交通走廊计		高速铁路		普通铁路		城际轨道		公路	
	客运量/万人	比例	客运量/万人	比例	客运量/万人	比例	客运量/万人	比例	客运量/万人	比例
2012	7 649	100%	1 744	22.8%	1 210	15.8%	1 223	16.0%	3 472	45.4%
2020	13 797	100%	3 103	22.5%	801	5.8%	4 359	31.6%	5 534	40.1%
2030	17 654	100%	4 100	23.2%	1 012	5.7%	5 458	30.9%	7 084	40.1%

注:数据来源于铁道第三勘察设计院集团有限公司,《京津冀城际铁路网规划修编研究报告》。

在未来的发展中,城际轨道交通与城镇群的互动作用愈加明显,区域型高端功能中心、新城与城际轨道加强整合。区域轨道向高端功能中心的引入,一方面满足高频的城际商务出行快捷需求;更重要的方面是创造更高的节点价值,支撑更强的功能集聚,打造更高的区域辐射带动。例如,荷兰国家空间规划战略文件提出:"在国家的城市网络中,创造易达的、有吸引力的城市中心并容纳多种功能与公共设施是至关重要的……尤为重要的是在基础设施节点周边发展城市中心。"世界级大城市群已经有众多城市功能中心与交通枢纽紧密结合的案例,并实现了城市发展和交通服务的双赢。

城际交通发展中,如何克服制度性和体制性障碍是一个需要高度关注的问题。

中国长期以来还没有形成一个城市群制度体系,以行政区分割为特征的制度性矛盾是城市群发展中最重要、最根本性的障碍。地方政府仍然具有强烈的属地经济观念,往往视行政边界为"经济边界",有意识地限制地方财政投入到行政边界地区。在规划编制方面,以大城市连绵区为对象的区域交通规划已经起步,城际轨道交通规划、公路网络规划等各自面向大城市连绵区的规划已经编制和实施,但这些交通专项规划之间缺乏协调,仍然是以单个城市为节点规划的延续。

城际交通设施现行投资和管理方式也对于城际交通发展产生不利影响。例如,铁路建设公益性强、投资巨大、回报周期长,国内原有体制由中国铁路总公司包揽铁路的投资、建设和运营整个过程。城际铁路与干线铁路一样,其投融资结构与渠道单一,基本全部都是国有资本。随着国内铁路建设的不断推进,对建设资金的需求也越来越多。投融资措施的落实,是建设轨道线网的保证,世界发达国家的城市轨道交通之所以能得到持续快速发展,与其筹资方式多样化密不可分。

在国内外同城化的案例中,大多数都有区域规划和基础设施建设的领导协调机构,国外如"巴黎地区规划发展委员会""波特兰区域政府(metro)"。国内城镇群开始尝试通过设置相关领导机构,推进区域交通规划、建设的协调(表3-6)。

表 3-6　　国内同城化开展城市的领导机构

城镇群	发展定位	领导机构	领导
广佛	珠三角地区发展龙头	城市建设和管理工作领导组	两市常务副市长
郑汴	中原城市群中心	两市各成立领导协调小组	两市常务副市长
沈抚	推动辽宁与沿海互动发展	同城化领导小组	两市书记、市长
长株潭	推动长株潭一体化	省发改委领导设立一体化协调领导小组办公室	
西咸	关中城市群龙头	西咸一体化领导小组办公室	
乌昌	在新疆经济发展中具有重要作用	新疆维吾尔自治区派出机构、设立秘书处和 5 个正县级工作组	两市书记、市长

3.3.4　长途运输

与其他类型的交通运输相比，长途运输尽管使用类似的交通工具，但是由于其属性特征，以及在法律法规、标准规范、政策措施和管理模式上与城市交通存在的诸多差别，需要在研究中加以区别对待。同时，长途运输又是赋予城市活力的重要因素，处理好长途运输与城市交通的融合，是发展中需要加以认真对待的问题。

1. 长途运输的特点

长途运输属于城市对外交通的范畴，与城市交通的区别在于：①城市交通是起终点都在城市内部的交通，而长途运输的一端在城市 A 的交通枢纽（客运站、货运站）、家、工厂等，另一端在城市 B 的交通枢纽（客运站、货运站）、家、工厂等。②运输工具不一样，城市交通采用地铁、公交车、小汽车、自行车或是步行即可达，而长途运输采用长途汽车、货车、火车（高铁、城际、普速列车）、飞机、轮船。③运输时间不一样，城市交通一日可发生多次，而长途运输往往一日只发生一次。

各种运输方式对中、短、长途的定义不一样。例如，汽车运输，国家规定 50 km 以内为短途运输，200 km 以内为中途运输，200 km 以上是长途运输；航空运输 600 km 以内是支线，为短途运输，600～1 100 km是中程航线，1 100～3 000 km是长途航线，3 000 km以上是超长途航线。

可以看出，长途运输并没有一个明显区别于“短途运输”距离的界限，但从人们的理解上，长途运输也是区别于城际运输的，长途运输更偏重于跨省运输，而城际运输往往指省内城市间运输或城镇群内部城镇间的运输。

2. 长途运输与城市交通的衔接节点

长途运输与城市交通的衔接主要是通过交通枢纽，为了促进各种交通方式衔接转换的效率，建设综合交通枢纽已经成为共识。

发展改革委在《关于印发促进综合交通枢纽发展的指导意见的通知》中明确提出了“加强以客运为主的枢纽一体化衔接”。

按照“零距离换乘”的要求，将城市轨道交通、地面公共交通、市郊铁路、私人交通等设施与干线铁路、城际铁路、干线公路、机场等紧密衔接，建立主要单体枢纽之间的快速直接连接，使各种运输方式有机衔接。鼓励采取开放式、立体化方式建设枢纽，尽可能实现同站换乘，优化换乘流程，缩短换乘距离。

高速铁路、城际铁路和市郊铁路应尽可能在城市中心城区设站，并同站建设城市轨道交通、有轨电车、公共汽(电)车等城市公共交通设施。视需要同站建设长途汽车站、城市航站楼等设施。特大城市的主要铁路客运站，应充分考虑中长途旅客中转换乘功能。

民用运输机场应尽可能连接城际铁路或市郊铁路、高速铁路，并同站建设城市公共交通设施。具备条件的城市，应同站连接城市轨道交通或做好预留。视需要同站建设长途汽车站等换乘设施。有条件的鼓励建设城市航站楼。

公路客运站应同站建设城市公共交通设施，视需要和可能同站建设城市轨道交通。

港口客运、邮轮码头应同站建设连接城市中心城区的公共交通设施。

近年来，我国城市综合客运枢纽建设取得了一系列成绩。

(1) 四惠交通枢纽位于北京东四环，是集轨道交通、长途客运、市区公交、东部市域公交于一体，包括出租车、小汽车、自行车、步行等多种交通方式的综合客运交通枢纽，是北京市第一座涵盖省际长途换乘功能的综合交通枢纽，是第一个实现公交枢纽集中调度的综合交通枢纽，也是北京市目前换乘客流量最大的综合交通枢纽。

(2) 北京南站是新建的高铁特等站，也是集铁路、地铁轨道交通、公交、出租车、社会车辆于一体的功能齐全的大型综合客运枢纽。整个枢纽由五层组成，高架层为铁路旅客进站层，设有候车大厅；地面层为站台层，南北侧设有公交到达旅客进站厅；地下一层设有中央换乘大厅和停车场。铁路与地铁换乘及地铁站厅布置在换乘大厅的中央；地下二、三层分别为北京地铁 4 号线和 14 号线的站台层，可以直接进行换乘。该设计实现了北京南站客流与对内交通方式的立体换乘，提高了换乘效率。

(3) 深圳福田综合客运枢纽是目前国内已建成单体建筑最大、功能复合化程度最高的综合换乘枢纽，集长途客运、地铁、公交、出租车和社会车辆等多种功能于一体，实现现代化“无缝接驳”立体式交通。主体结构分为地下两层和地面四层。地下二层主要为停车区；地下一层是公交与地铁主换乘区；地面一层与深南大道相接，北区为候车区和服务区，西区为公交上客区，南区为长途发车区；二层北区为服务区和候车区，南区为巴士及长途发车区；三、四层为停车区，提供社会车辆停车换乘服务。枢纽内部流线组织按照人车完全分流的思路，在建筑结构上分为人流区、缓冲区和车流区三个区域，保证旅客换乘的安全性与方便性。

在货运枢纽的建设中，要求统筹货运枢纽与产业园区、物流园区等的空间布局。按照货运“无缝化衔接”的要求，强化货运枢纽的集疏运功能，提高货物换装的便捷性、兼容性和安全性，降低物流成本。铁路货运站应建设布局合理、能力匹配、衔接顺畅的公路集疏运网络，并同站建设铁路与公路的换装设施。港口应重点加强铁路集疏运设施建设，大幅提高铁路集疏运比重；积极发展内河集疏运设施。集装箱干线港应配套建设疏港铁路和高速公路，滚装码头应建设与之相连的高等级公路。民用运输机场应同步建设高等级公路及货运设施。强化大型机场内部客货分设的货运通道建设。公路货运站应配套建设能力匹配的集疏运公路系统，切实发挥公路货运站功能。

3. 与长途运输相关的管理体制

从我国交通发展历程来看，城市交通和长途运输长期以来相互独立，但随着城市的逐渐发展壮大，原来位于城市边缘地区的长途运输设施，如铁路、公路等逐渐被城市所包围，这就面临着长途运输设施（区域交通设施）的城市化利用或拆除的问题。此外，随着“综合交通枢纽”、城乡一体等理念逐渐被人们所接受，城市交通和长途运输之间就存在了一些交叉、衔接和设施共享。在各种长途运输方式中，与城市交通关系最密切的是铁路、公路运输的问题（水运、航空系统相对较为独立）。下面就从铁路和城乡客运两个方面探讨长途运输的体制问题。

1）铁路管理体制

我国许多城市内部和郊区均存在数量不少的铁路专用线或铁路支线，城市区域内既有铁路资源丰富。其中，上海于 1997 年建设的轨道交通明珠线，是我国利用既有铁路资源发展城市轨道交通的首次尝试，明珠线一期工程使用了已经废弃的沪杭铁路内环线和浙沪铁路的线位，拆除旧有轨道，高架敷设线路；北京于 1999 年建设的轨道交通 13 号线，是沿着既有铁路京包线、东北环线和望和支线的线位，平行修筑城市轨道线路；武汉于 2000 年建设的轻轨 1 号线与上海明珠线情况相似，利用了已经废弃的京汉铁路旧线，原位高架敷设轻轨线路。三条线路的基本情况如表 3-7 所示。

表 3-7　　我国利用既有铁路开发的城市轨道交通

项目名称	建设日期	长度/km	利用线路	总投资/亿元	平均造价/（亿元·km^{-1}）
上海明珠线一期	1997 年 7 月至 2000 年 12 月	24.97	沪杭铁路内环线，淞沪铁路共 18 km	84.6	3.3
北京轨道交通 13 号线	1999 年 12 月至 2003 年 1 月	40.85	京包线、东北内环线、望和支线共 40 km	65.7	1.6
武汉轻轨 1 号线一期	2000 年 12 月至 2004 年 7 月	10.13	京汉铁路旧线 8.9 km	20.7	2.2

由于部分利用了既有铁路资源，三条线路每千米的平均造价在 1.6 亿～3.3 亿元，低于地铁平均每千米造价 3 亿～8 亿元，从开工建设到运营通车的时间也相对较短。但是，这三条线路对铁路资源的利用方式还停留在对铁路走廊的利用阶段，国内目前不拆除既有铁路线路，直接利用铁路线路设施建立共轨运行的城市轨道交通系统还很少，仅有北京市郊铁路 S2 线与上海轨道交通金山线两条市郊线路建成运营。

我国既有铁路未能真正应用于城市轨道交通系统，主要是由于体制上的问题。既有铁路所有权属于铁路企业，其上级主管部门是代表中央政府的中国铁路总公司，而城市交通一般由地方城市政府负责建设，在轨道交通的规划阶段，相关部门之间的行政壁垒与利益差异阻碍了“两网合一”的实现。在既有铁路经营权的问题上，一方面，铁路系统从自身角度来看，考虑铁路是一个完整的复杂系统，应该在统一的指挥调度下提供运输产品，所以即使铁路进入城市交通领域也应由铁路部门统筹管理；另一方面，地方政府相关部门考虑到利用既有铁路是为城市公共交通需求服务，不同于一般的铁路系统，具有高频率、高负荷的技术经济特征，所以只有由地方城轨部门运营管理，才有利于既有铁路资源更好地融入城市轨道交通系统，实现高效运营与资源共享。基于上述分析，北京城铁 13 号线在建设期间就是由于北京相关部门与铁路部门之间的严重分歧，造成直接改造铁路线路用于城轨交通的计划搁浅。另外，铁路部门与城市政府的“各自为政”，使得既有铁路利用过程中的投融资方案、车辆选型、供电以及信号制式等方面的协调都存在很大的问题。

在运能短缺，其他运输方式发展不够尤其是民航运输发展不完善、优先发挥技术经济优势特征及国民经济发展需要的多重背景下，我国铁路长期以干线动脉的角色对自己进行定位，这种发展特征与城市交通发展特征显著不同。首先，我国的铁路网规划强调对主要城市的覆盖率。比如在《中长期铁路网规划(2016 年调整》中，明确建设目的是“覆盖 20 万人口以上城市，基本覆盖县级以上行政区。快速客运网络连接所有省会和城市人口 50 万及以上的大城市。其次，客货运输南北、东西贯通大通道被置于优先考虑的范畴。比如率先建设京广高铁、京沪高铁等。目前，我国铁路技术水平走在世界前列，但存在的问题是我国铁路旅客中短途出行比重过低，一度城际客运也被公路运输主导，为地区内城际客运服务的铁路市场存在缺失。近多年来，铁路部门才开始认真考虑在城际客运领域内的发展。

铁路投融资在原铁道部时代，投融资构成是以政府投资为主，其他资金为辅。原铁道部是铁路最主要的投资主体，“十五”期间，原铁道部投资占铁路投资的比例为 80.3%。2005 年，原铁道部与 31 个省、自治区、直辖市签署的“省部协议”效果逐渐显现，地方政府和企业对铁路的投资迅速增长，在铁路投资的比重也由 2006 年的 16%增加到 2008 年的 26.4%。2008 年以后，在国家 4 万亿投资计划的刺激下，铁路基建投资呈现强劲的增长态势，尽管地方政府和企业对铁路投资有所增长，但在铁路投资比重呈下降趋势。

根据十二届全国人大一次会议批准的《国务院机构改革和职能转变方案》，原铁道部合并到交通部，组建中国铁路总公司。这标志着铁路行业实现政企分开的第一步。国务院将原铁道部拟定铁路发展规划和政策的行政职责划入交通运输部；组建国家铁路局，由交通运输部管理，承担原铁道部的其他行政职责。中国铁路总公司，承担原铁道部的企业职责。中国铁路总公司以铁路客货运输服务为主业，实行多元化经营。从国家铁路局和中国铁路总公司的分工来看，国家铁路局是铁路行业的规则制定者、监管者，中国铁路总公司是铁路行业的建设者、运营者。实现了一定程度的政企分开。这种改革，改变了以往政企不分的局面。

在改革以前，铁路行业长期实行着政企不分的体制。表现为原铁道部掌握着全路的主要生产、经营、投资和分配权力等，原铁道部既有铁路行业管理的职能，又有从事生产经营的职能；既代表国家行使国有资产的监督管理权，又有资产经营权；既是行业法规、条例的制定者，又是这些法规和条例的执行者，因此被赋予法人地位的各铁路局成为虚假法人。各铁路局既不具备完全法人财产权，也不具备完整的生产经营权，使铁路企业无法转型为规范的市场主体和法人实体，不能独立地面对市场配置铁路资源。国家、原铁道部、铁路企业三者之间的关系形成了国家对铁路全行业的严格规制，铁路内部原铁道部机关对铁路企业的规制，使铁路企业无法转型为市场主体。造成铁路融资体制改革中社会资本不愿进入的深层次原因是政企不分的管理体制。我国虽然已经颁布多种关于进行铁路融资体制改革，加快多元化投资主体进入铁路市场的政策，但是没有相应的体制作基础，好的政策也难以落实。

2）城乡客运与城乡/际公交

公路客运与城市公交历来界限分明，投资和管理体制各不相同。公路客运包括省际长途、城际客运、城乡客运等，均是以公路客运站为组织枢纽。近年来，城乡之间、县城与市区之间客运联系日益频繁，逐渐出现城市交通区域化、区域交通城市化的态势。在此背景下，城乡客运向城乡公交转变的诉求越来越强烈。

2013 年，交通运输部颁布《交通运输部关于贯彻落实〈国务院关于城市优先发展公共交通的指导意见〉的实施意见》(交运发〔2013〕368 号)强调扩大公共交通服务范围，推动城市公共交通线路向城市周边延伸，条件成熟的地区对城市周边农村客运班线实施公交化改造，努力扩大城市公共交通服务广度和深度。

道路客运经营权作为城乡公交改造的内在要素，城乡公交一体化会面临线路站点、运营车辆与服务标准等的调整。再加上目前我国城乡客运市场存在道路客运经营权私下转让、线路价格炒作等不规范的现象，由于涉及多个利益主体的博弈和线路运营的竞争，增加了政府调整公交经营权的难度。因此，如何有效管理道路客运经营权的合理转移，以厘清各利益主体的诉求成为公交一体化改革面临的关键问题。

现有城乡公交一体化研究较少涉及道路客运经营权调整的问题和策略。但是道路客运经营权作为交通运输管理部门准许客运经营者在一定期限内进入客运市场从事运输经营的权限，在平衡城乡公交服务供给的效率和公共利益方面起着重要作用。目前，道路客运经营权包括长途客运经营权、出租车经营权、公交经营权等形式，并呈现政府特许、经营期有限性、确定的经营范围和指导定价四个主要特征。县域城乡公交一体化背景下，公交经营权管理主要有公司化经营、挂靠经营、个体经营等经营模式。

3.3.5 城市物流

城市物流属于社会物流范畴。站在社会和政府管理角度，考虑城市的社会生活和生产活动需求，统筹城市空间功能布局，协调土地等相关公共资源配置，以及相关货物运输活动管理，以求尽可能降低交通运输活动对城市生活和自然环境的负面影响，提高社会物流服务水平和效率，并对应急救灾的物流保障活动提前做出必要的安排。

城市物流主要涉及城市内部的配送物流、城市经济活动所产生的工业物流和商业物流，以及城市生活所产生的(垃圾等)静脉物流。从发货和收货主体性质来看，可以划分为 B2B，B2C 和 C2C，从所涉及的空间范围来看，可以划分为国际物流、区域物流和城市内部物流。当然还可以按照所采用的运输工具、运输组织方式等进行适当的类型划分。

1. 正确理解城市物流

在城市交通研究中，无法回避的一个问题就是城市物流。理清其概念对于城市交通研究具有积极的意义。

什么是“物流”，教科书中提出了一系列的定义，实际上从不同角度出发，可以对于物流建立不同的认识。对于企业来说，伴随着生产结构的变化，对于物流的关注和理念不断进行调整，但是万变不离其宗，总是围绕提高运行效率，增强市场响应能力。而站在政府立场上，从公共管理和公共治理角度所关注的，是作为投资环境一个重要组成部分的物流服务体系，作为城市不可或缺的公共服务组成部分的物流体系，以及企业物流行为与城市交通环境政策、能源政策、人居环境之间的协调。

由于关注角度的差异，物流可以被划分为企业物流(包含生产物流、商业物流等)和社会物流两大领域。

从社会整体以及可持续发展理念的角度来看，为了有效地配置社会资源和环境资源，以及构筑更加具有吸引力的投资环境，需要协调企业或企业群体的物流活动，从而推动了从企业物流与社会物流的协作。

所谓社会物流，是将物流活动纳入整个社会活动加以调控，其目标在于协调社会资源配置与企业经济活动之间的关系，构筑一种良好的投资环境和社会经济活动基础。在社会物流体系的构筑过程中，政府从全局的角度加以必要的调控，而企业则在政府的宏观指导下进行自主经营活动。这种协作产物的表现为共同配送、联合运输、公共物流中心、综合物流公共信息平台、货物运输网络管理等概念。

国际城市物流学会从 1999 年以来召开了多次城市物流的国际会议。在这些会议上提出如下的概念:“城市物流是在市场经济的框架内，考虑交通环境、交通阻滞、能源消费等，对于城市中的民营企业的物流以及运输活动，进行整体优化的过程。”

需要强调的是，城市物流并非将单个城市作为一个封闭系统考虑问题，之所以冠以“城市”二字，是特指与城市空间密切相关的物流活动。事实上，物流企业的网络空间布局，往往将城市群作为一个整体加以考虑。所以与城市交通规划不同，城市物流很难对单一城市进行规划，更不能与区域物流网络、国际物流网络割裂开来进行规划。

2. 城市物流的主要特征

从物流活动所涉及的领域来看，城市物流不仅包括生产领域、流通领域，而且还包括消费领域，因此，它涉及社会再生产全过程的每一个环节。

从物流的对象来看，城市物流流动的物质资料，既有生产消费所需要的各种原材料、机器设备等生产资料，又有人们生活消费的各种消费品，还包括城市废弃物品的流动。在企业物流中，一般只研究企业生产经营过程中所发生的原材料和企业产成品的物流问题，而企业劳动者所需的生活资料的物流问题并未考虑在内。

从物流的规模或流量来看，城市物流的规模或流量要比企业物流大得多。城市物流的规模或流量不仅取决于城市自身经济社会的发展状况，而且要受其他城市或周围农村，乃至其他国家经济发展的影响。而企业物流，就单个企业而言，物流的规模或流量仅由该企业生产经营的规模大小来决定。

从物流管理上来看，城市物流管理所涉及的面广，除了进行物流活动的配送、运输、仓储等企业以外，还关联到城市内外成千上万家企业、单位和家庭，对城市的发展活力、潜力等诸多方面均产生重要的影响。

城市物流贯穿于整个城市系统，是城市经济、社会、环境协调发展的重要基础之一。由于服务范围和所处环境的特定性，城市物流的运作环境和体系结构更为复杂。相对于区域物流和国际物流来说，城市物流具有两个显著特征：

(1) 物流密度高。由于物流的最终用户，例如，企业、商店、个人等都集中在城市，国际物流、区域物流的始发点和最终目的地基本都是城市，因此在广泛区域运作的物流，最后都归结到城市之中，这是造成城市物流密度高的重要原因。另外，城市本身的产业高密度及人口高密度也带来了高密度的物流需求。

(2) 制约因素多。城市是一个国家经济水平最高的地区，有进行精益化运作的需求和条件。更重要的是，城市交通条件的制约和生态的脆弱性，不允许进行粗放的物流活动，因此城市物流除了要提高社会经济和运输效率外，更要注重物流和环境之间的权衡。如澳大利亚专家在对城市物流的描述中能充分体现出这一点："城市物流是指在市场经济的框架中，在城市范围内考虑交通环境、交通拥挤、交通安全和能源节约的前提下，依靠先进信息系统支持的对私营企业的物流和运输活动实施优化的过程。"

3. 城市物流发展机遇与挑战

近年来，伴随社会和经济发展，城市物流面临一系列新的机遇与挑战。

1) 物流需求特征发展显著变化

全球化带来物流需求总量增加，从 1950 年至 2000 年，世界商品生产增长了 6 倍，世界商品贸易增长了将近 20 倍。根据发改委《2015 年全国物流运行情况通报》，我国 2015 年全国社会物流总额 219.2 万亿元，为国内生产总值(GDP)的 3.2 倍。2015 年社会物流总费用10.8万亿元,与GDP的比率为16.0%。其中,运输费用5.8万亿元,保管费用3.7万亿元,管理费用1.4万亿元。2015年物流业总收入7.6万亿元,为GDP的11.2%。

快递、城市配送等物流增长迅猛。2016年,全国快递服务企业业务量累计完成312.8亿件,同比增长51.4%;业务收入累计完成3 974.4亿元,同比增长43.5%。其中,同城业务收入累计完成563.1亿元,同比增长40.5%;异地业务收入累计完成2 099.3亿元,同比增长38.8%;国际/港澳台业务收入累计完成429亿元,同比增长16.1%。

2) 环境与能源对城市物流提出了更高要求

城市物流获得了迅速的发展,在提升城市功能、促进城市发展等方面发挥了重要的推动作用。但由此带来的对城市环境的影响却不容忽视。

根据环境保护部发布的《2015年中国机动车污染防治年报》,2014年全国汽车保有量中,货车2 125.5万辆,仅占14.7%,但全国货车排放一氧化碳(CO)1 015.2万吨,碳氢化合物(HC)144.2万吨,氮氧化物(NO_x)394.8万吨,颗粒物(PM)43.2万吨,其排放量分别占汽车排放总量的34.5%,41.0%,68.2%,78.5%。

北京市的研究表明,营运货车仅占机动车保有量的3%,但污染排放占全市机动车污染排放的27%。外埠货车、城市配送、干线运输产生的污染是总货车污染排放主要原因,其中外埠货车带来的污染排放占比高达55%,城市配送、干线运输产生的污染排放占比分别为20%,19%(表3-8)。北京是全国重要的交通枢纽和承德等城市对外货运的主要通道,外埠货车的过境运输产生了大量的污染。城市配送尽管单车排放量不高,但车辆规模大,且运营集中于城市内,其污染排放贡献率占北京管辖货车的首位。城市间干线运输的车辆尽管数量少,但单车污染物排放高,总污染排放依然突出。

表3-8　　北京市货运车辆能源消耗

类别	CO		HC		NO_x		PM		黑烟		合计	
	排放量/t	比例	排放量/t	比例	排放量/t	比例	排放量/t	比例	排放量/t	比例	排放量/t	比例
城市配送	4 644.9	30%	726.0	33%	3 458.5	13%	274.8	27%	98.9	26%	9 203.1	20%
干线运输	2 938.7	19%	598.4	27%	4 970.8	19%	184.5	18%	72.9	19%	8 765.3	19%
危险品	364.9	2%	66.2	3%	496.1	2%	22.2	2%	8.6	2%	958.1	2%
建筑运输	541.1	3%	108.8	5%	897.5	3%	38.3	4%	15.2	4%	1 600.9	4%
外埠货车	7 213.3	46%	725.9	33%	16 592.5	63%	496.5	49%	178.8	48%	25 207.0	55%
以客载货	1 084.9	7%	122.6	6%	24.5	0	0.0	0	—	0	1 232.0	3%
总计	15 702.9	100%	2 225.2	100%	26 415.4	100%	1 016.4	100%	374.4	100%	46 966.4	100%

3）新技术发展对物流带来的机遇和挑战

大数据、物联网、人工智能、基因组学等新技术革命正在改变生产和生活的方式，城市物流要适应这种改变，如电子商务的发展带来了快递业多年的高速增长。未来新的技术还可能对城市物流带来更大的机遇与挑战，如3D打印理论上可能颠覆企业交货模式，将彻底改变全球商品流动范式，即重构现有的整个供应链体系。

4. 城市物流发展的主要对策

1）科学规划、建设城市物流系统

城市规划和交通规划中，重客轻货的倾向正在扭转。21世纪以来，世界各大城市纷纷制定发布城市货运发展的规划，明确城市货运发展目标和行动，并将城市货运发展规划有效融入城市交通规划和城市发展整体规划中。伦敦、巴黎、华盛顿、柏林等城市均制定了新的货运发展规划（表3-9）。深圳市国内首个将现代物流业作为支柱产业的城市，在各类相关规划中提出了具有全球竞争力和影响力的国际化物流枢纽城市的目标，并明确了主要措施。《上海市城市总体规划（2016—2040）》中提出要通过建立现代化物流发展模式、完善多方向的集疏运通道布局、构建多层级的货运枢纽体系等策略来发展城市物流系统。《上海市现代物流业发展"十三五"规划》提出"实现物流业对城市运行和民众生活保障能力显著提高""实现物流业信息化、智能化水平显著进步"等具体目标。

表3-9　　国外城市的货运发展规划概况表

城市和地区	城市货运计划	时间/年份
伦敦	伦敦货运计划	2007
西雅图	西雅图货运总体规划	2003—2016
华盛顿	华盛顿货运机动计划	2010—2014
巴黎	一般总体规划	2013—2030
	交通总体规划	2014—2020
	气候、能源、空气总体规划	2012—2020
柏林	柏林市综合城市货运系统战略	2006
加利福尼亚	加利福尼亚货运机动计划	—
布鲁塞尔	布鲁塞尔市城市货运战略规划	2013—2016
斯德哥尔摩	斯德哥尔摩货运计划	2014—2017

国外城市的货运规划，主要包含供给侧管理、需求侧管理、信息化管理、行业全局性管理等4个方面谋划城市物流发展（表3-10）。

国内的物流规划一般从物流设施建设、物流营运环境等对城市物流进行谋划。《上海市现代物流业发展"十三五"规划》主要内容包括构筑协调互联空间格局、打造"六位一体"物流服务体系、提供坚实有力保障三部分。首先，提出打造由五大重点物流园区

表 3-10　　国外城市货运规划主要内容

城市货运规划	具体内容
供给侧管理	加强建筑规范； 增建货运枢纽； 增加配送点的货物存储能力； 高效节能的仓库； 城市集中托运中心； 设置货车专用道； 货运车队结构优化； 燃油效率提升技术
需求侧管理	引入燃油税率； 道路收费/激励； 低污染物排放区； 装载与停车； 基于货车尺寸、重量、时间等的通行限制； 港口定价策略； 夜间配送、第三方配送等模式； 生态驾驶
信息化管理	实时信息系统； 电子商务取货点网络； 城市货运信息与地图
行业全局性管理	建立货运委员会； 建立货运合作伙伴； 发展城市物流规划； 货运企业联盟； 货运经营者认定； 标签化与认证体系； 强制温室气体报告； 噪音项目/控制； 城市货运政策

（外高桥、深水港、浦东空港、西北、西南）、四类专业物流基地（制造业、农产品、快递、公路货运）为核心架构的“5＋4”空间布局，进一步完善三级城市配送网络和重点区域物流配套服务，形成东西联动、辐射内外、层级合理、有机衔接的物流业协调互联空间新格局；其次，明确着力构建创新引领、畅通高效、绿色安全、内外开放、便民惠民、标准规范“六位一体”的现代物流服务体系；最后，提出通过改革体制机制、加大资金投入、加强人才培养、完善支持政策、加强产业监管和运行监测为物流发展提供保障。

2）强化城市物流的监测与管理

城市物流的监测与管理，包含对货运车辆的管理、物流企业及人员的管理、货物的管理等多个方面。

对于货运车辆的管理主要是规范营运车辆。为了提高城市物流配送车辆技术水平，提高运输效率，降低物流成本，以及减少货运车辆对道路资源的占用，缓解交通拥堵，上海、北京等城市先后出台城市货运配送车辆运营技术规定。2008 年 5 月，上海市出台《城市配送物流车营运技术规范》(JTJ 020—2008),这是国内首个关于城市配送车辆运营技术规范的法规。《城市配送物流车营运技术规范》主要针对轻型封闭式货车和厢式货车两种车型,规定了车辆的基本技术条件及特殊条件、车辆维护要求、运输过程控制要求。除车辆排放必须符合当地法规要求外,在制动等安全性能以及承载性方面也提出了较高要求,货箱要求封闭、防腐,但没有对物流配送车辆的尺寸和发动机排量进行特别限制。2010 年 12 月,北京出台《城市中心城区货运汽车运营技术要求》(DB11/T761—2010),并于 2011 年 4 月开始实施。《城市中心城区货运汽车运营技术要求》规定了在北京城市中心区从事经营性货运汽车的类型及运输范围、技术要求(包括外观要求、车内要求、动力要求、安全要求以及环保节能等要求)、标志标识和检验方法等等。截至 2014 年 4 月 1 日,对于仍不符合《城市中心城区货运汽车运营技术要求》的城市配送车辆,北京公安交通及运管部门将不予发放通行证和营运证,不得进入北京城市中心区。

货运车辆营运区域管理。近年来,不少城市开始根据货运车辆的类型、排放标准、时间限行、行驶区域等对货车的运行进行限制。在交通限行政策的基础上,一些城市的城市交通管理部门出台了城市货运通行证政策,即对从事城市正常生活运输和必需品运输的机动车按照一定比例核发货运通行证,允许持有通行证的货运车辆按照限定时间进入城市中心区相关区域。

城市物流涉及的货物中,危险品给城市带来的风险最大,应严格按照国家和地方法律、法规对其进行管理。要规范危险品仓储堆场布局,加强对既有危险品物流作业场所监督检查;加强危险品物流从业人员专业培训,严格执行危险品存储运输作业安全规范标准;加强危险品运输安全监控,通过统一的联网监控信息平台,实现危险品运输车辆信息化监控全覆盖;推动安全监管、质量技监、消防、公安、交通等监管部门信息互联互通,构建涵盖危险品生产、存储、运输、销售全过程的综合监管与服务平台,实现危险品物流供应链的实时可视化安全监控。

对于快递及其他相关货物,应严格执行国家、行业、地方强制性标准,健全标准规范体系,加强从业人员寄递安全培训。强化物流企业主体安全责任,鼓励企业加大安全投入,提升管理水平。

3) 引导城市物流的绿色化发展[10]

在发展现代物流过程中如何降低城市物流对环境的负面影响,已经成为政府、企业、研究机构以及普通民众所关注的热点之一。绿色物流作为一种基于可持续发展思想、追求环境友好、资源节约的物流方式,可以帮助人们有效地处理城市物流发展和环境保护之间的关系,也正在受到许多国家的重视。鉴于城市物流对城市环境的影响越来越大,一些国家和地区积极倡导发展绿色物流,采取多种策略推动城市物流的绿色化,也就是通过政府及其他各方面的共同努力,利用现代科学技术,抑制物流过程对环境的危害,并实现对物流环境的净化,使物流资源得到最充分的利用。

(1) 建立城市物流配送环保专区。

早在20世纪末,瑞典就在斯德哥尔摩、哥特堡、马尔摩、隆德的中心城区设立城市环保区(the Environmental Zones),对运输车辆的柴油颗粒物质(Diesel Particulate Matter,DPM)、碳氢化合物(Hydrocarbons, HC)和氮氧化物(NO_x)等污染物的排放制定严格的控制标准,以提升城市空气质量,降低噪声污染。该项目实施一年后,对其效果的评价结果显示:DPM减少20%,HC减少10%,NO_x减少8%,总噪声的强度也明显降低。

2007年3月,德国联邦政府出台法规,建议各州政府在主要城市建立"环保区",气排放不达标的汽车禁止驶入"环保区"。

2008年2月,英国伦敦的交通部门发起了一项"低排放区(Low Emission Zones)"的倡议活动,该活动旨在减少交通污染、改善城市空气质量。该活动将使用一批摄像机监控大型柴油货车的废气排放,并对其中排放超过欧标的货车实施大额罚款。此项措施将有助于改善伦敦的空气质量,以提高数百万伦敦居民的身体健康。

(2) 构筑城市物流配送合作平台。

共同配送是一些发达国家鼓励和正在采取的城市物流配送的一种模式,它能够有效地提高城市物流的效率,降低城市物流对环境的影响,因而代表了未来城市物流配送的发展趋势。柏林和斯德哥尔摩通过建立共同配送的示范体系,有效地推动城市物流配送共同化的进程。

德国首都柏林,城区面积883 km^2,现有居民约350万,每年需要大卡车和小货车向城内配送4 500 t货物。为了提高城市配送效率,改善城市交通的机动性和城市交通的拥挤状态,欧洲能源与交通总署、柏林参议院城市发展部发起了柏林市区"货运平台(Goods Traffic Platform)"建设的圆桌会议。该平台由包括地方政府团体、店铺老板、警察、地方商会等在内的多方人员参与。其主要目的就是通过将紧邻商业区的道路设置为共同装卸区,以有效地组织相邻店铺的共同配送。该项目的实施开创了城市物流配送公私合作(Public-Private-Partnership, PPP)的运作模式。

2003年,斯德哥尔摩在哈马比斯德区成立了一个物流中心。该物流中心负责该社区的共同配送,包括居民在线购买的各类物品、干洗的衣物、每天的食品和饮料等商品的配送。同时,该中心还成为该社区农产品加工配送一体化的配送中心,来自大约300家农户的农产品都要在这里加工和配送。该项目通过社区的共同配送减少了能源使用和二氧化碳排放,同时也提高了对于居民的物流服务水平,增强了本地农产品加工的新鲜度。

日本政府有关部门在与行业协会、物流企业和货主企业的协调和沟通中,采取积极的方法,为共同配送提供更加便利的环境。如物流行业的协会组织与商业街的行业协会,研究在商业街共同配送中,如何解决停车装卸货物的对策;地方政府对卡车共同配送的专用停车场给以建设经费的资助;警察署通过对路外交通标志线的调整,允许配送卡车在商业店铺门前路边短时停放装卸货物；货主企业通过改造商业设施，使许多大型商业场所具备立体停车设施和短时存储商品的仓库等。

2013 年我国财政部、商务部决定在现代服务业综合试点工作中启动实施城市共同配送试点工程。通过试点，各试点城市在规划设计、网络体系、货运方式、配送模式等诸多方面形成了一些好的经验和做法，有力地促进了全国共同配送的发展。

(3) 提倡使用城市配送清洁车辆。

为了提高城市物流效率，减少车辆废气排放，世界上许多国家政府都在积极开展绿色物流技术的开发与推广，其中尤其以绿色清洁运输车辆的技术研发为重点。1998—2002 年，荷兰第二大城市鹿特丹在市公共事业部的协调下，实施了电动车城市配送系统(Electric Vehicle City Distribution System)的项目，提供清洁、高效的城市物流配送解决方案。

从 20 世纪 90 年代开始，日本经济产业省对购买电动汽车的企业和团体给予车辆差价 50%的购车补贴，大力资助高效燃料电池汽车基础应用平台的建设与实用技术的推广应用，积极开展电动汽车区域共同利用系统的试验等。

荷兰首都阿姆斯特丹的中心城区是一个历史遗迹遍布、街道狭窄的地区，使得及时配送的货运车辆常常无法进入或者时间延误。1997 年荷兰交通部在阿姆斯特丹发起了一项移动配送中心(Floating Distribution Centre)的计划。该项目的发起人 DHL 公司使用轮船和自行车配送城内的货物。DHL 公司将一个观光游船改造成一个移动的配送中心，该中心与在线的骑自行车者联系。轮船穿越阿姆斯特丹的运河，与携带通信工具的 20 辆自行车保持实时联系。该项目实施后，DHL 节省了 10 辆货运卡车，这意味着每年节省了 150 000 km 的路程和 12 000 L 的柴油。类似地，在爱尔兰首都都柏林，DHL 公司的汽车司机驾驶车辆环绕市中心，由步行者来配送工具。

《深圳市现代物流业“十三五”规划》提出力争到 2020 年，全市纯电动绿色配送车辆规模达到 12 000 辆，将深圳建设成为全国纯电动绿色配送创新发展城市。

上海一方面通过黄标车淘汰、国Ⅲ柴油货车中环内限行等对高污染车辆进行淘汰治理，至 2015 年底淘汰黄标车 16 万辆；另一方面加强了新能源车辆在货运方面的推广应用，通过实施集装箱运输车队清洁能源试点，推广应用液化天然气(Liquefied Natural Gas, LNG)集装箱运输车辆 1 000 辆以上。

(4) 强化配送车辆及其能力管理。

1998—2000 年，哥本哈根对城市配送车辆进行了调查，发现该城市 55%的货运车辆的载货量不足其车辆设计能力的 20%。根据对车辆配送效率的考查结果，为了更好地利用每部车辆的载货能力，哥本哈根在“城市货运法令(City Goods Ordinance)”中规定了进出城市的车辆管理标准。由于城市货运车辆夜间配送可以确保快速配送，减轻货运对城市交通拥挤的压力，因此，夜间配送计划也成为发达国家改善城市交通的惯例。不过，巴塞罗那的“安静的夜间配送(Silent Night Delivery)”似乎更有特点。为了解决夜间配送车辆的噪声对城市居民睡眠的影响，该项计划规定：所有 40 t 及其以上的大型货车只能晚间进入市区，并且必须加装消音设备，其余类型的货运车辆也必须在晚上 11 点与清晨 5 点两个时段实施配送。由于夜间配送可以使用相对大型的货车，所以 2 次夜间的配送量可以相当于白天交通高峰期的 7 次配送量。其中夜间 11 点的时段，主要配送无须冷藏冷冻的货物；清晨 5 点，主要配送需要冷藏冷冻的鲜活物品。

(5) 重视制定完善的法律法规体系。

围绕城市物流的污染源、交通量、交通流的管理和控制，发达国家除了在政策方面加大对城市绿色物流的规划引导之外，还非常重视法律法规对物流规划实施的保障。

以哥本哈根为例，哥本哈根根据调查结果在其中心城区颁布了强制性“城市货运法令”，在其面积大约为 1 km^2 的中心城区颁布了强制性车辆管理标准，所有大于 2.5 t 载重量的货运车辆只有取得许可证才能进出中心城区，否则罚款 68 欧元。哥本哈根的车辆许可证共有三种，其中绿证主要发放给车龄在 8 年以下、3 个月内的货运量至少 60% 的车辆。如果车辆满足上述要求，并且每 3 个月向市政府汇报车辆载货情况的话，即能得到此种证书，证书费用为 260 克朗，有效期为两年；黄证发给不符合绿证颁发要求，且车辆的长度在 6 英尺以下、载重量小于 3.5 t 的车辆，证书费用为 260 克朗，但有效期仅为 6 个月；红证则发给偶尔进出中心城区的车辆，一个证书仅适用于一次运输，证书费用为 40 克朗，证书当天有效。哥本哈根在制定强制性法令的同时，还制定了一整套的奖惩制度和便利措施，如：所有取得证书的货运车辆有权在指定的 26 个货运专区停车装卸；绿色和黄色证书既可以到指定办公地点办理，也可以通过网络向指定机构申请；红色证书则可以在进入中心城区各加油站设立的销售点购买；取得绿色证书的货车载运量如果不再符合办证要求，证书就要被收回，若想重新得到证书，则规定将缩短其载重量的汇报时间。

(6) 构建市场化绿色物流引导机制。

北京市制定了绿色货运的相关政策，希望通过发挥市场作用，逐步实现由政府激励为主向市场激励为主的行业激励模式转变。拟在绿色货运企业认定结果的基础上，实施污染物减排量奖励[以行业基准水平污染物排放量减去企业车辆实际污染物排放，污染物减排量＝基准排放量(t)－实际排放量(t)＋间接减排量(t)]，奖励资金按照企业污染物(NO_x 和 PM)减排量进行核算，每吨污染物减排量给予 6 万元的财政资金奖励。

3.4 我国新常态发展下的城市交通

“新常态(The New Normal)”一词是 2009 年由美国债券投资商太平洋投资管理公司(PIMCO)提出来的，用于形容后金融危机时代美国将出现经济增长速度低于危机前平均水平的发展状态。近年来，随着我国经济增长速度趋缓，新常态这一表述也逐渐得到了国内的认可和借鉴。2014 年 5 月，习近平总书记在讲话中首次提出关于中国经济新常态的论断，并于 11 月做出了系统的阐释，其核心要点在于：经济发展从高速增长转为中高速增长，经济结构不断优化升级，发展动力由要素驱动、投资驱动转向创新驱动。

由于交通需求是社会经济发展的派生需求，因此经济新常态对城市交通系统会产生很大影响。新常态下，我国城市交通与目前的常态相比将有哪些新变化，这是本节要讨论的主要内容。

3.4.1 经济新常态对城市交通发展的新要求

在新常态下，经济、社会、生态各领域的转型和升级会对城市发展和城市交通带来新的要求。

（1）产业结构升级和转型引起交通服务对象和服务内容发生变化。在以要素驱动、投资驱动为主导的产业发展过程中，交通运输服务表现为集中式、大运量、粗放型的特点。在以创新驱动为特征的新经济模式下，产业升级和转型将引起客货运输需求在量级和结构方面的巨大变化。运输量的增长速度放缓甚至有下降的可能性，客货运输需求的时效性、可靠性要求更高，服务形式和服务范围也会提出多样化需求。

（2）产业发展带动人口集聚，增加城市交通多元化需求。研究表明，创新型高科技产业对就业人口的乘数效应明显高于物流业、制造业、资源加工等行业。因此，产业升级和转型不仅不会减少就业人口，反而会因为生产分工的细化创造出更多的就业需求，并吸引人口向产业优势地区和城市创新中心集聚。在新常态下，人口集聚一方面表现为农业转移人口进城，推动城市交通总需求的上升；另一方面，高端人才向创新环境好、生活质量高、交通服务便捷的地域集聚，要求城市交通服务的质量必须提升。

（3）稳定的经济增长带来人们对高品质生活和城市交通环境改善的要求。当经济发展告别大规模、粗放式发展阶段，城市发展由增量建设转为存量优化以后，人们的生产和生活模式会有所改变。在经济中高速稳定发展的阶段里，城市的生活质量和服务水平会得到更多的关注，个性化、多元化的出行需求要求城市交通出行环境更加包容化、精细化和差别化。

（4）城市发展模式和交通发展模式要求更加注重生态文明理念的落实。在当前经济发展的常态下，传统的能源供给系统支撑了要素和资本驱动下的经济发展，造成了生态环境的大量破坏，以及人居环境的逐渐恶化。由此可见，经济发展驱动力的转换，不仅是经济发展的内在要求，也是能源、生态和环境可持续发展的要求。因此，在新常态下，城市发展、城市交通必须落实生态文明理念，建设低冲击的城市和海绵城市，发展绿色交通和新能源交通，倡导居民绿色出行。

（5）交通供需特征发生变化。

① 城市交通基础设施的发展变化。伴随着城市空间的拓展，城市发展从增量阶段

到存量阶段的转变,道路基础设施网络的完善程度得到了强化,尤其在骨干网络的建设方面,多数特大城市的道路网络骨架基本成形。城市轨道交通的发展也进入了快车道,以北京、上海、广州、南京为代表的城市轨道通车里程都已经突破了 200 km。城市地面公共交通的供给也伴随着公交专用道和快速公交的发展而取得了长足的进步。城市可用于交通基础设施建设的空间资源在逐渐减少。

② 交通需求特征管控。不能简单依赖小汽车发展的理念在逐渐得到关注,简单地把满足小汽车交通流量的增长作为解决交通问题的观念在受到反思和质疑,对于城市公交的发展重视程度得到前所未有的提高,步行和自行车交通也在得到关注。关注出行活动如何实现,尤其关注以人为本的需求方面在得到加强。多种交通方式之间的衔接得到重视,交通枢纽的建设进入突破期。

③ 城市交通供给手段的变化。在城市交通供给手段的变化上看呈现出城际交通基础设施快速发展、都市圈交通基础设施在补课、城市交通基础设施在转型;从不同方式来看,轨道交通成为主力军,道路设施建设退居第二位,交通枢纽设施进入突飞猛进的阶段,步行、自行车等设施开始得到重视和发展。另外一方面,以容量挖潜和模式转变为特征的手段,如通过交通组织优化、交叉口渠化等进行容量的挖潜,以开辟公交专用道、压缩机动车道转变为自行车道、开辟公交专用道等措施实行交通模式向地面公交和自行车等绿色方式的转变。不容忽略的是智能信息技术的应用,为容量提升和品质提升提供了多种转变,以滴滴出行为代表的出租车网络调度方式大大降低了出租车空驶率,提高了道路容量的利用率和乘客的服务品质;基于实时信息采集和组织调度的交通控制技术提高了道路整体网络的利用效率;基于实时信息和互联网技术的乘客信息服务系统提高了乘客的换乘效率和出行便利性。

④ 供需关系的评价准则。对于供需关系的评价准则的变化方面呈现综合复杂评价准则的趋势,随着 $PM_{2.5}$空气质量和温室气体排放的重视程度提高,评价准则中对于环境影响的权重在大大增加,尤其对于基于化石燃料的汽油为代表的交通工具的使用,减少依赖性成为可以讨论的话题。在交通方式的优先选择中,鼓励优先发展公共交通、自行车、步行,在道路路权分配中给予公共汽车的优先权、在城市财政支出中增加轨道交通建设的费用等政策得到越来越多的拥护。在社区范围内,减少小汽车进入的空间,提升步行和自行车的品质,减少中心区的停车车位供给等也从社会角度得到了支持。

3.4.2 当前城市交通发展的常态及存在问题

与新常态发展对城市交通的要求相比,不难发现当前我国城市交通中还存在一些非常普遍的问题,难以适应新的发展要求。准确判断当前我国城市交通发展所处的阶段,客观认识其中存在的问题和冲突,有助于城市交通系统从常态走向新常态。

1. 当前城市交通的常态化问题

交通拥堵的日益加剧以及由此带来的一系列衍生问题,已经成为当前我国城市交通发展的常态问题。

(1) 城市交通拥堵日益恶化，城市运行效率下降。当前，我国城市交通拥堵现象正呈现大城市交通拥堵向全面拥堵和区域蔓延，中小城市高峰时段拥堵逐渐显现的趋势。交通拥堵导致车速普遍下降，交通出行时间增长，城市运行效率下降。一般城市干道上机动车速度仅 15～20 km/h，城市中心地带仅 10～15 km/h，许多路段和交叉口已处于饱和状态。

(2) 公共交通服务水平不高，缺乏竞争力。由于缺乏统一规划或规划不合理，我国城市公共交通的发展表现出许多错综复杂的问题，导致其交通分担率低，服务水平低。具体问题有：公交总体运力不足，公共交通基础设施匮乏；城市客运系统结构单一，无法满足多样化出行需求；公交线网覆盖面较低，特别是城市的新区，居民出行不便；公交线网布局和结构不合理，分布不均衡；公交换乘枢纽少，换乘不便；运行效率低，服务质量低下。

(3) 城市交通带来的公害问题日益严重。机动车对环境的污染正逐渐成为部分城市的主要污染源，并呈日益加重的趋势。机动车尾气对整个大气污染的贡献率在逐年上升，有些指标占到 50%以上，特别是对人体健康危害较大的可吸入颗粒物 PM_{10} 和 $PM_{2.5}$。从 2014 年北京市环保局发布的北京大气细颗粒物($PM_{2.5}$)来源的最新解析结果来看，北京全年 $PM_{2.5}$ 来源中，区域传输占 28%～36%，本地污染排放占 64%～72%。而在本地污染源中，机动车尾气排放占比高达 30%以上。

(4) 停车问题突出，严重影响城市的畅通运行。与急速增长的机动车辆相比，停车场的发展相对滞后，远远不能满足停车需求。具体问题表现为：基本停车位存在较大缺口，停车秩序混乱，占路停车现象严重，特别是占用步道现象极其普遍，进而影响城市交通整体的运行效率。

(5) 步行、自行车出行环境逐步恶化。由于当前城市交通规划、建设过程中以车为本的思想，造成步行和自行车空间被占用，步行和自行车出行环境正逐步恶化。路权过多地给予了机动车交通，行人和自行车交通的空间受到挤压，安全感日益下降。机非混行道路交通秩序日益混乱，由于未设隔离设施，造成大量机动车侵占非机动车道，非机动车受到来自机动车的威胁日益增大。步行交通问题更为严重，表现为步道被任意占用、压缩和切断，无障碍化设施及盲道不规范、不成系统。行人过街需长距离绕行，行人过街设施缺乏对交通弱者的考虑，使得行人交通受限，安全得不到保障，交通弱者出行困难。

2. 当前城市交通问题的根源分析

(1) 车本位思想根深蒂固。长期以来，许多城市交通规划的主流思想是以车为本，而不是以人为本。城市道路建设主要考虑满足以小汽车为主导的机动车出行，想方设法地为其提供资源和改善条件，甚至以牺牲其他出行者的利益为代价，如在道路两侧私划大量机动车停车泊位严重恶化了自行车和行人出行环境。为保障小汽车通行能力，公交专用道建设严重滞后，导致公交优先在空间上无法落实。

(2) 粗放式的增量发展观念。在过去经济快速增长状况下，应对交通问题的惯用手段包括：一方面，依赖道路基础设施的增量建设，缓解城市人口、汽车和房地产增长的压力；另一方面，通过追求道路的通行速度目标，提升城市交通的运行效率。

但是，当城市人口和汽车总量达到一定规模，粗放式的道路基础设施增量建设、速度目标，不仅没有缓解压力和提升效率，反而导致交通安全隐患重生、交通秩序混乱不堪、通行效率拥堵低下。这已严重降低城市生活的环境品质，甚至影响社会经济正常运行。过去惯用的大扩张、大建设的增量调控手段，已不再管用。

(3) 管理方法落后，效率低下。目前城市交通管理行政手段多，经济手段少，社会负面影响巨大。以机动车管理政策为例，短期来看实施限购限行可以起到立竿见影的效果，但限购只能延缓机动车增加的速度，长远来看反而可能促进本市机动车的发展，也会一定程度刺激尚未限购城市小汽车的提前消费。根本方法还在于转变城市发展思路，以市场化手段进行深层次治理。

(4) 制约城市交通发展的体制性问题。面对城市交通系统的快速发展，现行的交通行政管理体制难以适应，已成为制约城市交通发展最为突出的体制性问题。主要表现在：多头管理，政府职能配置有待调整、协调机制有待优化；各部门信息不对称，部门壁垒和部门封锁等现象依然严重；土地、城市建设、交通的管理职能相互割裂；在交通行业监管上政府责任不明晰，不能正确处理政府与市场之间的关系，存在着该管的不管、不该管的进行干预等现象。

3. 新常态下城市交通发展的方向

要使城市交通满足新常态发展下的各种要求，必须在功能定位、发展目标、建设方式、交通结构和管理政策等方面进行反思、转变和突破。

(1) 城市交通在通行功能之上，还应体现人对交往空间和场所功能的需求。当前，城市空间演变为相互独立的生产(工作)设施场所或者居住场所，而不是生活设施或者是社会交往的场所。城市道路设计和改造过于关注机动车，步行和自行车危险性高；城市主干路过宽，阻止个体过街和零售业的活力；大院式住宅密集，支路系统缺失，丧失邻里感；等等。从根本上看，城市的发展带来更加美好的城市生活，城市交通为市民提供更高质量的出行服务和出行环境，但是在具体的实践中，城市交通发展并不能体现个体的需求。

(2) 城市交通的发展目标应该转向以人为本。传统的城市交通发展目标主要是基础设施里程、运输量规模等供应侧指标，无法体现安全、可达、可靠、舒适等以人为本的指标。新常态下，以人为核心的发展理念强化了城市交通的公共服务属性，是城市民生改善的一项重要内容。因此，城市交通发展目标要通过探寻制度层面和技术层面的变革，最终实现以人的需求为归依。

(3) 城市交通的建设方式要进行系统性转型。摒弃需求追随型的建设方式，将工作重点从单纯的设施扩张转向服务质量和管理水平的提升。采取系统性、综合性的建设模式，避免相互冲突的粗放式做法。目前我国一些城市交通发展中一方面高呼优先发展绿色交通，而另一方面却将建设投资集中在为小汽车服务的设施上，忽视公共交通、步行和自行车的建设要求。

(4) 城市交通从总体结构优化到个性化组织。目前绿色交通优先发展已经成为基本共识，在城市交通总体战略层面得到了充分体现，但是在具体应用和实施环节还存在难以适应差别化、个性化需求的局限，这种不适应在新常态发展背景下会更加突出。

新常态下城市交通结构更加注重多方式的协同发展。从功能和服务的视角，而不是技术经济视角，重新认识城市交通各种方式之间以及各方式内部不同等级之间的服务定位和功能协调。

城市交通结构从扩大面上覆盖、建设大网络转向特定节点和走廊的优化。随着城市发展的集聚和分工两种趋势的演进，城市交通要更加注重对特定节点和特定走廊的发展支撑。通过走廊和节点的功能定位，识别出行目的、方式、距离、时效要求等需求特征，提供差异化交通服务。

智慧交通推动满足个性化需求的城市交通组织。充分利用互联网和大数据技术，识别人的个性化出行需求，设计更具有针对性、更加灵活的交通组织方案和服务供给方式，合理匹配供求，优化配置资源。

(5) 城市交通系统要更加关注社会、经济、政策属性的外延和整合。在新常态的制度设计下，城市交通发展要从关注交通专业本身转变为加强多专业整合的思路上，深化认识城市交通系统与社会、经济、政策之间的紧密关联，从更广阔的领域研究和规划城市交通系统。

3.5 城市交通的经济政策

3.5.1 交通经济政策的理论基础

城市交通中的诸多政策关联到公众利益、运营企业权益、市场管理等重大社会和法律问题，寻求坚实的理论支撑就显得尤为重要。

从经济学角度来看，交通服务所提供的是一种“人或者物在场所间的移动服务”，属于无形商品。经济学范畴内的交通服务具有如下特征：

(1) 需求刚性——在旅客运输中，尽管出行目的造成其需求刚性程度有所差异，但是对于其中的通勤、通学和业务等来说，显然由于其不可替代性造成很高的必需性；货物运输是派生性需求，所运输商品的必需性越高，交通服务在商品的 c. i. f. 价格[①]中所占比重越小，运输需求弹性呈现缩小的趋势。

(2) 投资规模大——由于交通服务具有其他商品一般不包含的“通道”要素，例如铁

① Cost, insurance and freight(计入保险金、运费的价格)的简称。

路、公路等基础设施建设，造成投资规模巨大的特点。

(3) 设施寿命长——交通设施使用生命周期很长，期间需要不断进行适当的维修，是造成交通投资中不确定性的因素。

(4) 时间费用与快适性——由于所提供的是场所间的移动服务，移动过程中的时间价值，以及车内的快适性成为关注的问题。

(5) 安全性与车内治安——车辆在移动过程中具有较高的发生事故概率，同时在移动中的车内封闭空间中治安管理相对较为薄弱。

(6) 即时性——交通服务被称为即时商品(instantaneous goods)，相对一般商品不具备可储备性，被称为不可储备商品(non-stockable goods)。

(7) 高峰需求问题——由于不具备存储性，交通服务市场所必须考虑的重要问题之一就是高峰需求。

(8) 局地性——由于所提供的是移动服务，所以产生了与特定位置关联的局地性(local specificity)。

(9) 单程问题——由于往返需求不均衡所产生的单程问题，与局地性具有很大的关联。

(10) 外部性与公共商品——包括废气排放、振动和噪声污染等外部不经济性问题，以及由于道路交通拥挤等，造成社会需要承担额外的附加费用。

由于上述特性的存在，从微观经济学角度来看，交通市场受到需求刚性、客观进入壁垒和局地性等影响，具有非竞争性市场特征，在管制介入条件下形成了不完全竞争市场结构。

对于具有非竞争性市场特征的公用事业、电信、电力、交通等在内的网络型产业，自19世纪中后期开始首先在西方发达国家出现，延续至今的一种重要手段是政府管制，形成了成体系的管制理论与实践经验。伴随社会和市场经济的成熟，放松政府管制成为国际上的一种趋势。

长期以来，我国城市交通的服务供给是由政府大包大揽，但是近年来伴随“互联网＋”等新业态的发展，网约车、共享单车、分时租赁小汽车等社会资本推动下的新服务模式不断出现，在为公众带来便利的同时，也对城市交通模式的发展趋势产生影响，并且造成公共空间资源使用的新矛盾。共享单车和分时租赁小汽车形式上是一种租赁业务，但是从所提供的交通服务性质上看，则是以个体交通工具的使用权替代所有权。面对新的分享经济模式，有效地推动社会公共治理和市场行为管制措施，成为交通经济政策的新问题。

上述问题表明，处于经济转型期的中国，在城市交通领域既要“放松行政性管制措施”又要“重构市场行为管制措施”。特别是在资本进入城市交通服务市场情况下，研究和借鉴西方发达国家经验，结合中国国情探讨如何重塑适应经济转型期的管制体系，具有重要的理论价值和现实意义。在经济学中非竞争性市场管制理论中，所重点探讨的价格上限、特许投标、标尺竞争、可竞争市场等激励性管制成果，应该为城市交通中的经济政策提供重要的理论参考。充分考虑城市交通所具有的不完全竞争市场特点，通过研究交通市场使用者和服务提供商的行为，形成新的市场管制方法，将对促进交通行业的生产效率提升，合理分配公共资源产生重要的支撑作用。

城市交通的经济政策涉及城市交通的各个方面，包括交通方式的选择、交通基础设施项目的建设、交通服务价格的制定等。但在其中有两对关系需要引起格外的关注，第一对关系是交通供需关系，第二对关系是公共利益和个体利益的关系。

从经济学的角度来看城市交通问题，有两个出发点需要格外重视。第一个出发点是交通方式的外部性，包括交通拥堵、环境污染、噪声、安全事故都在某种程度上视为交通的外部性影响，而经济政策的原则之一就是将此外部性内部化；第二个出发点是价格对于个人选择交通行为以及特定交通方式政策的影响，提高或者降低某种交通方式的价格，会直接影响到个人交通方式选择的行为，进而影响到整体交通战略的实施。

以下选取城市交通的经济政策中交通拥堵收费和公共交通管理两项重要的政策进行分析，以案例的形式进行介绍。

3.5.2 道路拥挤收费政策

城市交通拥堵并非简单的车与路的矛盾，资源和环境的制约导致城市不可能满足无节制的交通需求。为了引导有节制的交通需求，经济杠杆成为一种重要的调控手段。

1. 城市道路拥堵收费的基本原理

1）城市道路的基本属性

城市道路交通的属性要从城市道路交通的基本特征进行分析：城市道路是向全社会提供的，其效用为整个社会成员所共享，同时它也具有一定程度的效用可分割性，表现为可以在技术上提供排他性的措施，比如付费才能使用或专供某一种方式使用；在未达到拥堵时，城市道路的边际成本为零，具有非竞争性；城市道路在实际使用中具有排他性，特别是在交通拥堵的时段，这种排他性表现得尤其突出。

由此可见，城市道路交通属于准公共产品中的自然垄断型公共产品。不仅具有公共产品的基本特征——非竞争性、非排他性、非拒绝性和外部经济性，还具有准公共产品的特性——拥堵性；当消费者的数量增加到一定值以后，边际成本不再保持不变；随着消费者的增加，边际成本增加，平均成本随之增加。

2）拥堵收费的约束机制

出行成本是影响出行决策的重要因素，小汽车出行者的成本构成如下：私人成本包括固定成本（车辆及牌照购置费用、保险费用、路桥通行费用、维修保养费用）、出行成本（燃油费用、停车费用）；社会成本包括外部成本（资源占用成本、环境污染成本、拥堵外部成本）、时间成本等。

对于出行者来说，私人成本是其感知成本。出行者所能感知到的仅仅是个人边际成本，而不会考虑给别的道路使用者带来的增量成本。在交通系统中，所有的出行者之间存在着零和博弈（非合作博弈）的关系，每一方都希望自己从中获取最大的利益，个人最优决策处于主导地位。在不需要支付费用的情况下，道路使用者不会舍弃个人速度和舒适度的利益来实现系统最优，因此需要建立一套制度来约束交通系统中个体的无序行为。

3）拥堵收费的经济学原理

经济学中定义"当生产或消费对其他人产生附带的成本或效益时，其他人对生产或消费的决策过程不考虑这些影响时，外部性或外部效应就发生了"。确切地说，外部效应是一个经济主体的行为对另一个经济主体的福利所产生的效果，而这种效果并没有从货币或市场交易中反映出来。

外部性包括外部不经济，又包括外部经济。外部不经济对应的是外部成本，外部经济对应的是外部效益。交通拥堵与交通所带来的环境污染、噪声、安全事故等同为交通运输外部不经济的一种，外部成本的存在导致低效率的资源配置。校正外部性的有行政、法律、经济等手段，政府利用经济手段解决外部性问题是一种传统的方法，目的是促使私人成本与社会成本相一致，拥堵收费是校正运输外部成本的经济措施的一种，是将出行者的拥堵外部成本内部化（图 3-11）。

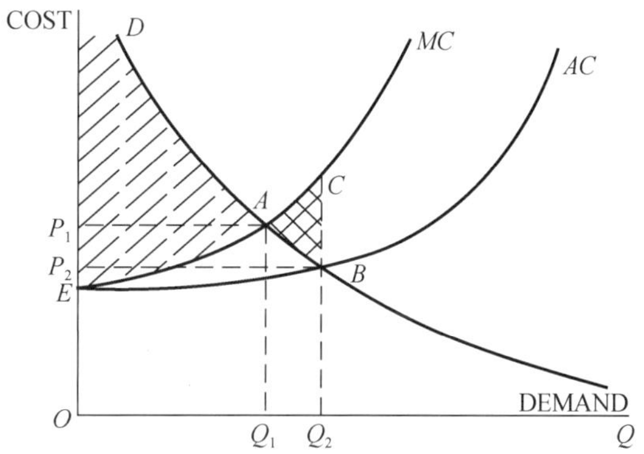

图 3-11 拥堵收费原理示意

图中，AC 代表平均成本（用户感知成本）C/Q，MC 代表边际成本，DEMAND 代表需求。根据均衡理论，社会最优均衡为需求和边际成本的交点 A，最优交通量为 Q_1，费用为 P_1。对用户而言，其认知成本如果小于其边际收益，就会继续出行，直到平均成本等于边际收益，即图中均衡点 B，用户最优交通量为 Q_2，费用为 P_2。

交通量为 Q_1 时的社会总剩余为图中阴影 EAD 的面积，交通量为 Q_2 时的社会总剩余为阴影 EAD 面积减去阴影 ABC 面积。交通量为 Q_2 时的社会总剩余比交通量为 Q_1 时的社会总剩余减少阴影 ABC 的面积，即由拥堵引起社会福利的减少量，也就是未考虑油耗和环境污染情况下，交通拥堵造成的社会资源浪费。

从理论上讲，可以采用拥堵收费的办法提高用户平均成本，使用户最优交通量与社会最优交通量相等，避免社会总剩余的减少，拥堵收费的收费额为边际成本与平均成本之差。

2. 新加坡的实践

1975 年，新加坡率先开始对城市道路使用实行收费。至今为止，先后有伦敦、墨尔本、多伦多、斯图加特等10余个城市或者地区实施或者研究试运行了城市道路拥堵收费。由于各个城市的背景不同，且随着经济社会的发展，城市中心区拥堵收费在不同的城市、不同的阶段各有不同，实施成效差异很大。

新加坡是最早实施城市中心区拥堵收费的国家之一，也是目前应用拥堵收费系统比较成功的国家。新加坡拥堵收费分为两个实施阶段。

1）区域通行证系统（ALS）

1975—1998年新加坡实施区域通行许可证制度，划定覆盖中心商业区的最拥挤区域作为交通控制区。载客不足4人的车辆（不包括公共汽车、救护车、消防车、警车、出租车及摩托车）在限制时段内进入控制区，必须出示购买的区域通行证。其后，对限制区域、时间、车型及收费标准进行了多次调整，限制时段由最初的工作日高峰时段扩大到1994年的全日（周六为7：30—14：30）。

在实施过程中，收费标准经过了多次调整（表3-11）。

表3-11　新加坡ALS收费标准

年份＼车型	私人小汽车（公司小汽车加倍）	出租车	摩托车
1975	3新元/日，60新元/月	0	0
1975年8月	3新元/日，60新元/月	3新元/日，60新元/月	0
1976年1月	4新元/日，80新元/月	3新元/日，60新元/月	0
1980年3月	5新元/日，100新元/月	3新元/日，60新元/月	0
1989	取消公共乘车免费通行的规定，除公共汽车、救护车、消防车、警车外，一切机动车辆在规定时间进入规定区段均要缴纳通行费		1新元/日，20新元/月

ALS取得的成效主要表现在：

（1）减少了高峰期交通流量。早高峰期间进入控制区的机动车辆从74 000辆/日下降到41 500辆/日，再加上1989年实施的晚高峰期控制后，交通总量减少了45%。

（2）提高了车辆行驶速度。ALS实施后，控制区早高峰的行驶速度由19 km/h提高至36 km/h（1991年5月调查数据）；1989年实施晚高峰控制并将货车和摩托车列入收费车种后，相应车速提高到33 km/h。

（3）促使出行方式向公共交通转移。ALS实施后，通勤出行中乘坐公共交通的比例从33%增加到69%，且合乘车和搭乘车增加。

ALS实施中也存在一些问题：由于收费较高，高峰期交通流量减少了45%，大大超过了最初预计的25%～30%目标，导致收费时段道路利用率不高。使收费时段前后和外环道路上的拥堵加剧，出行者向公交车的转移导致所有公交出行者的出行时间增加。随着方案不断修改，系统变得越来越复杂，仅通行证就有16种之多，人工收费变得越来越困难，并且需要大量的人力来维护系统的运行。车主在购买通行证时容易产生混淆，而交警更难于辨认车主所购买的通行证是否有效。

区域通行证方案最大的问题在于它并不能限制车辆进入控制区域的次数,因此也不能真正体现拥堵的边际成本。

2) 电子道路收费系统(ERP)

1998 年新加坡将区域通行证系统(ALS)改为电子道路收费系统(ERP),每辆车在其挡风玻璃右上角安装用来存有现金智能卡的车内装置,当车辆经过收费区域时,电子装置将会从现金卡中自动扣除,在不同路口和不同时间段,扣除额度也不尽相同。

收费范围扩大到东海岸高速公路、中央高速公路、泛岛高速公路三条高速公路和区域通行证控制的地区。收费时段分为两种:区域控制为 7∶30—19∶00;东海岸高速公路、中央高速公路、泛岛高速公路为 7∶30—9∶30。

收费标准按车型确定,以轿车为基准,两轮机动车按 0.5 倍、轻型货车按 0.25 倍、重型货车按 0.4 倍、超重型货车按 0.5 倍、出租汽车约按 0.3 倍计费,中央高速公路则规定货车加倍收费。同时,收费基数随时段而变化。以 1999 年 2 月 20 日规定的轿车收费标准为例,东海岸高速公路和中央高速公路 8∶00—9∶00 间为 2 新加坡元,前后 30 min为 1 新加坡元。泛岛高速公路 7∶30—8∶30 为 1.5 新加坡元,8∶30—9∶30 征收1 新加坡元。区域收费与高速公路不同,星期六 8∶30—13∶00 征收 0.5 新加坡元,而工作日则划分为多个收费标准段:①7∶30—8∶00 为 1.5 新加坡元;②早高峰 8∶30—9∶00 为 2.5 新加坡元,前后各 30 min 为 2 新加坡元;③9∶30—17∶30 为 1 新加坡元;④晚高峰 17∶30—18∶30 为 2 新加坡元;⑤傍晚 18∶30—19∶00 为 1 新加坡元。

实施 ERP 后,在调节交通需求方面取得了良好的效果:

(1) 采用计次收费,即车辆每次进入控制区都要交费。采用计次收费更能影响车辆的出行行为,准确反映出行的外部成本。

(2) 控制区域和东海岸高速公路的交通量减少,泛岛高速公路和中央高速公路的交通量增加。地区道路在收费时间段进入交通量减少了 20%~24%,平均行驶速度提高了 10 km/h。

(3) 在采用电子道路收费的初期,由于在 15∶00—17∶30 时段对商业设施集中的乌节路进行加价收费,使流入交通量减少 44%,而代替道路(史各士路)出现了交通拥堵。

3. 伦敦案例

伦敦是英国的政治、经济、文化和交通中心,也是英国最大的海港和首要工业城市,世界十大都市之一,人口 718.8 万,大伦敦面积则达 1 580 km^2。从 2003 年 2 月 17 日开始,启用城市道路拥堵收费系统。

1) 收费范围

收费范围是伦敦市中心区,包括从东部塔桥到西部海德公园间的 21 km^2 的区域,即伦敦市内环路以内的区域。

2) 收费时段、收费标准

周一至周五的 7∶00—18∶30,公共假期除外。收费标准为 5 英镑/(日・车),与出入收费区域的次数无关。

3）交费方式

支付渠道灵活多样，驾驶员可以提前预付费，也可以在车辆出行过程中以及出行后付费，但当天的通行费需要在晚上10点以前交纳。预付费用可以按天交纳，也可按星期、月、年交纳。按照周、月、年进行交费时，分别按照5天、20天、252天计费。

4）收费对象和减免

收费对象是进入收费区域的机动车。但设有减免条款，分为以下几种情况：

（1）完全免费且不需要备案的车辆：摩托车和助动车、军车、车辆管理协会（DVLA）认定为是紧急事件部门的车辆，包括消防车、救护车、警车等；17座以上的公共汽车和长途汽车；提供健康服务的汽车；不需要交纳汽车交易税的那些残疾人使用的汽车以及为残疾人提供承运服务的车辆。

（2）完全免费但需登记备案的车辆：未经驾驶员和车辆管理协会（DVLA）认定，但确实用于紧急事件处理的车辆；出租车；由伦敦区使用的特定车辆，例如垃圾车、街头餐车、街道维护车辆等；邮政部门使用的邮车。

（3）完全免费但需要支付每年10英镑的注册管理费用的车辆：多种燃料汽车和电动汽车，但是多种燃料汽车中不包括双油料车辆；排障车辆，例如拖车、吊车等；残疾人驾驶或者是为残疾人服务的蓝色牌照的车辆。

（4）减免90%的车辆：居住在伦敦中心区域的常驻居民，可以每家注册一辆私人车辆，减免90%的收费，但是需要交纳每年10英镑的注册管理费。

5）收费的用途

收费主要用于：进一步改善公共汽车网络；增加深夜的公共交通服务；改善道路安全，降低事故率；改善步行和自行车骑行环境；为有轨电车和导向式公共汽车的发展提供研究资金；道路改善和桥梁维护；投资伦敦中心区新型服务的轨道交通，改善其服务水平；建设新的泰晤士河大桥。

4. 国际经验的启示

总结拥堵收费成功与失败的案例，可以得到以下经验和启示：

（1）充分研究拥堵收费实施的原则和时机。开展拥堵收费研究的城市较多，但是真正开始实施并取得成功的城市比较少。城市交通政策、中心区交通供需状况以及人们的出行结构和习惯等，都是实施拥堵收费的影响因素。因此，对拥堵收费实施的原则和时机进行充分研究是必要的。

（2）慎重选择符合实际情况的收费方案和技术。拥堵收费实施方案一般包括收费区域、收费时间、收费对象、收费方式、收费费率确定等内容。目前，国际上已经实施的“交通拥堵收费”（ERP）系统有“新加坡模式”（微波短程通信）和“伦敦模式”（自动牌照识别）两种类型。“伦敦模式”收费处理成本高，自动拍照识别技术的成功率较低，该方案的积极效果是“威慑”作用，直接经济效益并不高。

(3) 制定完善的配套政策和措施。伦敦的调查表明，在实施拥堵收费以后，中心区的商业发展受到了一定影响；新加坡、伦敦等城市在实施拥堵收费后，出现了收费时段前后及边界路段拥堵的现象。因此，必须制定完善的配套政策和措施，尽可能地减少实施拥堵收费对城市社会经济发展和人们日常生活带来的负面影响，避免实行拥堵收费后形成新的交通瓶颈。

(4) 做好面向公众的宣传以获取公众的认可和接受。从香港、剑桥等城市的案例可以看出，公众的反应与接受程度在很大程度上决定拥堵收费能否顺利实施。因此，在收费措施实施前有必要开展广泛有效的宣传工作，客观地传达拥堵收费措施的相关信息，积极听取公众的反馈意见，并及时调整收费方案，争取公众的支持。

(5) 做好收入分配方案研究。国外城市的实践表明，如果将收费资金用来改善公共交通、道路条件及交通安全等直接与人们出行息息相关的交通问题，公众对拥堵收费的支持率将有较大的提高。因此，对收费资金的如何使用将影响公众对拥堵收费的支持程度。较为理想的分配方案就是将收费收入完全用于城市交通系统，尤其是用于改善公交系统，公交系统的改善会导致人们更多地选用公共交通工具作为出行方式，减少非公交出行量，使交通系统的运行处于良性循环。

3.5.3 公共交通的经济政策

公共交通作为城市公益服务属性的行业，其特殊性表现在既不能按照完全公益产品管理又不能完全按照市场化管理。公共交通的票价机制需要充分考虑社会的可承受性，公共交通的运营需要充分考虑公共服务的均等性，这两个目标的承载就将公共交通处于收入不能满足成本投入的境遇之中，公共交通补贴政策也就应运而生。

城市公交发展中政府职能主要为：完善线网场站规划、辅之以道路资源优先分配等制度措施；确定适合当地实际的运营模式和主体结构；质量监管；价格管制和必要的补贴。

在此通过案例的形式对两种不同的公共交通补贴政策进行介绍：第一种是以深圳为代表的成本规制政策；第二种是以佛山禅城为代表的公共交通共同体改革政策。

1. 深圳的成本规制政策

成本规制的目的是实现公交企业财务健康可持续。深圳市公交成本规制是一个不断探索和完善的过程。

(1) 成本规制政策出台的历史背景。在经过 20 世纪 90 年代初到 2007 年近 15 年时间周期内深圳公共交通管理政策不断尝试、调整变化过程之后，深圳通过实施公共交通成本规制政策，进行再一次改革努力。

(2) 专营固定利润率政策。1992 年，深圳市政府颁布了 71 号令，文件中明确了深圳公交专营权，专营权条例明确了公交企业的财政政策，政策规定专营企业的利润率为营业收入的6%，达不到该利润率的，政府给予财政补贴。当时只有一家公交专营企业深圳巴士集团，从1993—1997年基本实行6%的营收利润率的财政补贴政策。

(3) 财政补贴包干制政策。1998年政府通过对公交财政补贴政策进行检讨，开始实行财政补贴包干制，从1998—2000年每年给予深圳巴士集团经营方面的财政补贴1 000万元。

(4) 完全市场化政策。2000年以后深圳市继续实行与市场接轨的公交票价政策，公交企业有稳定的经营利润，2001—2004年，深圳市没有再给予公交企业财政补贴。

(5) 单项财政补贴政策。2004年以后三个因素发生变化：其一是燃油价格的上升；其二是特殊群体人员优惠乘车政策；其三是公交企业改为中外合资股份公司，造成公交成本上升和公司稳定经营回报诉求之间的矛盾。从2005—2007年，深圳市对公交经营企业实行单项财政补贴的政策，主要有特殊群体人员优惠乘车财政补贴、燃油补贴、新开线路亏损财政补贴三项专项补贴，2005—2007年三年间，深圳巴士集团累计获得了约1.5亿元的经营性质的专项财政补贴收入。

(6) 成本规制政策。2007年底，深圳进行了两项改革：第一是全面实施公交票价降价改革；第二是在特区内，宝安区、龙岗区推进公交特许经营改革，形成三家公交企业区域经营、适度竞争的局面。在此背景下，深圳启动了基于公交特许经营和票价降价的财政补贴政策改革，推出了《深圳公交成本规制操作方案》。

2. 深圳公交成本规制的内容

1) 成本规制的目标

成本规制的目标包括财政有限支持、企业持续经营、公交服务合格三项目标。

2) 成本规制的范围

成本规制是指合理界定公交行业正常经营性成本范围和建立单位成本标准，并以此测算对公交进行财政补贴的一种方式。规制成本作为公交财政补贴的计算基数，包括：人员工资及四项经费、燃料费、修理费、固定资产折旧、轮胎消耗费、其他直接运营费用、管理费用、财务费用等与公交运营成本相关的成本费用。

3) 成本规制的流程

第一步，计算前三年的公交企业成本项目平均数，以此为基础，结合相关管理规定和实际情况，确定2008年成本项目标准值，向公交专营企业公布。公交企业成本项目标准值可间隔一定周期再进行调整。

第二步，2009年初，委托中介机构对2008年度公交企业成本进行监审，取得2008年公交企业成本监审数。

第三步，按照已确定的2008年成本项目标准值，规制2008年公交专营企业成本，确定财政补贴基数。考核公交专营企业2008年度规制利润。

第四步，成本规制对公交补贴的计算方式：

规制成本 = 人员工资 + 固定资产折旧 + 燃料费 + 轮胎消耗费
+ 修理费 + 其他直接运营费用 + 管理费用 + 财务费用
− 社会对公交行业总产出成果的分享
− 已发放的成本费用类单项补贴

情景一,如果公交企业规制亏损,政府补贴=规制补亏+规制利润−服务质量考核应扣补贴,其中:规制补亏=规制成本+主营业务税金及附加−规制收入−已经发放的成本费用类以外的单项补贴;规制利润=规制成本×6%,规制利润的30%与公交服务质量挂钩,只有公交服务质量达到主管部门考核指标的,才能取得全额规制利润,否则,相应扣减补贴。

情景二,如果公交企业规制盈利且规制成本利润率小于6%的,财政补贴=规制成本×(6%−规制成本利润率)−服务质量考核应扣补贴。

情景三,如果公交企业规制盈利且成本利润率高于6%时,超额利润部分的30%留给企业,另70%进入投资回报专项资金,将来以丰补歉,专项用于公交成本利润率水平保障补贴。

3. 佛山禅城的公共交通共同体改革方案

1) 改革方案

政府或由政府授权组成的公交管理机构通过向公交运营企业发放特许经营权、进行服务质量监督的方式,实现对公交市场的监管。以总成本合约的特点构架禅城区公交经营管理结构,共分为三个层次,分别为政府层、管理层和运营层。政府层由区交通局作为实施单位,负责协调各有关部门,指导管理层工作;成立隶属于交通局的公共交通共同体管理中心作为管理层,负责公交运营有关的各项具体工作;运营层由现有的三家运营公司组成,实施公交线路经营并受公共交通共同体管理中心的严格监管。

2) 经济政策

经济政策方面采用总成本合约。总成本合约的特征是运营公司使用自己的资产,而票款收入全部归公共交通管理部门所有,运营公司提供服务的总费用由公共交通管理部门支付。总成本合约竞标中,政府一般按最低的总费用报价选择运营公司,合约条款中明确规定运营线路、票价与服务质量的要求。总成本合约是由运营公司承担成本风险、政府或公共交通管理机构承担票款收入风险,所以对政府或公共交通管理机构的要求较高。公交管理机构不仅要负责线路规划、票价制定、车辆规格等管理,还要确保运营公司上交所有票款收入而无私匿的状况出现。

3) 经济政策关键点

禅城公交共同体管理模式的改革本质在于收支两条线,票款收入与线路规划、运营服务质量、票价等因素相关,属于管理公司承担职责,运营成本与车辆行驶和人员配备相关,属于运营公司承担职责。运营公司完成一定的运营车公里指标后,得到相应的运营费用,运营费用减去实际运营成本就是公司利润。管理公司制定票价水平,将需要支付的运营费用减去票款收入，得到公交运营补贴费用。在收这一条线，需要制定票价水平、吸引客流政策；在支这一条线，确定车公里成本基数、运营基本利润。

第一是车公里基本成本的确定。基于目前几家公司的运营情况，统计计算车公里综合成本在 2.58～3.13 元。

第二是行业基本利润率的确定。结合相关城市的公交利润率的统计，预估在 2%～8%之间。

第三是确定计算车公里成本，计算车公里成本＝车公里基本成本×(1＋基本利润率)，禅城 2008 年数据确定为 2.8 元/车公里。

第四是客流水平预测，基于线网覆盖情况、城市出行特征，综合预测可能的客流水平。

第五是票制水平的确定。基于可能的客流水平、运营公司成本、政府财政补贴来源、社会承受能力等综合确定票制水平。

参考文献

[1] 张冠增. 西方城市建设史纲[M]. 北京：中国建筑工业出版社，2011.

[2] 金登. 议程、备选方案与公共政策[M]. 北京：中国人民大学出版社，2006.

[3] 维纳. 控制论：或关于在动物和机器中控制和通信的科学[M]. 郝季仁，译. 北京：北京大学出版社，2007.

[4] 马世骏. 现代生态学透视[M]. 北京：科学出版社，1990.

[5] Roseland M. Dimensions of the future：an eco-city overview[M]. New Society Publishers，1997：1-12.

[6] 汪光焘. 论城市交通学[J]. 城市交通，2015，13(5)：1-10.

[7] Weiner Edward. Urban transportation planning in the United States：history，policy，and practice[M]. New York：Springer-Verlag，2013.

[8] 徐循初. 城市道路与交通规划[M]. 北京：中国建筑工业出版社，2008.

[9] 朱照宏，杨东援，吴兵. 城市群交通规划[M]. 上海：同济大学出版社，2007.

[10] 袁伯友. 国外城市物流绿色化的实践及经验借鉴[J]. 生态经济，2009(8)：154-157.

4 城市交通学的内涵

相比通过技术手段提升系统效率来应对交通需求的交通工程学来说，城市交通学更加偏重于通过管理手段来干预城市交通系统演化，以促使可持续发展模式的形成。城市交通学与交通工程学相互协同，对城市交通对策体系提供了有效的理论支撑。

4.1 城市交通研究的发展历程

正如刘易斯·芒福德指出的，工业城市的最大贡献也许在于对它自己所产生的最大过错的反思。一系列城市问题的产生，拉开了城市与交通研究的序幕，诞生了近代城市规划理论。早期探索包括空想社会主义城市、田园城市、工业城市、带形城市等城市空间布局理论，之后又形成了以柯布西耶为代表的城市集中主义理论、以广亩城市和有机疏散为代表的城市分散主义理论、以盖迪斯为代表的区域协调规划理论等。

城市空间布局研究也带动了交通系统布局的研究，形成了早期的“骨干交通引导城市发展”理论以及“道路分级”理论。如“田园城市”提出田园城市组群中各城市与中心城市之间用快速交通连接；“带形城市”提出沿“脊椎”道路布设一条或多条电气铁路运输线；“工业城市”提出用最先进的交通方式连接城市各分区，并将城市街道按交通性质分类，每类道路宽度不等。

现代欧洲城市研究理论主要集中于两大领域：卫星城理论和区域协调发展理论，先后形成了两大代表性著作——1933 年《雅典宪章》和 1977 年《马丘比丘宪章》。《雅典宪章》指出城市具有居住、工作、游憩、交通四大功能；城市空间按照土地类型分门别类进行功能分区，避免相互干扰，不同分区间保持便捷联系；依照机动车交通要求对道路进行功能分类。《马丘比丘宪章》改进了《雅典宪章》机械分区的思想，指出人的相互作用与交往是城市存在的基本依据，强调创造综合的、多功能的城市环境；优先考虑公共交通的发展需求，减少污染，保护文化传统。

人车冲突矛盾激发了城市交通领域关于人车分流理论与规划设计的研究，如密尔顿·凯恩斯人车分流系统。另外，为了有效支撑城市空间扩张，人口与用地向公共交通线路、站点集中发展的“公交走廊集聚”理论在这一时期得到发展和应用。具有代表性的是 1969 年德国汉堡市的发展轴规划，其主要特点是：汉堡市的发展通过 8 条对外区域轴线向外疏散，另设 2 条城市主轴线和 4 条副轴线。为实现这一目的，建设均沿着轴线加密，并使开敞的自然空间接近市中心。每条轴线用高速公路或主要交通干道联系，轴线上各区中心用快速电气火车联系。轴线之间的土地用于农业生产，不允许再修建其他建筑物。

面对郊区化和大都市区的城市发展，其理论研究主要集中于城市增长管理的分析，形成了城市精明增长理论及新城市主义理论。城市规划方法也由传统精英主义规划向倡导性规划转变，从单纯的物质环境改造规划逐渐拓展为更综合性的社会经济发展规划、公众参与。交通系统研究从早期解决人车冲突开始，形成邻里单位理论、雷德朋人车分流理论。之后随着小汽车的普及应用，逐渐建立了交通工程、交通规划学科/方向，形成了目前交通研究的主要理论，包括交通需求预测理论、交通流理论、交通系统管理理论、交通需求管理理论等。

回顾历史，可以看到国外城市交通理论研究的驱动力是城市规模的扩张、交通工具的革新以及人居环境改善的需求。在前机动化时代，人们的生活工作基本是步行尺度范围，交通工具也主要以人力车、畜力车为主，交通的功能主要在于满足基本的人际交往、市场交易以及军事防御。到了 18 世纪，大工业生产方式引起了城市格局的变化，铁路、运河、有轨电车等现代交通工具出现，开始了交通设施的建设。到了 20 世纪，才真正开始了交通理论的研究，现代交通理论萌芽于 30 年代，发展于 50 年代，成型于 70 年代。从道路上出现汽车之后的防车祸措施的研究开始，随着交通量与交通问题的增加以及科技进步，先后出现了适应汽车运行的定性道路网规划、交通流运行规律的理论研究、雅典宣言提出的应重视城市规划中采用大容量交通工具的交通规划、基于居民出行调查的定量交通规划。之后是交通工程学的兴起，推动了高速公路的发展，同时又对城市交通的工程建设和交通行为的管理产生重要推进作用。重点围绕"车—路"关系形成了"交通需求、交通供给、交通流运行"三角理论体系，并随着分析技术与数据手段的提升，持续发展和创新。

20 世纪 70 年代，面对设施建设跟不上发展，考虑与外部环境之间的有机联系，又着重提出交通(出行)需求管理、以静制动、智能计价系统等措施的研究，人们更加注重利用经济政策、法律等来调控需求。事实上已经提出既要重视工程又要重视政策法律。当前资源环境问题突出，加上技术进步、智能交通，认知自然规律和转变城市发展模式，必然要转变对交通需求的理解并提出适应的对策和措施。可以看到，从多学科、系统论的视角研究思考城市交通已是现实。

20 世纪 70 年代末交通工程理论被引入到中国。80 年代天津、上海、北京等城市开展出行调查，初步建立交通需求分析模型；交通控制、交通设施优化设计等应用理论及方法的研究开始开展。90 年代开展了对交通战略、政策、发展模式等重大问题的研究以及对道路通行能力、交通控制理论、交通流理论的研究。从 21 世纪开始，对交通需求模型算法、交通网络性能、网络交通流动力学等基础理论的研究成为热门；围绕北京奥运会、上海世博会的召开，也开展了大量对大型活动的集约化交通系统的应用研究。近年来业内开始了对城市交通复杂性理论研究，大数据、车联网环境下的行为理论与决策支持理论研究。总的来说，在学习、吸收国外交通科学理论基础上，结合中国城市与交通问题的特征，重点围绕"交通拥堵"这一核心问题，我国开展了持续的基础理论和实证应用研究，城市交通需求生成机理、路网交通拥堵的形成机理与传播特性、混合交通流建模以及缓解城市交通拥堵、公共交通优先理论等方面取得了重要成果。这些为建立城市交通学奠定了重要的基础。

4.2 城市交通学研究的若干重点问题

城市交通学的研究的重点问题涉及四个方面：一是要充分认识到当前城市交通发展的重要背景是进入城市群发展的新阶段，二是公共交通优先发展是城市交通学重要的理论基础，三是城市交通学的理论核心是城市交通网络的构建和运行，四是大数据和信息化为城市交通学的理论发展带来了新机遇。

4.2.1 以城市群为核心的新型城镇化发展背景

城市历史学家刘易斯・芒福德认为，城市的形成离不开它的动态部分，脱离开这个动态部分，城市就不可能继续增加它的规模、范围和生产力。他所提及“动态部分”就是指交通。经过改革开放以来近 40 年的发展，《国家新型城镇化规划(2014—2020)》指出目前我国正处于城镇化快速发展阶段，已经形成以城市群为主要发展形态，以轴线上城市群和节点城市为依托、其他城镇化地区为重要组成部分，大中小城市和小城镇协调发展的“两横三纵”城镇化战略格局。

回顾我国城镇化发展进程，城市空间尺度与人的活动范围的演变存在互动关系，具体体现在城市内部和城市之间。在城市独立发展阶段，城市刚开始形成且各自处于孤立发展的无序状态，人的活动范围多以单个城市为基本单元，城市之间的交流较少。随着人口和产业不断向中心城市聚集，城市进入强核发展阶段。在私人小汽车以及轨道网络进一步发展的推动下，人口从中心城市向周边扩散，中心城市与周边毗邻地区开始形成具有密切通勤需求的都市圈。最终都市圈之间沿着发展轴相连形成一个密切社会经济联系的城市群整体(图 4-1)。这一阶段的特征是中心城市经历产业转型与升级，区域城市之间分工和协作加强，同时城市群内由快速交通运输工具相连接。城市处在连续发展与变化的过程中，城市内人的日常出行范围扩张到跨越行政边界的都市圈，城市之间由原本稀疏的交往发展为具有密切社会经济联系的多点对、高频率出行。

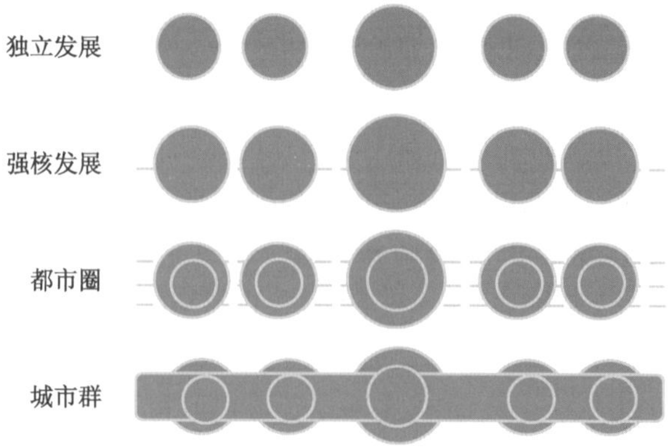

图 4-1 城市群发展过程示意

城市群是在特定的地域范围内具有相当数量的不同性质、类型和等级规模的城市，依托一定的自然环境条件，以一个或两个巨型城市为中心，借助于现代化的交通和信息通达性，密切城市之间的内在联系，共同构成一个相对完整的城市集合体。目前公认的世界级城市群的功能由全球决策控制中心、全球科技创新中心、全球贸易与门户、国际文化旅游中心和具有竞争力的先进制造业集群五部分组成。纵观国际几大著名城市群发展，包括极化—扩散—网络化发展阶段，其中集聚效应和专业化分工是城市群发展规律的内在逻辑，并且二者是相互促进的关系。

都市圈交通超越行政边界，是以大城市中心区为核心的跨行政区域的交通，以通勤服务为主。都市圈交通主要特征体现在：①都市圈交通的核心在于通勤功能的区域化，难点在于中心辐射通道的通行能力的提供以及辐射通道和中心地区的客流换乘组织；②依托多层次的轨道网络，纽约、东京、巴黎、伦敦等大都市区范围均扩展至 50 km 左右圈层；③轨道交通系统与都市区空间之间有着良好的互动关系；④决定交通组织模式和运行状态的关键因素是土地利用和功能布局，问题的关键并非通勤圈的扩大，而是保持 30 km 外各城镇、功能区发展的相对独立性，避免大规模、长距离通勤出行；⑤发展经验表明，15～30 km 圈层是调整交通组织模式、优化出行结构的核心圈层。

都市圈交通是城市交通学研究的重要内容，不能认为都市圈交通是城市交通设施的延伸，这是由城市行政管理体制特别是财税体制所决定的，需要建立符合各方利益的投资和运行机制。例如，昆山至上海的地铁，投资和运行经费由江苏省昆山市承担，由于投资和运行机制的保障，使得每天乘地铁去上海的通勤率占总运量的 70%；而燕郊通勤列车忽视了对通勤交通的服务，由于燕郊火车站离各大居住区较远、列车发车时刻与通勤出行时间不匹配等原因，难以吸引足够的客流，运行两个月就停运。

在城镇化地区内部构建的快速、大容量的骨干轨道交通系统中，包含了针对都市圈的市郊铁路，以及针对城市群的城际铁路。近年来国内外发达国家在城际铁路与城市轨道交通系统的相关研究中已经积累了一定理论与实践经验，二者在设施层面上的衔接总结为四类模式，即市郊铁路进入城市中心区，通过大型枢纽或地铁车站与轨道交通衔接；市郊铁路贯穿城市中心区，与多座城市轨道交通车站衔接；市郊铁路在城市外围区域与轨道交通衔接；市郊铁路与市区地铁直通运行。

从制度设计层面出发，基于发达国家研究经验，目前都市圈协调机制主要包括三种类型：①制度化的协调机制；②非制度化的协调机制；③混合协调机制。制度化的协调机制是都市圈各个城市之间的合作与发展依据所建立的制度来进行，具有法律强制性；非制度化协调机制一般采取“自主参与，集体协商，共同承诺”的方针，成员以“相互尊重、平等协商、自愿和渐进”的原则处理各种事务，不带有法律强制性；混合协调是制度化协调和非制度化协调相结合，在某些领域进行制度化协调，在另一些领域进行非制度化协调，依据实际需要而确定协调的方式。对于不同的都市图，具体采取何种协调机制依据合作的深度、协调的难易程度以及区域实际来决定。一般来讲，制度化的协调机制更有利于推进区域紧密型合作与发展，但需要具备相应的条件，如中央与地方关系、行政体制框架、外部竞争环境、内部经济关联程度等。国外发达国家都市圈发展的行政管理模式多采用设立独立于地方政府的区域统筹机构的制度化协调机制。目前我国城际铁路和城市交通已进行工程技术层面的衔接研究与实践，但由于二者的规划、建设、运营自成一体，制度设计、组织方式等方面仍难以统筹协调。

我国新型城镇化发展背景下的城市交通问题的范畴包括了城市群交通、都市圈交通和城市交通。城市群、都市圈、城市交通三种交通，其本源在于服务于某种功能的空间组织，功能体系和空间组织是研究交通的本源问题。

4.2.2 以公共交通优先发展为理论基础

纵观研究者对“公共交通优先发展”本质的理解，大都聚焦于“城市的发展模式”这一概念。所形成的共性在于出行者优先选择、土地集约、能源节约、保护和改善人居环境的目标，也就是说“城市公共交通优先发展”，或者“公交都市”的创建，绝非一般意义上城市内公共交通工具运行的优先也绝不等同于公共交通行业的优先发展，而是一种土地集约节约利用、节能减排、改善人居环境等于一体化的科学的城市发展模式。

所谓城市公共交通优先是指在城市行政区域里，通过优先配置资源，构建适应市场机制、政府调控监管的、符合当地经济社会发展阶段、由多种类型企业等经营机构提供均等和高效的公共服务的公共交通体系，引导出行者优先选择，引导城市集约利用土地和节约能源、保护和改善人居环境。优先配置资源需要体现城市空间资源、政策资源、财政资源、住房建设资源配置向公共交通出行链相关设施倾斜，体现“设计适宜步行的街道和人行尺度的街区”“自行车网络优先”“提高道路网密度”“混合使用街区”等。

城市公共交通优先发展以服务于人的需求为导向，通过城市布局理念和城市经营理念的同步深刻变革，组织城市高效运行，实现城市可持续发展的战略目标。它是指导城市发展规划和城市有机更新、推动出行结构优化调整的重要理念，也是城市交通需求管理科学性评估的重要理论基础。而在这场变革中，需要建立一套围绕公共交通优先发展的评估体系来引导城市交通的健康发展，实现城市发展的战略目标。

为通过具体措施的推进落实四大战略目标(引导出行者优先选择、城市集约利用土地、节约资源、保护和改善人居环境)，需要将其分解至战术层面，通过战术和技术相结合予以策略引导。

1. 战术目标一：优先配置资源

2006 年底，北京市发布《关于优先发展公共交通的意见》，确定了优先发展公共交通“两定四优先”的总体思路，旨在从规划、投资、建设、运营和服务各环节为公共交通的发展提供优先条件，其中四优先分别为：公共交通设施用地优先、投资安排优先、路权分配优先、财税扶持优先，为北京市的公交优先发展指明了路径。但是这一基本原则仍未脱离行业管理的思路，仍存在一定的局限。设施用地的优先，应继续拓展为城市空间资源、财政资源以及政策资源的配置向公共交通出行链相关设施的倾斜，除了公共交通运营所必要的场站、车辆段用地以外，作为公共交通出行链不可或缺的步行、自行车环节也应受到足够重视，指标须指向“设计适宜步行的街道和人行尺度的街区”“自行车网络优先”“提高道路网密度”“混合使用街区”等更为宽泛的要素。此外，传统的交通研究中，当对象为车时，关注其“停”和“行”，但当对象为人时，往往只关注“行”而忽略“停”。在人的城市活动当中，居住和出行作为人的基本需求，对于个体在大部分行为决策上的影响并不是相互独立的，包括出行方式选择。以往对居住于出行关系的探讨，多聚焦于定性或半定量的分析，将其纳入评价公交优先发展指标的并不常见，通观第一节当中提到的“公益性”与“市场化”博弈下的公共资源分配问题，得到的启示是，住房资源配置向公共交通的主要使用人群倾斜也是“优先配置资源”的应有内涵之一。

2. 战术目标二：有利于发挥公共交通优势

首先，城市功能布局、土地开发与公共交通协调发展程度要有利于发挥公交优势（包括“混合使用街区”和“根据公共交通容量确定城市密度”）。

其次，道路网特征有利于发挥公交优势（包括“设计适宜步行的街道和人行尺度的街区”“自行车网络优先”和“提高道路网密度”）。

第三，公交的服务宗旨和公交运营组织模式有利于发挥公交优势。

第四，不同出行方式的性价比有利于发挥公交优势（包括“通过快捷通勤建立紧凑的城市区域”和“通过调节停车和道路使用来增加机动性”）。

3. 战术目标三：均等

首先是公民权利的均等，即在城市行政区、都市圈范围内从事生产活动和生活的公民在享有公共交通服务方面有均等的公民权利。对于多样化的公共交通服务产品而言，这一公平性则更为强调所有公民乘车机会方面的均等化，以及票制票价与服务成本、服务水平的适配与对等问题（优质优价），绝非价格机制的单一化或扁平化。

其次是公共服务设施布局的均等化。思想家亚里士多德曾说过：“人们来到城市，是为了生活；人们居住在城市，是为了生活得更好。”这其中所提及的“生活”就是人的基本需求，除了就业与居住以外，医疗、教育、生活基本采购是构成“生活”的基础要素，且随着社会文明的不断进步，这一基础要素的范畴也势必从单一的“生理需求”“社交需求”“尊重需求”，乃至“自我实现需求”逐级延展，在不讨论设施性质（公益性还是市场化）的前提下，文化体育娱乐等设施也不例外。因此，公共设施的交通可达性，特别采用绿色出行方式（公共交通、步行、自行车）的可达性，是“公共交通优先发展”理论下“均等”的应有内涵，同时也是广义交通需求管理的重要策略。

再次，在现行的交通设施与运载工具技术背景下，不同交通出行方式占用、消费城市空间（如道路空间、停车空间等）、能源、各类资源（如水资源、环境资源等），以及增加的外部社会成本（如尾气排放、交通拥堵等）应当体现均等化。

最后，提供公共交通服务（含多样化的公共汽车服务、承担都市圈通勤出行的轨道交通服务等)的运营企业在“资源优先分配”方面应当体现均等化。例如，特许经营机会和管理办法的均等化、运营服务监管与评价考核奖惩制度的共享、财政补贴机制的共享、优先路权使用的均等化等。

4. 战术目标四：高效

首先，从出行者的角度出发，集约化、节能环保的出行链(而非单一的交通方式)相对于非集约化、非节能环保出行链而言，需要有一定的竞争力(包括“发展高质量的公共交通”“通过快捷通勤建立紧凑的城市区域”及“通过调节停车和道路使用来增加机动性”)。

其次，从社会管理的角度而言，包括财政、城市空间、设施设备、人力等社会公共资源在配置上要体现高效，避免在追求高效的同时不计代价，耗费过高的内、外部成本。

上述战术目标的实现也要满足现实发展约束：

(1) 适应市场机制，包括公共交通相关基础设施投融资、土地溢价分配等相关制度建设有利于公共交通的可持续发展；行业管理模式、票价机制有利于调动企业积极性、有利于引导服务优化；价格生态建设有利于发挥市场在资源(如空间资源)配置中的主导作用(非集约化出行成本，如小汽车保有、使用成本)。

(2) 符合当地经济社会发展阶段，政策、措施的制定和执行，要有利于缓解具有地方特色的交通发展中的突出矛盾，有利于支持地方产业的发展和保持地方经济的平稳增长，有利于避免交通基础设施投资造成的财政“挤出效应”，避免“过度超前”。

综上认为，判断一座城市是否在走一条“公共交通优先发展”的道路，应符合如下六个“有利于”：

(1) 城市土地利用特征、功能布局以及与公共交通的协调发展程度是否在满足发展约束的前提下有利于战术目标的实现；

(2) 城市道路网系统规划建设是否在满足发展约束的前提下有利于战术目标的实现；

(3) 城市停车供给、管理、执法及需求管理综合体系建设是否在满足发展约束的前提下有利于战术目标的实现；

(4) 公共交通行业管理体系建设是否在满足发展约束的前提下有利于战术目标的实现；

(5) 城市公共交通供给(网络、与城市功能空间布局的协调性、制式结构、运营组织模式、服务产品结构、运能、票价机制等)是否在满足发展约束的前提下有利于战术目标的实现；

(6) 城市住房与建设相关政策、发展趋势是否在满足发展约束的前提下有利于战术目标的实现。

在以上述六个“有利于”基本准则的基础上，城市交通学研究进一步构建“公共交通优先发展”评价指标体系。

4.2.3 以城市交通网络的构建与运行为理论核心

实现城市可持续运行的关键是城市交通网络的构建和运行。这个网络不仅是道路网，也包含动态的公共交通、停车、秩序管理等；不只是工程设施，也包含经济、政策、法律、制度等；不只是各系统内的协同，也包括网络内相关系统的协调。

城市交通网络的构建源于城市规划。应当因地制宜，区别大中小城市建立符合自身特点的城市交通网络，特大城市应当进一步研究都市圈交通。应当强调网络的整体性，要分析系统中要素的作用和网络中不同系统节点的作用，强调不同系统间要素的衔接，提高城市交通网络的运行效益。

城市交通网络的构建和运行的本质即是在地理空间中的网络上完成人和物的移动以及信息的传输，如何能更高效地实现人和物的移动、组织城市的运行，是网络构建和运行的研究目标，也是实现城市交通理论研究目标的核心所在。

从我国城市交通发展的现状来看，从网络构建与运行的角度来研究城市交通已成为必然途径，主要体现在以下几个方面。

1）城市交通网络的多模式、复合化

我国的城市，尤其是特大城市，城市交通网络的多模式、复合化已成为现实。

以上海为例，经过“十五”“十一五”“十二五”三个五年计划的努力，上海基本形成了由“综合交通体系＋对内对外立体交通体系、城市公共交通体系、城市货物配送体系”构成的“1＋3”的城市交通体系。形成了由高速公路、快速路、城市主干道等构成的多层次道路网络，以及轨道交通、地面公交等构成的公共交通系统。城市快速道路年均增加近 11 km，轨道交通年均增加近 30 km。全市共建成综合客运交通枢纽 140 个，其中 A 类枢纽 4 个，B 类枢纽 64 个，C 类枢纽 16 个，D 类枢纽 56 个，有 50 个分布在中心城。截至 2015 年底，轨道交通运营线路由 12 条增加到 15 条（含磁悬浮，不含金山支线），车站由 275 座增至 366 座；上海市交通基本网络已全面建成。全市公共汽电车运营线路条数达到 1 429 条，运营线路长度达到 24 027 km。2014 年底，已建成了161.8 km的公交专用道，中心城基本形成了以“三纵三横”主干路为骨架的公交专用道网络。2015 年新增约 140 km，公交专用道建设达 312.4 km。

至 2016 年底我国城市轨道交通建设的数据来看，不仅限于北京、上海等特大城市，许多大城市都已经形成包括地铁、地面公交、城市快速路、地面道路以及有轨电车、BRT 等多种交通方式在内的多模式城市交通网络，从城市交通运行的角度看，更是在基础设施网络上对多种交通方式进行组织的复合型网络。

2）交通出行过程的链接化及跨网络化

随着城市规模的扩大、出行距离的增加，人们通过单一方式已经无法完全满足当前的出行需求，“步行＋地面公交＋地铁＋步行”“自行车＋地铁”“地铁＋小汽车”“P＋R”等出行过程已成为常见。上海的数据显示，早在 2009 年，以轨道交通为主的出行过程中，轨道交通的站间时间为 30 min，与轨道交通接驳的方式比例如图 4-2 所示，平均接驳时间为 19.8 min，接近整个出行时间的 40％。这样涉及多种交通方式的出行链显然已具有跨网络的特性，需要将多个子系统子网络进行综合考虑。

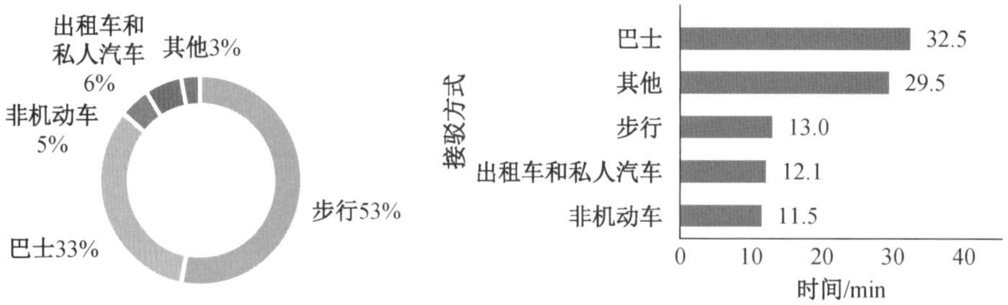

图 4-2　上海 2009 年轨道交通接驳方式

3）城市交通的模式转型

城市交通从增量为主向“构建为辅＋调控为主”模式转型。在新型城镇化的发展背景下，城市人口仍将继续增长，20 年内总吸纳 2 亿人以上，对城市交通而言总需求仍会增加。然而城市的土地资源、环境资源是有限的，在资源约束下，城市基础设施的建设速度和规模会放缓，城市边界会逐步趋于稳定，城市交通需求的增量可预期且有限。供给侧结构性改革对城市交通而言，必然是体现在对存量交通资源的重构优化以及运行调控，来实现城市交通的高效运行从而支撑城市的健康可持续发展。

4）子系统内、子系统间的相互影响

城市交通的各个子系统无论其所对应的交通方式如何，归根结底是服务于人的需求，因此各子系统相互之间并不会完全独立，尤其是在异常情形下，人的出行行为，包括出行路径、出行方式会受到影响，反映在交通网络上，不仅子系统内，如轨道线路之间、快速路之间，会产生异常事件影响的转移，轨道交通与地面公交、地面道路、快速路之间同样也会产生影响的转移。

例如，2016 年 5 月 10 日上海轨道交通 8 号线出现信号故障持续 2 h，在相关轨道站点周边出现了严重的客流积压。通过与地面公交的联动指挥以及实时的信息发布来应对，一方面尽可能快地疏散站外乘客，另一方面尽可能使出行者改变出行路径甚至出行方式避免到达站点。事件中呈现出了轨道交通、地面道路、地面公交以及步行与自行车网络运行的交互影响（图 4-3）。

图 4-3　上海轨道交通 8 号线信号故障后车站周边情况

又如 2016 年 5 月 23 日零时 10 分，上海市中环线（内圈）真华路至万荣路匝道之间发生严重单车事故，卡车侧翻造成所载的数十吨预制混凝土管桩翻落，部分管桩坠下高架桥落至地面，致使高架桥钢梁发生水平位移和横向倾斜，高架及地面交通无法通行，对相关区域交通的明显影响持续到 6 月 5 日。在此期间，部分高速公路及快速路采取封闭和半封闭措施，相关地面道路采取分流改道措施；轨道交通 7 号线相关站点客流明显增加，采取早高峰增开列车及站点限流措施；10 条地面公交线路绕行。直到 6 月 15 日才完全恢复所有的交通运行（图 4-4）。由此可见快速路凌晨发生的一起单车事故，其影响在时间和空间上蔓延，并涉及其他多个交通子系统，是对整个交通网络的冲击。

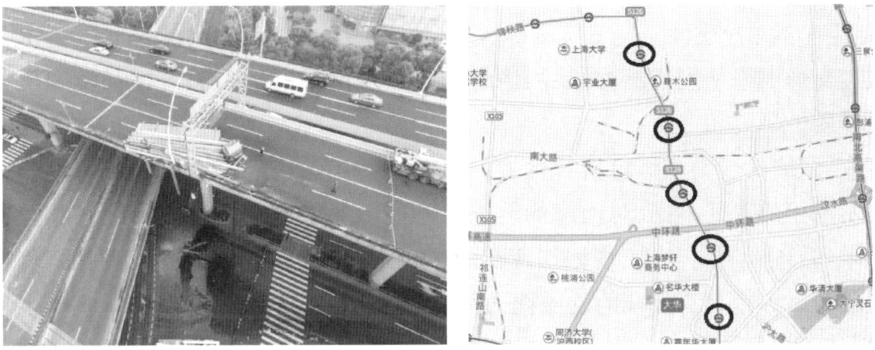

图 4-4　上海中环线事故及受影响的轨道交通站点

随着城市发展资源和环境要求的变化，城市交通网络的关键作用被不断认知。城市交通网络由六大系统构成，分别为地面道路系统、快速路系统、公共交通系统、停车系统、物（货）流系统、交通管理系统。城市交通网络应当加强六大系统融合，并处理好与自行车及人行组织的衔接，处理好城市内部交通系统、城市对外交通场站和都市圈交通的衔接，强调系统的整体性（图 4-5）。

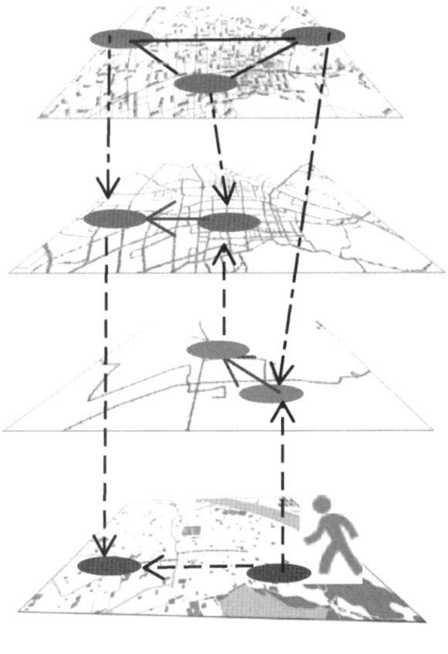

图 4-5　城市空间中的交通网络

城市交通网络在空间上是以城市建成区为主，包括围绕核心城市的都市圈和对外交通枢纽。它具有以下几方面的核心特征：

1）承载多类别、多模式交通的复合网络

随着经济社会的发展，各类人群活动日益丰富，城市交通所涉及的类别繁多，城市交通网络承载着通过多种多样类别的交通工具所实施的出行行为，如轨道交通、私人汽车、出租车、公交车、货运车、步行与自行车等。不同类型的交通工具对基础设施网络提出了不同的要求。

除了交通工具的不同，不同模式交通的运行组织及管理也具有差异性，交通网络也服务于个体交通、公共交通、物流配送等不同模式的交通，近年来还出现了共享交通等新型的交通模式，对运输组织网络提出新的需求。

城市交通网络是服务于人的需求的网络，它不是单一交通方式的网络，而是多种网络在城市地理空间上叠加的复合网络。网络中的任一要素，其属性都具有复杂性。例如，"同济大学"这一空间位置，同时代表着出行需求的起—终点、道路网络中的交叉口、数 10 条公交线的停靠站点、轨道交通网络中的站点、物流配送网络中的一个小型集散地等多重复合属性。

2）具有多元异质性

城市交通网络从网络的主体、网络的构成以及网络的运行三方面都体现出其具有的多元异质性。

首先，网络的行为主体包括管理者、服务者、使用者，各方站在不同的角度和立场，对网络所承担的责任不同、对网络的诉求也不同。网络运行是各主体之间相互作用之下的结果：管理者制定政策、规划与规则，服务者实施运行并提供服务，使用者使用设施及接受服务。人是具有复杂的反应能力的，管理者制定的同一个规则可能产生不同的反馈，服务者提供的同一个服务也可能获得多样的使用效果，而使用者的反馈对于服务者、管理者所产生的影响也可能存在差异。因此，主体之间的反馈是复杂的且动态变化的。因此，网络的运行实际上是一个在不断寻求各方均衡的协调过程。

其次，网络由各类子系统、子网络叠加形成，它们之间在尺度、拓扑结构、运行规则、控制规则等方面都存在差异。不同时代背景下出现的子网络，其网络生长机理、网络演变特性也存在差异性。在建立模型的过程中，对网络要素的基本描述、网络拓扑结构的建立、网络运行规则的设定、网络控制的参数设计都是不尽相同甚至完全不同的。

最后，网络的运行是人和物的移动，然而划分到不同子网络中，其运行机制也是不同的，甚至是在同一个基础设施网络上，运输组织形式的不同也会出现不同的运行模式。例如，道路网络中的小汽车自主选择路径，而地面公交则是规定的路线、站点和运营时刻。即使同在公共交通子系统中，地铁、地面公交、BRT、有轨电车等的运行模式也存在差异。因此，对于城市交通网络的运行而言，其复杂性和异质性是极为典型的一种特性。

3）具有动态性

城市交通网络随着城市规模的扩张、城市活动的发展是在不断演变的，无论是网络结构本身还是网络所承载的需求，都在发生的变化，相互作用的关系也在不断更新。

《马丘比丘宪章》中指出:“城市处在连续发展与变化的过程中,未来难以确定或预测,运输系统的设计应随着增长、变化及城市形式作经常调整试验。”

学者从交通网络与空间结构相互作用机理、交通网络与区域经济相互作用机理以及交通网络演化机理等方面,对网络中长期的动态演变过程进行了大量研究。同时,网络需求时空上的波动、外部条件的变化,如特殊天气、重大事件等,也会使得交通网络的实际运行状况发生变化。

4) 具有复杂性及非线性

城市交通网络是开放的复杂巨系统。复杂性来源于子系统种类多,且每个主体既参与整个系统的行为,它又受整个环境的影响,形成复杂的相互作用,高度非线性。复杂性具体体现在网络耦合复杂性、网络主体“博弈过程”复杂性、混合网络交通流复杂性等;非线性体现在机动车交通流“刺激—反应”非线性、行为选择非线性、网络演化非线性等。

5) 具有可调性

研究城市交通理论来实现满足人的需求及优化城市运行的目标,其合理性正是在于城市网络是具有可调性的。通过对网络供给条件的改变、交通信息服务的引导、价格机制与运行管控等管理调控手段,能影响人们的出行意愿、出行方式选择、出行路径选择等,从而能实现对网络的运行状态进行调节。2008 年北京奥运会、2010 年上海世博会成功举办时整个城市的交通运行状况便是交通网络具有可调性的典型验证。

城市交通政策指导、约束和协调城市交通活动,是由政府部门基于城市交通战略思维和规划的框架制定,依据城市经济和社会的发展状况、资源环境的约束情况以及城市交通发展趋势,注重实施的可操作性和对解决现实问题的指导作用,直接影响城市交通网络的总体运行状况。政策制定应指导城市交通网络的构建与运行,统筹考虑以下问题:

(1) 各城市因地制宜构建符合自身特点的城市交通网络。并非每个城市都必须建立所有城市交通网络的子系统。各城市应当因地制宜,体现自身特点,与城市规模和形态协调、与城市功能和布局协调、与旧城历史格局协调,并处理好长远规划与近期建设关系,自始至终注重资源环境条件的约束。

(2) 城市交通网络与城市规划、城市综合交通体系规划。城市交通网络主要指以城市建成区为主,城市行政区内部交通各个系统融合的网络,也包括城市规划区内的交通设施的布局。城市规划中的综合交通体系规划既有城市交通网络,也包括城市对外交通的布局等。编制城市综合交通体系规划,应了解城镇化进程中城市和城市规划的历史脉络,加强城市交通与城市规划的互动。

(3) 城市交通网络的整体性和目的性。城市交通网络是一个整体的大系统,整体性的体现是以城市行政区域内部交通组织为主要着眼点,关注各子系统的相互衔接,并处理好新型城镇化发展过程中围绕中心城市形成的都市圈交通。从系统论的角度处理好城市交通，重点是各个子系统之间以及子系统各要素之间的相关性，不同的子系统间相互配合、补充协调才能够提高城市总的运行效益。

（4）城市交通网络构建和运行组织原则。城市的拓展和有机更新随时代持续进行，城市交通服务人的需求随社会文明在变化，因此城市交通网络的基本结构是在继承中发展。实现城市的可持续运行目标，一定要坚持实施交通需求管理[6]的理念和方法，促进城市交通网络的构建和运行互动、互补。交通需求管理重在调控交通需求的总量和结构，以交通资源约束条件下的交通供需基本平衡为目标。具体而言：一是突出网络结构，系统衔接，注重开放性的路网格局，有利于交通运行组织；二是应强调点线面结合，地上地下结合，中心区交通流运行组织建议先出后进，减少人活动密集地区的交通压力；三是以静制动，用停车位来引导区域交通流均衡；四是鼓励合理拥有和使用小汽车；五是倡导绿色出行，鼓励步行和自行车出行等；六是工程措施与政策、经济、法律等统筹融合。

4.2.4 大数据信息化为城市交通学的研究带来了机遇

1. 大数据信息化的内涵

科技是推动城市交通理论发展的动力。当下大数据、云计算等技术为开展城市交通学的研究提供了技术支撑，创造了前所未有的条件。

（1）信息采集：从单一数据来源向多部门数据整合发展。当今的数据采集模式已发生革命性变化，交通信息采集设备愈加先进，数据来源也愈加多样化，且采集方法已摆脱传统的静态、人工、单一的特征，实现了向动态、自动化、多源化、多方法采集方式的转变。以城市交通 6 个方面的信息统计为例：道路交通数据来源于线圈、红外、视频等检测器；地面公交数据来源于公交 IC 卡刷卡、GPS、车站信息、调度信息等；轨道交通数据来源于 AFC 刷卡、调度信息、站点人流量等；公共自行车数据来源于自行车刷卡、租赁点信息；出租汽车数据来源于出租车 GPS、计价器收费等；高速公路通行数据来源于收费系统和检测器。

（2）数据分析：从传统数据处理向大数据深度挖掘发展。随着计算机、通信技术飞速发展，通过技术手段存储、处理数据的能力（存储容量、计算能力、运算速度）迅猛提升，这为交通运行相关数据在时序积累和深入挖掘方面创造了契机。同时，与交通相关的各类数据也在不断积累，并且随着跨部门数据开放水平不断提升，基于多元数据融合的信息化与智能化逐渐成为发展趋势。

（3）决策支持：从基础数据统计向智能化决策支持发展。智能化决策支持发展的转变可以在很多方面有所体现。大数据所带来的多维度、多层次的连续观测能力，使得我们能够更加深入细致地面对决策问题，从而使得“适时响应”“精准调控”“多维分析”等决策判断能力得到有效提升。

（4）信息发布：从普通查询服务向全面个性化服务发展。以往的交通信息服务单一，只能搜集道路流量、静态的公交换乘信息等。现今，交通信息服务更加全面，各种路况、位置、导航服务已经非常普及，影响市民的出行习惯和出行选择。

(5) 社会参与：从政府引导逐步向互联网融合。智能交通与互联网融合产生的新格局、新模式，为城市交通的发展开拓了巨大空间。例如，百度实时路况以及高德导航系统的应用，既是智能交通与互联网结合的产物，也是公众关注的热点问题。

2. 大数据时代交通科技发展的趋势

大数据技术改变了人们对于数据获取、分析和应用的理解与认识。大数据时代交通科技发展体现五个趋势。

(1) 量变到质变的研究基础。传统研究方法局限于对有限的样本进行分析与统计，大数据提供了海量数据样本，多元数据的融合使个体信息的数量和精度得到提升，为交通领域个体行为的深入研究奠定了基础。非集计方法的研究得到快速发展，微观层面交通预测的方法和手段越来越丰富。

(2) 持续动态的观察视角。传统方法受数据采集方式约束，以静态数据分析为主要手段，而大数据技术着眼于一段时间或全部时间内的动态发展数据，着眼于动态数据之间的联系与发展规律，为解释交通现象、城市活动的特性及其演化机理提供了重要的观察手段与研究保障。

(3) 由结果到规律的思维方式转变。传统模型研究需要妥善地建立数据模型，通过条件推导结果，大数据技术善于由结果推断模型，通过大量的事实总结规律，形成知识，为交通研究提供新的思维方式。例如有研究针对传统重力模型的局限性，依托大量观测数据建立的无参数辐射模型提高了交通分布与迁移行为的预测精度，成为交通模型研究的重要理论创新。

(4) 大数据为重新认识和重构需求提供条件。一方面，可以通过社交网络了解人与人之间的互动，也可以通过网络舆情了解需求的动态变化，还可以通过网络舆论引导和优化需求(例如通过网络舆论引导居民错峰出行等)。另一方面，随着信息化的快速发展，居民出行方式及行为在悄然改变。居民可以在足不出户的情况下购物、点餐等。这种需求者自身不出行的出行量，是传统模型无法捕捉到的。而在大数据的支持下，可以透过实时、动态的需求变化预测未来出行，进而主动预防拥堵。

(5) 大数据带来的影子世界。信息化高度发达的未来，人们的日常行为都将以数据的形式被保存，城市生活的点点滴滴都将被记录，构成各种情况下的全息影像，即由人们在社交网络媒体发布信息及数据不断积累构成的影子世界。在云计算等超级计算技术的支持下，这些数据影子可以组成另一个虚拟的世界，从这个影子世界可以看到特定行动带来的结果，可以得到决策上的支持，而随时随地产生的数据又会使这个虚拟世界不断更新。

总而言之，大数据时代为交通领域的研究提供新的契机，带动多方面新的发展，为对微观个体行为、出行需求特征与演变规律和传统交通模型等多方面的重新认识乃至重构提供重要的技术支撑。

信息技术的不断发展为城市交通学发展创造了条件，给城市运行效益的提高和改善带来新的契机，其对城市交通的作用和影响将完全有可能超越基础设施建设。大数据和信息化作为改善城市交通运行的技术手段，发展目标不能停留在智能交通技术自身的先进性，要为用户提供优先决策的基础。随着数据采集的发展，推进数学模型和交通流理论的研究与应用，应当与城市整体发展目标相一致，提高城市整体运行质量和效益。

研究大数据和信息化与城市交通的结合，应综合考虑公众、企业、政府层面的不同诉求进行顶层设计：一是要有系统思维，从城市整体运行的角度把握城市各交通方式系统特性；二是要注重信息化技术的运用，从信息服务、需求诱导、实时监管等角度组织交通系统；三是要关注城镇密集地区的交通保障，服务并协同地区发展。

4.3 城市交通学的研究目标和对象

城市交通的研究目标是服务于人的需求，组织城市可持续的高效、安全、低耗(低能耗、低污染)运行。城市交通区别于交通运输，根本原因是城市交通涉及不同的法律法规体系、标准体系、信息系统、公共资金、票价政策等。

4.3.1 城市交通的关注点

当人口集中于城市，必然产生人的需求，人的需求是就业需求和生活需求。从城市交通的角度，是为了保障人们在城市所产生的就业和生活需求。

就业需求本质是产业发展和就业岗位，除了人的就业所产生的相应的活动之外，也包括了相应的物资的流动。从古至今，不同社会阶段的产业发展阶段也不同，农业为主、工业为主的社会，产业本身的活动以及投入到产业中的人的活动特点也相应有所区别，从而对城市交通产生了不同的诉求。生活需求指基本生活需求和教育、医疗、休憩等社会服务需求。从国内外城市发展的历史来看，不同的阶段由于环境、文化、科技水平的变化，人们的生活方式也在发生着变化，同样对城市交通的诉求也产生了相应的变化。

回顾国内外发达城市近半个世纪的交通可持续发展的政策，我们可从中发现欧洲城市自行车交通“发展—衰落—复兴”、东亚城市公共交通“发展—优先—成熟”、北美私人小汽车交通“力求减少—缺乏约束—积重难返”迥异脉络，其城市交通呈现出从以车转向以人为本的发展态势(表 4-1)。

从目前的发展来看，具有如下特点：

(1) 既关心交通系统效率，也关注人的公平出行，通过规划、财政甚至是立法来保障老人、残疾人、低收入群体出行基本权利；

(2) 既关心城市的环境保护与资源集约，也关注人的出行环境改善，普遍提出了让出行更加安全、便捷、愉快的发展目标；

(3) 既关心公交优先发展、慢行交通(步行与自行车交通合称，下同)保护，也关注慢行交通与公共交通衔接，着力于限制核心区小汽车过度使用。

表 4-1　　发达城市交通可持续发展政策沿革

发达城市		政策沿革
美国/纽约	公交优先发展	1978 年《国家能源法案》 1982 年《地面交通援助法案》 1990 年《清洁空气法案》修正案 1990 年《美国残疾人法案》 1991 年冰茶法案(ISTEA) 1992 年《能源政策法案》 1998 年《21 世纪交通平等法案》 2009 年《公共交通愿景 2050》 2012 年《波特兰最新城市规划》
	慢行保护与发展	20 世纪 90 年代美国运输部《全国步行与自行车计划(NWBS)》 2004 年华盛顿特区《首都城市设计和安全规划》 2007 年纽约《PLANYC 行动/World Class City—World Class Street (世界级城市、世界级街道)计划》
	限制小汽车	近 20 年来《纽约曼哈顿小汽车需求管理政策》
英国/伦敦	公交优先发展	2011 年《伦敦市长交通战略》 近 10 年来《公交路权管理政策》
	自行车保护与发展	2007 年《伦敦市长交通战略》 2008 年《伦敦市自行车入城高速路计划》 2012 年《市长交通战略》
	限制小汽车	1956 年《英国清洁空气法案》 2003 年《伦敦道路拥挤收费政策》
法国/巴黎	公交优先发展	1982 年《国家内部交通组织方针法》 1996 年《大气保护与节能法》 2000 年《公共交通法》
	慢行发展	20 世纪 90 年代《香榭丽舍大街改造》 2007 年《公共自行车自由租赁计划(VELIB)》
	限制小汽车	近 20 年来《核心区小汽车限制使用政策》
丹麦/哥本哈根	公交优先发展	1947 年《城市土地利用手指形规划》 1997 年《交通与环境规划》 1998 年《公共交通规划》
	自行车保护与发展	1996 年至今《自行车交通发展年鉴(Bicycle Account)》 2000 年《自行车环境改善规划》 2001 年《绿色自行车道规划》 2002 年《交通安全计划》 2011 年《自行车发展规划》
	限制小汽车	近 30 年来《核心区小汽车限制使用政策》

（续表）

发达城市		政 策 沿 革
荷兰/阿姆斯特丹	自行车发展	2006 年《阿姆斯特丹选择自行车：2007—2010》
	限制小汽车	1998 年《荷兰可持续安全项目》 近 30 年来《核心区小汽车限制使用政策》
瑞典	慢行保护	1997 年《瑞典交通零死亡计划》
德国/柏林	自行车保护与发展	2010 年《国家自行车交通发展战略》
爱沙尼亚	慢行保护	2000 年《道路交通安全法案》
日本/东京	慢行保护	1971 年《日本首个交通安全改进五年计划》 20 世纪 80 年代《街区道路与道路乌托邦(Roadpia)计划》 1996 年《街区带(Community Zone)计划》 近年来《步行者天国(Pedestrian Paradise)计划》 2014 年《创造未来：东京城市长期发展战略》
	轨道接驳	1973 年《轨道站自行车停车计划》 20 世纪 90 年代《轨道车站步行立体接驳(Pedestrian Deck)计划》
	限制小汽车	数 10 年来《东京市中心小汽车限制使用政策》
韩国/首尔	公交优先发展	2004 年《首尔公交改革》 2009 年《客运交通法案》
	慢行保护	1995 年《儿童保护区(CPA)计划》 1997 年《汉城步行者权利及步行环境改善法令》 1998 年《步行环境系列改善计划》 2003 年《无车日计划》
新加坡	公交优先发展	1996 年《新加坡交通白皮书》 2008 年《陆路交通整体规划》
	限制小汽车	1972 年《征收车辆关税和车辆注册费》 1975 年《中心限制区拥堵收费制度》 1991 年《车辆限额购买制度》
中国香港	公交优先发展	1999 年《长远运输政策白皮书——迈步向前》 2003 年《香港城市规划标准与准则》
	慢行者保护	2000 年《行人环境改善计划》 2015 年《城市规划标准与准则》
	限制小汽车	1973 年《私人小汽车牌照拍卖与首次登记税制度》 2011 年《香港规划标准与准则/住宅发展的泊车设施标准》
巴西	可持续发展	2003 年《可持续城市机动性政策》

当前我国需求结构已发生明显变化。一是“住”“行”主导的需求结构发生阶段性变化。2013 年我国城镇常住人口户均达到 1 套房，2014 年每千人汽车拥有量超过100 辆。根据国际经验，这个阶段“住”“行”的市场需求会发生明显变化。2013 年后，我国新开工房屋面积、住房销售面积先后出现负增长，汽车销售进入低增长阶段。二是需求结构加快转型升级。随着收入水平提高和中等收入群体扩大，居民对产品品质、质量和性能的要求明显提高，多样化、个性化、高端化需求与日俱增。三是服务需求在消费需求中的

占比明显提高。随着恩格尔系数持续下降、居民受教育水平普遍提高和人口老龄化加快,旅游、养老、教育、医疗等服务需求快速增长。四是产业价值链提升对研发、设计、标准、供应链管理、营销网络、物流配送等生产性服务提出了更高要求。

城市交通一方面保障人的就业和生活需求,另一方面作为城市的一个重要的组成部分,也承担着组织城市运行的任务。要令人们更好地生活在城市,需要将城市组织成一个高效且可持续的有机体。城市的高效运行,有助于促进产业的发展,从而更好地实现人们就业的目标,创造更大的价值,也有利于人们开展更为丰富的生活,在生活中得到更大的满足感。城市的可持续发展中安全和低耗则是基本要求,同样也是为产业的发展、为人们的生活创造更有利的条件。

城市交通的研究目标是服务于人的需求,组织城市可持续的高效、安全、低耗(低能耗、低污染)运行。高效指人流、物流的通达、有序,是基本要求;安全是保障流通过程中人、财、物的完好无损;低耗是从城市环境质量的角度要求降低交通的物耗、能耗和排放,保护和改善人居环境。研究城市交通应以服务功能和运行效率为主线,既注重工程技术,又注重与法律、经济、财税等之间的关系,体现社会公平和可持续发展。

研究城市交通要明确城市交通和交通运输的差异性。纵观交通活动与运输活动,二者起源不同,伴随着社会经济和城市形态演变发展,并且因交通工具的变革应用不断进步。交通活动是人类社会早期的基本生活需求中"行"的表现,在人类社会早期主要利用天然河流舟船和驯服牛马等方式出行。运输活动是伴随着物资交换和运输工具的产生而逐渐发展,初期往往出于国家政治管理和军事防御目的,如我国古代交通活动主要是商贸运输以及国家控制的食盐和粮食运输,西方国家现代运输活动起源于"驿站马车"。近年来国内外学者研究成果对城市交通和综合运输的概念和内涵进行了区分,二者在服务对象、载运工具、基础设施(线路、枢纽、网络)具有相似性,而差异性主要体现在功能地位、运营模式、需求属性、关注重点等方面(表 4-2)。

表 4-2　　城市交通与综合运输内涵差异

特征	城市交通	综合运输
概念内涵	提供流动空间和服务	物质生产活动; 社会经济活动
功能定位	城市基本功能之一,连接工作、居住、游憩空间; 城市发展的骨架	国民经济、社会发展的重要基础
地理边界	城市内部	城市与外部空间
运营模式	组织性(公共交通、城市物流)和非组织性(个体机动车、自行车、行人)交通活动并存	严格组织性(运行图、时刻表)的运输活动
需求属性	以高频率、具有较强时空分布规律性的日常性出行为主	随机性强,多以商务旅游出行为主
关注重点	流量、饱和度、通行能力; 机动性、可达性、公平性	运量、运距、运价、运输速度; 现代化、智能化、标准化、信息化

我国综合交通运输体系和城市交通发展规划有所区别。从我国政府发布的综合交

通运输体系相关发展报告来看,较少涉及城市交通的内容。《综合交通运输体系五年发展规划》是指导和组织各省市综合交通建设和发展的纲领性文件。从“十一五”交通运输体系规划开始,规划更多关注综合交通运输网络的信息化、智能化、区域协调和经济运行高效、资源节约和环境友好。2016 年底发布的《2010—2014 中国综合交通运输体系发展评估报告》将综合交通运输体系划分为科技创新、运输服务、市场需求、载运工具、基础设施、组织管理六个子系统。综合交通五年规划和发展评估报告均不含城市交通的内容。作为交通运输发展的年度蓝皮书《中国交通发展综合报告》,内容包括综合交通运输篇、公路篇、铁路篇、内河水运篇、海运篇、航空篇、管道篇、城市交通篇,仅将城市交通作为交通体系的一部分进行论述。

4.3.2 城市交通相关的法律法规体系

我国城市交通立法数量有限,仅包含《道路交通安全法》和《城乡规划法》;而交通运输类法律法规体系较为完备,分别针对不同运输主体制定了四大类法规,包括《公路法》《铁路法》《海商法》和《民用航空法》。对比我国城市交通和交通运输的法律法规体系,二者包含规划建设、综合管理、运输运营和安全等方面规定,但只有安全类立法具有相同的规则,把城市交通与交通运输的安全管理衔接起来;在适用主体、制定规则、涉及内容等方面均具有较大差异,完全各自为独立体系(表 4-3)。

表 4-3　我国国家层面城市交通和综合运输的法律法规

城市交通法律		综合运输法律
上层法律	城乡规划法	道路交通安全法
		公路法 铁路法 海商法、海上交通安全法、航道法、港口法 民用航空法
	城市交通行政法规	综合运输行政法规
下层条例	城市道路管理条例	道路交通安全法实施条例
		公路管理条例 道路运输条例 收费公路管理条例
	城市公共汽电车客运管理办法	铁路安全管理条例 铁路运输安全保护条例
	城市轨道交通运营管理办法	国内水路运输管理条例 国际海运条例 内河交通安全管理条例
	城市出租汽车管理暂行办法	中国民用航空货物国际运输规则 通用航空飞行管制条例 民用航空安全保卫条例

美国联邦、州和地方等各级政府在交通运输领域,即通过法律清晰界定交通运输系

统内部各运输方式、运输部与其他平行部门、运输部与州一级政府之间的责权关系，保证交通运输发展目标的有效落实（表 4-4）。以 1966 年美国运输部成立为分界，美国交通运输管理体制经历从分散管理向综合模式转变的过程。美国交通运输和城市交通立法在国家和地方层面是相辅相成的，适应不同时代发展背景下的交通运输发展目标。

表 4-4　　美国联邦政府城市交通与运输立法梳理

<table>
<tr><th>时期</th><th>交通运输规划目标</th><th>联邦运输立法</th><th>联邦公交立法</th><th>相关立法</th></tr>
<tr><td>19 世纪～20 世纪 60 年代</td><td>满足机动车出行需求的基础设施建设</td><td>州际商务法
联邦资助公路法
航空商务
Wiley-Dondero 法</td><td></td><td></td></tr>
<tr><td rowspan="2">20 世纪 60 年代以后</td><td rowspan="2">城市交通规划重点是人机动性和可达性对不同群体的公平性；运输规划重点在货货运、联合运输和公/私合股等</td><td colspan="2">联邦资助公路法案、运输部法案、地面交通协助法案、陆路交通和统一布局法案、综合地面运输效率法案、在 21 世纪中前进运输法案、21 世纪交通运输法案、SAFETEA-LU 法案、美国成长法案</td><td rowspan="2">住房法案
示范城市和大城市发展法案
环境质量改善法案
国家能源法案
清洁空气法案修正案
美国残疾人法案
能源政策法案
终止州及商业委员会法</td></tr>
<tr><td>斯泰格司铁路法
海运法航运法
航空和运输安全法案
汽车货物安全改善法</td><td>城市公共交通法案、国家公共交通援助法案、国家公共交通委员会法</td></tr>
</table>

4.3.3 城市交通相关的标准体系

2014 年我国交通运输部成立了交通运输部标准化管理委员会，指导交通运输技术标准体系建设，统筹协调衔接各种交通运输方式标准和重大事项。《交通运输标准化“十三五”发展规划》提出了国家“十二五”发展目标是到 2020 年建成适应交通运输发展需要的标准化体系。综合交通运输标准体系涵盖铁路、公路、水路、民航及邮政等交叉领域，包括在运输服务、工程设施、安全应急、信息化、统计评价、运输装备和产品等相关标准规定。

而城市客运标准主要关注城市客运在技术上、系统模式上的发展与更新，以适应我国城市客运多元化、多层次的发展格局，包括基础标准、服务标准、技术标准、产品标准和相关标准。

美国各州在制定标准和规范上具有很大的独立性。因此，美国没有统一的联邦级技术标准和规范，其技术标准均由相应的协会和技术机构制定发布实施，联邦职能机构主要是指导或协调各委员会制定与颁布一系列专业指导性手册或指南，以解决交通建设与管理中的关键问题（表 4-5）。美国公共交通标准体系由美国公共交通协会（APTA）负责制定，对普通公交、信息技术、公交票价、客运设备等 11 大类环节进行具体规定。

美国主要由专业和技术协会制定城市交通和交通运输相关规范体系，交通运输类规范需与国家层面手册与指南相适应，而包括公共交通在内的城市交通规范的制定具有一定灵活性。

表 4-5　美国公路运输标准与规范体系

标准及规范	制定及颁布机构	机构职责
联邦级的公路行业技术指南	联邦公路局 FHWA	负责发布涉及交通安全的通用性设计指导，全美各州将其作为标准实施
	美国各州公路与运输管理协会 AASHTO（下设 11 个包含综合运输和公共交通常务委员会）	对交通运输方面的标准、规范是否颁布执行具有投票表决权。工作领域包括技术活动、政策发展、信息及联络
	美国交通运输研究委员会 TRB	促进运输系统性质和性能的研究、传播研究成果和促进研究成果的应用；促进交通运输领域的革新与进步
	美国材料与实验协会 ASTM（下设道路与路面材料技术委员会）	涉及制定的标准内容包括编写试验方法、操作、标准术语、标准指南、分类标准等
州级的标准法规		各州可根据实际情况对联邦标准与规范体系进行调整，使其成为本州的技术标准规范。大部分技术标准基本上都是参照联邦一级发布的设计指南

4.3.4　支持城市交通的公共资金

交通运输方面，《"十二五"综合交通运输体系规划》指出要拓宽融资渠道，积极探索综合交通运输体系发展的新型投融资模式，形成"国家投资、地方筹资、社会融资、利用外资"的投融资机制。

而城市交通方面，目前我国城市交通建设投资主要是以中央及各级地方政府财政投资为主（表 4-6）。从融资渠道来看，我国城市交通建设资金来源于专项拨款、土地转让收益、国内银行贷款、外资等。其中，我国城市公交发展资金筹集职责主要在地方城市政府一级。国发〔2010〕13 号印发的《关于鼓励和引导民间投资健康发展的

表 4-6　我国主要基础设施建设财政制度

城市道路建设财政制度	公路建设财政制度
城市建设维护税 土地出让金 ——由城市政府财政、地方政府融资平台承担	贷款建设收费偿还 汽油税（原养路费） ——由企业或者上级交通财政主管部门承担
城市轨道交通建设财政制度	**铁路建设财政制度**
国家投入 城市财政（专项资本金） 民间资本 ——由地方政府、地方财政组合拨款，轨道交通沿线资源利用收入反哺	中央预算内投资 铁路建设基金 铁路建设债券 专项建设基金 其他渠道（银行、地方政府、社会投资） ——铁路企业、地方政府、社会资本等多渠道筹集体制

若干意见》提出“政府主导投资、市场运作资本”的多元化筹融资机制和方式。由于缺乏公交发展资金等资源，中央、省级政府在统筹地区公交发展方面的作用较为有限。根据2005年国务院颁发《关于优先发展城市公共交通意见的通知》要求，公交发展要纳入财政预算，并且建立基于企业成本规制的公交补贴制度。此外，城市公用事业附加费、基础设施配套费等政府性基金要用于城市交通建设，并向公共交通倾斜。目前国内大部分城市尚未形成长期稳定的公交投入机制，为使公交保持正常运营，通常由政府给予专项补助。

美国在联邦立法层面以颁布交通授权法案的形式对交通运输基础设施资助资金来源、资助项目、资助额度、管理等做出来明确的规定，保证了美国交通建设拥有稳定的资金来源。目前，美国交通授权法中涉及公路资助的法案主要有联邦援助公路法案系列(1916—1990年)、冰茶法案、国家经济中心运输效率法、续茶法案、SAFETEA-LU法案、MAP-21法案和美国成长法案等(图4-6)。

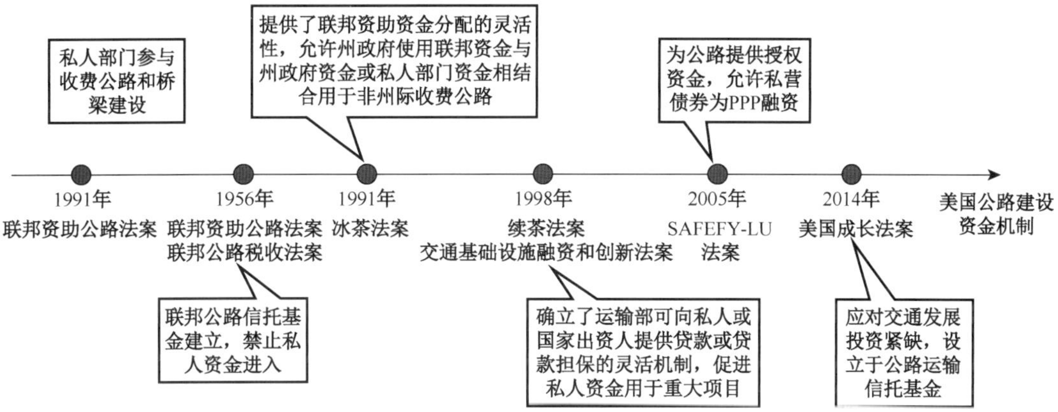

图4-6 美国公路建设资金体制发展

在城市公交发展上，许多发达国家先后制定了多种有关公共交通的法律法规及税收政策，保证了城市公交发展的资金来源。如美国公交运营和补贴的资金来源主要包括地方财政资金、州财政资金、联邦财政资金和直接拨款资金四方面。美国公共交通发展拥有稳定的财政来源，运营补贴约有80%来自固定资金，资本投入为60%。国外交通发展的政府财政来源通常由四部分构成：一般税收、专项税收、基金账户以及其他收费(表4-7)。

表4-7 国外立法保障城市公交补贴情况

国家	补 贴 情 况
美国	1964年《城市公共交通法》承诺提供拨款资助各地区交通规划项目，最高数额达到总费用的2/3； 1970年《城市公共交通扶持法》，明确规定公共交通获得道路权； 1974年能源危机后，国会首次批准对公共交通的公共拨款和经营性补贴； 20世纪70年代后期公交企业亏损严重，1998年《21世纪交通平衡法》增加有利于城市公共交通发展的内容，保证到2003年为公共交通提供的基金

（续表）

国家	补 贴 情 况
德国	《公共市郊客运法》规定“当公共市郊客运由于执行它在公共经济方面的任务，而这个任务又不允许它用交通收入来弥补费用支出时，它可以得到经济补偿”
法国	交通法中规定“公共交通企业执行规定的票价和服务标准，应该得到合理的政府补贴，以维持公共交通运营活动经费收支的平衡”

4.3.5 城市交通的票价政策

我国城市公共交通票价政策是基于城市运行要求和公益性事业，考虑大众出行成本的可承担性而制定的。采用早起晚止时段不间断的组织运行方式以吸引客流，实行政府财政（补贴）和企业财务相结合的票价机制。2005年《建设部关于优先发展城市公共交通的意见》中提到需进一步加大对公共交通的政策扶持力度。城市政府要对轨道交通、综合换乘枢纽、场站建设，以及车辆和设施装备给予必要的资金和政策扶持，对公共交通实行经济补贴、补偿政策，并且公共交通票价保持低票价和低成本。常规公交实行政府指导定价，政府依据企业的运营情况进行补贴。城市轨道交通采用政府定价，采取“企业报价、政府核价、公众议价”的票价制定和调整审定办法。

而城市间及城乡运输多实行市场价格机制，存在竞争行为，最终以追求企业利润为主要目标。如公路运输是定时刻、求班次效率来组织运行。遵循《道路运输价格管理规定》，道路班车客运主要实行政府指导价，货物运输价格实行市场调节价。铁路运输价格由《铁路货物运价规则》和《铁路客运运价规则》相关规定，国家铁路的旅客票价率和行李、包裹运价率由国务院铁路主管部门拟定，铁路货物运价由中央定价。国家发改委发布的《关于改革完善高铁动车组旅客票价政策的通知》提出从2016年起放开高铁动车票价，改由铁路总公司自行定价。我国民航运输定价自2014年起实行由政府指导价逐步向市场调节价转变。部分旅客运输票价实行市场调节价。国内航线货物运输价格放开，航空公司具有一定的自主定价权。

国外大多数政府支持实行公交优惠票价，城市公交普遍实行低票价制度，与其他交通方式相比在经济上具有比较优势（表4-8）。票价机制灵活多样，包含月票、季票、日票等，以及家庭票、团体票、往返票等形式，且相比于全票价格低廉。票价模式上多实行单一票价，换乘方便。

表4-8　国外城市交通票价情况

国家	交通票价政策
日本	日本政府将城市公共交通作为社会公益性事业，从政策上支持优先发展城市公共交通。政府规定城市公共交通企业不许涨价。如有经营亏损而需调价，也不因城市公共交通企业赤字而定，而是以社会物价增长指数为标准，一般情况下需4年才可调价一次，且以增幅20%为限，调价需经市政当局认可，最后得由日本国运输大臣批准方可实施

（续表）

国家	交通票价政策
韩国	韩国首尔市政府给予公交系统大量的补贴，使得公交车、地铁等票价非常低廉，只相当于普通韩国人收入的0.05%
德国	采用城市交通联盟为核心的公交运营模式，公共交通实行单一票制，即所有公共交通（出租车除外）票价统一，一票通用，对交通方式不作任何限制。车票采用MVV范围内通用的区间制收费标准，影响车票价格的因素有两个：车票的种类和乘客出行的区间范围

城市交通是城市行政区划范围各种交通方式的综合，其任务是满足城市内人们出行和货物运输的需求。城市交通的首要特征是支持城市功能的集聚，以日常性出行为主。城市交通的根本在于城市活动的组织方式，源头在于空间布局，问题凸显在交通方式结构不合理，挑战在于高密度、高强度、高流量，困难在于出行行为选择的转变，难点在于公共交通系统的提高服务质量和交通需求管理政策的共识。

总体上讲，各类交通的交通工具可能类同，但服务的需求和体现的功能不同，并且经济、法律、标准以及运行组织方式有明显的差异。因此，研究各类交通都必须尊重工程技术既有通用方面，也有个性的内容，更应当注重自身的特点。既不是简单运用综合交通运输的方法，也不是简单扩展都市圈和城市交通的方法，应当研究其规律性、阶段性遵循发展规律。

不同的研究范围影响着投资体制以及运行机制，由于城市行政管理体制特别是财税体制的不同，需要建立符合各方利益的交通投资和运行机制。因此，关键问题是区别对待且相互结合地处理好城市交通与都市圈交通的关系，处理好城市群交通与城市交通的关系。

总的来说，由于城市财政制度、行政管理等原因，无论研究哪类交通，都需要强调城市行政边界，有区别又结合地处理城市交通与都市圈交通、城市交通与城市群交通在设施建设和运行机制等方面的关系。

4.4 城市交通学的研究方法

城市是动态、持续、有生气的发展。城市交通学采用多学科思维、系统论方法研究城市交通，根本上讲是用战略的眼光，规划未来，解决现实问题。

（1）系统论的基本思想。将所研究和处理的对象当作一个系统，分析系统的结构和功能，研究系统、要素、环境三者的相互关系和变动的规律性并优化系统。系统强调整体与局部、局部与局部、整体与外部环境之间的有机联系，具有整体性、动态性和目的性三大基本特征。

（2）战略的眼光。城市交通是一个有机的系统整体，由各个具有不同功能的子系统构成，各子系统相互耦合、新系统与现有系统相互耦合，促进城市交通的协调发展。城市交通与城市交融协同发展,城市发展对城市交通发展提出更高要求,城市交通发展推动城市进步。

(3) 信息数据为基础。社会学的调查方法采用问卷、访谈、实地调研以及现代信息技术等方式,特别是移动互联网的发展开拓了数据信息的新渠道。调查涉及人的需求,也涉及人、车、路与自然环境等综合交通系统中各个方面的资料,此外还包括经济、土地等其他相关资料。完善应用交通模型预测需求、应用交通流理论模拟流量分布等技术手段,用信息化大数据方法分析这些数据是科学研究城市交通的基础。

(4) 工程学的实施技术。通过流量、速度、密度等技术指标考查交通量的一般规律;通过通行能力、延误、行程车速等评价指标,定量分析交通设计方案的服务功能与运行效益;通过交通设施设计保障城市交通网络安全、快捷运营;通过管理技术实现城市交通发展良性循环。

(5) 经济、法律以及必要的行政措施保障。遵循市场规律制定技术措施和经济政策,法律法规是提高公众意识和建立法律制度的保障,行政管理措施是依法保障公平公正的社会秩序。

城市交通学的研究有三条技术路径:

(1) 交通运输学与交通工程学的技术路径。交通运输学或交通工程学一般从交通设施和工具,或是客运、货运组织着手研究。第一是将城市交通作为交通运输的一种方式,在公路、铁路、航空、内河航运、海运、管道运输之后讲城市交通,即在交通运输的基础上增加城市交通。第二是从交通工程学角度研究,将人、车、路、环境等综合在交通工程学这一统一体进行研究。具体包括从城市居民出行需求的源头上引发的交通产生、分布、分配进行分析,城市土地使用与交通系统规划(包括道路系统规划),交通流分析与交通工程设计、道路设计,交通对环境影响与交通效益分析,交通运行组织与分析,交通管理与控制、交通安全分析、预防措施等。

(2) 城市规划学的技术路径。城市规划主要从城市功能布局与城市土地使用来研究城市交通网络的基础设施问题。这一技术路径起源于《雅典宪章》《马丘比丘宪章》的交通观点。《雅典宪章》将城市交通作为城市的四大功能(居住、工作、游憩、交通)之一,即在区域规划基础上,按居住、工作、游憩进行分区及平衡后,建立三者联系的交通网。强调交通引导城市功能布局,提出各种功能区布局要有一个网络将其联系起来,这个网络就构成交通的要素。《马丘比丘宪章》提出公共交通是城市发展规划和城市增长的基本要素,城市必须规划并维护好公共交通系统,在城市建设要求与能源衰竭之间取得平衡。公共交通优先理念一直延续至今并作为规划界研究城市交通的主要原则。

在此基础上制订城市规划时,提出通过城市交通的走向,结合环境资源的约束,协调和引导土地使用和城市功能布局;关注城市规划区范围内的交通问题,关注交通外部效应的影响及其处理;规划城市交通廊道;强调公共交通优先的技术措施。

(3) 城市交通有关行政部门及企业的技术路径。各行政部门及企业的研究往往侧重于自己职责范围在社会或在业务上遇到的问题，以及研究各自业务范围内的行政管理措施或企业策略。这些管理事务的处理过程归纳起来包括：①在现有基础设施的基础上，更加注重人的自由选择，例如公共交通优先发展；②更加注重使人的出行更有效率，提出 1 h 通勤圈、改善最后 1 km 交通等概念；③更加注重信息化和经济政策在城市交通领域发挥的重要作用，综合运用经济、财税、法律等政策治理城市交通；④更加关注节约能耗、减少交通污染，提出绿色交通等概念；⑤更加关注社会现象引起的交通情况（如学区交通、医院交通等），注重用人文社会方法研究人的出行方式和习惯。

事实上，在现实的城市交通设施建设和运行管理中已经运用了多学科的知识，不局限于工程、规划学等，包容了经济学、社会学、生态学、地理学等。所以，综合各学科的思考系统地研究城市交通、建立城市交通学，已经成为社会的客观需要。

参考文献

[1] 邵春福，魏丽英，贾斌. 交通流理论[M]. 北京：电子工业出版社，2012.
[2] 陈艳艳，刘小明，陈金川. 城市交通需求管理及应用[M]. 北京：人民交通出版社，2009.
[3] 汪光焘. 城市交通与信息化[J]. 城市交通，2015(3)：1-4.
[4] 汪光焘. 大数据时代城市交通学发展的机遇[J]. 城市交通，2016，14(1)：1-7.
[5] 张冠增. 西方城市建设史纲[M]. 北京：中国建筑工业出版社，2011.
[6] 彼得·卡尔索普，杨保军，张泉. TOD 在中国：面向低碳城市的土地使用与交通规划设计指南[M]. 北京：中国建筑工业出版社，2014.

5 城市交通网络的构建和运行

交通工程的一个重要研究对象是城市交通网络，交通规划、交通管理和交通服务实际上所面对的交通网络并非一致，且相互之间存在着复杂的关联和制约。明确地表征其构成关系，将有助于梳理城市交通综合对策各个环节间的衔接与协调任务。

城市交通网络是一个有机整体，在保障交通流需求的同时，其结构与空间分布对于城市交通模式及城市形态产生重要的影响；城市交通网络并非单纯交通基础设施网络，从所提供的服务角度审视，服务对象、服务频次、服务时间覆盖等均是重要的网络属性；城市交通网络并非不同类型交通网络的简单叠加，枢纽衔接、互通运行、服务整合等方面的差异对网络整体效应产生巨大的影响；城市交通网络并非单纯的技术设计成果，管理体制、运营主体和政策环境都对网络生长产生不可忽视的作用。

5.1 城市交通网络的层次结构

从可持续发展理念出发，城市交通网络建设的任务并非仅是单纯提供交通基础设施，而是提供一种可以尽可能少消耗资源，降低对自然生态环境影响，能够满足城市经济和社会活动所引发的空间移动需求的服务。这种服务将有助于引导城市交通模式向正确方向演化，并促进城市形成健康的空间结构。

作为城市交通服务对象，由于多方面原因，造成其日常使用的依赖性交通方式有所不同。对于具有不同依赖性交通方式的服务对象来说，所能够使用的交通网络是存在差异的，这种差异表现在空间覆盖范围和连接关系、服务时间覆盖范围和服务频次约束等。这种差异化网络，是在相同的交通基础设施网络基础上，通过管理调控和服务企业运营行为而形成。在这个网络系统中，交通基础设施网络属于慢变量，管理过程中的路权分配，以及公交运营服务网络等快变量均受制于此。为此，尽管在交通基础设施网络规划时，对于路权分配网络和公交服务网络的诸多影响因素尚无法完全确定，也必须尽可能避免对后期对策形成不利制约。

具有层次化结构的城市交通网络构成如图 5-1 所示。底层的交通基础设施网络构成整个网络系统的基础，其拥有的空间资源和设施条件，对其上的各个网络层次均产生重要的影响；第二层则是路权分配网络，道路网络上的公交专用、限制（某种类型车辆）通行路段等，构建了面向不同类型车辆的通行条件，而轨道基础设施拥有和使用之间的关系，限制了运营商所提供的服务范围和服务水平，两者均从政策和管理角度重新构建了面向不同类型用户的网络资源；第三层是公交服务网络，在这个层次中一个新的重要角色开始登台，这就是交通服务供应商（公交公司、轨道运营公司、出租车公司，乃至共享单车、分时租赁等企业），由于交通服务运营主体的加入，交通网络演化成为面向不同服务对象、具有不同服务水平、享有不同使用自由度的具象服务网络。

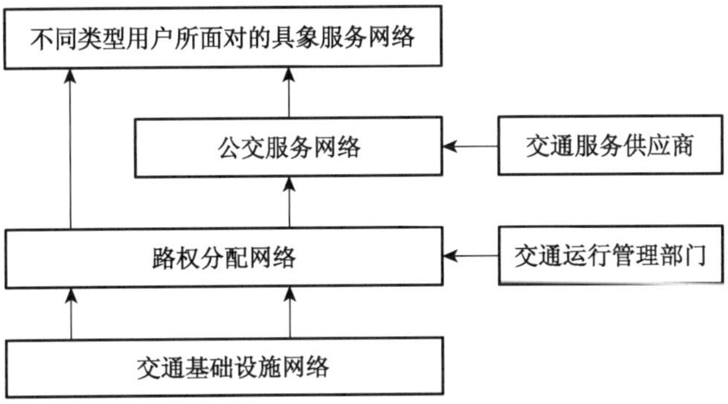

图 5-1　面向不同类型用户的城市交通网络形成

5.1.1　城市交通基础设施网络

由于存在空间技术要求和功能布局的差异，在包含地面道路网络、快速道路网络、轨道系统网络的城市交通基础设施网络中，需要进一步区分地面道路网络中的道路与街道，以及轨道网络中的通道与线路。

道路与街道虽然都表现为一种带状空间通道空间，二者的功能和结构却有很大的差别。

现代的道路系统，通过各种分离设施，将道路空间分割为一条条"管道"，各种交通工具在各自的"管道"中各行其道，从而达到提升通行效率和安全性的目的。但是在保障两端交通通行效率的同时，也在相当程度上破坏了道路两侧联系的便利性。

街道则更加突出以人为本的功能，希望街道两侧的交流不被割裂（如同我们在步行街所见），以及提供驻留沟通的条件。以国际上流行的完整街道概念为例，设计目标上强调：

(1) 安全街道：机动化是一种手段，而不是结果，不能因为机动化影响步行、自行车交通的安全；确保行人、自行车和汽车各行其道，提高街道的安全性。

(2) 绿色街道：减少硬化路面面积；减少能源消耗；减少温室气体排放和空气污染；最大限度地让雨水渗透和雨水再利用；鼓励人们步行、骑自行车和乘坐公共交通出行，少开车，改善人们的健康。

(3) 活力街道：创建宜居社区；增加公共活动空间，增进人与人之间的交流；增强街道的吸引力，提高街道两侧土地的价值。

历史上街道曾经是关联城市空间的最古老形式，它连接了各个地点，有效地解决了城市的空间分离。现代工业和机动化所带来的快速运动，促使街道转变成了道路，城市被大规模改造以适应机动车交通的要求。历史总是呈现螺旋式上升，随着时间的推移，"人"重新成为城市规划和交通规划关注的主体，街道在现代城市中的地位重新得到重视。

对于“以人为本”的城市来说，街道不是“奢侈品”而是“必需品”，因而也要考虑空间网络的合理分布问题。与道路网络空间布局围绕系统容量和交通流流动效率的考虑不同，街道的空间分布是根据人群、活动和场所之间的关联，基于公共服务获取和设施的可达性来进行分析的。

城市轨道网络的相互衔接并非单纯的枢纽换乘，而且包含线路互通和网络互通运行等多种方式，因此城市轨道基础设施网络也并非简单的线路相互连接，其中的通道就是适应多样化的交通需求，采用了多车种运行组织模式的复合路段。

以日本东京的京成线为例，该线起始于东京都上野副中心，终止于东京成田国际机场，线路全长约 69.3 km，共设置车站 42 座，平均站间距约 1.7 km。其 6 种列车运行安排如表 5-1 所示，其中最快的和最慢的列车运行时间相差 40 min。

表 5-1　　日本东京都京成线的 6 种快慢组合运行模式

运行模式	全程运行时间/min	运行模式	全程运行时间/min
Skyliner(停 5 站)	58	通勤特急(停 20 站)	74
快特(停 8 站)	62	快速(停 26 站)	83
特急(停 13 站)	71	普通(停 42 站)	98

为了实现通道上多车种运行组织，日本是采用通过增加站台，增加车站侧线的方式增加通过能力，表 5-2 所示东京都山手线上主要车站的站台数量就是其中的案例。

表 5-2　　日本东京都山手线上主要车站的站台配建数量

车站	市域轨道线路	站台个数
秋叶原	筑波快线	2
	JR 线	6
新宿	小田原线	6
	庆应线	3
	JR 线	16
涉谷	东急东横线	4
	JR 线	4
日暮里	京成线	3
	JR 线	6
品川	京急线	3
	JR 线	15

而美国纽约则是采用通道内 4 条线路配置方式，以此来支持多车种运行组织的

实现。

5.1.2 城市交通路权分配网络

路权分配主要是在交通基础设施网络基础上，根据城市总体交通战略需要，通过路权管控调整公共交通与个体交通、客运交通与货运交通，以及不同权属设施的运行使用关系。在公交优先、产城融合、互通互联等空间战略指导下，路权分配不再是局部措施，而成为一种全局性网络对策。

在道路网络基础上，通过公交专用道、限制货运(或者某种类型)车辆运行等管制手段，改变了不同类型车辆所能够使用的网络系统。以公交专用道为例，伴随建设规模扩大已形成网络效应(图 5-2)，对专用道的效果评判也需要从网络整体来加以进行。

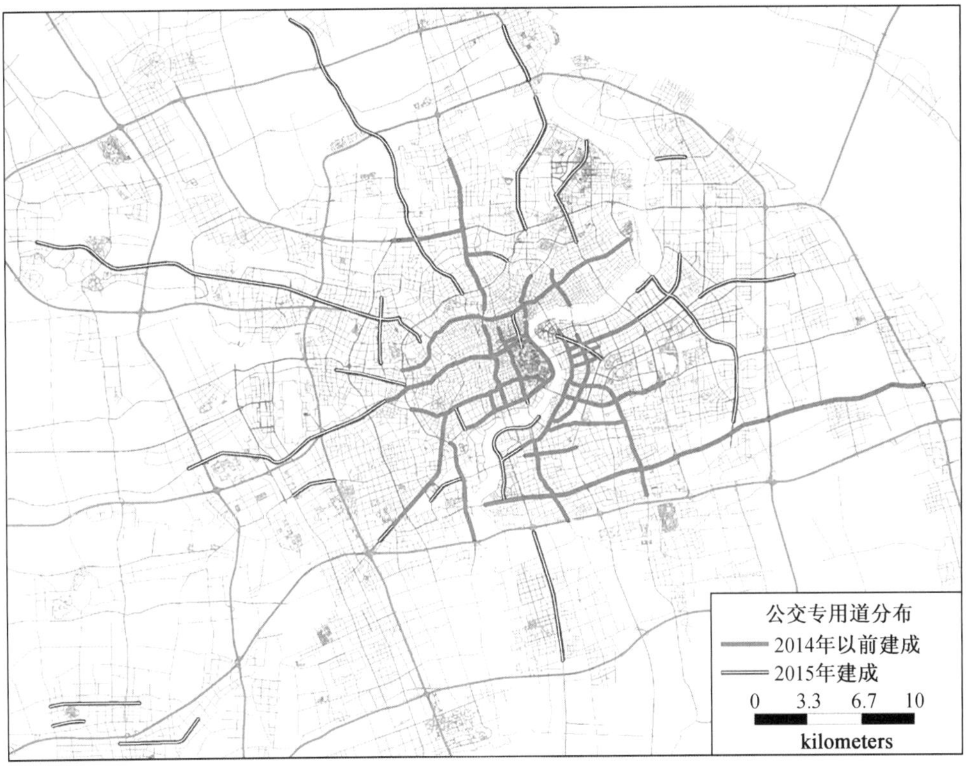

图 5-2 上海市公交专用道空间分布(截至 2016 年初)

公交专用道网络结构的合理性，可以从对城市空间联系的贡献角度来加以分析。定义一条边(路段、线段)在网络中的空间连接贡献度为中网络中所有最短路径经过该条边的比例(网络的介数)，其数值大小反映出设置公交专用道的相应路段/线段在网络空间联系中地位的重要度。

针对道路网络和公交线网，分别计算专用道所在路段/线段的空间连接贡献度(图 5-3)，不难看出二者之间并不一致。公交专用道系统虽然改变了部分路段上公交车辆的行驶条件，但是并不一定必然导致空间区域之间的公交连接服务水平显著改善，这是由于公交乘客并非直接在道路网络上构建自己的出行路径，而是在公交线网上构建自己的出行路径，因此针对公交线网的空间连接重要度反映了公交乘客整体受益情况。由于公交线路有可能根据客流情况不断调整，而公交专用道网络需要一定程度的稳定性，基于道路网络的空间连接贡献度反映出公交乘客潜在受益程度，同时也说明了可能对利用社会车辆实现空间联系产生的影响程度。

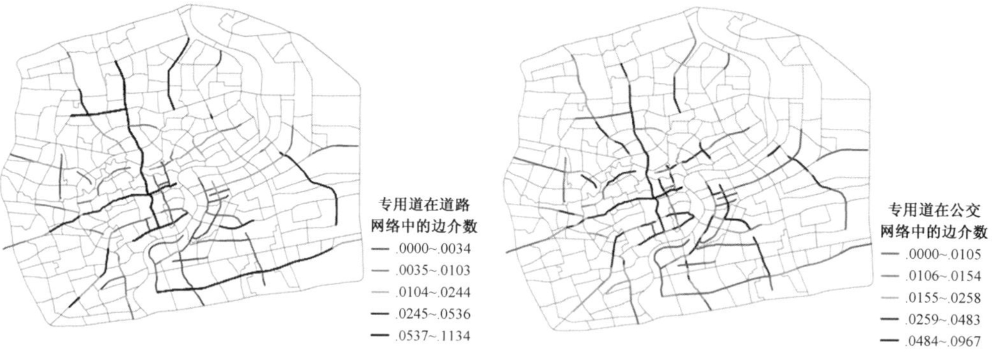

（a）在道路网络中的空间连接贡献度　　（b）在公交线路网络中的空间连接贡献度

图 5-3　专用道所在路段/线段在网络中的空间连接贡献度

将专用道路段在道路网络和公交线路网络中连接贡献度作为两维属性进行聚类，可以得到如图 5-4、图 5-5 所示的结果，其中，第一类为对公交网络贡献度低且对道路网络贡献度也低，第二类为公交网络贡献度高但对道路网络贡献度低，第三类为公交网络贡献度低但对道路网络贡献度高，第四类为公交网络贡献度高且对道路网

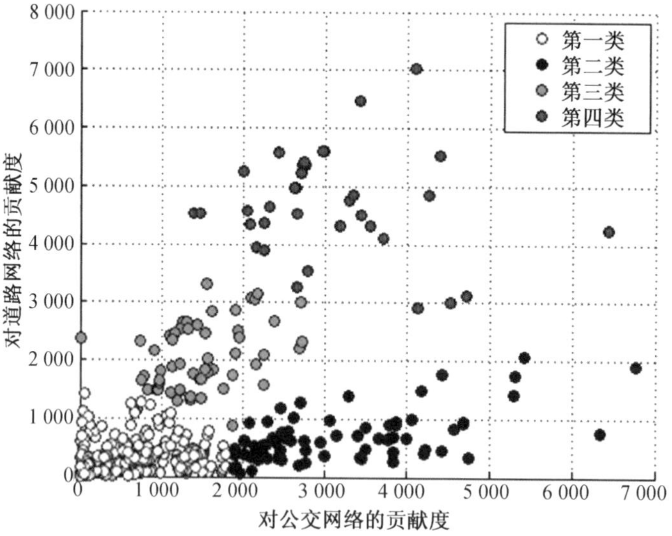

图5-4　专用道路段在道路网络和公交线路网络中连接贡献度属性值聚类分析结果

络贡献度也高。不难理解，对于第三类情况，适当调整公交线路有可能更加充分地利用专用道所提供的运行条件(当然，公交线路的走向并非仅考虑交通分区间空间连接的便捷性)。

图 5-5　不同贡献度类型的专用道路段的空间分布

对货运车辆通行网络的管理，则是为了通过对货车通行严格监管，统筹协调客运与货运交通间的关系，共同服务于城市发展。在充分尊重货车通行权的基础上，对行驶活动中的重要节点进行管控，并且对货车停靠、货物装卸活动等设定明确规定。

以美国纽约市为例，在收集和分析城市货车事故、行车线路及通行量等数据基础上，构建货车通行模型动态优化调整货车路径，从 1981 年开始设置城市货运车路径网络(New York Truck Routes Network)，要求货车车辆必须在规定的行驶路线上行驶直至离目的地最近的路口转向货运目的地，在货运完成后，以最直接的路径从卸货地返回所规定的线路。到目前为止，纽约已经设定接近 1 600 km 的货运线路，交通管理部门也通过发布货车线路地图、建立与货运企业互动反馈机制等措施，指导城市货运车辆的运行。

城市轨道系统由于资产权属的原因，往往对运行组织组成一定的影响，通过某种政策干预，改变由于轨道资产所有权造成的系统分割，是轨道系统路权调配的一项重要任务。日本所推进的城市轨道互通运行就是一个典型路权调整案例，为了提升都市圈轨道的衔接服务水平，日本利用法律手段推进不同经营主体间的过轨直通运行(图 5-6)，进一步优化了轨道交通的运行组织(表 5-3)。

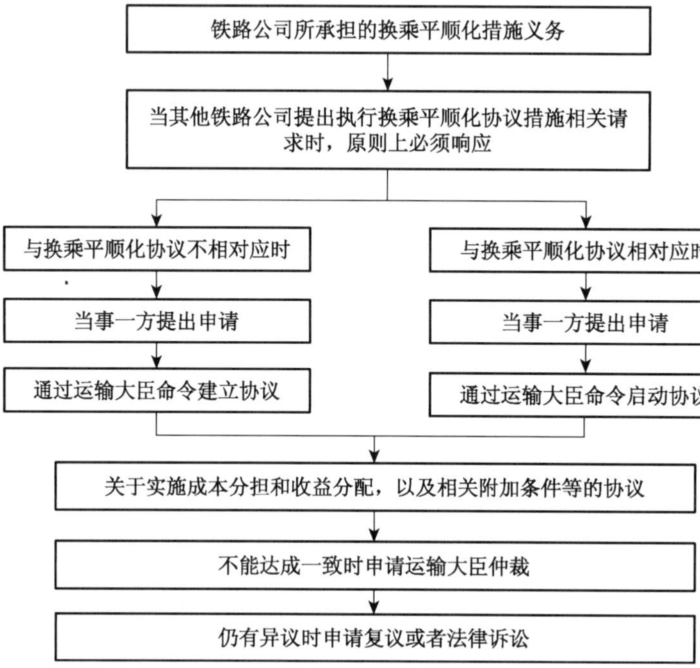

图 5-6　日本修改铁路法后推进互通运行的管理程序

表 5-3　　日本东京都 1960—1998 年期间实施互通运行的主要项目

地铁等线路名	公司名	互通运行区间		互通运行开始时间
		公司名	区段	
浅草線	東京都交通局	京成電鉄	押上—東在田	1960 年 12 月 4 日
	東京都交通局	京浜急行電鉄	泉岳寺—三崎口	1967 年 6 月 21 日
	東京都交通局	京浜急行電鉄	京急蒲田—羽田空港	1993 年 4 月 1 日
	東京都交通局	北総開発鉄道	京成高砂—印西牧の原	1991 年 3 月 31 日
	京成電鉄	東京都交通局	押上—西馬込	1960 年 12 月 4 日
	京成電鉄	京浜急行電鉄	泉岳寺—京急川崎	1991 年 3 月 19 日
	京成電鉄	京浜急行電鉄	京急蒲田—羽田空港	1998 年 11 月 18 日
	京成電鉄	北総開発鉄道	京成高砂—印西牧の原	1991 年 3 月 31 日
	京浜急行電鉄	東京都交通局	泉岳寺—押上	1968 年 6 月 21 日
	京浜急行電鉄	京成電鉄	押上—成田空港	1970 年 5 月 3 日
	京浜急行電鉄	北総開発鉄道	京成高砂—印西牧の原	1995 年 7 月 24 日
	北総開発鉄道	東京都交通局	押上—西馬込	1991 年 3 月 31 日
	北総開発鉄道	京成電鉄	京成高砂—押上	1991 年 3 月 31 日
	北総開発鉄道	京浜急行電鉄	泉岳寺—京急川崎	1991 年 3 月 31 日
	北総開発鉄道	京浜急行電鉄	京急川崎—新逗子	1993 年 4 月 1 日
	北総開発鉄道	京浜急行電鉄	京急蒲田—羽田空港	1994 年 12 月 12 日
日比谷線	交通営团	東武鉄道	北千住—東武動物公園	1962 年 5 月 31 日
	交通営团	東京急行電鉄	中目黒—菊名	1964 年 8 月 29 日

（续表）

地铁等线路名	公司名	互通运行区间		互通运行开始时间
		公司名	区段	
日比谷線	東武鉄道	交通営団	北千住—中目黒	1926 年 5 月 31 日
	東京急行電鉄	交通営団	中目黒—北千住	1964 年 8 月 29 日
東西線	交通営団	JR 東日本	中野—三鷹	1966 年 4 月 28 日
	交通営団	JR 東日本	西船橋—津田沼	1969 年 4 月 8 日
	交通営団	東葉高速鉄道	西船橋—東葉勝田台	1996 年 4 月 27 日
	JR 東日本	交通営団	中野—西船橋	1996 年 10 月 1 日
	JR 東日本	交通営団	西船橋—中野	1969 年 4 月 8 日
	JR 東日本	東葉高速鉄道	西船橋—中野	1996 年 4 月 27 日
有楽町線	交通営団	東武鉄道	和光市—川越市	1987 年 8 月 25 日
	交通営団	西武鉄道	小竹向原—飯能	1983 年 10 月 1 日
	東武鉄道	交通営団	和光市—新木場	1987 年 8 月 25 日
	西武鉄道	交通営団	小竹向原—新木場	1994 年 12 月 7 日
千代田線	交通営団	JR 東日本	綾瀬—取手	1971 年 4 月 20 日
	交通営団	小田急電鉄	代々木上源—本厚木	1978 年 3 月 31 日

5.1.3 公交服务网络

提到公交系统的网络，一般想到的是由不同公交线路连接而成的网络。但是这并非乘客真正作为选择依据的网络。当我们站在使用者角度，考虑公交可达性、运行可靠性、服务频率等因素情况下所看到的公交网络，与一般公交线网图有着显著的区别。

通常意义上的一条“公交线路”，代表在公交网络中按某一方向运行的，从始发站点前往终到站点的一组公交车辆，其上的车辆容量、所提供的服务和所经过的站点是一致的，当同一线路上存在大站快车和站站停车辆时，在技术上则视它们属于不同的公交线路。

为了表达使用者角度所看到的公交线网，定义“公交线路段”为连接两个站点的一段公交线路，而这两个站点并不一定连续，代表某条线路为这两个站点所提供的服务。并定义一条“公交路径”代表公交乘客从起点到终点所选择的出行路径，它可以表示为包括起节点、中途换乘点以及终节点的点序列，公交路径上连接两个连续节点的部分为一个公交路径段，一个公交路径段可能由连接两个换乘站点之间的一组直达公交线路组成，在无拥堵情况下公交乘客通常会选择这组线路中最先到来的车辆。

通过图 5-7 所示的简单公交网络，来说明视角差异所看到的公交线网的不同。该图显示了一个拥有 4 个公交站点、6 条单向公交线路（$L_1, \cdots, L_6$）的封闭小型有向公交网络。将公交线路拆分为线路段，可得如图 5-8 所示以线路段表示的网络结构。将线路段记为（$Line$，$SNode$，$RNode$）格式，$Line$，$SNode$，$RNode$ 分别代表线路段所属的公交线路、线路段起始站点、线路段到达站点。例如，公交线路 L_1 被拆分成了 3 条线路段，分别是服务于从站点 N_1 前往站点 N_2 交通需求的线路段（L_1，N_1，N_2）；服务于从站点 N_2 前

往站点 N_3 交通需求的线路段(L_1，N_2，N_3)；以及服务于从站点 N_1 直接前往站点 N_3 交通需求的线路段(L_1，N_1，N_3)。

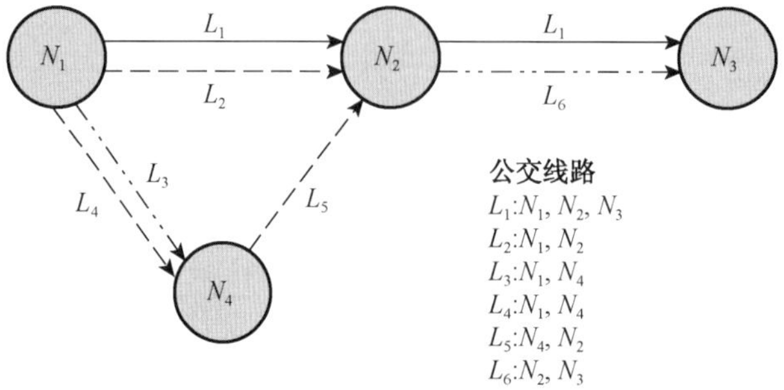

图 5-7　简单公交线网示例

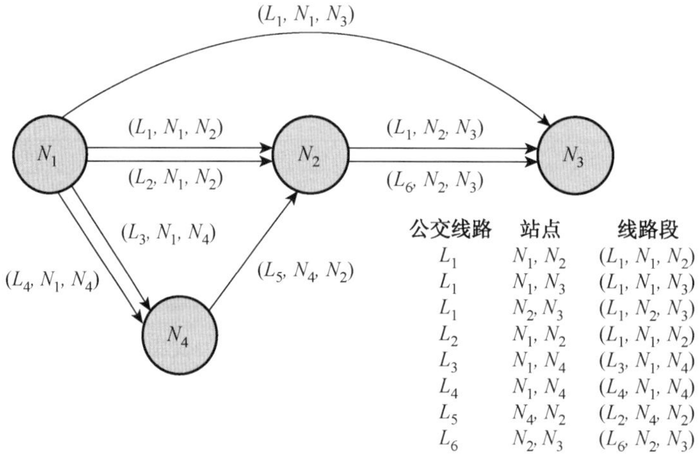

图 5-8　通过线路段表示的公交网络

当拥有相同起始站点和相同到达站点的线路段服务水平无差别时，用户一般将其等同对待，即可以讲这种线路段进行合并，从而得到用户所看到的公交网络(图 5-9)。

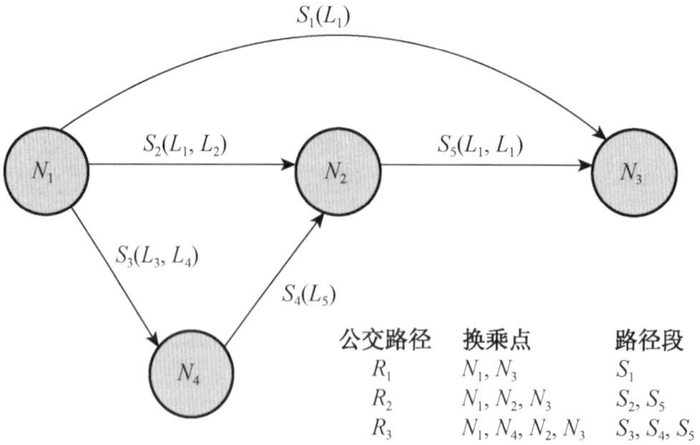

图 5-9　通过路径段表示的公交网络

用路径段表示公交网络虽然使网络图变得庞大，但其清楚地说明了用户眼中的公交路径，更加便于理解用户在公交网络上的选择行为。对于公交乘客而言，缺少车辆班次频率、停站信息的抽象线路是没有意义的，表明这些相关属性特征，并合并了等价线路段的网络系统被称为公交服务网络。

在同一通道上组织公共交通的多样化运行，是出自对客流空间分布不均匀性需求的响应(图 5-10)。在轨道运行中，站点停靠是影响运行速度的重要因素，伴随城市规模而产生的乘客活动范围扩大，在同一通道上会叠加两种不同类型的出行需求：远距离乘客希望运行速度快，这就要求列车少停站而缩短运行时间；而中短距离乘客希望到达目的地便捷，从而希望站点密集以便于进出轨道系统。这两种相互矛盾的需求叠加在同一通道上，需要采用不同运输组织方式加以应对。

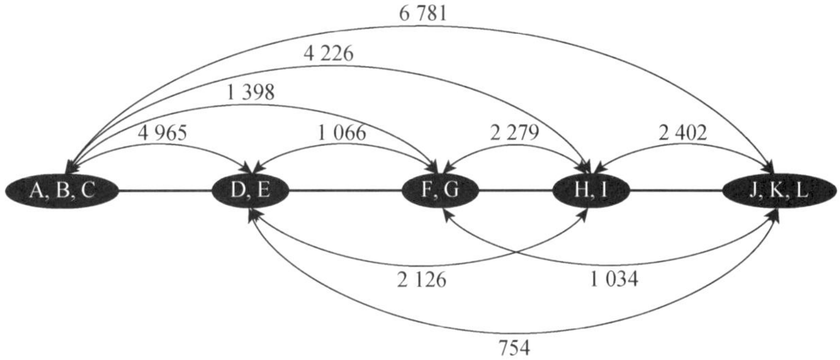

图 5-10　上海市某市域轨道线路高峰小时预测客流分布示意

常规公交同样需要考虑不同的沿线站点停靠方式而形成不同的运行模式。站点停靠是影响常规公交运行速度的重要因素(图 5-11)，根据客流空间分布特征组织多样化运行，将有效地提升服务的针对性。

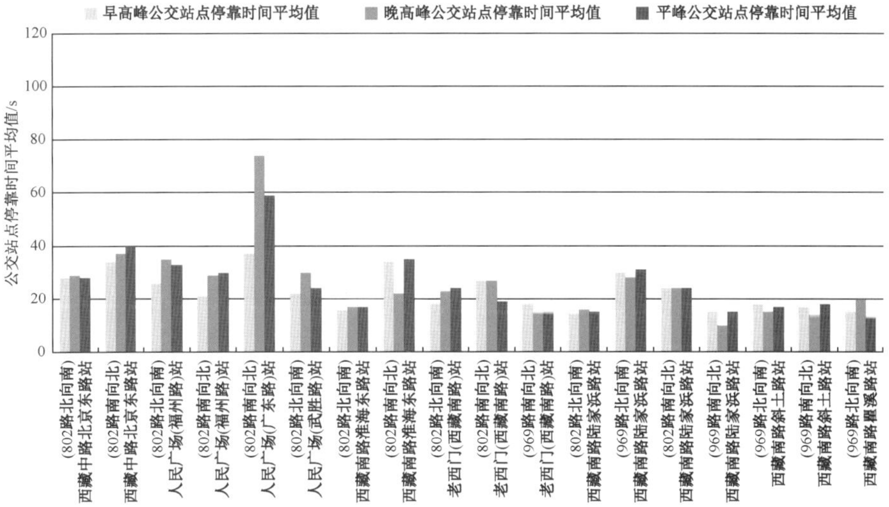

图 5-11　上海市西藏路公交专用道(北京路—中山南一路)公交站点平均停靠时间

同时,常规公交运行可靠性也与站点布局具有很强的关联性。公交车辆在站点的停靠时间呈现概率分布特征(图 5-12),合理进行停靠站点安排,有助于常规公交实现按照时刻表运行,进而达到提升服务水平的目的。

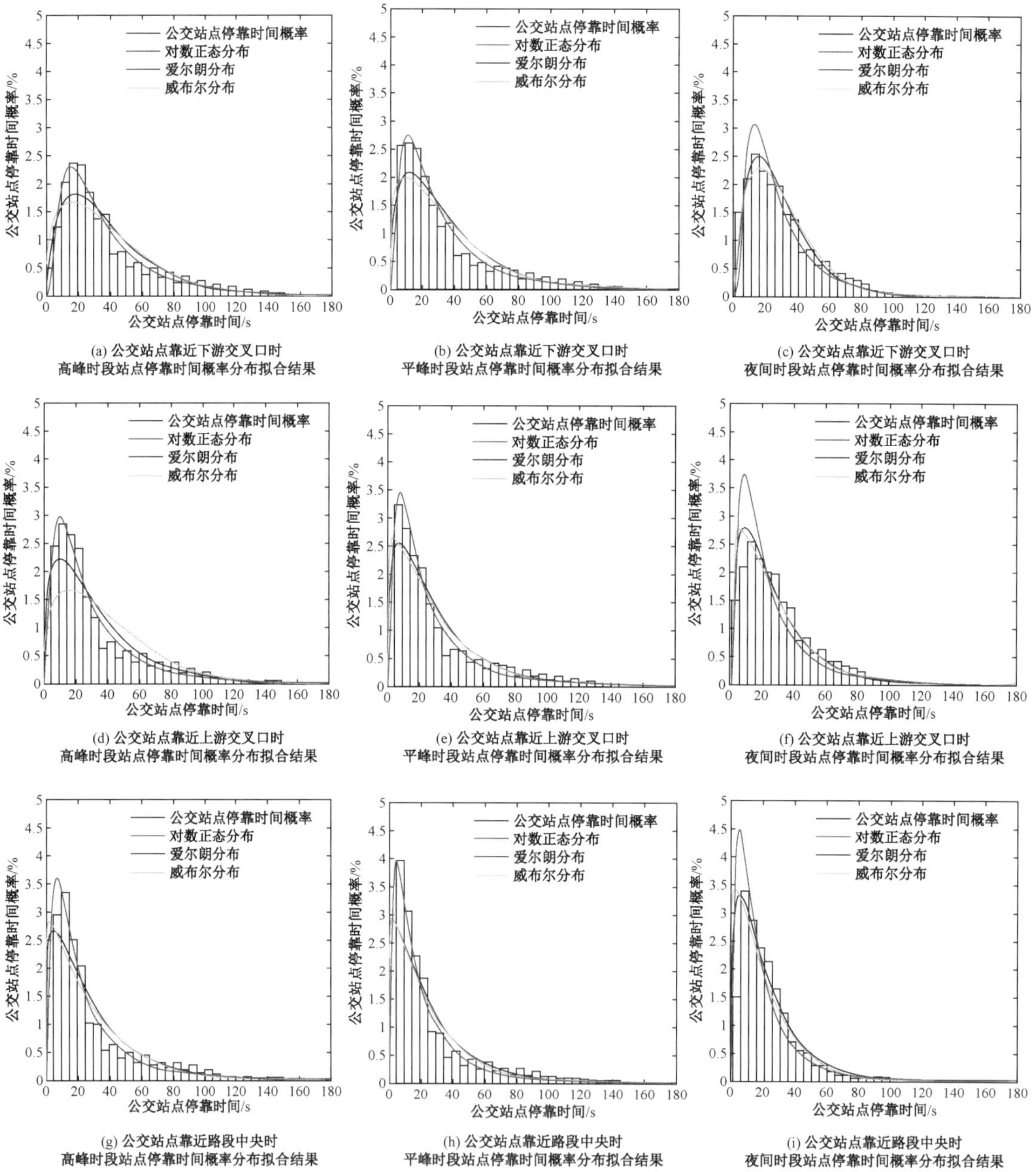

(a) 公交站点靠近下游交叉口时高峰时段站点停靠时间概率分布拟合结果

(b) 公交站点靠近下游交叉口时平峰时段站点停靠时间概率分布拟合结果

(c) 公交站点靠近下游交叉口时夜间时段站点停靠时间概率分布拟合结果

(d) 公交站点靠近上游交叉口时高峰时段站点停靠时间概率分布拟合结果

(e) 公交站点靠近上游交叉口时平峰时段站点停靠时间概率分布拟合结果

(f) 公交站点靠近上游交叉口时夜间时段站点停靠时间概率分布拟合结果

(g) 公交站点靠近路段中央时高峰时段站点停靠时间概率分布拟合结果

(h) 公交站点靠近路段中央时平峰时段站点停靠时间概率分布拟合结果

(i) 公交站点靠近路段中央时夜间时段站点停靠时间概率分布拟合结果

图 5-12　上海市内环内不同位置公交站点在不同时段停靠时间分布拟合情况

多种运输组织方式形成的城市公交服务网络,形成了公交系统内部进一步细分的网络层次,也形成了多样化的城市空间连接关系。在图 5-13 所显示的日本大阪区域轨道运输组织示意图中，可以看到通过快慢车等多种运输组织方式，在大阪城市群范围内形成了差异性的空间连接关系，从而满足城市群范围内不同类型的交通需求。

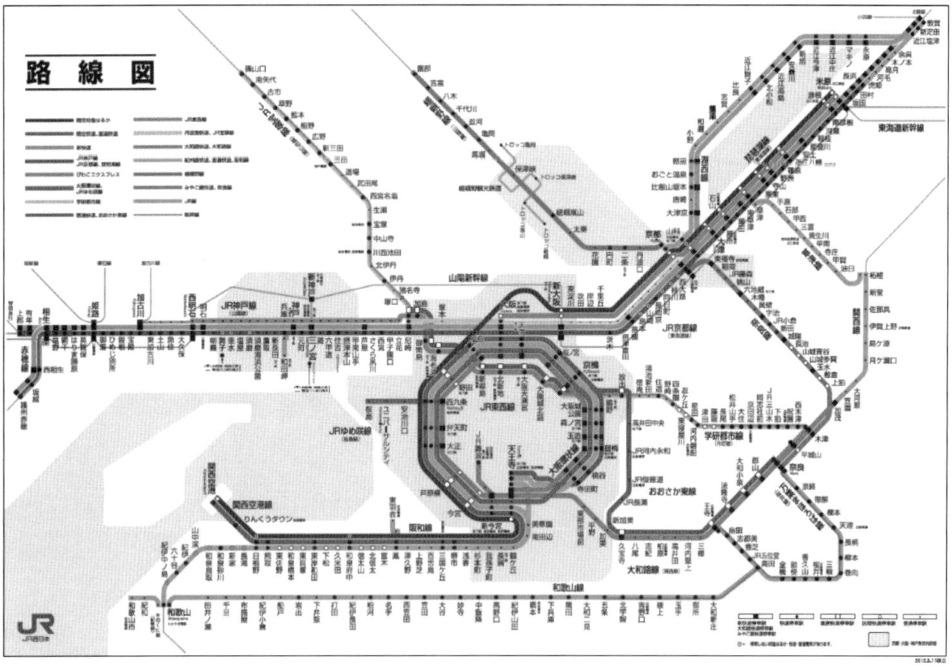

图 5-13　日本大阪区域轨道网络运输组织示意

公共交通网络所提供的可达性，受到运营企业服务时间和运行组织的制约，并非全天候的服务。在图 5-14 中显示了在公交网络支持下上海市顾村社区与外界区域的可

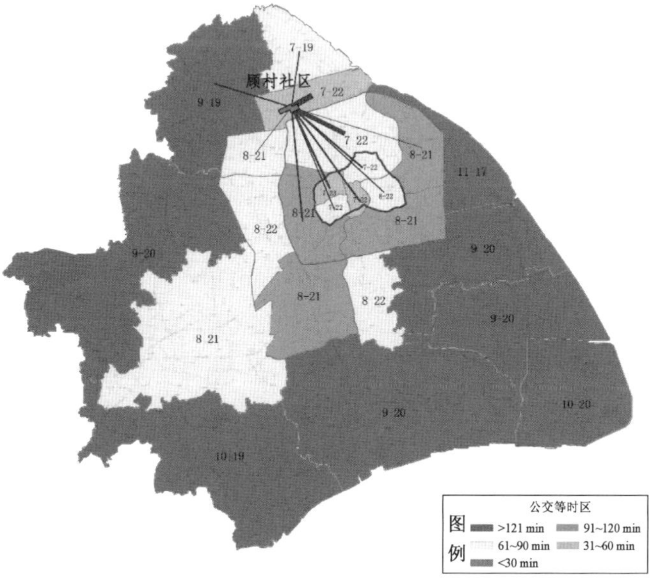

图 5-14　上海市顾村社区公交等时区和服务覆盖时间

达性指标，包括服务时间覆盖（图内各分区中所示数字）与交通等时区情况。

5.2 城市交通网络的技术构建

从技术构成角度来看，城市交通网络是包含基础设施网络（道路、隧道、轨道、停车场等）、配套服务网络（信号系统、信息系统等）、外部调控手段/交通需求管理手段（政策、财税、法律等）的一个多维度、有机结合的整体性系统。城市交通网络内系统间的融合，发挥系统自身功能和各系统要素在相关系统中的作用，强调系统的整体性即“整体大于部分之和”，这应该是提高城市交通网络运行效益的关键。

5.2.1 城市交通网络的构成要素

具体来看，城市交通网络的构成要素包括地面道路系统、快速路系统、公共交通系统、停车系统、物（货）流系统、交通秩序管理系统六大部分，在其基础上完成的机动车、自行车、行人的交通组织，实现了城市内部以及与外部区域之间的客货运运行。

（1）地面道路系统。地面道路系统在城市交通中所扮演角色的重要性，不仅在于空间交通联系中无可替代的地位，还表现在提供安排绿化、排水及城市其他工程基础设施（地上、地下管线）的主要空间，以及提供慢行交通、街道空间的基础性保障。更为重要的是，地面道路网络是城市公交系统赖以运行的基础。由于地面道路系统所承担功能的多样性，在规划、设计、建设过程中需要力求避免片面性思维。在过去的道路建设过程中，过于追求大尺度、宽马路的交通基础设施，由于割裂城市空间延续性导致对城市生活与交流环境的破坏；片面强调机动化需求进行的城市空间改造，挤压了人行道和慢行系统；房地产开发模式和强调治安社会封闭式管理要求，导致支路组成的街区微循环路网消失等，均是需要认真总结的教训。在强调“以人为本”发展理念的今天，应该重新思考地面道路系统的功能构成、空间安排与网络布局。

（2）快速路系统。快速路是城市中为联系城市各组团的中、长距离快速机动车交通服务的机动车专用道路，属于全市性的交通主要干线道路。快速路系统一般是特大城市适应于汽车时代特点从城市干路基础上发展而来，由于实现了与地面道路的分离，从而降低了车辆运行所受到的干扰，提高了城市道路系统中小汽车的交通效率。与此同时，快速路所形成的空间切割，高架快速道路对城市景观的破坏，以及过度刺激小汽车使用规模膨胀等问题，也促使研究者和规划师开始思考快速路在整个交通网络中的合理规模与布局。

（3）公共交通系统。公共交通系统包括公共汽（电）车、轨道交通、出租汽车、其他公共交通方式（水上巴士、公共自行车、居住小区公交、定制公交、单位班车/校车）等。城市公共交通系统的功能特征取决于其要素构成、线网布局和服务方式，系统运行效果受到资源配置、路权分配、票价政策等诸多方面的影响。公交发展模式健康与否，一方面取决于适应市场机制、政府调控监管的、符合当地经济社会发展阶段、由多种类型企业等经营机构提供均等和高效的公共服务的公共交通体系，另一方面也受制于城市交通需求管理政策、土地开发集约化程度，以及现代化交通意识的形成。

(4) 停车系统。停车应当从基本停车需求、公共单位停车安排和社会停车管理三方面统筹考虑。停车系统在复合网络中的关键，在于通过对不同类型停车需求的供给和管理来调节小汽车的拥有和使用，从而为公共交通优先发展以及慢行交通的发展创造条件，对网络实现以静制动的作用。

(5) 物(货)流系统。城市的物(货)流分为三类：一是生产原材料供应的运输，其特点是用不同运输方式，从不同地点将原材料运送到生产企业，运输规模、品种差异大；二是产品的运输，具有高度集约化的特点；三是生活服务业的商品流动，具有集中配送、分送到户的特点。

(6) 交通秩序管理系统。交通秩序管理系统包括交通标识标线、交通信号控制等设施，以及各种交通流运行组织方式等，是维护交通秩序、实现交通通达和安全的基本保障。交通秩序管理系统和交通需求管理相辅相成，交通秩序系统管理重在最大限度地发挥道路应有的交通功能，也是有效减少机动车对环境污染(废气、噪音等)的重要方面。

(7) 自行车和人行的组织。地面道路系统应有自行车道和人行道，这是城市道路必备的要素，应当注重自行车和人行的组织协调发挥城市交通网络的总体运行效益。机动化时代自行车交通的地位不同于以往，自行车交通在中小城市有可能作为一种交通方式存在，但在大城市主要作为公共交通的辅助形式。在不同需求导向下，步行交通也有相应的适应距离及空间要求，同时步行系统要与公共交通、商业网点等结合，统筹规划，科学组织。

为了有效构建城市交通网络，需要遵循如下原则：

(1) 要因地制宜。并非每个城市都必须建立所有城市交通网络的子系统。各城市应当因地制宜，体现自身特点，与城市规模和形态协调、与城市功能和布局协调、与旧城历史格局协调，并处理好长远规划与近期建设关系，注重资源环境条件的约束。应区别大中小城市建立符合自身特点的城市交通网络，特大城市要注重都市圈交通的研究。

(2) 要与城市规划形成互动。城市规划中的综合交通体系规划既有城市交通网络，也包括城市对外交通的布局等。编制城市综合交通体系规划，应了解城镇化进程中城市和城市规划的历史脉络，加强城市交通与城市规划的互动。

(3) 要突出整体性和目的性。城市交通网络是一个整体的大系统，整体性的体现是以城市行政区域内部交通组织为主要着眼点，关注各子系统的相互衔接，并处理好新型城镇化发展过程中围绕中心城市形成的都市圈交通。从系统论的角度处理好城市交通，重点是各个子系统之间以及子系统各要素之间的相关性，不同的子系统间相互配合、补充协调才能够提高城市总的运行效益。

(4) 要与交通需求管理理念相衔接。实现城市的可持续运行目标,一定要坚持实施交通需求管理的理念和方法,促进城市交通网络的构建和运行互动、互补。交通需求管理重在调控交通需求的总量和结构,以交通资源约束条件下的交通供需基本平衡为目标。具体而言:一是突出网络结构,系统衔接,注重开放性的路网格局,有利于交通运行组织;二是应强调点线面结合,地上地下结合,中心区交通流运行组织建议先出后进,减少人活动密集地区的交通压力;三是以静制动,用停车位来引导区域交通流均衡;四是鼓励合理拥有和使用小汽车;五是倡导绿色出行,鼓励步行和自行车出行等;六是工程措施与政策、经济、法律等统筹融合。

5.2.2 地面道路系统

由地面道路所构成的网络空间是城市综合交通网中最基本的网络,其他网络或是依附于道路网而存在,例如公交网、货运网等;或是与道路网络具有紧密关联,例如轨道交通网。因此,道路网络的空间布局相当程度上影响到其他网络的敷设。

地面道路系统联系城市的各个组成部分(城市中心、城市的各种用地、对外交通设施),既是城市生产、生活的动脉,又是组织城市布局结构的骨架,同时还是安排绿化、排水及城市其他工程基础设施(地上、地下管线)的主要空间。

地面道路空间又是城市基本空间环境的主要构成要素,道路空间的组织直接影响城市的空间形态和城市景观。地面道路既是城市街道景观的重要组成部分,又在一定程度上成为表现城市面貌和建筑风格的媒介。

从结构要素看,道路的基本组成部分主要包括路基和路面。路基是在地表按照道路路线位置和一定技术要求开挖或堆填而成的岩土结构物。路面是在路基顶面用各种筑路材料铺设的层状结构物。路基既为车辆在道路上行驶提供基本条件,也是道路的支撑结构物,对路面的使用性能有重要影响。路面直接承受行车的作用。设置路面结构可以改善汽车的行驶条件,提高道路服务水平(包括舒适性和经济性),以满足汽车运输的要求。

从交通要素上看,道路系统所涉及的基本要素是人(包括驾驶人、行人、乘客等)、车(包括机动车和非机动车等)、路(包括公路、城市道路、出入口道路及其相关设施)和环境(路外的景观、管理设施和气候条件等)。四要素协调运动才能实现道路交通系统的安全性和顺畅性要求。

道路系统的功能是根据现代交通的需要,将城市中的各个组成部分有机地连接起来,组成完善的道路交通系统,使城市各部分之间有便捷、安全、经济的交通联系。尽管城市道路的功能随着时代变化、城市规模、城市性质而发生变化,但其功能主要体现在以下四个方面:

(1) 交通设施功能。地面道路的交通功能指由于城市活动产生的交通需求中,对应于道路交通需求的交通功能。交通功能又可分为长距离输送功能和沿路进、出入集散功能。

（2）公用空间功能。表现在除采光、日照、通风机景观作用外，还为城市其他设施如电力、电讯、自来水、热力、燃气、排水等管线提供布设空间。

（3）平面结构功能。城市建设和发展离不开道路规划，道路是城市规划不可缺少的重要组成部分。形成城市平面结构功能中起重要作用的是城市道路网。通常干线道路形成城市骨架，支路则形成街区、邻里街坊，城市的发展是以干道为骨架，然后以骨架为中心向四周延伸。

（4）防灾救灾功能。道路的防灾救灾功能包括起避难场地作用、防火带作用、消防和救援通道作用等。

地面道路网络是由不同等级的道路所构成，具体道路的等级划分取决于在城市道路系统中的地位和交通功能，主要分为主干路、次干路和支路三个等级。主干路在城市道路网中起骨架作用，主要为相邻组团间和与市中心区的中距离交通服务，也是联系城市各组团及与城市对外交通枢纽联系的主要通道；次干路是城市各组团内的干线道路，联系主干路，并与主干路组成城市干路网，在交通上主要起集散交通的作用，兼具服务性功能；支路是城市一般街坊道路，在交通上起汇集性作用，是直接为用地服务和以生活性服务功能为主的道路（包括商务区步行街等）。

我国城市地面道路系统建设在取得很大成绩的同时，也存在一些值得关注的问题。主要包括：

（1）过于偏重车辆通行需求忽视了人的空间活动需求。在过去的道路发展过程中，过于强调“工程思维”，道路的规划和设计主要考虑的是 OD（起终点）间的交通量，更多偏重通过能力而忽略了交通的本质是在“创造空间与空间的联系”。把交通空间视为保障车辆通行的“机械空间”，而忘记了交通空间是服务于人的社会活动的功能空间。目前许多城市过于追求大尺度、宽马路的交通基础设施，在适应快速机动车交通的同时，也在相当程度上破坏了道路两侧联系的便利性，割裂了城市的延续性，破坏了城市生活环境，同时也造成了资源的浪费。

（2）道路网络重规模轻结构现象普遍。长期以来，在我国的城市道路网规划建设中，许多城市往往只重视规模，例如修了多少路，增加了多少里程，而往往忽视路网的功能结构的改善。分析发达国家城市的道路系统，快速路、主干路、次干路、支路的比率为 1∶2∶4∶8，呈金字塔状。而我国大众城市路网结构通常为“倒三角形”或“纺锤形”，普遍缺少支路或次干路。以北京为例，这一比例接近 1∶4∶3∶9，次干路所占比例过低，路网级配结构依然有待完善。

（3）道路日趋拥堵导致城市生产生活效率下降。随着城市化、机动化进程的加快，迅速增加的交通需求与有限道路资源之间的矛盾日益加剧，大城市尤其是特大城市的道路出现了严重的交通拥堵，随之也带来了空气污染、交通事故频发等一系列问题。这些问题的出现，不仅仅影响到人们的出行效率的提高，也导致人们生活质量的下降甚至制约整个城市的有序运转和可持续发展。

正确的理念与目标，是地面道路系统的网络构建与运行组织的前提。

现代城市的发展，各种要素不再是孤立的单一主体，而是相互联系、相互融合的统一有机体。因此，地面道路系统的网络构建既要注重交通系统的高效运行，同时还要与城市的资源环境约束、空间结构调整、功能布局优化以及城市居民的出行需求有机结合起来，更加注重"人"的需求而不是"车"的需求，体现绿色、低碳、便捷、宜人和高效。

绿色：提供完善和高品质的步行和自行车通行网络，鼓励绿色出行。

低碳：提供良好的公交通行网络和覆盖，集约运输，减少机动交通碳排放。

便捷：提高路网的连通性和可达性，尤其是绿色、低碳出行方式的可达性。

宜人：创造宜人的交通空间尺度，作为充满活力和吸引力的公共空间载体。

高效：通过合理交通组织，使各种交通在地面道路上运行高效。

在现代城市的道路系统规划设计中，应从城市空间功能布局角度，进行道路、街道与城市机理相结合的网络性布局。在路权的分配上更多考虑人的需求而不是车的需求，包括给予公共交通优先路权，减少小汽车对步行、自行车出行空间的蚕食。在街道的设计上更加注重人的尺度，提高路网的密度而不是宽度。

为此，需要处理好七个方面的问题。

(1) 与城市空间发展相协调：路网的走向和肌理要符合城市主要发展方向，并处理好与对外交通系统的连接。

(2) 与土地利用相协同：路网的规划指标包括路网密度、街区大小、道路宽度和道路面积率要与土地利用的性质和建设强度相互协同、相互适应和相互制约。

(3) 注重路网功能级配结构：不同的道路等级具有不同的服务功能，路网的功能级配结构应该与城市发展的空间尺度、交通出行特征分布相一致，从而发挥整个路网的协同效应。

(4) 与公共交通优先相适应：道路是地面交通运行的载体，要体现集约运输，为公共交通提供良好的运行环境，包括通行网络密度和站点覆盖率，同时，道路要为轨道交通预留通道空间。

(5) 与步行和自行车友善相吻合：步行和自行车是城市交通的重要组成部分，占交通出行 50%以上，路网应提供较为友善的出行环境，由"以车为本"的规划设计导向真正回归到"以人为本"。

(6) 与交通组织高效相结合：路网的规划设计要方便进行科学合理的交通组织，包括均衡交通流、单行交通组织、绿波信号控制等，提高交通运行效率。

(7) 与景观、公共空间、市政公共设施和城市防灾等功能相统筹：城市道路不仅承担交通功能，还承担城市空间形态构架、景观环境、公共空间、市政公共设施配置和城市防灾等综合功能，应进行统筹考虑。

从地面道路系统的规划设计流程来看，作为城市总体布局规划的重要组成部分，地面道路系统不是一项单独的工程技术设计，而是受到很多因素的影响和制约，在已建成区域、新建区域的道路系统规划具有一定的差异。

新建区域的地面道路系统规划是针对“骨架”与“功能”两方面考虑而确定的，需要综合考虑土地使用功能、空间布局和交通需求，在城市综合交通规划的基础上完成的。城市总体规划确定的土地使用功能，以及空间布局构想，产生的空间网络结构，提供了地面道路网络规划的基础；依据城市综合交通规划，可以确定对于道路网络的控制性要求；依据交通需求分析，将进一步确定网络等级结构并优化网络空间形态。

已建成区域的地面道路系统规划，则是在问题导向的原则下进行。通过网络交通状态评估和交通流分析，能够确定现状网络所存在的交通瓶颈和产生原因；城市综合交通规划则给予总体架构和布局上的指导；针对下一步外部需求变化和内部交通产生吸引变化，确定具体的地面道路网络改造方案。

改建更新地区的地面道路系统规划则重点研究所引发的交通需求空间分布的变化，以及原有系统所存在的问题，通过网络更新赋予地区新的活力，并应对新的需求。

道路交通组织与管理，是指道路交通管理部门根据国家有关法律、法规，综合运用交通工程规划、法规限制、行政管理、经济杠杆等措施，对道路上运行的交通流实施疏导、指挥和控制等工作的总称。道路交通组织与管理的目的，在于充分发挥现有道路网的效能，合理地协调局部利益和整体利益之间的关系，提供适宜的运行条件，解决整个道路系统中交通流分布不均衡、流量和流向不合理等问题，最大限度地消除交通事故的隐患，改善交通秩序，组织优化交通流，实现道路的安全与畅通。城市道路交通运行组织与管理的主要措施可分为工程措施、规划措施和管理措施三大类。

(1) 工程措施。主要是通过修建新的道路工程来改善道路系统的不足，满足日益增长的道路交通需求。例如，建造环线道路引导跨越城市中心区的交通流绕行通过，建设立体交叉口改善瓶颈路口的交通通行能力等。新建道路项目改造路网条件是必不可少的，但并不是任何新建道路都能够发挥好的作用，有时反而会带来负面影响。例如，新的高速公路直接把交通流引向城市内部，而不是通过环线道路将其分散引入城市内部，有可能会造成局部地区的交通严重阻塞而引起整个道路网络的瘫痪。为此，工程手段一定要在规划的指导下进行，并认真做好前期可行性研究。同时工程手段往往需要高额的工程费用，并可能对城市景观或自然条件造成破坏，所以使用中往往受到多方面的制约。

(2) 规划措施。主要是通过合理协调土地开发与交通网络之间的关系，从源头上减少交通量的产生，从而降低道路网络的交通负荷。例如，采用公共交通引导土地利用(TOD)的开发模式，将商业、住宅、办公楼、公园和公共建筑设置在步行可达的公交(轨道)站点的范围内，提高公共交通的吸引力，减少居民出行对小汽车的依赖，降低城市道路的小汽车使用强度，减轻地面道路系统的交通压力。

(3) 管理措施。主要包括交通运行管理、交通需求管理等。交通运行管理的目标是充分提高现有道路的使用效率，采取的手段主要有道路信号控制、交通组织（例如交叉口划分直行、左转专用车道，规定禁止停车路段、建立单行道系统、建立自行车专用道路系统）等，某些措施具有保障交通总体战略得以实现的作用，例如，建立公共汽车专用道路或专用车道系统，禁止其他车辆使用该车道，从而使得公共汽车少受交通拥挤的影响，获得较高的行驶车速，取得相对小汽车的车速行驶优势，以争取旅客转向公共交通。交通需求管理主要是通过行政、经济、法律等手段对交通需求进行适当的调控，以抑制需求的无节制增长，其直接目标是对机动车使用加以合理调控。例如，通过大幅度提高城市中心地区的停车费用和严格该地区的违章停车管理，控制车辆向该地区的流入量；提高与小汽车使用有关的税收，促使使用者转向公共交通；执行车辆牌照管理和控制，有效调节汽车的增长速度等。

5.2.3 快速路系统

适应于汽车时代特点从城市干道基础上发展起来的快速路系统，采用与高速公路相同的封闭且分离的方式组织汽车的运行，但设置更多的出入口以适应城市地区的用地特点。在道路网络中，快速路是联系城市各组团的中、长距离快速机动车交通服务的机动车专用道路，属于全市性的交通主要干线道路。从网络的交通效能角度来看，快速路系统需要处理好与地面道路的组织与衔接关系，以及与高速公路之间的衔接关系。

快速路一般布置有双向四条以上的行车道，全部采用立体交叉（或布置出入匝道）控制车辆出入。快速路常见有三种形式：地面快速路、高架快速路、路堑式（地道）快速路。快速路具有重要的交通组织功能，包括：联络城市各个功能分区，满足中长距离交通快速连接需求；分离快慢交通和长短距离出行；增加城市路网交通容量；提高特定区域可达性等。

从国内外快速路发展的实践来看，网络布局大多为环形放射式的布局结构。这种道路系统的放射形干道有利于市中心同外围市区和郊区的联系，环形干道又有利于中心城区外的市区及郊区的相互联系，具有通达性好、非直线系数小，有利于城市扩散和过境交通分流等优点。在这种网络布局中，环线道路和射线道路都有其各自的功能。环线道路可以把射线道路联系起来，使射线道路上的车辆逐层分流，减少其对中心区带来的交通压力，同样射线道路也加强环线与环线的联系，减少了车辆的绕行距离，两者的相互作用既互相制约又互相补充。

在快速路系统规划与设计过程中，需要处理好一些基本问题：

（1）合理设置快速路出入口，提高快速路交通流的机动性。合理设置出入口是保证城市快速路正常运行的关键。城市快速路路段出入口的位置、间距和形式，应当满足主线车流稳定、分合流交通安全迅速的要求。为确保快速路出入口处的交通顺畅、安全，出入快速路的匝道应设置为单向交通。城市快速路的主路和辅路出入口连接的两条道路，在快车路主路上必须设置变速车道；相接道路宜增设一条车道，保证快速路的进出通畅。城市快速路的出入口,在一般情况下应设置在主线行车道的右侧,且出入口位置应明显易于识别。

(2) 完善快速路周边的集疏散通道,提高路网整体运行效率。对快速路辅路及相交主干路分别进行通道管理,主要通过交叉口信号灯(必要时可以采用车道灯)控制、区域联动控制、区域交通组织等手段。一方面,提高区域整体运行效率、扩大对出口匝道的疏解能力;另一方面,适当控制流入入口匝道的交通总量。其次,完善交通信息提供和诱导系统,及时、广泛地发布动态拥堵信息,对出入口匝道的交通需求进行合理疏导,尽量减少无谓出行。

(3) 与城市空间协调布局,处理好交通与用地的关系。快速路是大城市交通运输的主要动脉,同时也是城市与高速公路的联系通道。在快速路两侧不宜设置吸引大量人流的公共建筑物的进出口,对两侧一般建筑物的进出口也应加以控制。快速路在城市中的布置一定要采用高架的形式,但在必须通过繁华市区时,可以采用路堑或高架的形式通过,以与其他常速城市道路实现立体分离(组合),可以更好地协调用地与交通的关系。

(4) 通过有效的运行组织和管理方式,支撑城市应急系统保障。快速路作为大城市路网体系中骨架性的道路,是重要而必需的,但其主要功能目标不是用来满足通勤性的小汽车出行需要的,而是保障大城市中长距离出行的基本机动性,满足城市对外交通及功能组团之间快速机动交通联系,特别是应急保障的需要。一个大城市不能让所有的道路服务水平都处于较低的服务水平,应该有差别化的管理方式,如在一些快速通道上采取收费措施,调节道路交通流量,提高其机动性,满足构筑城市安全应急保障系统快速通道的需要。

(5) 路权分配中逐步由“车本化”向“人本化”转变。快速路不仅仅是为小汽车服务的,同时也是为公交车等其他大容量交通方式服务的,在资源日益紧缺、交通拥堵日益严重的大城市尤其是特大城市,应该重新审视快速路的路权分配,给予承载更多人的公共交通方式更优先的行驶空间,由传统的“以车为本”向“以人为本”的观念转变,例如,在快速路上设置公交专用道等。

由于快速路系统具有很强的系统关联效应,设计中的一些局部具体问题处理不当,也将造成系统效率下降。

(1) 出入口设置问题。快速路的出入口布局包括出入口数量、进口匝道与出口匝道的相互关系、进/出口匝道与地面道路的衔接关系等。这些问题的处理虽然可以确定所需遵循的基本原则,但是没有放之四海而皆准的唯一答案。

(2) 交通标志设置不合理。例如,标志信息不连续,上一段预告的信息在下一段没有很好地体现,造成信息断链;指路标志的信息没有兼顾中、远途过境司机的需要;与放射线道路相接处标志设置不合理;交通标志的设置没有充分发挥疏导和平衡路网交通负荷的作用等。

(3) 快速路周边关联集散通道不完善。城市快速路的网络形态大致可归纳为"棋盘式""环+放射线""自由式"以及它们的组合。射线快速路往往与郊区高速公路直接相连，由于其良好的行车条件和直捷性，快速路成为车辆进、出城的首选路径。而由于城市道路网中，普遍存在主干路功能达不到标准、支路连通性不够、机非相互干扰严重等问题，限制了其对快速路匝道的疏散能力，导致快速路承担过多的机动车交通需求而导致拥堵，加之出入口设置不合理，极易形成拥堵蔓延的态势，加剧整个道路网络的交通压力。

除了上述技术问题以外，在确定城市或者城市群的快速路系统布局方案时，必须面对三个各方关注的重大决策判断问题，包括：快速路是否应该进入中心城区/主城区[①]；快速路是否应该穿越城市中心区；快速路系统与城市外部高速公路应该形成一种什么样的连接关系。

城市内部是否需要以及如何设置快速路问题，特别是快速路是否应该进入城市中心城区，一直是一个存在激烈争议的问题。反对者认为快速路进入城市内部过于强调"以车为本"，在城市景观、交通环境等方面产生了很大的负面影响，应该将投资和空间向公共交通倾斜，容忍小汽车交通的适度拥堵，以换取城市整体交通模式的可持续发展；赞成者认为超过一定规模的城市如果没有快速路的支撑，将使得中心城区的可达性变得不可接受，从而大幅度降低城市活力，削弱城市竞争力。事实上，城市中心区是否应该修建快速路系统并没有简单绝对的答案，与城市规模、空间形态、功能布局等相关联，把问题简单化和绝对化并不能化解理想与现实的冲突。

对于快速路是否应该穿越城市中心区，其意见分歧没有第一个问题那么大，但是部分研究者和技术人员对于"绝对否定"仍然持保留态度。作为一般性原则，快速路应该避免穿越城市中心区，避免破坏城市中心的空间环境，以及将小汽车过于集中地引入城市中心。但是这一问题同样不能绝对化，对于空间范围的"地理中心"(而非土地功能)而言，在特定城市空间结构，以及交通需求分布结构的背景下，快速路穿越完全有可能是比"环线"更加有利的方案。

城市快速路系统建设面临的另一个决策难题是与对外高速公路的衔接关系。快速路系统是否需要与对外高速公路网络直接连通，形成一个完全一体化的系统，特别是是否将放射形高速公路与城市内环线快速路通过快速路衔接，往往引发管理者与技术人员的意见分歧。在许多人看来，高速道路与快速路之间形成无缝衔接应该是天经地义的事情。但是从系统整体上看，无论是高速道路还是快速路都不是车辆出行的最终目的地，所以问题的本质是在连续的高/快速路系统上行驶的车辆，在什么位置转入地面道路。由于两个系统通过能力具有显著差别，且两个系统之间是通过有限的进出匝道出入口进行衔接，尽可能地将转换流量加以分散，并避免与城市内部交通流形成激烈冲

---

① 目前我国对于中心城区和主城区尚缺乏统一定义，例如，上海市总体规划中将外环线以内的区域称为中心城区，将超出外环线且与中心城区形成连绵扩展的区域，与中心城区合并一起称为主城区。

突，是系统衔接设计应该追求的目标。因此，对这个问题的回答只能建立在严谨的交通流分析基础之上，试图直接依据概念或者原则进行决策并不能保证获得科学的判断。

5.2.4 公共交通系统

公共交通系统作为城市交通的主体/主导，其线网布局既需要考虑到城市的空间结构、功能布局、客流分布等外部因素，也需要考虑系统内部衔接与运行组织等方面问题。

公共交通线路网络的整体结构将对公共交通系统所提供的整体服务水平产生重要的影响。

伴随城市空间的拓展，城市的职住关系往往被拉长，尽管这并非规划所期望，但在多种因素作用下成为难以扭转的趋势。以北京为例，从 2005 年至 2010 年，海淀、朝阳、丰台、通州四区房价上涨极为迅速，2010 年最高达到 2005 年的 8 倍水平，且总体呈现由中心城向外围梯度递减的态势。加之根据 2012 年《北京市 2011—2015 年国有建设用地供应计划》，三环以内原则上不再新增供应住宅用地和大型公建用地，四环以内原则上不再新增供应集中建设经适房用地以及大型公共设施建设用地。近郊新城、五环外至地铁 10 号线合围的环形带将是未来北京市承载居住人口增长的主要区域。根据最新人口普查数据，环路人口分布已经呈圈层向外拓展态势，即由二、三环内向四环外聚集。2014 年人口抽样调查结果显示，三环至六环间聚集了 1 228.4 万人的常住人口，占全市的 57.1%；四环至六环间聚集了 941 万人，占全市的 43.8%；五环以外 1 098 万人，占全市的 51.1%。与之相对的是，城六区产业功能以及文化资源占全市比重依然最高，集中了全市 70%的产值和就业岗位，80%的一级一类幼儿园、65%的重点小学，超过 80%的三甲医院分布在四环内。这一错位直接导致的结果即居住在外围的占全市半数的市民出行距离被迫延长。

伴随职住关系的变化，北京市常规公交中形成了很多线路里程过长且穿城而过的特点(全市 800 多条公交线路中约 30%要穿过或进入西城这一 50 km^2 的核心区域)，貌似承担了快线的功能，但由于线路站间距普遍短、途径灯控路口多，即使有公交专用路权保障，速度提升空间依然不足，该类问题在西长安街、中关村大街等大客流走廊尤为显著。其次，由于运行组织模式和票制票价的相对单一，使得通勤客流集中的走廊公交服务级配结构严重失衡，快线、直达线匮乏，服务品质难以拉开档次满足多样化的需求。第三，部分快线(如京开高速依托公交专用道运行的 937 路、631 路、968 路等)虽然最大站间距达到 7 km 以上，平均运速超过 35 km/h，但发车间隔过长导致的出行全程速度低和车内拥挤使得在路权上占尽先机的公共交通在私人机动化出行面前再次丧失竞争优势。再者，由于设施的建设运营主体分散、一体化设施改造缺乏动力，公交线路路由设计过于“独立”，与轨道交通站点和环行公交快线站点的衔接水平亟待提升。

北京新近开行的面向长距离通勤客流的定制商务班车服务可以视为解决这一难题的尝试。由于其停站间距达到了日本典型轨道交通快线的水平(图 5-15)，即使没有公交专用道等路权保障，也能够以极具竞争力的速度运行，且由于减少停靠次数使乘车舒适度得以充分保障。调查数据显示，定制商务班车乘客中，乘车距离在 14～26 km 之间的占到总数的将近 70%。

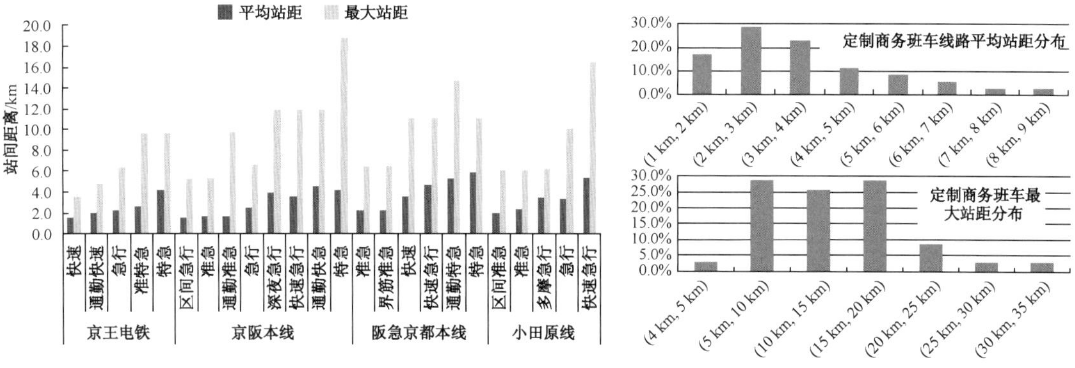

图 5-15　北京定制商务班车典型线路站间距与日本典型轨道交通快线站间距离比较

城市的成长迫使公交网络进行结构性调整，以韩国首尔的公交系统为例，2004 年所实施的公交改革中的一项重要工作就是对整个公交网络进行重构。首尔原有的公交路线是几十年期间不断考虑运营商利益关系及地区居民要求而形成，存在相当程度长距离、绕行、重复等问题，导致总体公交路线的效率下降，缺少竞争力，因而提出对整个公交线网进行大规模改造的设想。在将公司收益竞争为主的运营系统转变为市民服务竞争为主的运营方式的机制基础上，公交线路能够根据公共服务需求来加以确定。

2002 年 9 月开始启动分析首尔市内公交运行的状况和存在问题，提出了以干线和支线有机衔接的公交线网重构方案。其后通过听取地方自治机构、公交企业、市民团体、技术专家等多方面意见，逐步形成了最终线路重构方案。

公交线网重构改编的原则是针对当时绕行、长距离和重复的不合理市内公交路线，构建干线和支线的轴辐式体系。新的公交线路网络由外围地区—城市中心、城市中心—城市副中心、城市副中心—城市副中心之间直接连接的干线路线，以及在局部地区之内构建微循环，连接干线公交站和地铁站的支线共同构成(表 5-4、表 5-5)。

表 5-4　　首尔公交线路改编前后对比

改善前			改善后(2004 年 7 月 1 日实行方案)		
类型	路线数	车辆数	类型	路线数	车辆数
城市型	255	6 644	干线	90	2 855
座席型	46	943	支线	285	4 335
地域循环	66	559	广域	39	754
总和	367	8 146	循环	5	40
			总和	419	7 984

表 5-5　　韩国首尔公交线路调整情况

类别	新设	保留	改线	延长	缩短	并线	总和
干线	36	18	20	4	12		90
支线	57	126	9	33	60	—	285
循环	1	4	—	—	—		5
广域	—	39	—	—	—		39
总和	94	187	29	37	72	42	419

调整后的公交线网中各类线路的功能如表 5-6 所示。

表 5-6　　韩国首尔公交层次化服务结构

市外城、中心城市、副中心城市等地域间连接 确保迅速性和准时性	干线线路	Blue Bus(蓝色公交车)
干线和地铁连接换乘 处理地域内通行需求和确保接近性	支线线路	Green Bus(绿色公交车)
中心城市和副中心城市内支线路线 中心城市和副中心城市	循环线路	Yellow Bus(黄色公交车)
迅速连接首都圈和中心城市 吸引市外进出入小汽车的利用需求	广域线路	Red Bus(红色公交车)

除了线路网络的整体布局结构以外，具体线路的设置方法也对其功能、服务水平和乘客吸引能力产生很大影响。以中国香港沙田—中区快速直达巴士为例(图 5-16)，选择行程时间最短的路径(表 5-7)，以提供外围至中心城区的快速直达服务。

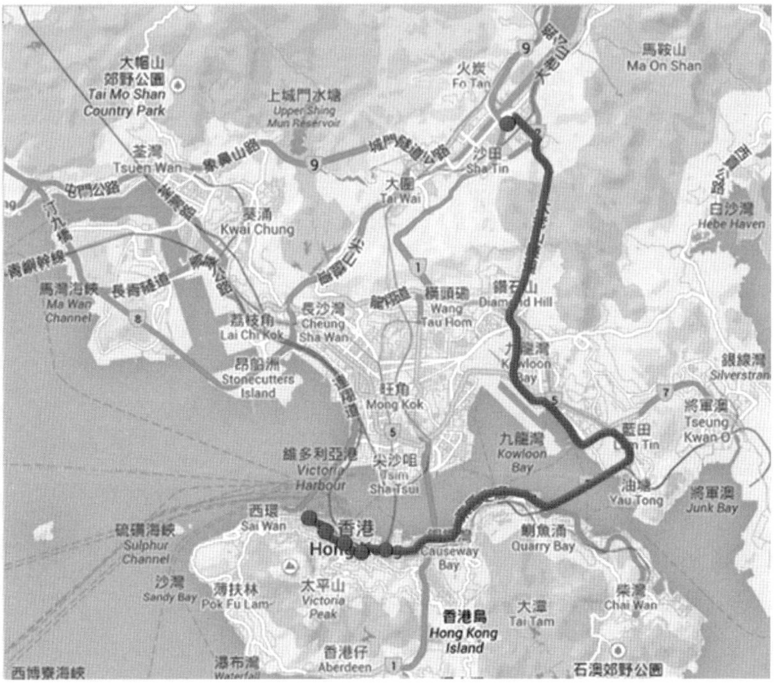

图 5-16　中国香港沙田—中区快速公交线路

表 5-7　中国香港沙田—中区快速公交线路的不同路径方案对比

沙田至中区码头	中部通道（狮子山隧道+红磡海底隧道）	东部通道（大老山隧道+东区海底隧道）
全程长度/km	19.2	24.5
早高峰全程旅行速度/($km \cdot h^{-1}$)	22.9	33.6
早高峰全程旅行时间/min	50.2	43.7

正如在许多经验中所看到的那样，公交服务网络往往围绕公交走廊上的干线公交而展开。在特大城市中，由轨道交通所提供的公交走廊服务在城市整体空间联系中占有重要地位。以深圳市为例，在其规划设想中，约 350 km 的轨道网络将覆盖 47%的居住人口和 68%的就业岗位(图 5-17)。

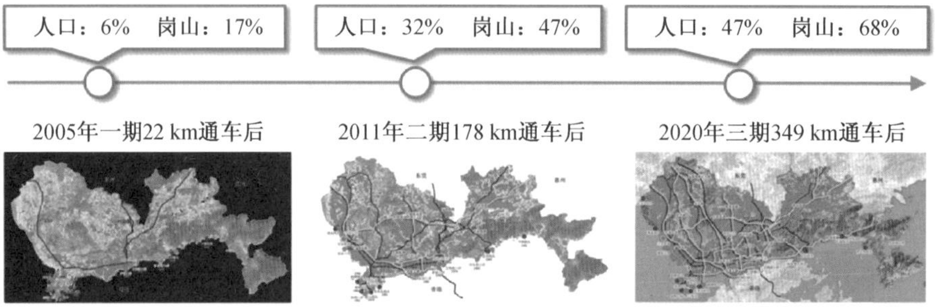

图 5-17　深圳市规划构想中轨道交通里程与人口及岗位覆盖的关系

在这个轨道廊道体系中，将外围地区居住人口与中心地区就业岗位联系在一起是一个显著的功能特点，由此造成单向潮汐式的交通流模式(图 5-18)，所产生的问题瓶颈出现在外围地区与轨道衔接的常规公交车站、外围轨道车站进站通道、中途换乘枢纽的换乘通道，以及中心城区轨道车站的出站通道(图 5-19)。

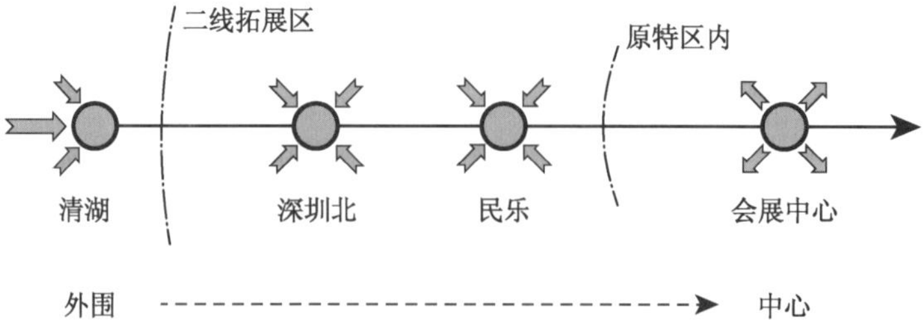

图 5-18　深圳市一条典型轨道通道早高峰客流模式示意

事实上，对于公交系统来说，线路仅仅是整个服务体系的一部分。由于公交很难直接提供“门到门”的运输服务，所以通过多种措施实现公交系统内部、公交与慢行系统间的整合，对于提升公交综合竞争力显得尤为重要，由此产生轨道轴带的出行组织问题。

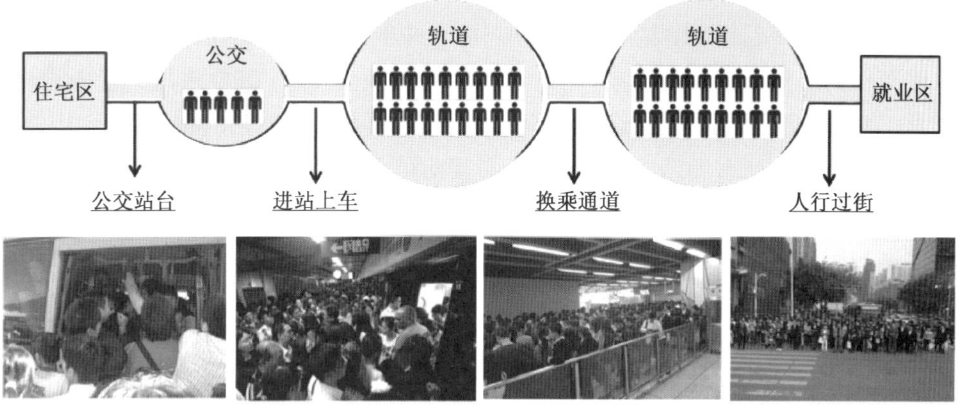

图 5-19　深圳市轨道通道早高峰客流衔接瓶颈示意

在上述案例中，外围轨道站点周边常规公交站点安排问题、换乘衔接系统规划设施问题、中心城区轨道站点与周边地区通过慢行系统实现整合问题等，均是公交轴带出行组织过程中所需要考虑的重要内容。

5.2.5　停车系统

作为静态交通的停车系统与道路等动态交通系统具有紧密关联，停车系统建设并非单纯满足需求，而是在以静制动等交通需求管理战略指导下实施的精明供给，即以购车和停车位调控小汽车拥有和出行需求，以社会停车价格调控小汽车使用。

1. 对停车系统的基本认识

按照停车的目的可以将停车需求分为出行停车和基本停车。为实现出行目的而进行的停车称为“出行停车”，完成出行目的后返回家或单位等的停车称为“基本停车”，而相应的需求为“出行停车需求”和“基本停车需求”。

出行停车需求是与出行目的相关联的需求，可以分为通勤停车需求和非通勤停车需求（包括休闲、购物、娱乐、商务等）。通勤停车需求往往要求有固定停车场所，而非通勤停车需求则不一定要求有固定停车场所。

基本停车需求通常又称为夜间停车需求，是车辆不使用期间的停放需求，可以分为居住停车需求和单位停车需求及其他停车需求。居住停车需求主要是居民私人小汽车不使用时在居住区的停车需求；单位停车需求是单位车辆在不使用时在单位的停车需求；其他停车需求主要指营运车辆等专业车辆，对专业的营运车辆停车场的需求。基本停车需求一般要求车辆有长期固定的停放场所。

很长一段时间内，社会上不断争论停车需求的属性，争论的焦点在于停车需求是否为基本需求。后经过广泛讨论，基本已经形成共识，即出行是人们的基本需求，但停车并非人们的基本需求。出行是保障社会交往和其他交流活动的根本途径之一，是社会发展的前提条件，因此，出行是必须进行保障的基本需求。但是出行方式有很多种，小汽车出行并非唯一选择，因此小汽车的停车需求并不是所谓的“刚性需求”。

停车作为小汽车出行的端点，是整个出行链的一个环节，需要占用大量土地资源，据计算，消耗的建筑面积约 30 m^2，相当于北京市城镇居民住宅的面积。因此，社会是无法承担无节制需求所引发的巨大代价的，必须对停车进行必要的调控。影响停车需求的因素很多，包括停车供给、停车价格、停车管理等，这些都是交通需求管理中需要慎重决策的调控因素。

通常意义上所说的停车设施，可以从不同角度划分为不同的类型。

从不同的维度对停车设施进行分类，可以将停车设施分成不同的类别。具体的停车设施分类从以下几个方面考虑：按照停车设施建设来源分类，按照道路边界分类，按照产权分类，按照停放车辆类型分类以及按照服务对象分类。

（1）按照设施建设来源分类。按照停车设施的建设来源可以分为四类，包括配建停车场、独立建设的公共停车场和占道停车位以及挖潜停车场。配建停车场主要是指建筑物在建设的过程中配套建设的停车场，包括居住区、大中型公共建筑等，可以是地上的停车场或地下的停车场；独立建设的公共停车场是指专门开辟出来的土地建设专门用于停车的场地，服务范围最大，通常设置在城市商业活动中心、城市出入口以及公共交通换乘枢纽附近；占道停车位是指在城市道路上施划的用于临时停放车辆的车位；挖潜停车场是指近几年在政府的鼓励下，原本没有配建或者配建不足的居住区或单位在自有产权的土地施划的平面车位或建设的立体停车设施。

（2）按照道路边界进行分类。停车场按车辆停放的位置可分为路内和路外停车场两种。路内停车场指道路用地控制线（红线）内划定的供车辆停放的场地；路外停车场位于城市道路用地的控制线以外的停车场、停车库、停车楼等，通常由专用的通道与城市道路系统相联系。

（3）按照产权分类。根据产权单位可将车位分成三类：国土规划建设车位、其他建设车位、道路和桥梁等资源空间车位。其中，国土规划建设车位可分为地面车位、屋顶平台车位、首层架空车位、地下车位四类。地面车位占用的土地有小区道路、有土地证或规划许可证的场地以及其他场地三种，其中占用有规划许可证或有土地证的场地的地面车位归属开发商，而开发商可赠予或转让土地证给土地持有人。占用小区道路和其他场地的地面车位归属业主共有。屋顶平台车位归属建筑物全体业主所有。首层架空车位和地下车位均包括有独立产权和无独立产权两种，其中有独立产权的归属其所有人，无独立产权的归属全体业主。其他建设车位归属开发商，道路、桥梁等资源空间车位属于公共资源，产权归政府所有。

（4）按照停放车辆类型进行分类。停车场按停放车辆的类型可以分为机动车停车场和非机动车停车场。机动车停车场是供机动车辆停放的场地，包括机动车停放维修场地。非机动车停车场是供各类型非机动车停放的场地，主要指自行车停车场，还包括电动车停车场。

(5) 按照空间位置分类。按照空间位置可以将停车设施分为居住小区停车场、公建配建停车场、路外公共停车场、立交桥下停车场、占道停车场、P＋R 停车场六种类型。顾名思义,各种类型的停车场是根据不同的位置进行划分的,不再赘述。需要强调的一点是,上述各种类型的停车设施包括随建筑配建的车位,也包括后续建设或设置的立体、平面车位。

(6) 按照服务的需求类型分类。对应于停车需求,按照服务对象对停车设施进行分类,可以将停车设施分为服务于基本需求的停车设施以及服务于出行需求的停车设施两大类,简称基本停车位和出行停车位。基本停车位主要包括居住小区停车位、公建配建停车位中的公车停放车位、营运车辆专用车位等;出行车位包括公建配建车位中基本车位以外的车位、占道车位、路外公共停车位、立交桥下停车位、P＋R 停车位等。当然,随着共享理念日渐被接受,在实际使用过程中,基本车位与出行车位会有一些交叉,比如居住小区内的车位(基本车位)也可能服务于附近单位上班人员的停车;单位的部分车位(出行车位)也可能会在空余时服务于周边居民的停车。

对停车设施属性的认识,是讨论停车问题的前提和基础。由于上位法和规范没有对停车设施属性做出明确规定,目前人们对停车场的属性未达成共识:一种观点认为停车设施是基础设施,是为社会生产和人民生活提供公共服务的物质生产设施,具有很强的社会公益性,停车设施应列入准公共物品的范畴内,提供的服务具有非竞争性和非排他性,这就意味着停车设施的提供应是政府出资、政府负担、免费低价;另一种观点则认为停车设施是一种商品,仅是服务有车群体,同时停车设施作为一种空间资源,具有唯一性,具有效用上的可分割性、消费上的竞争性和受益上的排他性,应列入私人产品的范畴,坚持用者自付的原则。从各城市的管理实践来看,各城市逐步趋于认同停车设施的私人物品属性,不属于公共基础设施,需要采取产业化政策,依靠市场手段解决。

停车与城市综合交通具有互动关系,停车供给和管理将对城市综合交通可持续发展起到至关重要的作用。作为小汽车出行的端点,停车是小汽车出行的一个极其重要的环节。停车与城市综合交通的相互作用主要体现在以下几个方面:

(1) 停车可以影响小汽车的拥有和使用。如前所述,从停车需求的角度,可以将停车分为基本停车需求和出行停车需求。基本停车需求是拥车之后带来的必然的停车需求,停车设施供给主要以居住区和单位为主;出行停车需求是车辆使用带来的停车需求,停车设施的供给主要以公共建筑配建、社会公共停车场为主。如果居住区或单位车位充足,则有可能刺激小汽车的拥有,反之则会抑制小汽车的拥有;如果公共建筑配建的车位及社会公共停车场充裕,到处都很容易停车,则会刺激小汽车的使用,否则会抑制小汽车的使用。所以,停车设施的多寡,可以对车辆的拥有和使用两个方面都产生影响。

(2) 停车可以影响步行和自行车的出行环境。在停车需求旺盛而管理不严或供给不足的情况下,免费的公共空间往往是停车的第一选择,车辆会"自然而然"地选择占用非机动车道、步道甚至机动车道进行停车,步行和自行车的出行环境会变得恶化,选择步行和自行车出行的人群,其出行的安全性、舒适性、体验感等都会受到极大的影响,这部分出行中的"弱势群体"就会逐渐放弃步行或自行车出行,而更倾向于买一辆车作为出行的第一交通工具,让自己或家人的出行更加安全舒适。

(3) 停车可以影响城市的规模。停车供给过度必然刺激小汽车的进一步拥有和使用,小汽车的大量使用导致平均出行距离的增大,伴随而来的就是城市的不断蔓延,小汽车如同一把巨斧不断地开疆拓土,造成城市边界不断向外扩张。城市的扩张带来居住人群的分散,又会影响集约化出行方式的发展,公共交通由于客流的不足难以布设线路和站点,在成本的约束下,公共交通的服务水平无法提升。整个城市综合交通体系将会被破坏。

2. 城市停车发展的总体原则

(1) 明确停车供给策略,不能过度供给。

传统观点认为,经济的发展必然会伴随着小汽车交通的增长,所以城市交通规划和建设必须适应未来小汽车的发展,在道路和停车位的配置等方面为未来小汽车的发展提供足够的空间,相应的交通规划也是基于对停车需求进行满足的理念进行编制,当新的需求出现导致供不应求时,就会通过新建、扩建等手段被动地适应需求甚至任其发展。

然而,供给能够满足需求,也会创造需求,满足停车需求的供给导向政策会刺激更多需求的产生,并不具有可持续性。在西方发达国家,完全满足停放需求的理念正在受到质疑。随着在住宅区、商业贸易区供应更多汽车停放空间带来的问题日渐凸显,城市政府开始转变思路:不再提供足够的汽车停放空间来满足一切可能的未来需求,而是有意限制停放设施,将出行需求转移到公共交通上。现在美国一些地方政府给开发商补偿,要求他们不要供应汽车停放空间。

(2) 重视停车政策在缓解交通拥堵、改善环境方面的功能。

越来越多的交通规划师和交通工程师认识到,停车政策是促进城市可持续发展的重要政策工具,应综合考虑停车与公共交通、环境改善等的协调发展。如果把停车政策规划简单等同于根据停车需求来确定停车位供应,通过增加停车位来满足停车需求作为解决停车难问题,那么很容易割裂私人交通与公共交通、环境改善等内容之间的内在联系,导致"就停车论停车"。反过来,如果将停车政策与城市交通发展、环境的改善协调统筹考虑,则会对城市交通、环境的可持续发展起到极大的促进作用。

目前在西方一些国家采取了在市中心地区、轨道站点地区和高公交可达性地区适度降低停车位配建标准的做法,有效地抑制了停车需求,缓解了交通拥堵。在新加坡,如果建设项目距离交通枢纽 200 m 以内,则最小停车泊位供给要求会降低 20%,从而激励人们使用公共交通工具。在伦敦，日益严重的城市交通问题已经迫使政府开始修改其停车政策来限制新开发建筑所带来的停车需求，包括对交通枢纽停车泊位供给的限制。瑞士采取更严格的措施，控制居住在轨交站点 3 km 范围内的居民采取开车到站点停车换乘的方式。

美国则将停车政策的调整作为改善空气质量的手段之一。1997 年修订的清洁空气法案(CAA)则明确要求企业在雇员通勤停车的问题上不能简单地提供免费停车位，而是要给其提供多种选择，要求对停车进行收费，收取的费用可以用现金的方式补贴给雇员，在这样一种可选择的条件下，很大比例的雇员放弃了小汽车出行，对减少小汽车排放、改善空气质量起到了极大的促进作用。

(3) 发挥市场配置资源的决定性作用。

停车设施需要消耗大量的土地资源，停车设施的数量和分布的统筹即是对土地资源进行分配，所以，归根结底，停车的问题就是土地资源配置的问题。《中共中央关于全面深化改革若干重大问题的决定》明确指出，经济体制改革“核心问题是处理好政府和市场的关系，使市场在资源配置中起决定性作用和更好发挥政府作用。”这个基本原则同样适用于对停车设施的设置。在这个基本原则的指导下，政府部门应保证停车设施能够按照市场规则，根据资源(土地)的稀缺程度由市场决定价格，保证市场作用的充分发挥。

停车管理成功的城市很多都由市场进行自由定价，在这样的机制下，密度大、土地资源稀缺的城市中心区停车价格自然会很高，这是市场配置资源的必然结果。香港由于土地开发强度大，停车收费非常昂贵，部分地区停车位售卖价格超过 200 万港币，短时停车费率也高得惊人，日间达到 93 港币/小时、夜间达到 35 港币/小时；伦敦也是以停车收费高而著称，2010—2013 年伦敦中心区的停车费用平均达到 600 英镑/月，占到人均收入的 20%以上；在同样高密度的东京，停车成本也非常高，一般个人收入的 30%需要用来支付停车费用。与国际城市相比，我国部分城市对停车收费进行管制，使得停车收费整体水平较低，不利于市场配置资源的决定性作用的发挥，也是刺激需求不断增长的一个重要原因。

3. 城市停车发展的具体举措

(1) 停车配建指标改革。

停车规划的最主要内容是停车配建指标的制定。机动化早期，对停车配建指标的要求不足，规划验收重视程度不够，是造成现在停车供需矛盾的重要原因。但是，从国际城市的经验看，很多城市逐步对停车配建指标进行了改革，采取上限管理的方式甚至废除停车配建指标。目前，我国城市大多还是采用配建指标下限管理的方式，建议对配建指标进行细化和调整，综合考虑轨道交通站点的距离、公交服务水平、城市密度等因素，逐步取消下限管理规定，采用上限管理或者取消配建指标要求，由市场自行决定。

(2) 停车收费电子化。

长期以来,我国很多城市和地区对停车收费的认识不足,免费停车的城市很多。即便进行停车收费,也大多采用人工收费的方式,带来了极大的寻租空间,停车费收支不透明,议价、逃费等现象普遍,占道费无法足额征收,公共资金流失,引发了社会舆论不满。停车收费电子化是消除寻租空间的重要保障,国外城市很久之前就意识到了这一点,停车收费更多倾向于电子收费。1968 年,英国实行停车改革时发现停车享有高额的隐性补贴,每年路边免费停车的补贴额度几乎相当于国防总预算,停车补贴的存在间接吸引了小汽车出行,通过安装停车咪表和实施停车收费,停车状况明显好转(图 5-20)。

图 5-20　伦敦停车改革效果实例

(3) 严格的停车执法。

停车执法是保障一切停车政策和管理措施起效的关键,国外城市在停车执法上更为严格,同时执法的手段也更加多样。主要的经验包括几个方面:首先是立法保障,执法之前先有法;其次是执法的体制机制顺畅,建立专门的队伍或发动民间力量进行执法;再次是执法手段先进,采用执法车或摄像头等非现场的执法方式提高执法效率。

日本先后出台了《停车场法》《车库法》等多部停车相关的法律,地方也会有相配套的实施条例,用以规范停车的各种行为。依据《车库法》,居民购买车辆时须向户口所在地派出所所长提出书面申请,说明夜间停车泊位的位置地址并绘出详细的泊位位置图,警察核实无误后发放停车泊位证或停车泊位许可证。若发现伪造停车泊位证等现象,没收泊位证或许可证并罚款 20 万日元(折合人民币约 1.6 万元)。《东京都停车场条例》规定,市长可以根据要求委派工作人员赴现场对停车场建设和运营管理进行检查,对于违反知事命令的行为惩处 50 万日元(约折合 4 万元人民币)以下罚款;对于伪造证据、或拒绝或妨碍检查人员、或拒绝回答检查人员问题、或进行虚伪回答的,惩处 20 万日元以下罚款;对于改变配建停车场公建设施规模而不提交申请或伪造申请的,处以 10 万日元以下罚款。

东京都采用警察巡逻和雇佣协管员拍照取证(协管员不执法)的方式执法。执法人员只要看到违章停车,不论什么时候停的,立即用数码相机将车牌号照传送到警察局,同时在车前贴上违章停车的标志。违章停车的车主必须在规定的日期内到银行缴纳罚款,同时被扣 1~2 分。东京都的罚款为 1.5 万日元。如果违章停放车辆被拖走,车主除了要交违章停车罚款之外,还要交拖车费。二者相加至少要 3 万~4 万日元(合 2 500~3 000 元人民币)。违章积分方面,每人每年最多可扣 6 分。

(4) 停车产业化发展。

2015 年,国家发展改革委联合财政部、国土资源部、住房和城乡建设部、交通运输部、公安部、银监会共同印发了《关于加强城市停车设施建设的指导意见》(以下简称《指导意见》)。《指导意见》明确提出,以停车产业化为导向,充分调动社会资本积极性,加快推进停车设施建设,适度满足居住区基本停车和从严控制出行停车。

停车设施并非公共物品。事实上,停车是小汽车拥有和使用过程中必不可少的一环,所有者和使用者应当承担停车设施建设的费用。应充分发挥市场在资源配置上的作用,推动停车产业化,有效满足停车的基本需求。而这种理念的转变,需要在深化改革的大背景下,转变政府职能,并在土地、投资、价格等方面进行政策和制度创新,为停车产业化发展提供良好的环境,走出一条合理的停车供给之路。

由于我国城市用地开发强度高、人口密度大,城市交通应该建立以公交为主导的出行结构。因此,城市停车设施建设总体思路是立足城市交通发展战略,统筹动态交通与静态交通,将停车管理作为交通需求管理的重要手段,以增加停车位换取良好的停车秩序,最终通过建管同步,加强违法行为治理,实现停车规范有序,改善城市环境。

市场化是必由之路。为营造良好的市场化环境,充分调动社会资本积极性,《指导意见》明确,坚持市场运作,通过政府规划引导、政策支持,以企业为主体加快推进停车产业化,探索多种合作模式,有效吸引社会资本;坚持集约挖潜,鼓励既有停车资源的开放共享,有效利用、充分发掘城市地上和地下空间资源,建设立体停车设施;坚持建管同步,完善路内停车泊位管理,提升停车信息化水平,加强违法行为治理。

鼓励建设立体停车设施。基于城市用地开发强度以及环境、能源等方面的考虑,停车设施的建设将坚持集约挖潜的基本原则,鼓励既有停车资源的开放共享,并有效利用、充分发掘城市地上和地下空间资源,建设立体停车设施。鼓励建设停车楼、地下停车场、机械式立体停车库等集约化的停车设施,鼓励利用公共设施地上地下空间、人防工程等地下空间建设停车设施,增强土地的复合利用。在土地方面,应充分利用土地空间资源,分层办理规划和土地手续。

5.3 城市交通网络的空间延展

超越行政区划的城市交通网络空间延展需求，产生于城市对外形成的不同层次空间联系关系；城市与外部交通网络的衔接方式、对外交通枢纽的空间布局等，又对城市交通网络结构和布局产生重大的影响。

5.3.1 都市圈、城市群、城市网络与城市交通网络延展

随着工业化进程的快速推进，人口和经济活动不断向中心聚集与城市空间资源局限性的矛盾加剧，交通拥挤、环境恶化等“城市病”问题日益突出。与此同时，私人小汽车的出现以及铁路网络的进一步发展，提高了更大区域范围内交通的可达性，带动了人口和产业向中心城市外围的疏散，郊区化现象出现，中心城市与周边毗邻地区开始产生密切的通勤、社会、经济等联系。在此需求背景下的城市交通网络空间延展，超越了城市的行政区划，形成了都市圈交通网络。

地理上的相邻性，加之经济上的关联性，促使城市群的发育与成长。在全球、国家和地区 3 个空间层面上，采用企业关联网络的分析方法，可以揭示出京津冀、长三角和珠三角地区的城市体系的主要异同所在。北京、上海、广州和深圳既是全国的核心城市，也分别是 3 个地区的“门户城市”，发挥向外连接全球经济网络和向内辐射区域腹地的“两个扇面”作用。3 个地区的门户城市、主要城市和一般城市在各个层面的关联网络中都形成明显的梯度格局。在地区层面上，珠三角地区的城市体系以两个核心和单一层级（省域）为特征，显然不同于京津冀地区和长三角地区的城市体系以单一核心和两个层级（区域和省域）为特征。

相比都市圈、城市群而言，城市网络描述了更加广泛且深刻的城市间联系。城市是人类经济活动集聚的空间场所，城市网络更是各种生产要素大规模集聚和扩散所形成的产物，因此城市网络空间组织与企业网络之间存在密切的逻辑关联。企业出于多种目的在区域、国家和全球空间尺度上进行布局，形成了复杂的企业网络。企业总部—子公司的联系构成了城市之间相互联系的重要内涵，总部集聚的城市成为网络的控制中心，具有强大的权力，在劳动空间分工过程中也能够获得更多的租金。

与城市和交通规划密切相关的基础理论研究也逐步改变了决策分析思维。经历了从区域差异、空间分析到社会理论的三次重大理论变革，空间的社会含义得到学术界更多的关注。Castells 将空间划分为“地方空间”和“流动空间”，认为社会是围绕着流动而建构起来，因此存在通过流动而运作、共享时间的物质组织形态——流动空间[1]。Taylor 提出了“城镇性”和“城市性”来呼应 Castells 的地方空间和流动空间，“城镇性”对应的传统城乡二元结构，而“城市性”却对应大都市区、都市连绵区等新的空间组织模式。城镇性带来的是通过阶层形成的依赖模式，而城市性带来一种城市间网络化，并将

不同区域城市联系在一起的过程，形成了腹地世界，通过更加完整和复杂的城市间关系带来城市发展的新契机[2]。

由于全球化和信息化的快速推进，世界经济的“地点空间”被“流动空间”所代替。世界经济体系的空间结构逐渐建立在“流”、网络和节点所构成的城市网络基础之上，而控制金融、生产性服务业、交通运输等的世界城市以及具有垂直和横向产业分工、空间结构的城市群逐渐成为全球具有核心竞争力的区域。随着“流空间”理论的发展，对空间流动连接性的关注替代了地理空间相邻性，对城市间关系的关注替代了区位论观点。城市网络被广泛应用于城市等级结构和城市群等的研究[3]，表征城市间相互联系的关系矩阵取代城市间阻隔（如空间和时间）和城市属性指标（如人口和 GDP）等，成为评价城市网络结构的关键因素。

Castells 采用 4 个层次结构对流动空间构成加以表述：第一个层次为物质支持，由技术性基础设施网络构成，如信息系统、通讯、广播系统和高速运输系统等，这一层次基础设施的水平和位置决定了流空间所拥有的基本功能和与其他空间形式和过程的关系。第二个层次为由各种节点与枢纽所构成的网络，对于节点和枢纽的具体定义则要依据所谈的具体网络类型来确定，大学、机场、港口、车站、城市等都可以构成不同网络的节点，人、物、信息、知识等在这些网络中流动。尽管流空间奠基于物质支持网络，但这个由各种节点与枢纽构成的网络连接了不同的地方，并且在生产财富、处理信息以及制造权力的层级里，分配每个地方特定角色与权力，从而最终决定了每个区域的发展潜力和水平。第三个层次是占支配地位的管理精英（elites）的空间组织，实际上也就是精英阶层工作、娱乐休闲、生活的网络。第四个层次，是由网站等组成的电子交往和活动空间。这个空间主要是以草根阶层为代表的人群推动形成的，他们也可以通过流空间来满足自己的目的并影响流空间的结构。越来越多的活动都经过虚拟网络产生、人与人之间的交流甚至是做出决策都可以在虚拟网络上实现。

在以往的规划实践中，规划师和管理者逐步认识到，单纯从交通运输角度思考问题是不够的，需要从城市网络中的功能定位，将交通枢纽与周边区域整合考虑，构建在流动空间中具有价值的节点和枢纽。

5.3.2 城市交通网络在都市圈内的延展

城市交通网络的直接拓展是在都市圈范围，以通勤交通为重要服务对象的空间延展。都市圈范围的界定标准主要是依据人口标准及到中心城市的通勤率来衡量，与此对应的都市圈交通超越了行政边界，主要以大城市中心区为核心的跨行政区域的交通。

以日本东京都市圈为例，在都市圈范围内所形成的通勤通学交通量如图 5-21 所示。与此相对应，东京都市圈的轨道交通系统在放射线上配置了更高的运能(图 5-22)，进入城市中心区以后,通过轨道环线(山手线)和中央的东西线将客流分散到相关城市轨道线路和地区(图5-23)。

通勤交通是居民高频率的日常交通,对其时效性有较高的要求。同时,都市圈内又有相当部分高密度开发地区,产生轨道交通密集设站的需求。为了兼顾不同类型交通需求在轨道通道上的叠加,往往采用多种运行车次混合开行的运输组织模式。

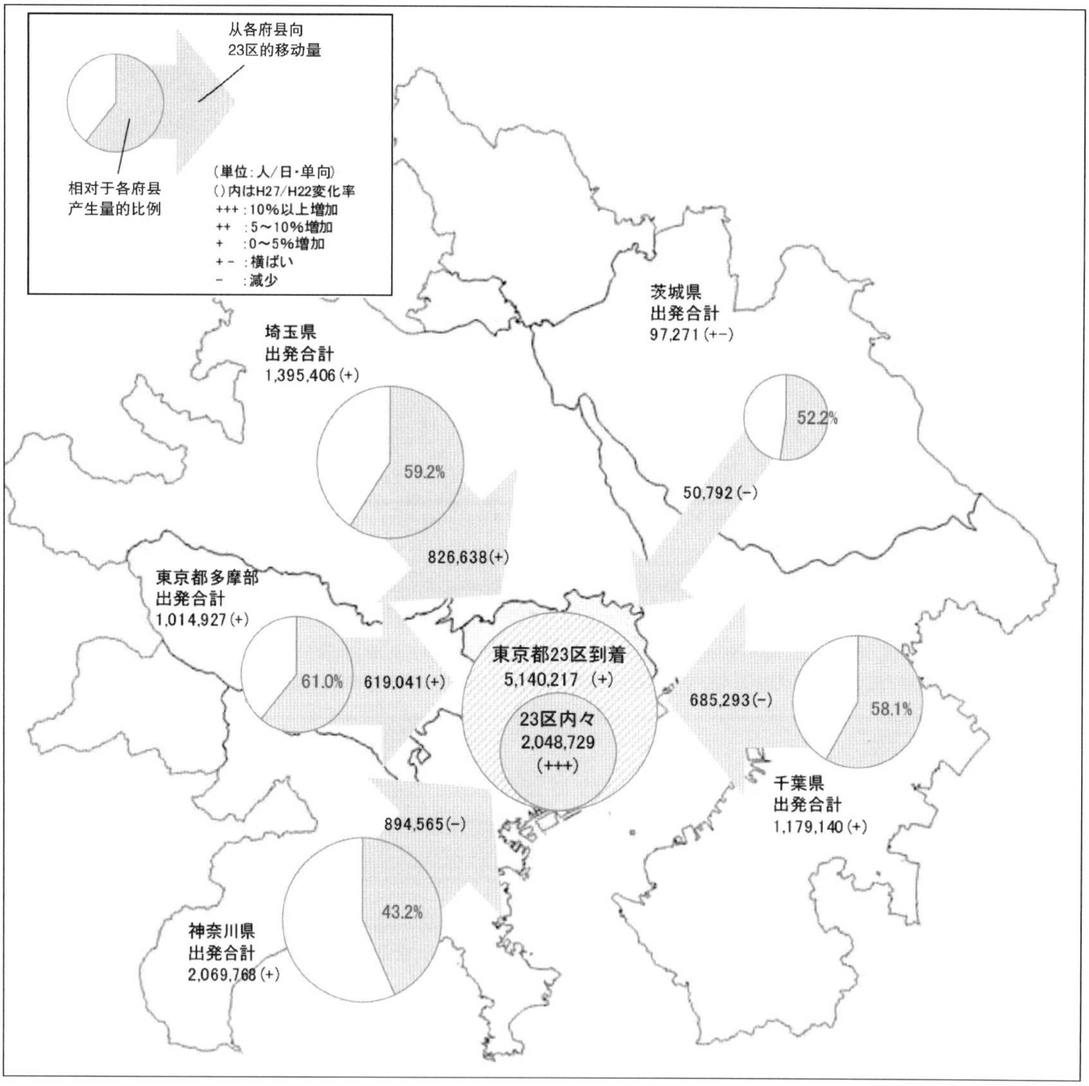

图5-21 日本东京都市圈以东京23区为目的地的通勤通学交通分布①

① 资料来源:[日]国土交通省.第12回大都市交通センサス——首都圈报告书[R].2017.

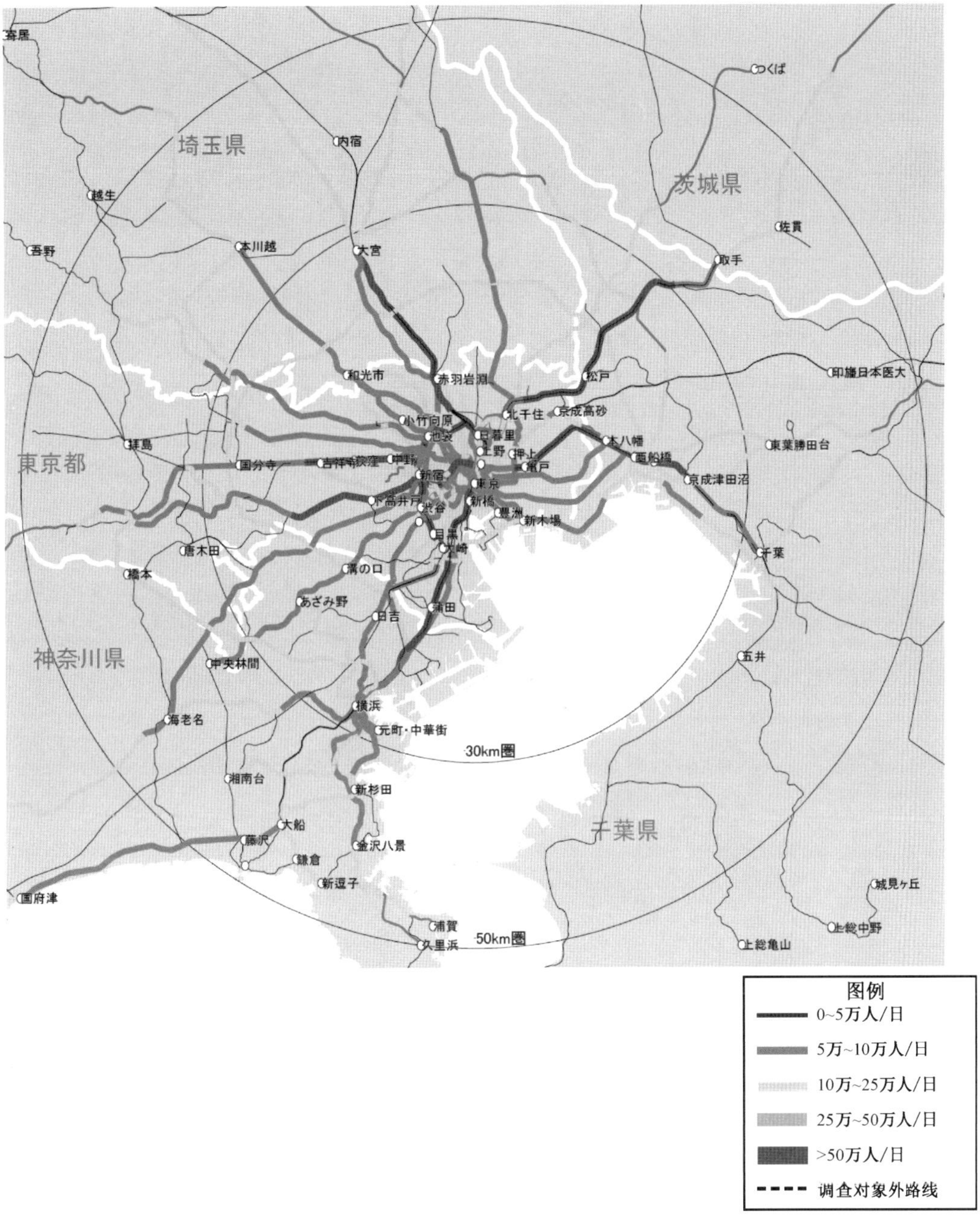

图 5-22　东京都轨道交通主要线路断面输送能力①

① 资料来源:[日]国土交通省. 第 12 回大都市交通センサス——首都圈报告书[R]. 2017.

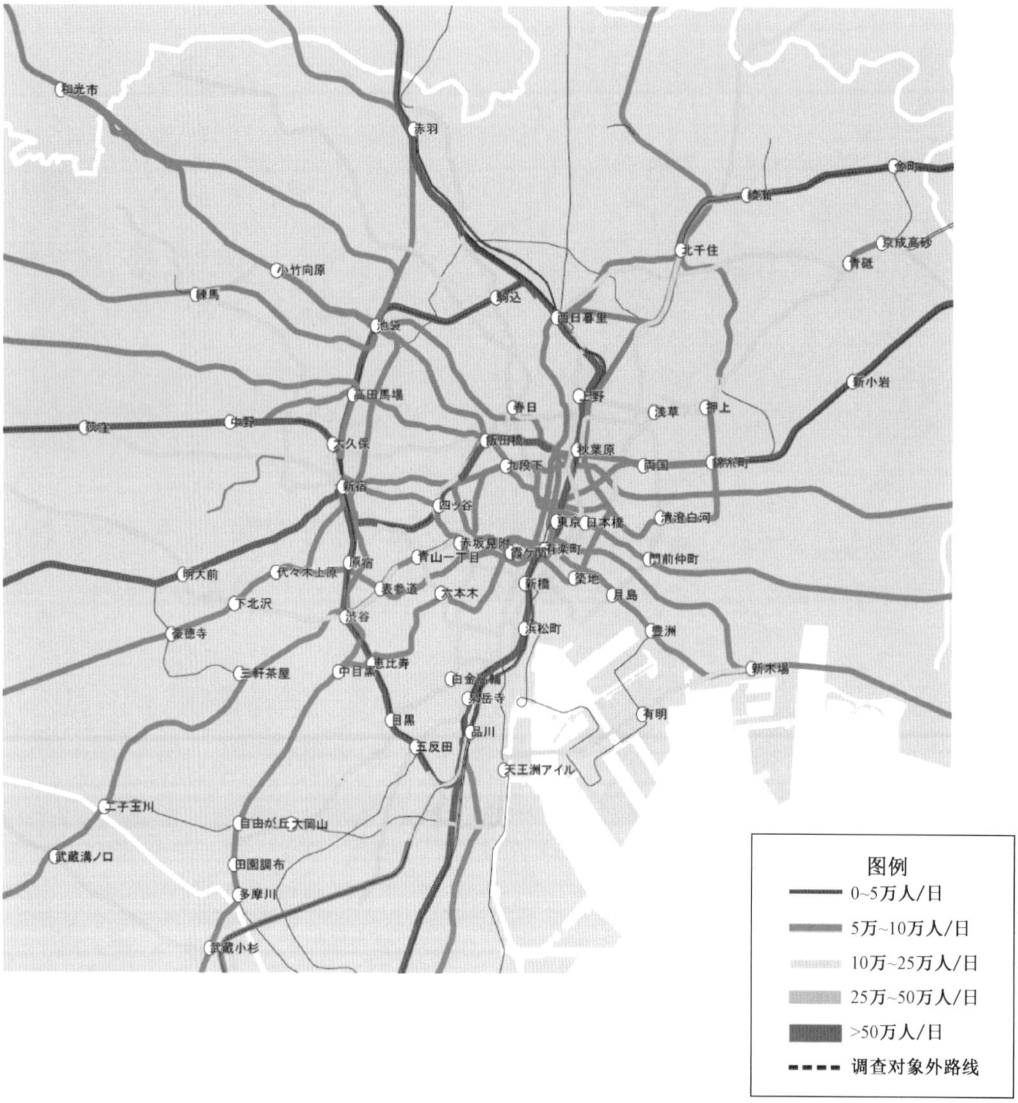

图 5-23　日本东京都中心区轨道交通主要断面输送能力

日本基于不同功能层次的服务水平，将东京都市圈的轨道交通系统按服务水平分为特快、准特快、快速、准快速以及普速 5 个层次，其对应的设站间距、运营速度、运营距离、轨道线网布设及服务区域各有不同(表 5-8)。

表 5-8　　　　　　东京都市圈运营列车服务功能层次

列车等级	设站间距/km	旅行速度/(km·h^{-1})	运营距离/km
特快	6～13	50～80	60～90
准特快	4～6	50～65	40～80
快速	2～4	35～55	35～70
准快速	1.5～2	30～45	30～50
普速	小于 1.5	25～35	20～40

各种类型车次在空间上的延伸范围与连接节点是不同的(图 5-24)。

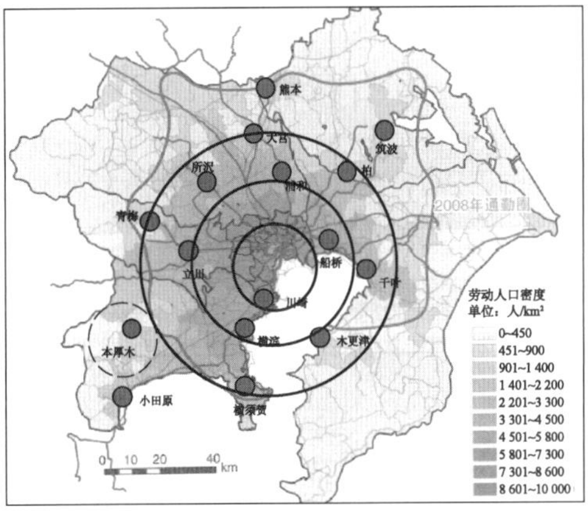

(a) 东京都市圈特快列车服务范围

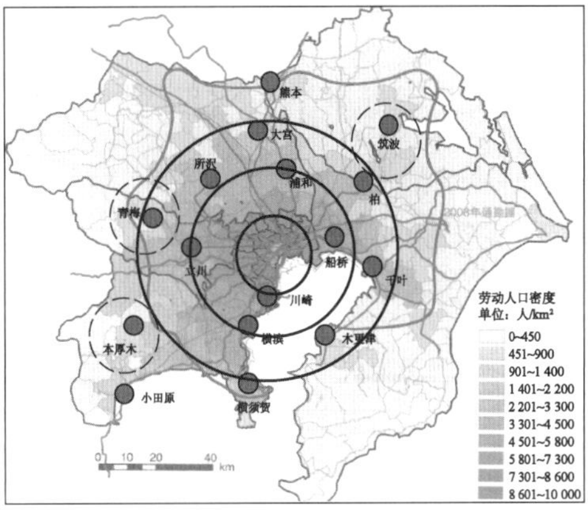

(b) 东京都市圈准特快列车服务范围

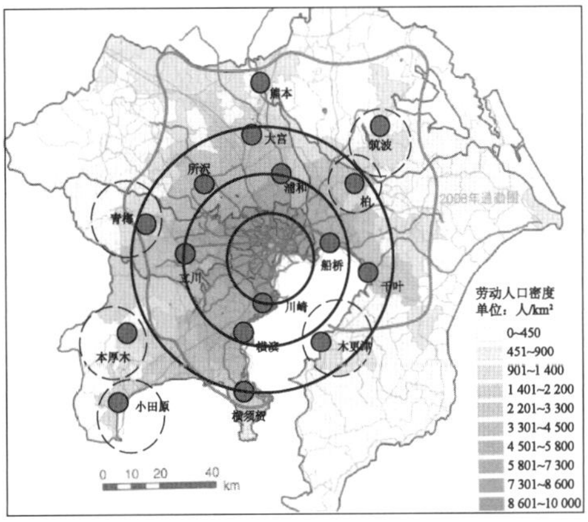

(c) 东京都市圈快速列车服务范围

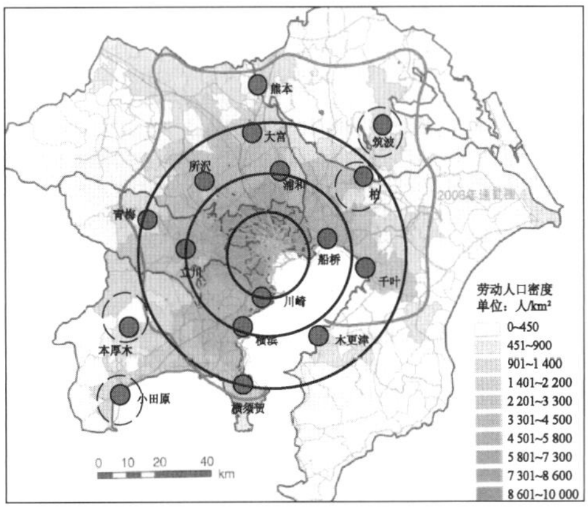

(d) 东京都市圈准快速列车服务范围

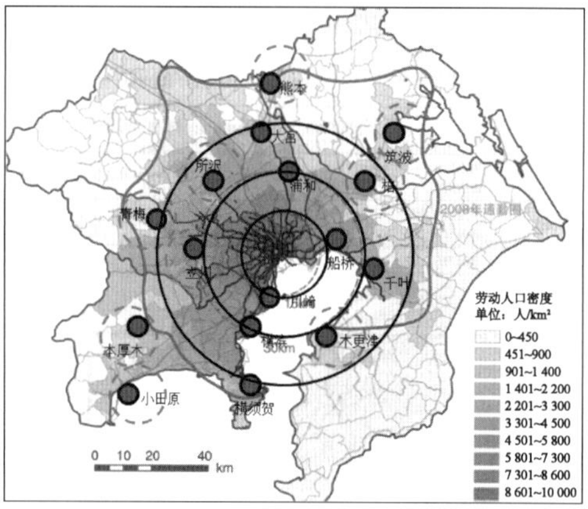

(e) 东京都市圈普速列车服务范围

图 5-24　日本东京都市圈不同类型车次空间覆盖和连接示意

特快功能层次列车提供都市圈范围至西南和东北主要客流带的快速业务或返程服务;其服务区域极广,覆盖了整个都市圈范围,并且连接了都市圈范围内几乎所有重要城市或节点,本厚木为唯一未连接的重要节点。

准特快功能层次列车主要负责沿线至区部的快速通勤或返程服务;其服务区域较广,覆盖了都市圈范围的大部分区域,连接了都市圈范围内大部分重要城市或节点;但其辐射范围较特快列车有所下降,有 3 个重要节点未能连接。

快速功能层次列车服务范围基本位于通勤范围内,与区部外围劳动力人口的聚集地相匹配;与特快、准特快列车相比,快速列车的服务范围显著缩小,主要覆盖东京都市圈 50 km 以内的区域和主要节点,50 km 以外的节点难以覆盖。

准快速功能层次列车与快速列车相比,其服务范围更侧重靠近区部附近的区域。与快速列车相比,准快速列车的服务范围进一步缩小,主要覆盖东京都市圈 30 km 以内的区域和主要节点。

东京都市圈普速功能层次列车服务范围绝大部分位于距都心 15 km 范围内,其服务网络密集、运行速度低,通过高频低速的运营提供大运量服务,且主要连接中心区域 15 km 内的重要节点。

依靠多样化的运输组织模式,实现了都市圈范围内通勤交通较能够接受的服务水平(图 5-25、图 5-26)。

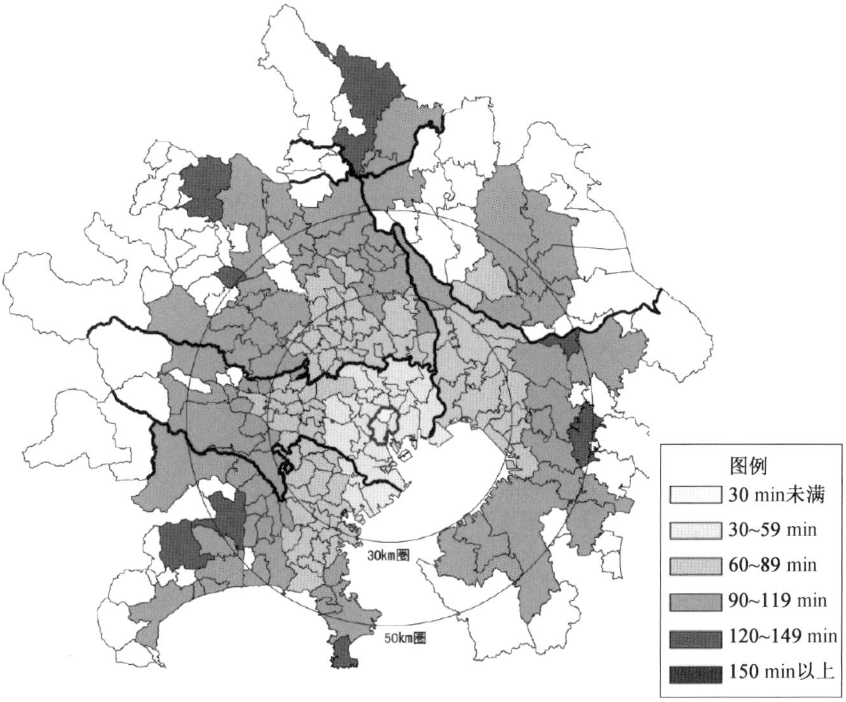

图 5-25　东京都市圈到达中心三区的交通时间分布(定期卷使用者)①

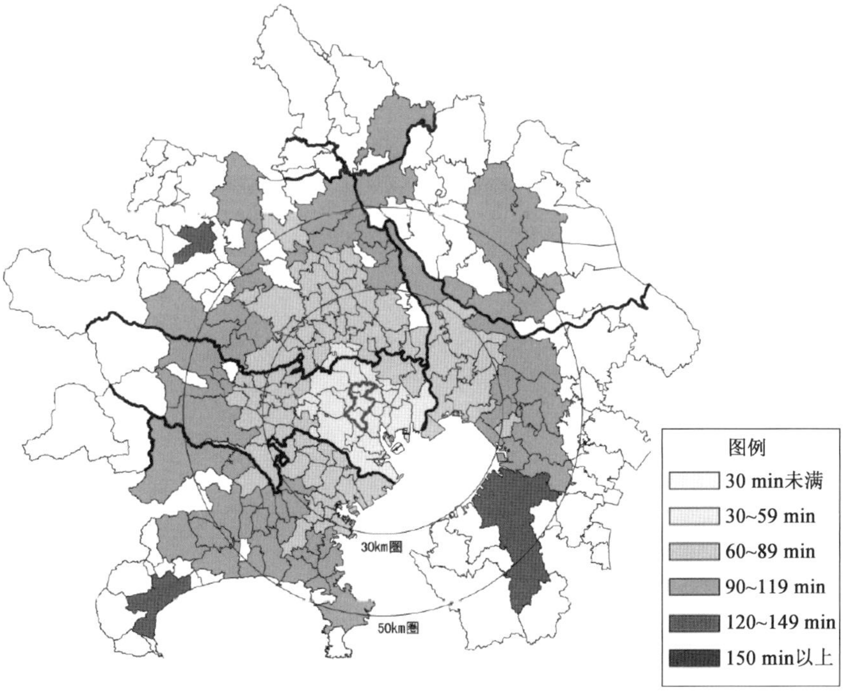

图 5-26　东京都市圈到达副中心三区的交通时间分布(定期卷使用者)①

① 资料来源:[日]国土交通省. 第 11 回大都市交通センサス——首都圈报告书[R]. 2012.

在上述运能配置和运输组织所形成的轨道交通服务水平基础上，东京都市圈的轨道系统发挥了重要的交通作用(图 5-27、图 5-28)。

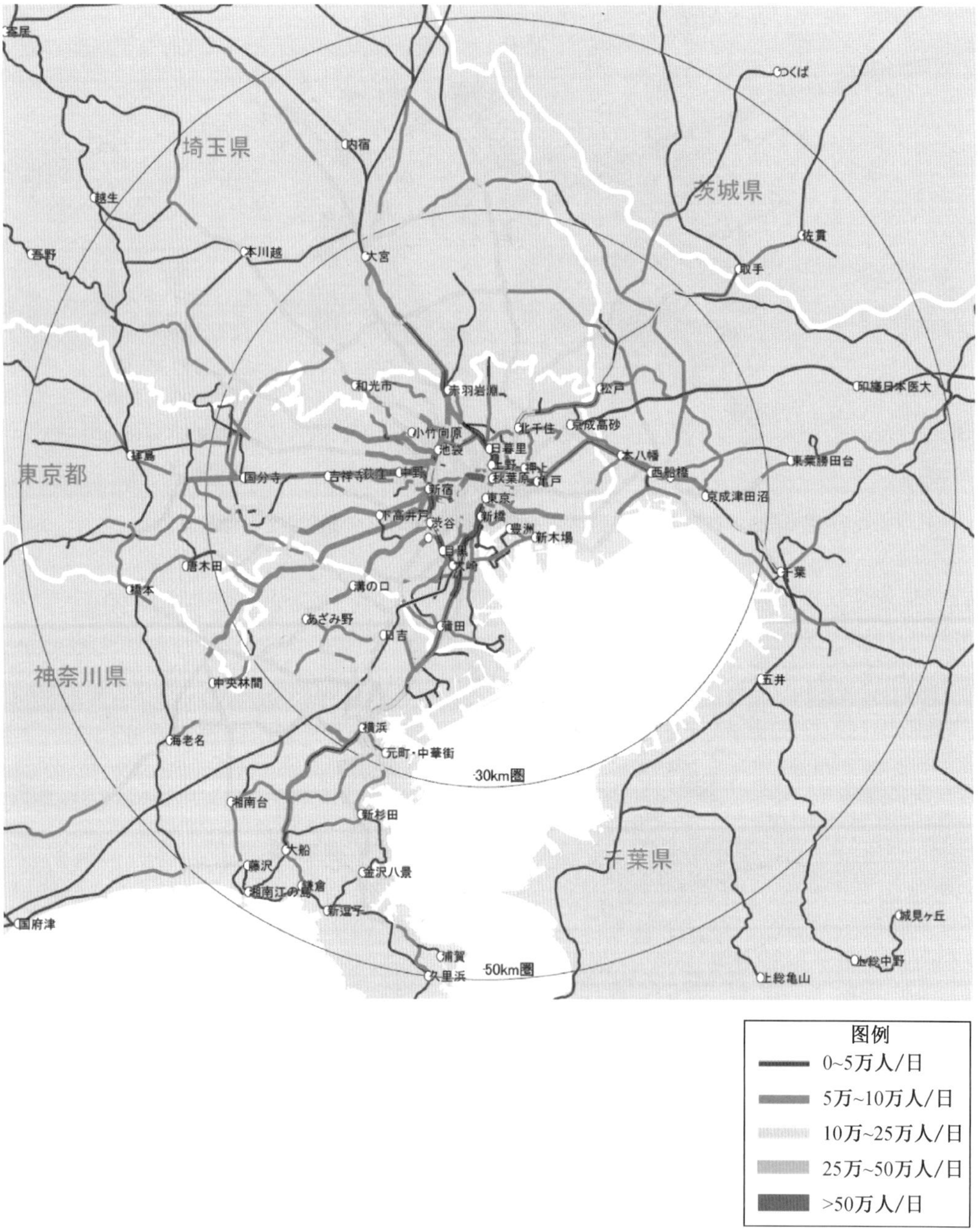

图 5-27　东京都市圈轨道网络客流分布(全域)

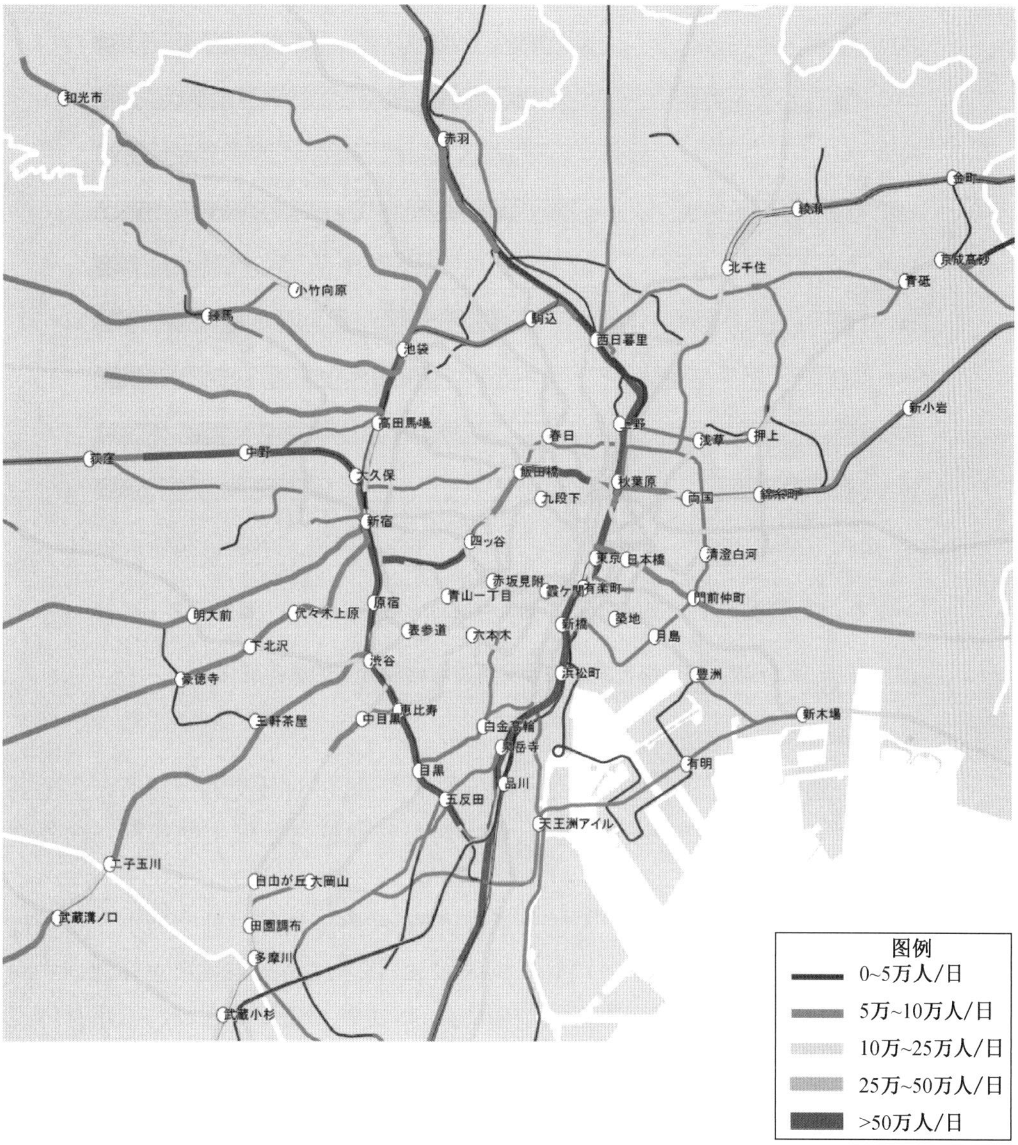

图 5-28　东京都市圈轨道网络客流分布(中心区)

尽管如此,在相当长的时期内,东京都通勤交通时间还是呈现增长的趋势(图 5-29),因此日本将通过城市空间功能布局调整,缩小通勤圈作为重要的未来发展目标。

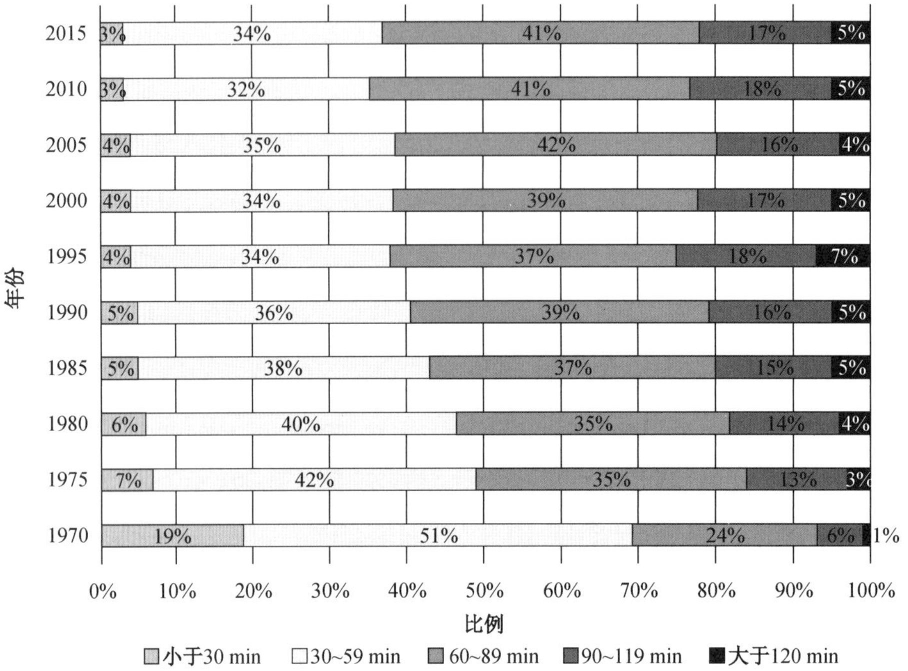

图 5-29　东京都市圈通勤通学所需时间段分布的历年变化

5.3.3　城市对外交通枢纽的布局

城市对外交通枢纽，是城市与区际交通衔接的节点；城市对外交通枢纽所产生的要素、交流和信息的集聚，是城市发展的动力；城市对外交通枢纽是城市交通网络向外部延伸的关键要素。

由于长期存在的管理体制上的"条块分割"，机场、铁路车站等对外交通枢纽布局规划与城市总体规划分属不同系统，协调好机场区域、铁路车站布局与城市总体规划之间的关系，处理好特殊技术考虑与城市空间结构的关系，协调相关专业规划与城市总体规划及综合交通规划之间的关系，仍然是一个重要的问题。

从单个城市角度来考虑的相对简单机场布局，中小机场选址首先考虑当地居民出行便利问题，在考虑其对当地经济社会发展的影响；大机场的选址除了考虑最基本的出行和技术条件等因素外，更要认真思考选址于城市规划的协调性、对区域经济的带动效应，以及对相关产业的集聚效应。

影响机场空间位置选择的因素主要有：

(1) 服务半径——大中型机场需要设定较大的服务半径(一般认为至少设定为150 km)，小型或者支线机场的服务半径也达到 30～50 km，以满足人们对快速交通的需求。

(2) 与城市的距离——大中小机场选址均不应距离城市太远，尤其是小型机场很大程度得益于距离城市近，否则无法发挥其优势。同时需要考虑新建机场与已有机场之间的距离，以及与周边地县未来发展的关系。

(3) 综合交通运输体系——机场选址应该有利于城市综合交通运输体系的建立和网络优化，提高城市综合交通效率和效益。应充分考虑城市已有交通运输方式的优势，实现航空运输与其他运输之间的有效衔接。

(4) 特殊的民用航空要求。民航的行业特点决定自身布局具有一定的特殊性，具体包括地形地貌、地质条件、净空条件、跑道方位、长度、飞行区保护范围等。

(5) 统一规划协调。城市的机场规划应该被纳入城市总体发展的规划体系，在城市总体规划中将机场布局作为一个专项内容进行规划，会同民航部门共同编制专门的机场布局规划，用以确定新建机场位置、机场未来发展方向、预留用地范围等，让机场成为城市及其周边资源的有效利用者，同时成为城市及周边地区发展的有力推动者。

伴随经济社会结构的变化，这种相对简单的工程选址问题，正在转变为调整城市间流动态势，重构城市网络联系结构的问题。城市决策者期盼的已不再是一个单独的机场，而是着眼于提升机场在航线网络中地位的要求，调整综合交通系统在自身城市的衔接关系，促成城市群内部运输协作，进而从网络联系角度争取在国际竞争中的优势地位。

换句话说，城市政府所能够决定的机场建设规模，如果得不到航空公司航线决策的响应，是不可能成为广域运输网络中的枢纽节点，从而会影响到城市自身在城市网络中的能力条件。因此，机场布局规划已经不单是考虑机场与城市的关系，而转变为如何提升机场在运输组织网络中的地位问题。

航空公司的航线网络结构，决定了不同机场的地位与作用，也在相当大程度上对机场与城市空间结构关系产生影响。从图 5-30 中可以看到，采用轴辐式航线网络结构，将使得航空公司的运营效率有很大程度的提升，这是站在航空公司立场上对枢纽机场的理解。航空公司所具有的网络型服务企业特征，促使其不断调整优化自身的网络结构，以获得优势地位。

城市政府推动机场地位提升的一个重要抓手，是积极创造条件促进“空铁路联运”模式的推进，利用城际铁路网络，及综合交通枢纽建设促使航线网络组织结构重组。为了进一步提升枢纽机场的辐射作用，欧洲 20 世纪 80 年代开始实施“空铁联运”模式，利用城际铁路进一步扩散服务范围。近年来国内对这一运作模式越来越关注，从而影响到依托机场的综合交通枢纽布局。

所谓“空铁联运”一般是指航空与铁路之间的一种联合运输方式，把航空运输特有的空中快速、地理条件受限少、适合远距离运输的优势与高铁/城际铁地面公交化运营、方便快捷、安全舒适等优势相结合，通过速度、区域、线路上优势互补，将高铁/城际铁网络与航空运输网实现高效衔接，形成空铁一体化的交通运输网络。

空铁联运的初级形态是“短驳模式”，也可以称作空-路-铁模式，就是在机场设立铁

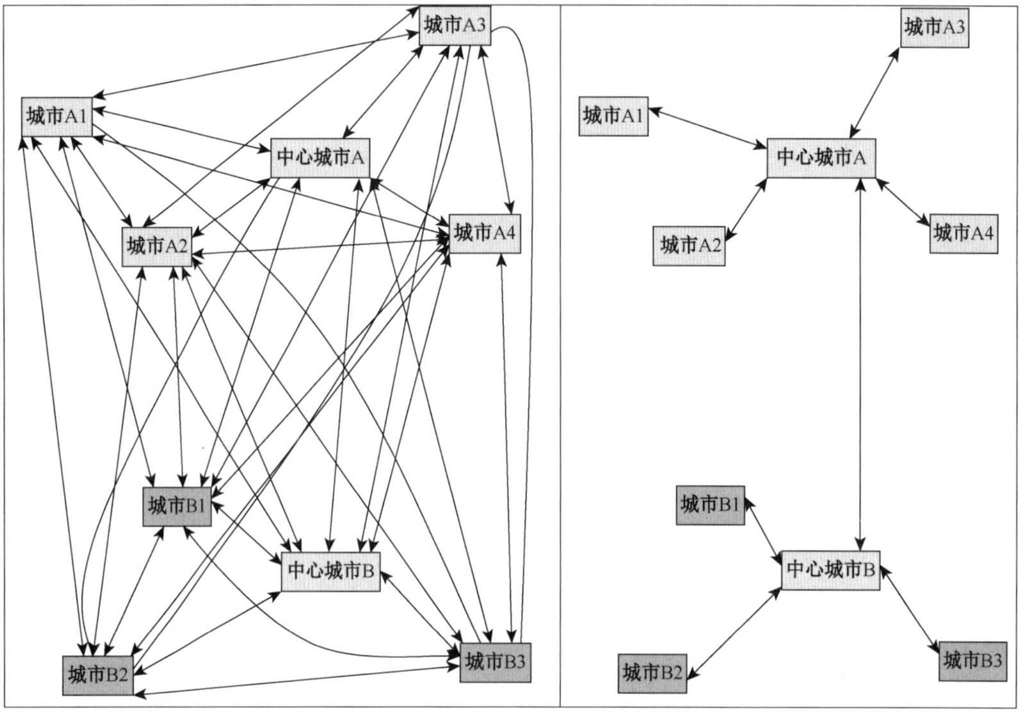

(a) 城市对航线（9个城市需要36条航线）　　(b) 枢纽网络航线（9个城市只需要8条航线）

图 5-30　从航线组织角度看枢纽机场的地位

路客票销售点，或者开通机场与铁路车站之间的班车。目前，国内不少城市已经实现此种模式，例如，北京就开通了首都机场至北京西站、北京南站和北京站的机场巴士。

空铁联运中级形态是“共享模式”，将铁路设施包括高速动车、城际铁路等直接引进机场，在连接航站楼和机场火车站之间的通道里布设办票柜台，服务于一般通过火车进出机场的旅客。这种模式在很大程度上解决了旅客和行李的运送，可服务于市内、周边区域和高铁线路覆盖较远区域内通过火车进出机场的旅客，旅客票务和行李托运等手续都是到达机场后在连接通道内办理。

空铁联运的高级形态则被形象地称为“零高度飞行模式”，将铁路作为航空服务的一种延伸，通过代码共享(code-share)的方式为旅客提供无缝隙的“空铁联运”服务，把旅客在铁路和机场间的换乘视为中转，这种模式要求机场和航空公司具备联程票务系统、旅客信息和引导系统，火车站要配备行李输送系统、飞机航班和列车班次协调系统等。最佳运营模式应该是将航站楼设置在各个联运铁路车站，旅客在车站办理登机所需手续，之后乘坐航班对应的支线列车到达机场直接登机，结束飞行后乘坐合适的支线列车到达目的区域。这种将航站楼设置在铁路车站的“分散式航站楼”模式为旅客提供了一体化程度极高的服务，旅客流程简单、运作高效，但由于航站楼分散，增加了办公成本和航站楼建设、运行等资金成本。所以，在实际运营中，根据航站楼布局，“空铁联运”

还有“集中式航站楼”和“综合式航站楼”两种模式。

正因为这种运作模式的变化，促使机场与城际铁路有机衔接，从而形成在城市群中具有集聚效应的对外综合交通枢纽。

高铁车站是城市对外交通的重要枢纽节点，高铁车站选址在中心城区、城市边缘和城市远郊，哪种对于城市发展更有利，并非简单取决于城市规模，而是与借助高铁网络建立的城市网络密切相关。

在传统的布局方式中，铁路车站大城市进入城市中心多，中小城市边缘通过多。这是由于从工程角度考虑，铁路进入城市内部将造成空间分割，而采用地下和高架方式将提高工程造价。

伴随现代城市对外密切交流的发展需求，车站已不再是单纯的门户功能，而成为流动空间中的一个活动集聚节点。与此相适应，在城市网络中占据重要地位城市的车站与周边土地融合，逐步演变为一个综合性的活动集聚中心。例如日本的京都车站，囊括酒店、百货、购物中心、电影院、博物馆、展览厅、地区政府办事处、停车场等的建筑综合体，宛如一个代表国际城市的主题公园，兼收了美国购物中心式的中庭、西方城市的传统公共空间以及日本的交通中心。京都火车站的功能已经不再限于门户作用的传统火车站，而成为是城市的大型开敞式露天舞台、大型活动的聚会中心、古城全景的观赏点、购物中心和空中城市[4]。而对于大多数中小城市来说，高铁车站进入城市中心的代价往往是难以承受的，位于城市边缘而形成一个小型的对外交流中心是一个现实的选择。即使是这样，车站也应该作为一个外界了解城市的窗口，融合周边一定规模的土地开发形成一定程度的活动集聚是努力的方向。对于高铁这样强调时效性的运输方式而言，远离城市中心区、处于远郊区的车站往往成为败笔，我国一些城市车站布局的教训是值得重视的。

截至 2016 年底，我国已开通高铁的城市有 322 个，包括 144 个地级城市（直辖市、省会城市、地级市）和 178 个县级城市（除市辖区之外的县市）。2008 年，全国仅 10 个高铁站投入使用，2012 年接近 200 个，2015 年突破 400 个，2017 年已有 465 个高铁站点。高铁所形成的城市间联系，与中国的城镇化发展之间的关联，是一个需要高度关注，并有可能进一步改变对外交通枢纽功能的问题。

5.3.4 城市交通网络与对外交通枢纽的衔接

由于城市对外交通枢纽汇集大量人流，各国均努力通过公共交通方式实现城市交通网络与对外交通枢纽之间的衔接。这方面应该说中国香港、日本取得了很好的成绩（图 5-31）。

值得关注的是，图 5-31 显示出中国香港和日本关西、日本东京机场集疏运客流中，专用巴士占据了客观的数额。在具有与机场便捷联系轨道交通的情况下，乘客的选择行为是值得思考的。

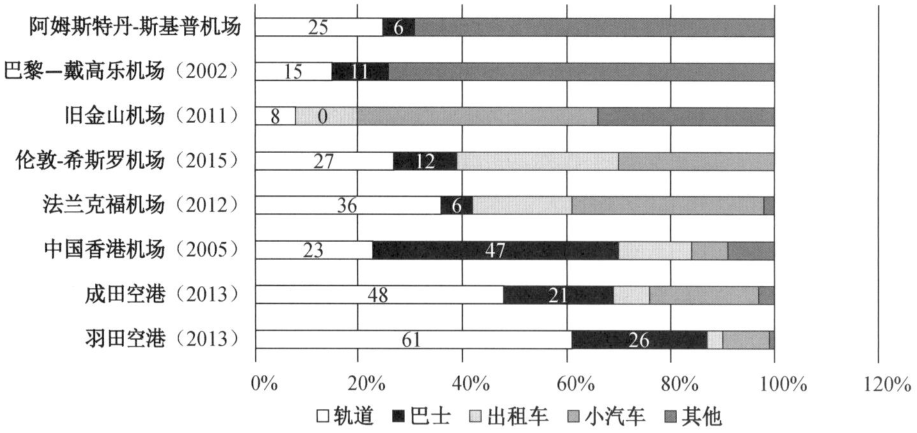

说明：①阿姆斯特丹—斯基普机场和巴黎—戴高乐机场的数据中，轨道和巴士以外交通方式全部归入其他一栏。

② 羽田空港、成田空港为2013年航空旅客动态调查(工作日)的结果。

③ 中国香港国际空港数据来源于：Analysis of airport access mode choice：a case study in Hogn Kong[J]. Journal of the Eastern Asia Society for Transportation Studies，2005，1(6)：708-723.

④ 法兰克福空港、旧金山国际机场数据来源于：IARO report 14. 10「What happens to mode share when trains start running to airports? Second edition 2015」.

⑤ 伦敦—希斯罗机场数据来源于 Transport Statistics Great Britain 2015.

⑥ 巴黎—戴高乐机场、阿姆斯特丹—斯基普机场数据来源于：TRANSIT COOPERATIVE RESEARCH PROGRAM「TCRP REPORT 83 Strategies for Improving Public Transportation Access to Large Airports」.

图5-31　部分国际机场集散交通方式比例结构

首先是相关城市对于机场专线巴士配置了相当规模的运力，分担了1/4以上的公交客流(图5-32、图5-33)。

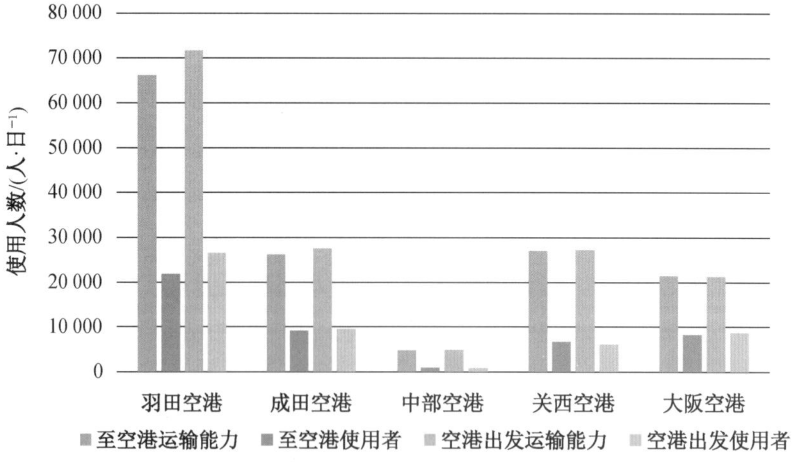

图5-32　日本主要空港专线巴士运力配置与使用人数情况

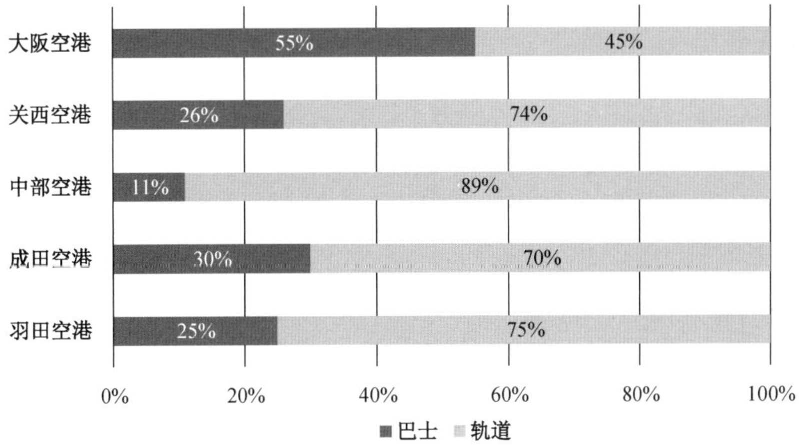

图 5-33　日本主要机场出发客流使用公交系统的方式结构

从图 5-34 显示的调查结果可知，减少换乘、全程有座位、线路布局合理，以及时间与费用均是乘客选择专线巴士的重要原因。

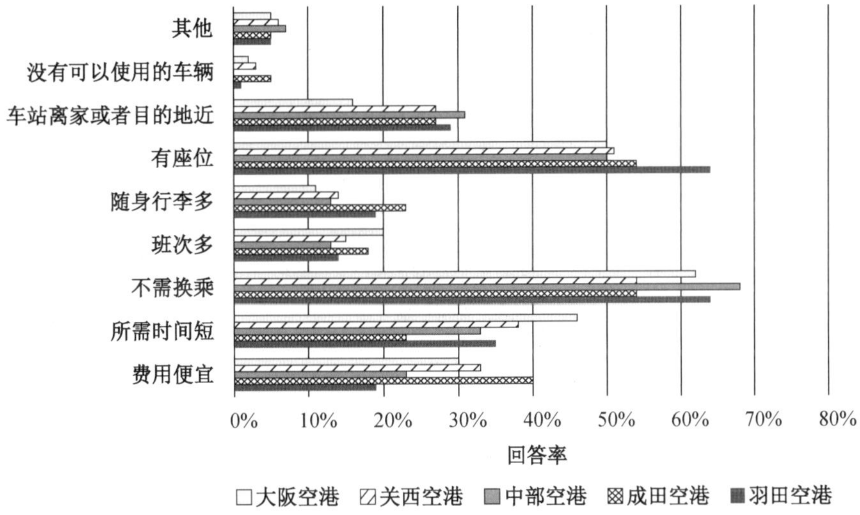

图 5-34　使用机场专线巴士的原因

对于空港专线巴士的使用者来说，将轨道作为替代交通方式与轨道所需换乘次数具有一定程度的关联，当换乘次数达到 3～4 次时，只选择机场专线巴士的比例开始上升(图 5-35)。

我国特大城市轨道建设均把与对外交通枢纽的衔接作为重要问题加以关注，但是从图 5-36 可以看到，随着城市范围的扩大，单纯依靠轨道建立与机场等对外交通枢纽的联系难以保障在合理服务水平前提下对城市空间的覆盖。采用更加多样化的公共交通方式弥补轨道交通的不足，是一个值得注意的问题。

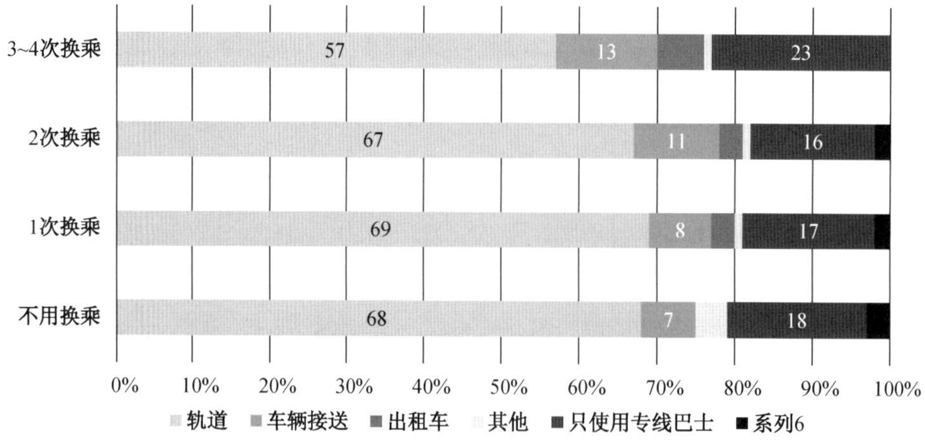

图 5-35　空港专线巴士使用者的替代交通方式转移与换乘次数的关联

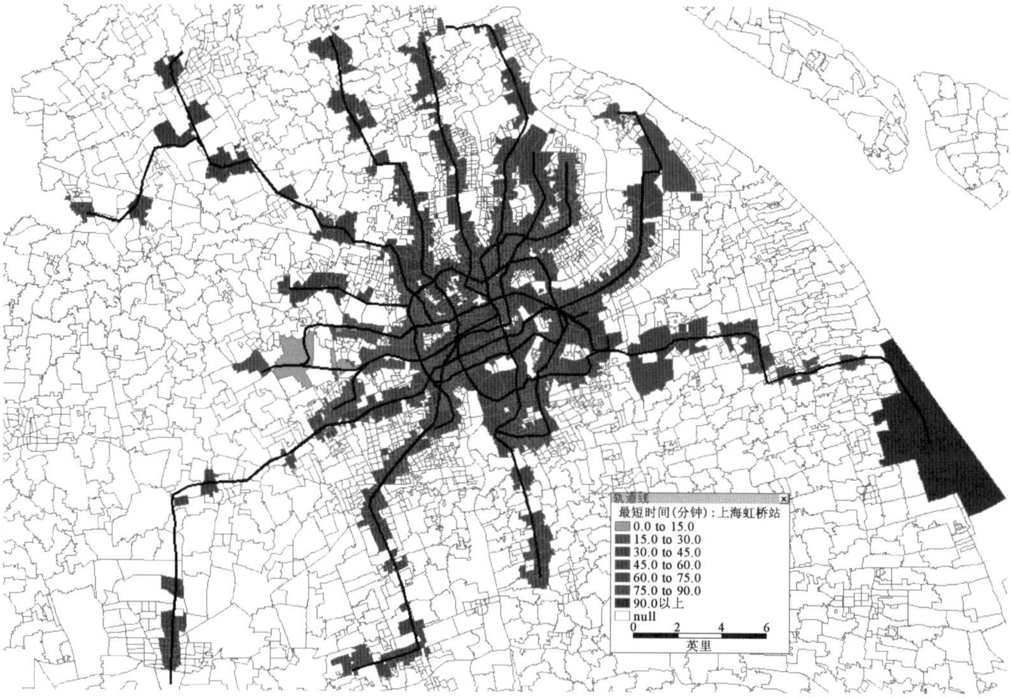

注：根据 2015 年上海轨道网络数据计算获得。

图 5-36　上海市轨道沿线利用地铁到达虹桥枢纽的时间分布

参考文献

[1] Castells M. Power in the network society[J]. European Messenger，2009(17)：42.

[2] Taylor P J，Hoyler M，Verbruggen R. External Urban Relational Process：Introducing Central

Flow Theory to Complement Central Place Theory[J]. Urban Studies, 2010, 47(13): 2803-2818.

[3] Beaverstock J V, Taylor P J, Smith R G. Aroster of world cities[J]. Cities, 1999, 16(6): 445-458.

[4] 钱才云,周扬. 谈交通建筑综合体中复合型的城市公共空间营造——以日本京都车站为例[J]. 国际城市规划,2010,25(6): 102-107.

6 城市公共交通优先发展

6.1 中国城市交通模式的战略抉择

6.1.1 我国公共交通发展的社会经济背景、历程、特征和问题

我国处于现代化、工业化、信息化、城镇化的快速发展时期，社会经济发展的同时，土地、能源、水资源短缺的问题日益突出，生态环境恶化趋势没有得到有效遏制，公众改善人居环境、提高生活质量的愿望十分迫切。需要特别注意的是，我国的快速城镇化是伴随着机动化、社会经济水平同步、快速发展。这一特征导致我国城市在资源、生态环境、基础设施承载能力等方面面临的矛盾相比国际类似城市而言更为突出，要求我国的城镇化走一条集约、高效的城市与交通协调发展道路，以公共交通引导城市发展模式的转型升级迫在眉睫。

实际上，优先发展公共交通并非近十几年才提出，我国的城市公共交通发展是伴随着国家经济体制改革及城镇化进程蓬勃发展起来的。总体来看可分为以下几个阶段：

1. 阶段一：1949—1977 年

新中国成立以后，改革开放以前，城市发展的重心集中在中小城市，该时期的出行以步行、自行车为主，非机动车相关基础设施的建设以及运营(付费的自行车停车处，单位公用住房、单位大院、学校医院商场等配建的停车棚)尤为多见。这一阶段的城市公共交通仍保留着浓厚的“计划经济”色彩，且主要在大城市发展，地铁仅在北京市以备战为主要目的修建。

2. 阶段二：1978—1992 年

直至改革开放之初，中国城市建设改革复兴，东部沿海城市率先进入城镇化快速发展时期，经济社会发展开始加速，城市规模不断扩大，人口激增。尽管这一阶段内自行车仍是大多数城市的主要交通工具(1982 年中国城市自行车保有量约为 3 500 万辆，人均 0.36 辆)，但出行距离的增长导致自行车出行优势逐渐减退，城市公共交通需求的增长，城市交通基础设施匮乏，二者矛盾日渐凸显，“乘车难”成为这一历史阶段下大力发展公共交通的重要定位。1985 年《国务院批转城乡建设环境保护部关于改革城市公共交通工作的报告》(国发〔1985〕59 号)提出了改革城市公共交通的多项措施，其中对于经营理念与布局理念均有涉及。随后，1987 年国务院发布《关于加强城市建设工作的通知》(国发〔1987〕47 号)进一步强调了“城市公共交通是城市生产、生活必不可少的物质基础，要作为城市建设的重点”“要努力改善城市的交通拥挤状况，大力发展公共交通，有条件的大城市应逐步发展大容量的轻轨交通”。被定性为城市公用事业的城市公共交通，在计划经济体制下大都采用政府兜底(系统建设、运营管理)的运营模式，企业投入积极性不高，难以形成与需求增长齐头并进的态势，设施规模与运力缺口明显。

3. 阶段三：1993—2000 年

市场经济体制改革全面深化，土地有偿使用制度改革逐步深化，城镇化保持快速发

展势头，人口向中心城市聚集的趋势十分明显，机动化也同时步入快速发展期。国家颁布实施《汽车工业产业政策》，明确提出“到 2000 年汽车总产量要满足国内市场 90%以上的需要，轿车产量要达到总产量一半以上，并基本满足进入家庭的需要。”随着中国汽车工业发展转型，小汽车开始进入家庭，以自行车为代表的非机动交通出行在城市交通结构中比例严重下滑。同时，在城市交通设施供给严重不足的背景下，为应对城镇化、机动化所带来的城市交通需求总量激增和需求结构调整的问题，我国城市发展开始步入“汽车发展追随型”阶段，道路相关设施的投资比重增大，设施规模增加明显。这一过程中，城市公共交通仍在早期政策取得的统一思想下持续发展，但从设施、运力等增速来看与小汽车增速的差距日渐增大。公共交通在定位(公益性)、运营组织模式等方面相对单一，决定了其相比小汽车而言，存在“先天不足”的劣势，公交客流来源也并非小汽车出行者，而是丧失了通行环境的步行、自行车出行人群。尽管该阶段内城市公共交通体制改革取得了阶段性进展，明确了运营企业的市场主体职责和政府管理职责，在一定程度上推进了公共交通投资主体向多元化发展，但地方财政兜底与政府定价的组合管理模式仍存在诸多问题，加上精细化服务监管的长期缺位，也在一定程度上导致城市公共交通长期处于运营组织模式单一、运力配给缺口大、多样化发展动力不足的状态，难以适应百姓对出行品质诉求的日益提升。

4. 阶段四：2001 年至今

该发展阶段内，我国城镇化率显著提升(由 2003 年的 37.65%上升至 2015 年的 56.10%)，城镇人口规模达到约 7.7 亿(截至 2015 年末)，城镇化发展已上升为国家战略。该阶段小汽车大规模进入家庭，年均增长率长期保持在 15%以上(图 6-1)。这一时期国家 GDP 处于高速增长阶段，相比精细化的内涵改造而言，通过基础设施规模扩充解决所谓“交通拥堵”问题更易于实施，道路拓宽、修建快速路和高架道路以及建设轨道交通成为该阶段内国内大部分进行交通改善的主流举措。

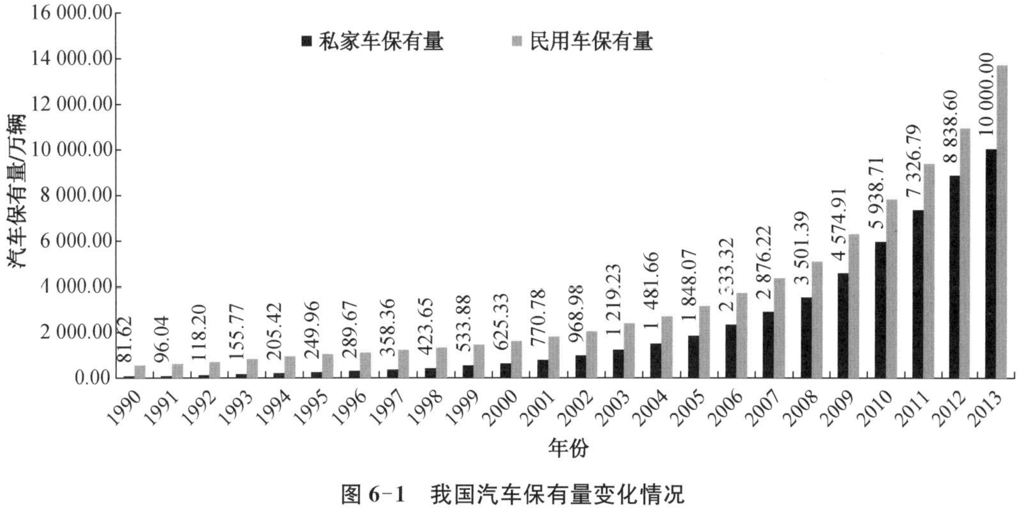

图 6-1　我国汽车保有量变化情况

这一发展态势下，交通病、城市病的各类矛盾日益尖锐。从国家层面重视并优先发展公共交通被提到了新的高度。2004 年《建设部关于优先发展城市公共交通的意见》（建城〔2004〕38 号）指出“优先发展城市公共交通，不仅是缓解城市交通拥堵的有效措施，也是改善城市人居环境，促进城市可持续发展的必然要求”，并从“规划调控、基础设施、运营结构、路权保障、行业改革、政策扶持等”方面提出意见，将公共交通上升到影响城市发展的高度。2005 年《国务院办公厅转发建设部等部门关于优先发展城市公共交通意见的通知》（国办发〔2005〕46 号）指出“优先发展城市公共交通是提高交通资源利用效率，缓解交通拥堵的重要手段”“优先发展公共交通符合城市发展和交通发展的实际，是贯彻落实科学发展观和建设节约型社会的重要举措”“各地区和有关部门要进一步提高认识，确立公共交通在城市交通中的优先地位”。2008 年的行业管理“大部制”改革，将原属建设部管理的城市出租汽车、公共汽（电）车行业，统一划归交通运输部管理，并在《交通运输“十二五”发展规划》中首次提出在“十二五”期间开展“公交都市”[1]建设示范工程计划，该计划以 2011 年交通部正式下发《关于开展公交都市建设示范工程有关事项的通知》（交运发〔2011〕635 号）为标志正式启动。

上述一系列国家政策和指导思想的相继出台，“公交都市”示范项目，推动了地方城市人民政府，特别是交通运输主管部门对公共交通基础设施、运力规模的投入。截至 2010 年末，公交车辆运营数量增长至 38.1 万辆（10 年间增幅 70%），出租汽车数增长至 98.6 万辆，地铁和轻轨全国已有 13 座城市 1 600 km 投入运行，另有 15 座城市开工建设。但从 2010 年以后的推进效果来看，存在诸多问题：部分“公交都市”申报城市由于论证欠深入，把关不够严格，在发展目标设定上具有盲目性，或超前完成任务，或原地踏步；部分“公交都市”申报城市在指标计算中数据基础严重匮乏，上报结果缺乏根据，导致可信度有待商榷等。如不引起足够的重视，就传统指标体系（由指标内涵、指标体系框架、指标及目标更新机制、监督实施与阶段性考核机制、奖惩制度等构成）进行及时、全面的反思，整体效果势必大打折扣，甚至由于战略性误导引发对城市资源错配、城市发展模式与“绿色、可持续”理念渐行渐远。尽管这一阶段内，我国关于城市交通的发展理念已从“大力发展公共交通”[2]向“优先发展公共交通”[3-4]转变，并在这一理念的指导下城市公共交通在设施、运力规模上取得了长足发展，但从 2009 年以后的运量和出行方式选择的客观事实来看，形势依然不容乐观（图 6-2）。

随着轨道规划建设如火如荼，公共汽（电）车的可持续发展面临尴尬的萎缩趋势。尽管公共汽（电）车设施、线路运力规模扩张已被多数城市普遍当作落实公交优先发展战略的重要举措之一，但从各城市客运量的变化来看，积极投入并未能换来预期的产出：北京、上海等一线城市自 2010 年前后开始呈现客运量下降态势，2013 年前后更是成为各城市公共汽电车客运量变化以及公共汽（电）车投入产出比变化的重要拐点（图 6-3、图 6-4）。

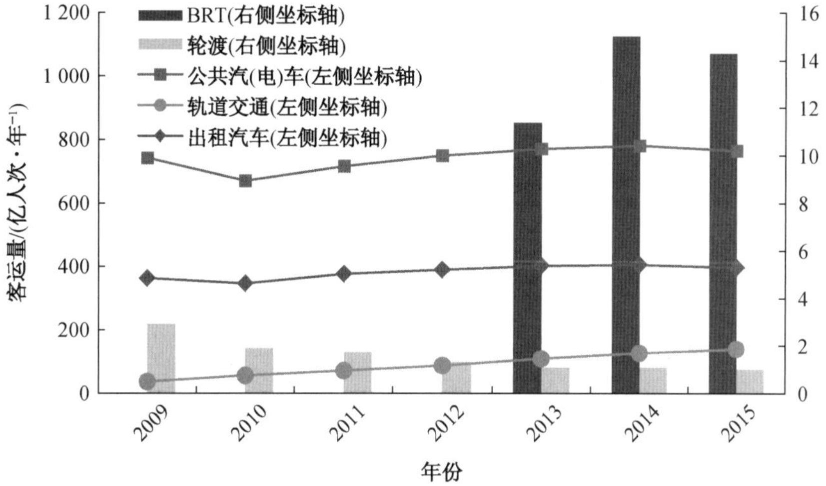

图 6-2 2009—2015 年全国城市公共交通客运量增长趋势

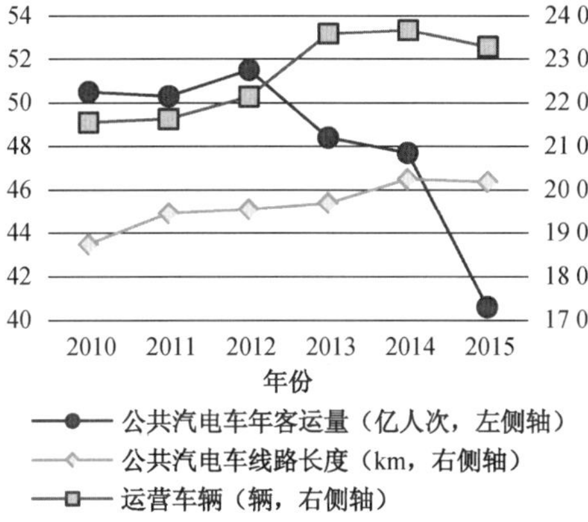

(a) 北京

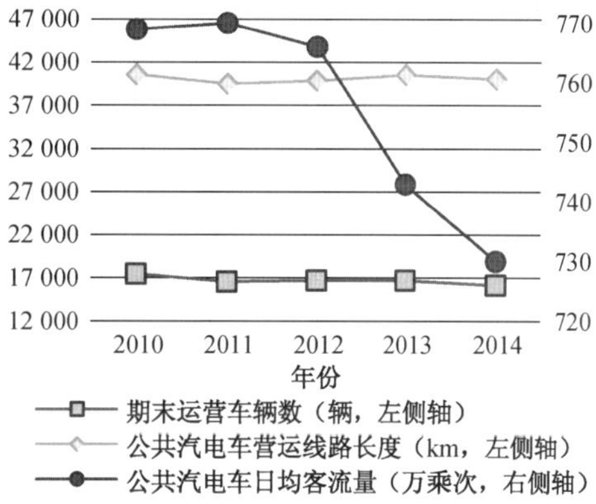

(b) 上海

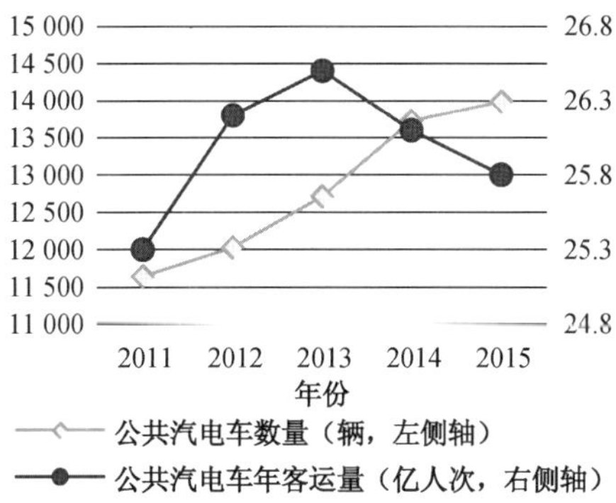

(c) 广州

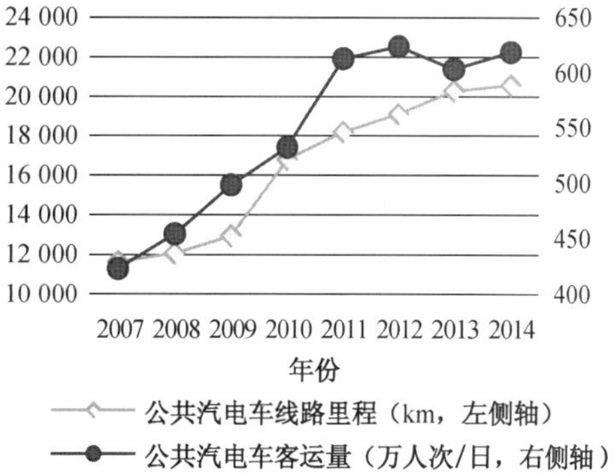

(d) 深圳

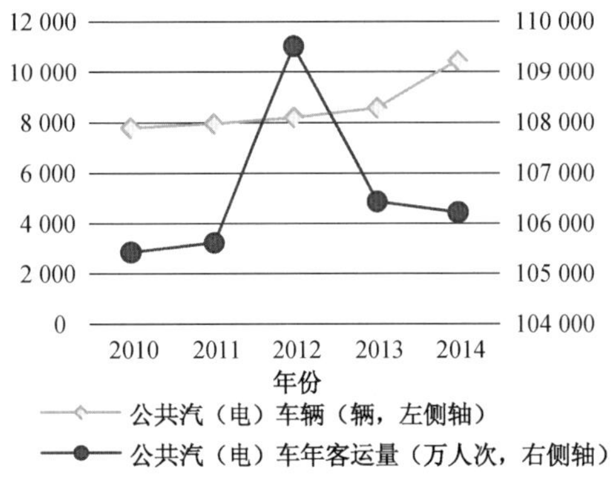

(e) 南京

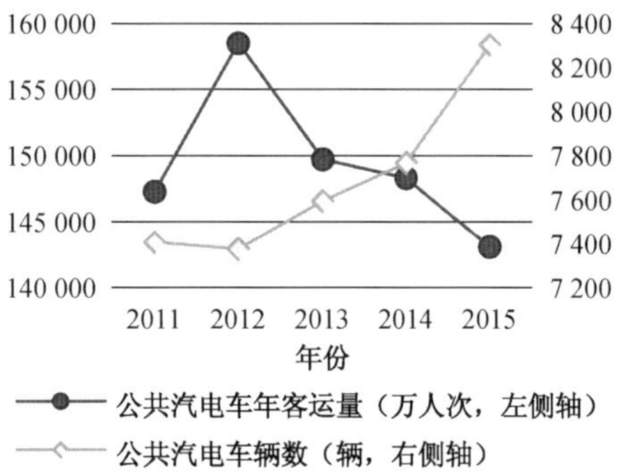

(f) 武汉

图 6-3　国内各城市公共汽(电)客运量变化①

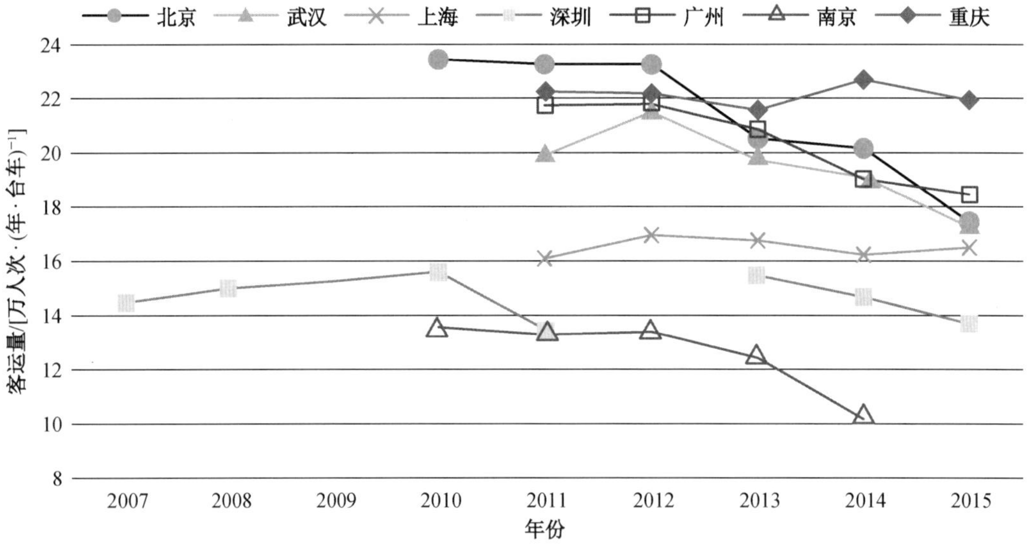

图 6-4　部分城市公共汽(电)车车辆投入产出比变化②

这一不均衡性的产生和演化也从一个侧面客观地揭示:单纯从行业管理视角出发关注公共交通的优先发展,仅通过设施运力的规模扩充迎合“指标”而忽视系统的内涵改造,亦缺乏将公共交通的发展纳入城市发展模式中统筹考虑,更未能够将这一发展模式上升成为国家战略予以推进落实,是无法从根源上缓解快速城镇化以及资源环境约束背景下我国城市与交通发展面临的尖锐矛盾的。

① 数据来源:北京、上海、广州、深圳、南京、武汉等各城市交通发展年报。

② 数据来源:北京、上海等各城市交通发展年报。

6.1.2 城市公共交通优先发展的内涵

1. 城市公共交通优先发展的概念

城市公共交通优先发展是指：在城市行政区域里，通过优先配置资源，构建适应市场机制、政府调控监管的、符合当地经济社会发展阶段、由多种类型企业等经营机构提供均等和高效的公共服务的公共交通体系，引导出行者优先选择，引导城市集约利用土地和节约能源、保护和改善人居环境。

以上概念中，各项表述具体解析如下：

(1) 在城市行政区域内——由公共服务属性和财政体制所导致。虽然自新中国成立以来，公共交通在城市交通当中的地位、规模、角色、运载工具、服务模式等都在不断地发生着变化，但是其"社会公益性"的定位多年来从未面临过质疑和挑战(表 6-1)。因此，其典型的社会公益性特征"保障中低收入阶层的日常基本出行，使用者可以以低于成本或者与成本持平的价格接受服务，该项类由政府购买并实施监督管理"一直是各级人民政府在逐步推进城市与交通协调发展过程当中秉承的基本原则。作为国家对集中的预算收入有计划地分配和使用而安排的资金，地方性一般预算支出涵盖的 29 个项目内容当中明确包括基本建设支出、政策性补贴支出、债务支出等内容，与公共交通系统规划投资建设运营管理，以及确保企业收支平衡、维持重复再生产和扩大再生产所需公共资金来源休戚相关。因此，城市公共交通优先发展也必然是在城市行政区域及财政体制框架下的城市发展模式。

表 6-1　公共交通定位的演变

文　件	定　位
1985 年《国务院批转城乡建设环境保护部关于改革城市公共交通工作的报告》(国发〔1985〕59 号)	从人力、物力、财力上给予必要的支持
1987 年《国务院关于当前产业政策要点的决定》(国发〔1989〕29 号)	重点支持基本建设的产业、产品是：社会公共设施中的大中城市生产和群众生活必需的供排水、治理污染、公共交通
1987 年国务院发布《关于加强城市建设工作的通知》(国发〔1987〕47 号)	城市公共交通是城市生产、生活必不可少的物质基础，要作为城市建设的重点
1990 年《城市公共交通当前产业政策实施办法》(1990 年 12 月 17 日建设部〔1990〕建设字第 700 号文发布)	城市公共交通是社会生产的第一道工序； 城市公共交通是我国综合运输体系的重要组成部分，是我国综合运输网中的枢纽和节点； 城市公共交通体系是客运交通系统的主体，是城市建设和发展的基础，是城市生产和人民生活必不可少的社会公共设施，是城市投资环境和社会化生产的基本物质条件
1993 年《全民所有制城市公共交通企业转换经营机制实施办法》(建城字〔1993〕第 671 号)	城市公共交通是对国民经济发展具有全局性、先导性影响的基础行业； 城市公共交通是与城市经济密切相关的公共设施
2004 年《建设部关于优先发展城市公共交通的意见》(建城〔2004〕38 号)	城市公共交通是社会公益性事业，其发展要纳入公共财政体系，统筹安排，重点扶持
2012 年《国务院关于城市优先发展公共交通的指导意见》(国发〔2012〕64 号)	突出城市公共交通的公益属性

(2) 优先配置资源——在包括政策、规划、建设、运营、管理等方面优先配置资源。2006年底，北京市发布《关于优先发展公共交通的意见》，确定了优先发展公共交通“两定四优先”的总体思路，旨在从规划、投资、建设、运营和服务各环节为公共交通的发展提供优先条件，其中“四优先”分别为公共交通设施用地优先、投资安排优先、路权分配优先、财税扶持优先，为北京市的公交优先发展指明了路径。尽管如此，这一基本原则仍未脱离行业管理的思路，存在一定的局限，应继续拓展为将城市空间资源、财政资源以及政策资源的配置向公共交通出行链相关设施的倾斜。除了公共交通运营所必要的场站、段用地和专用路权以外，作为公共交通出行链不可或缺的步行、自行车环节也应受到足够重视，指标需体现对“设计适宜步行的街道和人行尺度的街区”“自行车网络优先”“提高道路网密度”“混合使用街区”等[1]更为宽泛要素的指向性。此外，传统的交通研究中，当对象为车时，其“停”和“行”通常受到同等重视；但当对象为人时，往往关注“行”而忽略“停”。以往对于居住与出行关系的探讨，多聚焦于定性或半定量的分析，将其纳入评价公交优先发展指标并不常见，通观第一节当中提到的“公益性”与“市场化”博弈下的公共资源分配问题，得到的启示是，住房资源配置向公共交通的主要使用人群倾斜也是“优先配置资源”的应有内涵之一。

(3) 适应市场机制——市场机制是配置公共资源的基础，资源的配置必须符合市场机制，城市公交也如此。包括公共交通相关基础设施投融资、土地溢价分配等相关制度建设有利于公共交通的可持续发展；行业管理模式、票价机制有利于调动企业积极性，有利于引导服务优化；价格生态建设有利于发挥市场在资源（如空间资源）配置中的主导作用（非集约化出行成本，如小汽车保有、使用成本）。

(4) 政府调控监管——政府的调控手段是规划调控、财政调控，应当实行特许经营管理。

(5) 符合当地经济社会发展阶段——是要适应经济发展水平、财政收入和社会承受能力，要适应社会主义市场经济改革的阶段，要适应城市定位和规模。政策、措施的制定和执行，要有利于缓解具有地方特色的交通发展中的突出矛盾，有利于支持地方产业的发展和保持地方经济的平稳增长，有利于避免交通基础设施投资造成的财政“挤出效应”和发展的“过度超前”。

(6) 多种类型企业等经营机构提供——由经营企业和机构提供公共汽（电）车、轨道交通、出租汽车、轮渡、租赁自行车等。

(7) 均等——首先是公民权利的均等，即在城市行政区、都市圈范围内从事生产活动和生活的公民在享有公共交通服务方面有均等的公民权利。对于多样化的公共交通服务产品而言，这一公平性则更为强调所有公民乘车机会方面的均等化，以及票制票价与服务成本、服务水平的适配与对等问题（优质优价），绝非价格机制的单一化或扁平化。其次是公共服务设施布局的均等化。亚里士多德曾说过：“人们来到城市，是为了生活；人们居住在城市，是为了生活得更好。”这其中所提及的“生活”就是人的基本需求。除了就业与居住以外，医疗、教育、生活基本采购是构成“生活”的最基本要素，因此，公共设施的交通可达性，特别采用绿色出行方式（公共交通、步行、自行车）的可达性，是“公共交通优先发展”理论下“均等”的应有内涵，同时也是广义交通需求管理的重要策略。再次，在现行的交通设施与运载工具技术背景下，不同交通出行方式的占用、消费城市空间（如道路空间、停车空间等）、能源、各类资源（如水资源、环境资源等），以及增加的外部社会成本（如尾气排放、交通拥堵等）应当体现均等化。最后，提供公共交通服务（含多样化的公共汽车服务、承担都市圈通勤出行的轨道交通服务等）的运营企业在“资源优先分配”方面应当体现均等化。例如，特许经营机会和管理办法的均等化、运营服务监管与评价考核奖惩制度的共享、财政补贴机制的共享、优先路权使用的均等化等。

(8) 高效——首先，从出行者的角度出发，集约化、节能环保的出行链（而非单一的交通方式）相对于非集约化、非节能环保出行链而言，需要有一定的竞争力，如“通过调节停车和道路使用来增加机动性”[5]；其次，从社会管理的角度而言，包括财政、城市空间、设施设备、人力等社会公共资源在配置上要体现高效，避免在追求高效的同时不计代价，耗费过高的内、外部成本。

(9) 体系——包括多种交通工具类型和相互间形成高效的组织方式。

(10) 引导出行者优先选择——基本要求。

(11) 引导城市集约利用土地和节约能源、保护和改善人居环境——战略要求。

城市公交优先发展的核心是提高公共交通的竞争力，引导出行者优先选择；它的目标是保障均等机会出行，引导城市集约利用土地和节约能源、保护和改善人居环境，建设可持续发展城市；它的性质是提供均等和高效的公共服务，满足大众的多样化需求；它的手段是以市场配置资源为主，发挥政府的调控监管作用。

2. 认识上的误区以及概念比较

尽管“城市公共交通优先发展”这一国家的城市发展战略已经在社会各界达成广泛共识，近几年在国家和各级政府的政策支持下，公共交通发展也取得了显著成效，但中国城镇化发展相比仍显滞后，与百姓需求相比仍有差距。究其原因，根本在于其在国家和城市发展中的地位尚未明确，对“优先”的认识存在误区，具体体现在：①注重公共交通方式自身的优先，忽视公共交通对城市发展的引导；②注重公共交通的规模扩张，忽视效益提升；③优先发展路径选择趋同，忽视城市间的差异；④注重轨道交通优先，忽视既有公共汽（电）车的完善；⑤未能统筹与小汽车交通、步行及自行车交通的竞争和协作关系。

总体上来看，“优先发展公共交通”认识的误区，主要源于这一理念仅仅是将公共交通发展放在城市交通发展的首要位置，其战略意义停留在转变城市交通发展模式（而非引导城市发展模式的转型升级），重点仍在城市交通运行组织层面，对城市公共交通某类工具在资源分配以及运行方面的优先保障。

为进一步揭示“城市公共交通优先发展”的内涵，将其与传统概念上的“优先发展公共交通”从发展地位、发展动因、发展模式、经营管理、系统运行和服务品质等 6 个方面进行了比较(表 6-2)。可以看出,“城市公共交通优先发展”才是符合科学发展观的核心思想,才是引导城市与交通可持续发展的重要途径,才是中国走新型城镇化发展道路的必然战略选择。

表 6-2　“城市公共交通优先发展”与传统概念上“优先发展公共交通”的比较

比较项目	传统概念上的优先发展公共交通	城市公交优先发展
发展地位	定位为城市公共事业,是城市交通系统的重要组成部分	定位为国家的城市发展战略,是提高城镇化质量,实现城市可持续发展的重要一环
发展动因	解决交通出行不便、交通出行不畅等问题,主要替代非机动化交通方式	保障群众享有均等出行机会,促进出行方式转变,主要替代个体交通方式,引导城市可持续发展
发展模式	以追随式满足城市交通需求为主,作为城市道路的附属,通常滞后于城市发展,与城市土地、环境、能源等方面的发展相关性较弱	以引导式组织城市交通需求为主,强调综合开发,通常超前于城市发展,与城市土地集约、低碳环保、节能减排等息息相关
经营管理	政企不分或职责不清,监管补贴机制不健全,往往因过分关注交通工具的移动和经济效益而忽略人的移动和社会效益	政企分开且职责清晰,监管补贴机制较完善,更加注重人的移动,实现经济效益和社会效益的平衡
系统运行	区域发展不均衡,整体运行效率不高,资源浪费情况较突出	区域发展较均衡,整体运行效率较高,资源得到有效利用
服务品质	服务方式相对单一,服务水平普遍较低,与私人交通方式难以形成竞争优势,缺乏吸引力,出行者往往被动选择,实际服务对象以中低收入者和外来人员为主	服务方式多样,服务水平普遍较高,与私人交通方式具备一定竞争优势,吸引力较强,出行者乐于主动选择,实际服务对象为全体社会成员

与传统概念上的“优先发展公共交通”相比,“城市公共交通优先发展”具有以下几个方面的战略突破:①构建了多层次、高品质、高效率的城市公交服务系统及强有力的保障机制,实现了城市公交的健康发展;②对私人交通方式形成竞争优势,确立了公共交通在城市交通中的主体地位;③从滞后的“追随需求”发展转变为超前的“引导需求”发展,变被动为主动;④更加注重人的移动,引导城市交通发展从传统的“先路—再车—后人”的路网导向型模式向可持续的“先人—再车—后路”的公交导向型模式转变;⑤充分体现了公共交通服务的公益性、公平性,保障了全民均等机会出行。

我国处于现代化、工业化、信息化、城镇化的快速发展时期,社会经济发展的同时,土地、能源、水资源短缺的问题日益突出,生态环境恶化趋势没有得到有效遏制,公众改善人居环境、促进社会公平、提高生活质量的愿望十分迫切,通过上述对城市公交优先发展与传统城市公交发展的比较,充分说明实施符合中国国情的城市公交优先发展是解决国家城镇化、土地、能源、环境、民生等问题的重要途径和必然选择。

6.1.3　城市公共交通优先发展存在的问题

1. 对其战略重要性认识不足,尚未充分上升为国家的城市发展战略

目前“公交优先”政策落实依然停留在交通行业内部,未能上升到国家的城市发展战略层面。城市公交发展目标单一化、指标化、模式化,是导致城市公交优先片面等同

于“公交行业优先”“专用道建设优先”或“轨道建设优先”等的主要原因。公共交通服务至今尚未明确纳入国家基本服务范畴。在2012年发布的《国家基本公共服务体系“十二五”规划》中，规定“基本公共服务的范围，一般包括保障基本民生需求的教育、就业、社会保障、医疗卫生、计划生育、住房保障、文化体育等领域的公共服务”，仅在广义的范围里提到了“交通”，并没有明确突出公共交通的地位。相比而言，国外发达城市和地区普遍将发展公共交通纳入国家、城市发展的战略层面考虑，并将公共交通作为政府应当向民众提供的一项基本服务，为公交优先发展的法规制定、资源配置特别是财政保障提供依据。

2. 公共交通发展滞后于城市增长和有机更新，尚未与城市发展形成互动协调关系

公共交通没有起到引领城市发展的作用，是近年来各类城市普遍出现交通拥堵的原因。城市建设呈现均质蔓延的态势，与公共交通走廊缺乏协调。公交导向的城市发展模式虽已成为共识，但城市用地规划与交通规划协调机制不足，对城市用地规划、控制指标缺乏明确指导。土地开发与公交规划不协调主要表现在：

(1) 宏观层面：已确定了TOD发展方向，但缺乏明确的TOD宏观发展策略。在城市总体规划中各城市都提出了符合自身特点的城市空间发展结构，并提出积极推进TOD发展的模式，以公共交通体系支撑引导城市空间布局结构优化，并在组团内部平衡居住与就业，减少长距离交通出行。但在各城市实际发展中，总体规划提出的“理想”发展格局遇到以下“现实”问题：一是居住地向外扩散，中心城区外围城市化进程加快，城市连绵扩展；二是向心交通持续加强，组团交通出行中，组团内机动化出行增长不多，组团间机动化出行却大量增加，居民平均出行距离逐年提高，交通向中心城区集聚的现象仍十分明显。

(2) 中观层面：开展大量相关规划探索，但缺乏系统的技术体系支撑。从轨道工程规划开始，各城市规划部门越来越重视轨道交通与城市发展的协调，目前纷纷开展“轨道线路与周边用地开发”的相关研究，试图采用“串珠式”土地开发模式，调整规划站点周边用地规划，整合沿线的各类交通设施；并且部分城市还开展了“轨道沿线土地效能及地下空间利用”的研究，在TOD规划实践上做了大量有益的探索。但是由于缺乏系统的技术体系的支撑，不同的设计单位、设计人员对TOD的认识、理解存在较大的差异，采用的规划设计方法也各不相同，尚未形成统一的、科学化、层次化、合理化的规划设计方法。

(3) 微观层面：已经取得一定的成功经验，但缺乏普适性标准。现状是我国主要大城市均已建设轨道交通，经过多年的用地转变，部分站点的TOD开发已经取得了一定的成功经验。如深圳的罗湖口岸、大剧院站(万象城)、世界之窗站、上塘站和红山站等站点，但由于缺乏普适性标准，现有的TOD开发难以全面展开。

3. 城市公交优先发展的相关保障制度尚未建立健全

城市公交层面立法体系尚未建立。国际公认的“公交都市”普遍建立了保障城市公交优先发展的法律体系，相比而言，我国至今尚未从国家层面出台关任何有利于推进公

共交通优先发展这一城市发展模式建立的法律。2005 年、2012 年、2016 年先后颁布的国务院文件[4,6]、发展纲要[7]等是各历史阶段我国推进公共交通优先发展的重要的政策指导文件，但仍属于政策性规范文件，而非立法文件范畴，缺乏刚性要求，不利于政策在地方的执行到位，难以适应公共交通优先发展战略落实的要求。

缺乏公交优先发展政策及制度顶层设计。目前在国家及地方层面，往往是针对公交发展中存在的一些具体问题，研究提出相关政策，出台相关政策文件、法规和制度规定。由于未从系统层面统筹考虑公交优先政策及制度设计，导致出台公交规章制度、规定文件缺乏统一和明确的政策目标导向，不仅政策、管理规定等文件较为零散、不成体系，而且存在中央与地方之间以及地方的不同政策文件、管理规定之间的内容不一致甚至相互冲突的问题。

规划编制及管理体系不完善。目前，城市总体规划和控制性详细规划、综合交通体系规划等规划尚未有效确保和落实公交优先发展的规划编制和实施细则，已有轨道交通规划编制要求，而对于公交专项规划的编制要求在法规层面并未明确。在既有的城市综合交通体系规划编制要求中，公共交通作为一个重要专项，但其内容深度要求不足以指导公共交通引导城市发展的规划建设需要；而轨道交通规划则是城市公共交通规划的一个重要专项，不能涵盖公交规划全部内容。目前国内很多城市专项开展了城市公共交通规划，但由于缺乏规划编制管理办法要求，公交规划编制组织、规划实施及监督均面临较大问题，未能充分发挥规划控制和引领作用。除宏观层面缺少城市公共交通专项规划管理要求外，在中微观层面，也未明确交通详细规划编制要求。目前轨道、交通枢纽及干线道路等重大设施缺乏详细规划环节，直接从专项规划到工程方案设计，导致工程设计方案与上层次规划功能要求不一致，不利于规划管理。部分国家、地区对轨道建设的相关规定如表 6-3 所示。

表 6-3　　部分国家/地区对轨道建设的相关规定

国家/地区	对轨道建设的相关规定
中国	国办发〔2003〕81 号文件《关于加强城市快速轨道交通建设管理的通知》中提出：我国城区人口在 300 万以上的城市可申报发展地铁，城区人口在 150 万以上的城市可建设轻轨交通
日本	日本运输政策审议会曾提出城市人口在 100 万以上的大城市，要充分利用地下城市高速铁道；城市人口在 50 万左右的县、厅所在城市，应适当引入中运量有轨交通系统；城市人口 20 万左右部分县、厅所在城市应以路面电车、常规公交为主体
苏联	规定人口在 50 万～100 万的大城市应发展轻轨交通，人口超过 100 万的特大城市应发展地铁
欧美	西方发达国家门槛标准较低，规定在 50 万人以上的城市就可建设轻轨交通甚至地铁系统
国际组织	第三十七届国际公共交通联盟会议上提出了有关地铁建设的建议：城市居民达到 150 万，且单向线路运输能力为 3 万～4 万人/小时的条件下，修地铁是有利和必要的

现有管理的相关规定与发展要求不相适应。国办发〔2003〕81 号文件《关于加强城市快速轨道交通建设管理的通知》中对轨道交通建设设置的门槛条件没有充分考虑各类城市交通发展阶段、发展水平和实际交通需求的巨大差异，而是简单以人口数量和经

济总量(GDP)作为硬性指标,无法体现和实现以公共交通引导城市发展的策略。

4. 公共交通市场机制不健全,政府对公交服务的监督管理仍停留在计划经济的管理模式下所采用的方式

自20世纪90年代以来,我国城市公交行业经历了打破公共垄断—引入市场化竞争机制—市场整顿重组的改革历程,取得了一定成效,但仍未探索出一套成熟的符合当地社会经济发展要求的市场经营机制。2005年46号文[8]提出“国有主导、多方参与、规模经营、有序竞争”的行业改革指导意见,但在随后各地政府推行的公交改革中,过多强调公益性而忽视市场机制作用,呈现“国进民退、专营垄断”的改革趋势。民营、社会资本逐渐退出,国有资本在公交运营中占绝对控制地位(特别在全国主要大中城市),“国有主导”变成“国有垄断”,公交经营或实行国有一家垄断,或实行分区专营垄断,缺乏有序竞争的市场环境。公交服务不可替代,成本不可比较。与此同时政府实行财政兜底,企业经营缺乏积极主动性,过度依赖财政补贴,而经营成本不断上升,补贴资金快速增长,财政负担日趋沉重,发展不可持续。政府与运营企业关系不明确,政府给予财政扶持,却对企业提供的服务缺乏“合同约定”。对公共交通服务监督的内容和方法不明确,缺乏制度规定和技术手段。

5. 公共交通财政体制难以维持城市公交的可持续发展

目前我国城市公共交通发展资金筹集职责主要在地方城市政府一级,而中央和省级政府的主要职责则是行业战略规划和监督,并通过出台相关政策文件以指导规范行业发展。由于在公共交通发展资金等资源筹措中不能够发挥相应的作用,中央、省级政府缺乏有效的调控政策抓手,在统筹地区公共交通发展方面的能力较为有限。

城市公交基础设施建设资金压力增大,许多城市进入高额还本付息阶段,发展前景堪忧。以北京市轨道建设为例,“十一五”期间平均每年增加轨道里程45 km,年投资总额约360亿元人民币(每公里约8亿元),政府财政投入约占10%,其余资金约324亿元全部通过融资贷款获取,早已进入高额还本付息阶段;“十二五”期间平均每年新建轨道里程达到66 km,年投资总额达到528亿元。政府面临着既有线还贷和新建线路融资的双重压力。

另外,公共交通建设带来的土地增值收益分配极不合理。相比香港“场站+上盖物业”的方式,相比东京政府赋予私营铁路公司专营铁路沿线土地、享有土地增值收益权利的方式,相比首尔对规模超过3 000 m^2 以上的建筑征收交通诱发负担金用于公共交通基础设施的建设的方式而言,我国轨道交通的投资、建设与维护主要由政府买单,而沿线房地产增值收益基本为开发商占有,政府与土地开发商“冰火两重天”,也不利于城市轨道交通在土地、财政等方面的可持续发展。

6. 公交营运补贴、公交票制票价体系缺乏合理的制定依据

目前我国公交财政体制缺乏科学性与合理性,大多数城市公交政策性亏损补贴尚未形成规范有效的补贴测算方法,导致政府财政负担增加,且政府补贴对象模糊不清,

公交企业过多依赖政府补贴缺乏努力降低其运营成本和提高服务质量的积极性。

6.1.4 城市公共交通优先发展的战略定位及意义

1. 城市公共交通优先发展是中国特色城镇化道路的应有内涵

2011年,我国城镇人口为69 079万人,城镇化率达到51.27%,首次超过50%,这标志着中国已结束了以乡村型社会为主体的时代,开始进入到以城市型社会为主体的城市时代。城市与城镇密集区的交通需求增长迅速,需要建立高效的、城市布局与公共交通高度协调的城市交通体系以满足不同人群出行需求(包括有规律性或随机性的活动),提高城市运行效率,城市公共交通优先发展的城市发展模式是必然的选择。

2. 城市公共交通优先发展是集约节约用地的有效措施

我国土地资源十分紧缺,为保证粮食安全,国家历来实行十分严格的耕地保护制度。城镇化的快速推进带来了居住和交通用地需求激增,有限的土地资源难以应对庞大且不断增加的用地需求。公共交通的集约化运输特征决定了它具备引导城市走向集约型布局、紧凑型发展的可持续发展之路。因此,城市公共交通优先发展这一城市发展模式的建立,有利于充分发挥其在引导城市集约节约用地方面的效能,对实现土地供需可持续发展具有重要意义。

3. 城市公共交通优先发展是实现国家能源战略的必然要求

我国人均能源占有率远低于世界平均水平,能源问题是我国在21世纪面临的一个重大挑战,事关国家经济安全,应始终将节能放在突出位置。2010年,我国石油消耗占全球石油消耗的33.6%,其中用于交通运输的消耗比例达60%。据预测,2020年我国交通能耗占社会总能耗的比例将高达1/3。交通运输节能问题的关键是发展集约化运输,降低运输工具单位能耗水平。此外,公共交通还是国家实施新兴能源的重要载体。因此,优先发展城市公交是推动交通运输节能、实现国家能源战略的必然要求。

4. 城市公共交通优先发展是实施国家环境保护国策的重要内容

我国工业化和城镇化正处于快速发展阶段,环境压力日益增加。大中城市中的机动车尾气和噪声已成为主要污染源,尾气中的$PM_{2.5}$成为灰霾天气的重要诱因。改善城市人居环境已十分迫切。城市公交优先发展能提高交通出行的集约化水平,是降低尾气污染的有效途径,是实施国家环境保护国策的重要内容。

5. 城市公共交通优先发展是构建和谐公平社会、改善民生的重要保障

忽视或者不重视城市公交的全民性是过往城市公交优先发展工作中一个主要误区,即片面强调城市公交服务工薪阶层和中低收入人群,过于单一、片面地注重通过补贴、低票价等方式降低公交出行经济成本,而没有充分认识到全方位提高城市公交服务水平、质量,满足全体城市居民使用的重要性和紧迫性,导致城市公交发展"量高质低",不断丧失吸引力。从更深层看,还会导致将城市居民通过交通出行方式分为三六九等,滋生"公交=低收入群体=低级交通出行方式,小汽车=高收入群体=高尚的交通出行

方式"等扭曲的世界观。长此以往，不仅会严重影响和制约我们对公交优先发展的重视程度，更会影响社会公平，引发社会内部的对立和矛盾。

6.2 地面公交的组织

6.2.1 公共汽(电)车运营组织概述

公共汽(电)车的运营组织，是在城市交通行业管理体系框架下，合法的公共汽(电)车运营企业，在获取公交线路特许经营权许可的前提下，根据行业管理部门(通常为交通运输委、交通运输局等)的要求或者特许经营条款中对服务水平的要求，以地方发展与改革委员会(物价局)在综合考虑企业运营成本和市民可支配收入等要素后制定的公交票制为依据，采用符合有关规定的公共汽(电)车车辆，定线、定点、定班且有偿地向市民提供公共汽(电)车出行服务的行为。

公共汽(电)车的运营组织主要包括：

(1) 公共汽(电)车线网的规划与优化。国际上通常是政府主管部门牵头推进，作为线路特许经营依据来指导企业运营，国内城市的行业管理部门主要负责公交线路开、调的审批，由企业或通过第三方根据客流分布情况开展。线网优化的终极目标在于以多样化的线网格局尽最大可能地满足城市居民的多样化出行需求，注重社会效益的同时兼顾经济效益。公交线网的优化，离不开设施要素的约束，如包括枢纽站、中心站、首末站、停保厂以及中途停靠站等在内的各级公共交通场站，以及兼容车辆技术特征(如车辆长、宽、高、车重等静态技术特征)和运营特征(如加减速性能、爬坡性能、转弯半径等)的城市道路系统；公交线网的优化，势必涉及设施运力规模的发展，也离不开政府对有限公共资金的全盘统筹。因此，更为广义的公交线网优化，应当是一项集土地利用规划、城市道路网规划、政府公共资金资源优化配置、行业监管能力建设以及企业运营优化等于一体的系统工程。

(2) 企业依法依规运营，科学合理制订行车作业计划、司乘人员工作计划，以及相应的车辆维修保养计划等，根据计划安排发车服务乘客，以高效的车辆运用、符合劳动法的司乘人员排班，以及灵活的调度方案，为追求良好的社会效益与企业经济效益提供保障。行车作业计划的编制，既取决于线路长度、发车频次要求、配车数和司乘人员数，也取决于道路交通的运行状况和临时调度水平。

由于城市公交的公益性特征，使得公交企业不可能完全采用市场机制运行。

首先，诸多外部因素会极大地改变公交企业的经营局面和财务状况。例如，伴随"体现公益性"和"回归国有"成为公交行业改革的主要趋向，由此引发的扩大城市公交经营范围(城乡公交一体化、村村通公交等)、更新运营车辆、降低票价、国有公交企业整合民营公交企业、增加财政投入等政策措施的出台和实施，均为近年来产生重大影响的外部因素。

其次，线网布局、主管部门对营运时间和服务水平的要求、道路交通状况、燃料价格水平和政府的指令性任务（例如老年优惠乘车）等，都成为企业自身管理以外影响运营成本的因素。

再次，作为具有部分公共资源独占性的网络型服务，公交服务属于不完全竞争市场，很难通过市场调节手段来保障服务质量。

这使得政府对公交服务的干预成为必然，由此产生了对于公交领域的管制。管制的方式包括线网规划与审批、公交价格、政策性补贴、市场的准入、监管和退出机制、公交成本规制等。

随着计算机技术、无线通信技术、互联网技术的快速发展，使得原本处于“黑匣子”状态的道路运行状况、公共汽（电）车运行状况，以及客流的实时监测得以透明化，综合考虑客流需求、道路交通运行、各类突发事件处置以及大客流集散应急需求的车辆、人员排班优化与实时调度已在一线服务生产领域广泛应用，优化能力不断提升。随着工业零配件生产水平、材料技术、节能减排技术的日新月异，车辆维修保养技术作业的效率、服务运营成本控制，以及节能减排的水平也得到显著改善。当前，能够协助企业从运营层面提升公共汽（电）车组织效率的理论研究（基于运筹学理论和启发式算法的居多）和技术方法已较为成熟。尽管如此，快速城镇化、机动化以及城市居民生活水平显著提升产生高度共振的背景下，城市的整体出行特征都在不断发生变化，外部环境日趋复杂，单纯依靠企业自身开展运营优化、提升地面公交组织效率的空间受到了前所未有的制约。

相比早期的“大力发展公共交通”“优先发展公共交通”政策而言，“城市公共交通优先发展”作为引领我国城市发展模式转变的战略，其目标和内涵均已悄然升华。“公共交通优先发展”内涵中提及的“优先配置资源”[9]的重要内涵之一，即通过城市用地布局、交通设施布局、道路网技术特征、政策倾斜以及必要的道路资源优化配置，营造有利于发挥公共交通优势的外部条件，为公共交通组织运营创造良好的设施和政策环境，切实营造公交出行相对于私人机动化出行方式的性价比优势。因此，除了关注公共汽（电）车运营组织理论技术方法之外，从土地利用、道路网与地面公交的运营组织的关系、停车系统与公交运营组织的适配性，以及关于公共交通网络构建的反思等角度出发，探讨支持公共交通高效组织运行的要点和方法和外部环境构建尤为重要。

6.2.2 土地利用、道路网与地面公交的运营组织

虽然公共交通在投资占比、设施、运力等方面投入相比过去已经有了很大改善，且国内大中城市相继实施的小汽车限购、限行、限外措施也在一定程度上延缓了小汽车保有、使用强度的过快增长，但不容忽视的是：客观上，城市对小汽车出行依赖性增强的趋势并未因“组合拳”的实施而得到有效的抑制，反而在国内城市普遍片面“缓堵”对策背景下，进入小汽车需求与道路交通设施供给相互刺激的恶性“尾旋”状态。重视国际经

验借鉴的同时也需全面检讨自身发展实践当中的教训，强调"先治标，为治本赢得时间"的同时，亦当深刻反思已采取的"治标"之举是否为"治本"制造了更大的障碍，反思当前的城市道路网格局是否有利于逐步消除公共汽(电)车组织面临的"最后一公里"问题，以及是否有利于提升地面公交的组织效率和公交出行竞争力。

1. 土地利用效能与"最后一公里"

从各地方控制性详细规划编制导则来看，控制指标的推荐值往往偏高。以《江苏省控制性详细规划编制导则》为例，居住用地地块建议 3～30 hm^2(其中：新区建议 10～30 hm^2，旧城区建议 3～20 hm^2)，如按照正方形地块计算，新区建设和老城有机改造的街区尺度分别为 316～548 m、173～447 m；商业用地相对较小，但仍建议控制在 1～2 hm^2(新区)和 0.5～1.5 hm^2(旧城区)区间。在单一用地性质背景下，该尺度仍显偏大。以北京市西城区和曼哈顿的对比来看，曼哈顿单一性质地块的面积主要在 100～500 m^2(约 0.01～0.05 hm^2)，西城区的地块则主要在 0.2～4 hm^2，近 10 倍于曼哈顿，地块单元规模的"粗放"模式，客观上并不利于在"人性尺度"内实现用地混合，甚至为有利于小汽车的路网构建创造了足够的弹性空间。

我国城市建成区建筑密度偏低。以北京市局部片区为例，建筑密度普遍低于 50%，其余区域除了小区绿化以及有关公共设施以外，小汽车停放占地比重极高，加之底层商业业态结构与市民需求错位、空间活力匮乏，使得大院围合区域内的行人空间变成了整个城市交通体系当中利用效率最低的空间单元。一方面，由于封闭大院通常仅保留有限的出入口供行人进出，绕行现象普遍，不仅造成了公交出行的"最后一公里"问题；另一方面，在这有限的一公里范围，秩序匮乏的小汽车停放与人争抢空间的客观现实长期存在，"最后一公里"出行品质严重下滑。

2. "过境"道路导向的城市开发模式与公交出行的竞争力

与城市道路交通基础设施大规模建设几乎同步，区域尺度上的国家高速公路网、国道主干线公路快速形成，道路及高速公路网络与城市规模扩张形成了某种程度的"共振"，连接高速公路与城市道路的过渡区段在城市建成区的快速蔓延进程中被逐渐吞没，造成高速公路连接段演变成为城市道路，甚至形成高速公路与城市快速路直接连接，内外交通缓冲区演化为城市交通网络。

大规模增加的立交桥成为过境道路连续成网的"催化剂"①，对过境道路功能"局部下沉"(过境主功能和少量的出入境功能向兼具过境功能和出入境功能转变)起到了极大的助推作用。此外，由于有关标准[10]的编制尚未完全脱离工程技术导向的思维模式，并未充分考虑到快速路出入口与城市区位、出入口周边片区公共交通发展水平、影响区域内与小汽车运行特征，以及小汽车保有使用区域差异化政策之间的关系。

---

① 从全国范围来看，2014 年较 2010 年立交桥增长迅速：截至 2014 年底，全国城市桥梁总数突破 6.18 万座，其中立交桥 4 568 座(增速超过桥梁增速)，相比 2010 年规模增幅分别高达 78.08%和 116.39%。

这一背景下,以北京、上海为代表的超大城市在快速路出入口空间布局方面存在着严重问题:①我国中心城核心区范围内(18 km 半径圈层)的出入口密度整体偏高,由中心向外围逐级递减,此形成鲜明对照的是,伦敦、巴黎的快速路密度和出入口密度不仅整体稀疏,且在空间上基本止于 10 km 里、18 km 里圈层以外;②尽管 18～30 km 里半径环状圈层以及 30 km 半径圈层以外的出入口密度虽较核心区有所下降,但依然高密度服务于外围居住区。

这种网络结构特征直接导致了快速路导向的土地开发模式[11],并对轨道交通客流形成较为强烈的竞争吸引态势。以北京为例,五环路以外城市轨道交通站点 91 座,其中 12.1%(11 座)的站点 500 m 半径覆盖范围内有高速公路/快速路的出入口/匝道,且均与外围的大型居住板块(苹果园、回龙观、天通苑、通州、亦庄及黄村)有良好的关联;五环内轨道交通站点 234 座,其中 40.6%(95 座)的站点 500 m 半径覆盖范围内有高速公路/快速路的出入口/匝道。总体来看,全市范围内 32.6%的轨道站点周边有便捷的快速路网出入口,外围产生的小汽车出行可在没有交叉口、信号灯的干扰下,通过快速路系统直接到达上述轨道站点周边区域,本应承担过境功能路网的异化,诱使公交出行向小汽车转移。

3. 城市道路网级配结构与"以人为本"的理念

我国城市交通规划编制过程中惯于采用"横、纵、环、放射"描述城市骨干路网发展蓝图,高技术等级道路成为道路网规划建设重点,相比而言,适宜步行自行车通行的小路、支路疏于梳理,重视不足。1987 年全国城市道路网的道路平均宽度 8.36 m,截至 2014 年该值增长至 19.39 m[12],相比而言,日本东京都的道路平均宽度仅有 7.6 m,其中涵盖了东京都管理的一般国道、主要地方道、一般都道、特例都道、东中日本高速道路株式会社管理的高速路、首都高速道路株式会社管理的高速路以及区市町村道路等[13],甚至低于中华人民共和国成立初期。上述现象的出现,一方面与宽马路"面子工程"的政治诱惑不无关系,另一方面则是由于相关标准在制定过程中对城镇化发展态势的前瞻性研判不足,同时欠缺必要的更新机制所导致。

通过我国与世界各国机动车道宽度的对比,不难发现,我国的标准显著偏高。如将当前标准分别替换为日本、荷兰、法国和德国标准,经测算,北京西城等核心 4 个区的土地空间节省总面积可以分别达到 15.52 km^2、19.41 km^2、4.14 km^2 以及 19.81 km^2,相当于当前北京市公交场站占地面积总和的 1.2～5.5 倍。除了车道宽度以外,道路网络密度以及级配结构也缺乏科学的指导,截至目前,关于道路网规划的最为权威的技术规范仍然是 1995 年颁布并于当年 9 月 1 日开始实施的强制性国家标准《城市道路交通规划设计规范》(GB 50220—95)[14]。在该项规范的指导下,城市总体规划、控制性详细规划以及综合交通规划道路网专项中对于道路技术指标本身就与国际公认"公交都市"的道路网技术特征存在差距。

国内城市道路网中低技术等级道路(支路)严重匮乏,无论是以北京为代表的超大城市，还是各大中小城市的支路网密度普遍低于 6 km/km^2，且与城市骨干、主体公共交通网络节点的空间布局并未形成有机呼应。相比而言，无论是北美、欧洲，乃至日本，无论是中心区还是城市外围，人口密集地区的支路网密度都高于我国城市。以纽约为例，无论是就业岗位集中的曼哈顿，还是周边各区，其生活性道路的密度均超过7 km/km^2（曼哈顿 7.12 km/km^2、布朗克斯 9.82 km/km^2、皇后区 11.15 km/km^2、布鲁克林 12.20 km/km^2、斯塔滕岛 8.09 km/km^2），内外伦敦也分别高达 8.42 km/km^2 和 5.67 km/km^2。而东京区部 3～5.5 m 宽道路以及 5.5～13 m 宽道路的密度分别达到 16.3 km/km^2 和 5.1 km/km^2。京都、神户、名古屋等人口规模较小的城市的人口密集地区也位于相当水平。

以东京为例，3～13 m 宽的道路（相当于我国城市的支路和胡同、街坊路）占比超过 90%，欧美大城市道路网结构中，Tertiary 和 Residential 类别的道路也都在 70%以上。这一特点并非轨道交通高度发达的城市所独有，即使在轨道交通和公共汽电车平分秋色的中小城市（如京都，2010 年京都市居住人口仅 137.4 万人），虽然 5.5 m 道路并不适合公交的通行，但 5.5～13 m 路占比也高达 40%。

我国城市高技术等级道路网相对密集的特征意味着道路级配结构也呈现鲜明的“以车为本”而非“以人为本”的特色。以北京为例，城市道路级配存在如下问题：①限于存量规划面临的现实困境和标准的滞后，城市道路网普遍呈现 1∶2∶3 或 1∶1∶2 的特征；②规划编制单位和人员的认知不统一，统计口径存在差异，对于宽度在 6 m 以下的道路，有些城区按照胡同街坊路分类，有些则忽略不计，有些则与国际城市保持了相对一致的认识纳入支路系统当中，但差异化的认知势必导致大量问题被掩盖，标准亟待统一；③各城区的功能定位、区位、公共交通发展水平均存在显著差异，路网供给势必需要体现因地制宜、因势利导的原则，但从规划来看，结构配比完全没有体现出与上述要素的有机互动，甚至呈现扁平化、均质化特征。

综上所述，地面公交组织的效率和效果，公交运营企业通过自身优化改善和提升的空间有限，“最后一公里”的产生也往往不是因为公交线路的通达深度不足。城市土地利用特征、道路网格局和道路级配结构等，对于地面公交组织具有不可忽视的影响。

6.2.3 停车与公交发展的适配性

1. 小汽车保有、使用相关政策标准的适配性

国家的汽车产业政策支持下，城市家庭拥有私家小汽车的经济成本不断下降。尽管当前包括上海、北京在内的 8 座城市相继进入限购行列，但相比东京《车库法》、香港《2011 年汽车（首次登记税）（修订）条例》以及新加坡的车辆配额系统而言，私家车进入我国城市家庭的综合门槛依然相对较低。2016 北京市交通发展年度报告显示，2015 年居住地和工作地停车的月均花费仅有 159 元和 123 元，其中 50 元以下的比例分别占 38.57%和 60.54%，在可支配收入中所占的比例远低于国际上同类都市的平均水平。

在小汽车保有使用成本不能回归理性的情况下，“限购”政策的孤军奋战也仅是权宜之计。根据对常用家用小汽车的测算，在综合考虑购车成本折旧、维护保养、保险等沉没成本及停车和燃油等的情况下，私家车出行的综合成本最低仅 2 元/km。若假设有车家庭在出行方式选择的过程中仅考虑私家车出行的燃油成本，当承载率达到3 人/车时，人均分摊的出行成本相比轨道交通出行而言具有显著的竞争力：出行距离小于或等于 32 km 时，私家车已经具有明显的价格优势，出行距离为 32～52 km 时，私家车具有一定的竞争力，出行距离大于 52 km 时，私家车竞争力逐渐消退，但小汽车出行者对不足人均 8 元的价格差显然不够敏感。

政策协调性、兼容性问题不容忽视。我国城市的停车费属于地方行政事业性收费，国家先后颁布了两份文件来规范私家车购置和使用过程中的行政性收费的项目和金额：一是 2002 年国务院办公厅发布的《关于治理向机动车辆乱收费和整顿道路站点有关问题的通知》，指出“坚决取消向机动车辆收取不符合规定的行政事业性收费、政府性基金、政府性集资、罚款和各种摊派项目”；二是 2009 年工信部和国家发改委修订颁布的《汽车产业发展政策》，声明“国家统一制定和公布针对汽车的所有行政事业性收费和政府性基金的收费项目和标准，规范汽车注册登记环节和使用过程中的政府各项收费。各地在汽车购买、登记和使用环节，不得新增行政事业性收费和政府性基金项目和金额，如确需新增，应依据法律、法规或国务院批准的文件按程序报批。”这两份文件在客观上限制了地方政府根据本地机动车使用状况，通过经济手段引导市民进行私家车理性消费的权力，也是目前我国城市主要使用行政手段对机动车进行管理的主要原因之一。

2. 停车设施供给与公交发展的协调性

国际经验表明，停车设施的供给应以公共交通发展水平的评估为前置条件。《香港规划标准与准则》(2016 年 6 月)中关于“住宅发展的泊车设施标准”明确指出在决定提供泊车设施的适当数目时，应考虑附近公共交通设施的供给，并通过一张极其精细化的表格明确了由房屋性质(自住房屋、私人房屋)、房屋位置(与公共交通站点的空间位置关系)、房屋建筑密度(容积率)、房屋户型特征(户型面积)等输入要素共同构成的差异化场景下，小汽车泊位的供给上限。此外，零售类用地则依据所属发展密度区划确定：对于发展密度第 1 区而言，按比例每 200～300 m^2 总楼面面积辟设 1 个泊车位；对于发展密度第 2 区及第 3 区而言，首 2 000 m^2 总楼面面积按比例每 40～50 m^2 总楼面面积辟设 1 个泊车位，继首 2 000 m^2 后的总楼面面积按比例每 150～200 m^2 辟设 1 个泊车位。对于办公类建筑而言通常为 0.3～0.67 个/100 m^2，并强调如十分接近载客量高的运输系统，或者用地有严重限制，有关当局应弹性处理，批准降低标准或不设任何泊车位。总体来看，小汽车泊位供给与公交服务水平联动的思路贯穿始终。

英国城市则是通过 PTAL、GMAL 等动态指标实现小汽车泊位与公共交通发展水平的挂钩，以伦敦采用的 PTAL 为例，是将城市栅格化(100 m×100 m 的单元格)后，对所有的单元(Point of Interest,POI)进行空间特征评估,基于 PTAL 表示每一个 POI 的公交可达性水平,PTAL 的计算取决于其一定范围内公交站点的线路发车频率、POI 与公交站点之间的步行时间、公共交通的制式等,并最终归一化为 1~6 共计 6 个分值,由小到大表示某 POI 的可达性由弱到强。根据伦敦的发展战略规划,建筑的小汽车配建指标(上限标准)取决于该建筑的用地性质、建筑坐落的区位(中心区、城区、市郊)、建筑所在区域的居住密度(每公顷用地面积上承载的户数)以及建筑所在 POI 的公交可达水平。其中关于商业零售区的标准还做了如下补充说明:要求在 PTAL=6 的地区,除了保障残障人士出行以外的停车位,原则上只能配建"经营性停车位"供顾客使用,而不能配建"非经营性停车位"供从业人员使用,且在镇中心地段,A2 至 A5 用地类型(商业与专业服务、宾馆与餐饮、酒吧、外卖店)的土地上,除保障残障人士出行以外不允许额外的车位配建。

3. 标准规范与国际公交都市典范存在差距

当前,国内关于小汽车停车泊位配建的标准普遍存在以下问题:①相比国际常见的上限为主、上下限结合的方式,国内的停车位配建标准中"下限"模式最为普遍,即更强调车位配置的充足性,上限的调节作用常被忽视,在当前的政策环境下,下限模式更易释放"鼓励小汽车进入家庭"的信号;②虽然各城市对于停车泊位的区域差别化配给有着高度共识,但由于缺少深入、精细化地研究,且大部分政府尚未跳出依托管理辖区开展工作的定势思维,基于"三类地区"粗放的管理模式尤为普遍,仅有少数城市地方标准[15]兼顾了与轨道交通的关系,虽然近期出台的各类政策性文件中有提到了类似要求[16],但由于强制性不够、缺少罚则等原因,实际过程中很难真正落实;③商品房、保障房共享标准现象普遍[17],并未真正体现保障性的公共资源在住房与交通问题上的和谐对接;④相比公认的国际化公交都市,我国城市各类建筑的停车位配建标准普遍偏高(包括医疗、教育、文化设施、商业办公等),且"驻车位"与"停车位"并未做到差别化供给,而仅仅通过管理手段加以区分,与香港等地标准中强调停车位在小汽车、班校车、公交车以及货运物流车辆之间的精细化配置存在差距。总体上,我国的停车泊位供给标准在客观上为创造"有利于小汽车出行"的外部环境奠定了良好基础。

4. 城市管理终端设施匮乏,制约小汽车违章管理执法能力

相比国际城市而言,我国的整体警力配备水平偏低,每万人口警力 0.12 人左右,交警系统受这一问题的困扰更是由来已久。以北京为例,除了东城、西城核心区以外,各交警支队/大队每名警员均摊管辖的区域面积普遍在 0.5~0.8 km^2,房山、通州、昌平等由于行政区域的地理特征更是高达 4 km^2 以上;而如按照各区道路均摊计算,每名警员所需管辖道路里程普遍在 2~3 km,与东京(东京的警察具有交通管理职能)等国际公交都市的警力配置仍存在差距。

快速城镇化过程中,城市交通基础设施、功能布局、人口的总量和空间分布特征都在不断发生着变化,不仅对于必要的增量、存量规划提出了要求,同时也是对执法资源

优化配置的重大考验。截至2015年底，北京全市人口已突破2 170万，其中有将近一半的常住人口生活在五环以外，与之不相协调的是，城市管理设施、执法人员的配备依然呈现城市中心区高度集中、外围人口密集组团内缺失严重的特点，警力设施与人员编制未能与房地产开发带动的城市规模扩张形成有机呼应，公共服务均等化面临质疑。相比而言，日本的警力配置可以达到每万人15人以上，且在全国范围内保持了相对均衡的水平，是从空间供给上追求公共服务均等化的典范。

其次，设施保障缺乏是瓶颈。2016年出台的《北京市居住公共服务设施配建指标》中，虽然提出了6大板块、52项指标，构建了包括建设项目、社区以及街区共计三级体系，但是在包括社区综合管理服务、市政公用以及交通三大与城市管理、交通执法最为紧密相关的板块当中，仅在第一板块中提到了派出所，而与街区层面交通执法有关的保障设施并无提及。当前，公安、交管二者机制尚未理顺，不仅财政独立、责任独立、人员编制独立，连警用设施亦缺乏必要的共享，派出所密度较高，但并不能为交警出警巡游所用，与东京等国际城市相比存在较大差距。即使在警力总量能够与国际公交都市接轨的情况下，“少而集中”的警力设施布局与“多而分散”的违章分布之间依然存在着极大的矛盾，执法难度大、基层警员劳动强度大、巡查效率低，依然是城市交通综合治理能力提升不容忽视的行政管理体制瓶颈。

综上所述，我国城市由于缺乏政策协调，小汽车保有使用成本低，与片区公共交通水平挂钩的停车设施供给标准缺位，加上交通管理能力不足，极大地束缚了通过地面公交组织优化提升公交出行吸引力的空间，停车与公交发展的适配性问题是提升地面公交组织效能不容回避的要素。

6.3 轨道交通建设

6.3.1 城市轨道交通发展与规划

轨道交通系统是一种较为独立的、拥有独立或半独立路权的、运营轨迹相对固定的、成列运营的运输系统。城市轨道交通与铁路运输不同，主要用于解决旅客运输问题，正常情况下不提供货运服务。自20世纪下半叶以来，世界社会与经济格局发生了巨大变化，特别是以发展中国家为代表的众多国家逐渐步入城市化和机动化，普遍的城市地区纷纷出现了交通拥挤、交通事故和环境污染问题。城市轨道交通以其大运量、低污染、低能耗等多种优势，正在成为公共交通新体系重构的骨架，以解决城市地区交通资源的短缺的问题。

特别是近年来，国内许多城市受到土地限制，交通发展遇到瓶颈，大中型城市逐步采用城市轨道交通作为公共交通系统骨架，及引导城市发展的重要手段。城市轨道交通作为城市综合交通同体系中十分重要的组成部分，对城市发展有很大作用：首先，城市轨道交通以其客运量大、准点性高、受天气及路面影响小、稳定性强等显著特点，极大提高了城市交通系统的供给水平，改善了日益拥挤的地面道路交通状况；其次，城市轨道交通规划具有宏观性，通过对城市格局的发展现状及未来各区域功能定位进行整体规划，有利于实现城市及地区的互联互通、均衡发展，对促进区域经济发展具有重要意义；最后，城市轨道交通的建设需要大量投入，可以从源头上为城市经济链注入活力，并通过运营带来的社会效益达到招商引资的目的，提升城市综合价值。

1. 我国轨道交通发展历程

我国城市轨道交通发展历程可以概括为以下三个阶段：

1）起步阶段：20 世纪 50～70 年代

我国城市轨道交通发展的起步以北京地铁的规划建设开始，20 世纪 50 年代，北京在苏联专家小组的指导下首次编制北京地铁路网规划，并于 60 年代开始进行地铁建设规划编制，国家明确提出建设要求，确定地铁建设的基本任务是“战时满足国防需要，平时为城市交通服务”。北京地铁一期工程作为我国首条线路于 1965 年开工建设，1969 年建成通车，线路长 23.6 km，随后的二期工程线路长 19.9 km，此外，20 世纪 70 年代，天津启动修建了 7.4 km 的地铁线路。

2）缓慢发展阶段：20 世纪 80～90 年代末

从 20 世纪 80 年代开始，我国逐步启动城市轨道交通建设，主要目的是解决特大城市中心城区交通问题，以上海地铁 1 号线、北京地铁 1 号线改造、广州地铁 1 号线为标志，我国真正开始了以交通为目的的地铁建设。

由于城市轨道交通建设发展迅猛、工程造价较高、设备大量引进等原因，1995 年国务院办公厅印发《关于暂停审批城市地下快速轨道交通项目的通知》（国办发〔1995〕60 号），提出根据我国城市现有经济发展水平和国家财力状况，必须严格控制城市快速轨道交通的发展，并对在建项目加强管理：除北京、广州两个在建地铁项目和上海地铁2 号线项目外，暂停审批城市地铁项目。

在这一阶段的政策导向上，国家基本以控制为主，至 20 世纪 90 年代末，全国运营线路共有 5 条，长度约 116.8 km。

3）快速发展阶段：1998 年底至今

从 1998 年底开始，国家重新启动城市轨道交通项目审批。1999 年 3 月，《国务院办公厅转发国家计委关于城市轨道交通设备国产化实施意见的通知》（国办发〔1999〕20 号），明确城市轨道交通项目设备国产化率应达到 70%以上。自 1999 年，国家陆续批准了北京、上海、广州、重庆、深圳、武汉等十余座城市的一批城市轨道交通建设项目。

进入 21 世纪，一些地方在加快发展过程中出现了不顾自身财力盲目建设城市轨道交通项目的现象，部分项目建设标准偏高、投资浪费、资本金不足、债务负担沉重、经营严重亏损，引起国务院高度重视。2003 年 9 月，国务院办公厅印发了《关于加强城市快速轨道交通建设管理的通知》（国办发〔2003〕81 号），明确提出了发展轨道交通的方针，规定了申报发展城市应达到的标准，规范申报和审批程序，近年来，在这一文件的指导下，我国城市轨道交通基本实现了平稳快速发展。

在全国上下经济快速发展，城市化水平及机动化水平不断提高的情况下，全国多地出现了交通拥堵、环境污染、道路网负荷过重的情况。为缓解城市内部交通拥堵，加快我国城市化进程，促进城市交通健康发展，国家发展改革委下发了《关于加强城市轨道交通规划建设管理的通知(发改基础〔2015〕49 号)》，并联合住房城乡建设部下发了《关于优化完善城市轨道交通建设规划审批程序的通知(发改基础〔2015〕2506 号)》等多个通知，将部分城市轨道建设前期工作下放到各省市，进一步促进了城市轨道交通的建设发展。

2. 世界各国轨道网络规划经验

对于城市轨道网络规划，世界各国由于国情不同，所采用的做法也不尽相同。

1) 欧美各国

以伦敦、巴黎、纽约等欧美城市为代表的欧美城市轨道交通，特点十分鲜明，其市场经济体制决定了轨道交通发展一般不做具体长远规划，而是关注近期发展需求，对城市轨道交通网络进行相对短期的规划，并跟随城市发展进行动态调整。这种规划方式拥有较强的实效性，短期内可获得较大收益，但对线网整体的科学性研究不足导致了长期发展极易遇到瓶颈。

伦敦是世界上第一个拥有地下铁道的城市，自 1863 年以来，伦敦地铁经过了近 150 年的发展，不断提高其技术水平，已成为当今世界城市轨道交通最发达的城市之一，其线路总程度为 408 km，共设车站 275 座，地铁车辆保有量为 4 078 辆，年客运量已突破 10 亿人次。

巴黎目前的轨道交通网络由 833 km 的郊区铁路网、565 km 的市域快轨网和 220 km的普速地铁网组成。1930 年，巴黎地铁 11 号线成为世界上首个橡胶轮胎轨道公共运输线路，此后又有 4 条线路改建或新建成胶轮路轨系统。

柏林的第一条地铁开通于 1902 年。发展至今，柏林市区的地铁已四通八达，有的线路已采用自动化运行技术。目前柏林已有 9 条地铁线路，线路总长为 173 km，共设车站 173 座，年客运总量约 4 亿人次。

西班牙也是欧洲比较早开始修建地下铁道的国家。1919 年，马德里的第一条地铁线路开始运行，现在已发展到 13 条线路，线路总长度约 284 km，共设 281 个车站，其中 27 个为两线转乘站，12 个为三线转乘站，1 个是四线转乘站，年客运总量约 6.49 亿人次。

美国第一条轨道交通为一条市郊铁路，于 1843 年在沃西斯特至波士顿开通，其第一条地铁是于 1867 年在纽约建成。目前，纽约地铁线路总长度为 368 km，共有 26 条线路，设置车站 468 座，其中商业营运路线长度为 369 km，用以营运的轨道长度约为 1 056 km，总铺轨长度达约 1 355 km。虽其名为地铁，但约 40%的路轨形式为地面或高架，是世界上最著名的十大地铁之一。

近年来欧美城市已经普遍意识到没有科学长期规划的“遗害”，开始对线网整体合理性进行研究，但由于线网已经形成，这种规划完善是“补丁”式的，效果并不明显。

2）苏联

以莫斯科为代表，在计划经济体制下，对城市轨道交通网络进行长远规划，形成远景静态网络，注重轨道交通的长效性和城市发展的整体性及相互关系，线网规划方法系统科学，理论性强。

莫斯科地铁于 1932 年开工，1935 年 5 月建成运营，全长 11.6 km。莫斯科是第二次世界大战期间少数几个并没有因为战争而停止发展城市轨道交通的城市，其建设速度之快，在当前是空前的。莫斯科现有 12 条线路，线路总长度约 328 km，地铁车站总数为 171 座。莫斯科所有地铁终点站都与公共汽车、无轨电车和轻轨系统相衔接，有几个车站还与铁路火车站相连接，为旅客提供了方便的换乘条件。

3）亚洲各国

日本是亚洲修建地铁最早且运营效果较好的国家，日本东京 1927 年 12 月开通浅草—涩谷线，现已有 13 条地铁线路，总长度约 213 km，共设有 275 座，年客运量突破 25 亿人次，是当今世界上地铁客运量最大的城市之一。日本在修建地铁过程中，十分重视车站及其邻近地区的土地开发，促进了商业中心的建设，地面设施与地下车站连成一片，使地铁这一公益性基础设施获得了新的活力，取得了较好的经济、社会效益。

韩国首尔第一条地铁线路于 1974 年建成通车，目前已建成 9 条地铁，经营线路总长度为 314 km，共设置车站 268 座，车辆保有量约 3 507 辆，年客运量超过 20 亿人次。

3. 中国轨道交通规划

我国城市轨道交通线网规划编制始于 20 世纪 50 年代，最先开展的是北京轨道交通网络规划，主要受苏联影响，注重长远性和整体性，网络形态和构架较为稳定，规划的骨干线路至今依然未变。

1996 年，广州市委托北京城建设计院编制了《城市快速轨道交通线网规划》，首次形成了我国自有的轨道交通线网规划理论体系，其提出的“面、点、线”规划方法至今仍然行之有效，对我国大城市线网规划产生了深远影响。

2003 年，为更好地将线网规划和城市快速发展相结合，国务院办公厅出台了《关于加强城市快速轨道交通建设管理的通知》（国办发〔2003〕81 号），提出编制城市轨道交通建设规划，将城市轨道交通的静态规划（线网规划）和动态规划（建设规划）有机地结合到一起，创立了一套具有中国特色的规划编制和管理体系。

2015 年，为更好地将城市轨道交通建设同我国各个城市实际发展进行结合，国家发展改革委出台了《关于加强城市轨道交通规划建设管理的通知》（发改基础〔2015〕49 号），并连同住房与城乡建设部出台了《关于优化完善城市轨道交通建设规划审批程序的通知》（发改基础〔2015〕2506 号）等多个文件，为城市轨道交通的快速发展奠定了坚实基础。

城市轨道交通规划工作主要由轨道交通线网规划、轨道交通建设用地控制规划、轨道交通与城市交通一体化规划和轨道交通近期建设规划构成，其上层指导规划主要包括城市总体规划、综合交通规划以及城市远景发展战略研究(图 6-5)。

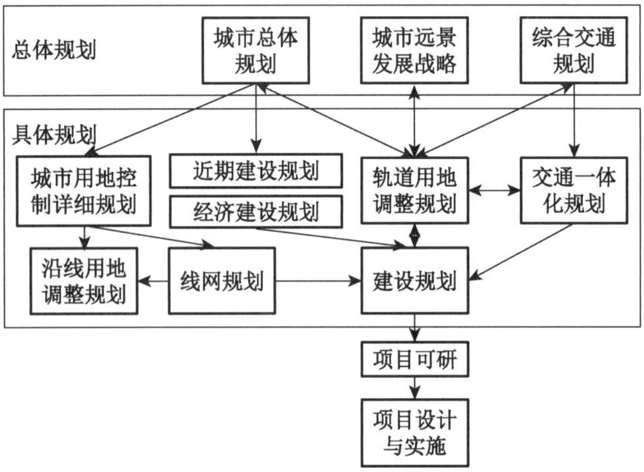

图 6-5　城市轨道交通规划与相关规划的关系

轨道交通线网规划是轨道交通前期规划的首要任务，轨道交通建设规划、可行性研究、设计等一系列工作需以轨道交通线网规划为依据。轨道交通线网规划是在城市总体规划、综合交通规划以及城市远景发展战略研究的基础上，确定远期和远景线网规划方案，是城市轨道交通规划工作的核心。

轨道交通建设用地控制规划是在线网规划基础上，结合城市用地控制性详细规划，深化轨道交通工程方案，确定用地控制红线，并纳入城市规划控制管理体系中，是线网规划在城市用地规划中的落实。按照轨道交通用地控制要求和影响范围，城市规划部门应组织开展"轨道交通沿线土地利用调整规划"，协调沿线用地开发建设，合理利用地下空间，促进轨道交通与城市用地的协调发展，是线网规划对城市用地规划的反馈。

轨道交通与城市交通一体化规划是在城市综合交通规划战略目标指导下，进一步明确落实轨道交通在城市交通中的功能定位和作用，以城市重要交通枢纽点锚固线网，形成以轨道交通站点为核心、衔接各种交通方式的一体化体系，是线网规划对城市综合交通规划的深化与反馈。

轨道交通近期建设规划是在上述一系列规划指导下，结合城市近期建设目标、经济发展规划、交通需求等，在研究近期建设必要性、建设时机、建设规模后，提出城市轨道交通建设项目选择和实施方案。"建设规划"是城市申报轨道交通建设的文件，经国家批复后视同立项，作为下阶段"轨道项目可行性研究"的依据。

6.3.2 城市轨道交通的组织模式特点

1. 轨道交通类型

按照我国现行行业标准《城市客运分类》(JT/T 997—2015),城市轨道交通可以分为地铁系统、轻轨系统、有轨电车系统、单轨系统、自动导向轨道系统、市郊铁路、磁悬浮系统(表 6-4)。

(1) 地铁系统。地铁是城市中封闭轨道上运行的速度快、运量大、行车间隔小的轨道交通方式。车辆通常采用 A 型车或 B 型车。主要适用于超大城市、特大城市和大城市,市区重要交通客运走廊客运服务。单向客运能力为 3.0 万~7.0 万人次/h,运送速度为 30~60 km/h。

(2) 轻轨系统。轻轨系统是采用电力驱动,在全封闭轨道线路上运行的中运量轨道交通方式。适用于超大城市和特大城市,市区客运走廊或市区与近郊主要联系通道。单向客运能力为 1.0 万~3.0 万人次/h,运送速度为 25~35 km/h。

(3) 有轨电车系统。有轨电车系统是采用电力驱动,并在轨道上行驶的轻型中小运量轨道交通方式,一般不采用闭塞信号控制系统,分为混合路权有轨电车、半封闭路权有轨电车和专用路权有轨电车。有轨电车系统主要服务于超大、特大城市,城市新区内部客运走廊;大、中城市,重要客运走廊。单向客运能力为 0.3 万~1.5 万人次/h,运送速度为 15~35 km/h。

(4) 单轨系统。单轨系统是车厢跨骑或悬挂在架空的单轨上,由电力驱动的中、小运量轨道交通方式,爬坡能力较强,分为悬挂式单轨系统和跨座式单轨系统。单轨系统适用于中等以上城市,大客流集散点的接驳线;特定场合(受地形和用地条件限制),市郊与市区间联络线。单向客运能力为 0.8 万~3.0 万人次/h,运送速度为 20~35 km/h。

(5) 自动导向轨道系统。自动导向轨道系统是车辆沿着特定结构的导向装置行驶的小运量轨道交通方式,适合于城市中客流相对集中的点对点的中短距离出行;城市机场专用线;中等城市客运走廊。单向客运能力为 0.3 万~1.0 万人次/h,运送速度大于等于 25 km/h。

(6) 市郊铁路。市郊铁路是利用铁路或修建专用线路开行的站距较大、行车密度较小的轨道交通方式,用于超大城市、特大城市和大城市,城市与卫星城镇之间、城市中心区与郊区之间、郊区与郊区之间以及城市与其他设施(如机场、开发区、旅游区等)之间快速交通联系,其运送速度为 60~120 km/h。

(7) 磁悬浮系统。磁悬浮系统是列车利用磁悬浮力在专用轨道上运行的低噪声、无碳、中运量轨道交通方式,为超大城市、特大城市和大城市,特定场合(大坡度、小转弯半径)中长距离高水平服务。其单向客运能力为 1.0 万~3.0 万人次/h,其运送速度为 60~300 km/h。

表 6-4 城市轨道交通分类

客运方式	基本特征	适用范围	服务特性	
			单向客运能力/（万人次·h^{-1}）	运送速度/（km·h^{-1}）
地铁系统	城市中封闭轨道上运行的速度快、运量大、行车间隔小的轨道交通方式。车辆通常采用A型车或B型车	超大城市、特大城市和大城市，市区重要交通客运走廊客运服务	3.0～7.0	30～60
轻轨系统	采用电力驱动，在全封闭轨道线路上运行的中运量轨道交通方式	超大城市和特大城市，市区客运走廊或市区与近郊主要联系通道	1.0～3.0	25～35
有轨电车系统	采用电力驱动，并在轨道上行驶的轻型中小运量轨道交通方式，一般不采用闭塞信号控制系统。分为混合路权有轨电车、半封闭路权有轨电车和专用路权有轨电车	超大城市、特大城市，城市新区内部客运走廊；大、中城市，重要客运走廊	0.3～1.5	15～35
单轨系统	车厢跨骑或悬挂在架空的单轨上，由电力驱动的中、小运量轨道交通方式，爬坡能力较强。分为悬挂式单轨系统和跨座式单轨系统	适用于中等以上城市，大客流集散点的接驳线；特定场合（受地形和用地条件限制），市郊与市区间联络线	0.8～3.0	20～35
自动导向轨道系统	车辆沿着特定结构的导向装置行驶的小运量轨道交通方式	城市中客流相对集中的点对点的中短距离出行；城市机场专用线；中等城市客运走廊	0.3～1.0	⩾25
市郊铁路	利用铁路或修建专用线路开行的站距较大、行车密度较小的轨道交通方式	超大城市、特大城市和大城市，城市与卫星城镇之间、城市中心区与郊区之间、郊区与郊区之间以及城市与其他设施（如机场、开发区、旅游区等）之间快速交通联系	—	60～120
磁悬浮系统	列车利用磁悬浮力在专用轨道上运行的低噪声、无碳、中运量轨道交通方式	超大城市、特大城市和大城市，特定场合（大坡度，小转弯半径）中长距离高水平服务	1.0～3.0	60～300

注：摘自于中华人民共和国交通运输行业标准《城市客运分类》（JT/T 997—2015）。

2. 城市轨道的建设过程

城市轨道交通工作具有很强的系统性和专业性，国内城市一条轨道线路的开通运营，主要包括前期规划、设计、建设、验收和监管运营五个阶段。

1）前期规划阶段

前期规划主要包括轨道交通线网规划、建设规划和项目可行性研究等。线网规划是确定轨道交通的长远发展目标；通过建设规划确定建设时机、建设目标、建设方案、主要技术标准等，建设规划获批表示项目立项。建设规划批复后，需根据国民经济和社会发展长期规划、行业规划和地区规划以及国家产业政策开展工程的预可行性研究，从宏观上分析论证项目建设的必要性,并初步分析项目建设可行性,研究成果为初步可行性研究报告或项目建议书。工程可行性研究阶段是在预可行性研究的基础上进行的更加详细的研究。通过主要建设方案和建设条件的分析比选结论,得到建设方案是否合理、可行的研究结论,成果是可行性研究报告。在可行性研究报告形成后,即可开展设计阶段工作。

前期规划阶段成果文件繁多,涉及审批部门和流程较多(图 6-6)。线网规划主要由国家发展改革委员会(以下简称国家发改委)和住房与城乡建设部(以下简称住建部)所在的住建厅委托咨询公司从技术层面上进行预审和初审,通过后,由国家发改委和住建部共同拟出意见报国务院及国务院主要领导批准。根据 2015 年国家发改委及住建部联合发布的《关于优化完善城市轨道交通建设规划审批程序的通知》要求,建设规划经报请国务院批准,对已实施首轮建设规划的城市,其后续建设规划由国家发改委同住建部审批,报国务院备案;初次申报的城市首轮建设规划仍由国家发改委同住建部审核后报国务院审批。

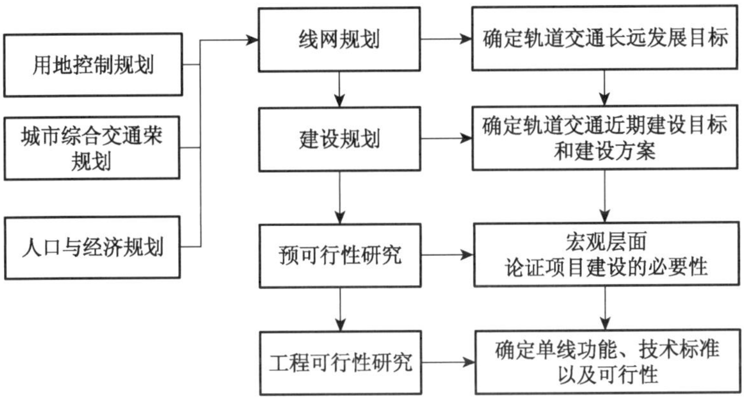

图 6-6 城市轨道前期规划体系基本构成

2)设计阶段

工程在进行设计阶段需要经过总体设计、初步设计、施工图设计及变更等多个阶段。规划设计工作均由相关政府部门通过招投标环节,通过具体设计单位完成。总体设计阶段是介于可行性研究和初步设计之间的中间阶段。该阶段主要是为了确定较大的线站位方案,征求各政府主管部门意见,并进行相关审查。

初步设计阶段是根据可行性研究报告编制的,明确工程规模、建设目的、投资效益、设计原则和标准等,满足编制施工图设计的基本设计方案,该阶段主要成果包括设计说明书、设计图纸、工程概算等。

施工图设计及变更阶段是根据初步设计编制的,满足施工、安装、加工及编制施工图预算要求的具体设计。该过程可能会根据具体项目实施状况进行不断变更。

3)建设阶段

城市轨道交通建设阶段主要由政府主管部门出面,对城市轨道建设项目按照区段进行项目招投标,各建设集团中标后需要按照施工规划进行建设。城市轨道建设各阶段重要的节点主要为洞通、轨通、电通。

洞通主要是指具有地下段的城市轨道交通线路其隧道全部打通,原则上要求盾构机吊出,至于联络通道是否要全部施工完成,目前还存在争议。在洞通后,还需要进行轨道的铺设工作,完成轨道铺设工作后即实现了轨通。轨通完成后仍需要进行供电网及其他附属设施的施工工作,完成相关电气化设备的安装后,轨道建设实现电通,具备基本运营条件。

4)验收阶段

根据住房城乡建设部以建质〔2014〕42号印发《城市轨道交通建设工程验收管理暂行办法》,验收主要包括单位工程验收、项目工程验收和竣工验收三个阶段。国务院住房城乡建设主管部门对全国城市轨道交通建设工程验收实施统一监督管理。县级以上地方人民政府住房城乡建设主管部门负责本行政区域内城市轨道交通建设工程验收的监督管理,具体工作可委托所属工程质量监督机构实施。县级以上地方人民政府有关部门按照法律法规规定负责相关的专项验收。

5)监管运营阶段

城市轨道交通的运营监管部门主要由各省市交通运输厅局负责,具体运营部门是各个城市轨道交通运营公司。根据国标规定,城市轨道交通试运行、试运营和正式运营都是城市轨道交通建成投入使用的三个必经阶段。试运行是指在建设工程初验合格并完成系统联调后,按照运营模式进行系统试运转、安全测试等的非载客运行。试运行期间将对地铁各设备系统和整体系统进行可用性、安全性和可靠性考核,对运营作业人员培训、故障模拟和应急演练等情况进行检验,地铁试运行应不少于3个月,在此期间的地铁不对外载客运行。

试运营是指地铁项目完成竣工初验及试运行合格后,在工程竣工验收合格之前这段时间内所从事的载客运营活动。地铁试运营是要经过政府相关验收及审批,试运营期间乘客将可以购票乘坐地铁。正式运营是指地铁试运营结束,并通过竣工验收后,所从事的载客运营活动。

6.3.3 城市轨道交通规划问题的相关思考

1. 城市轨道交通线网形态与城市空间形态布局不匹配

城市轨道交通线网形态主要有无环方格网、无环放射式、有环方格网、有环放射式以及混合线网形态。就线网形态而言,每种都有其特点和适用条件,没有绝对的好与不好,关键要与城市形态、空间结构和道路网布局相吻合。当前国内部分城市轨道交通线网规划过程中,关于城市是否需要修建环线以及环线修建时机都应经过深入论证,而不是千篇一律,照猫画虎。

单中心圈层结构城市线网形态选择,其交通特征以向心客流为主,城市中心是主客流方向。

多中心团状结构城市线网形态选择，城市随着中心体系的不断完善，形成“一主多副”的格局，除向心客流外，各副中心之间会形成切线方向客流，在线网中可能需要环线，或是半环线。轨道交通线网形态一般为“方格＋环”，或“放射＋环状”。

分散组团式城市线网线态选择，其城市空间结构要求轨道交通线网层次是多样化，在市域范围内需要市域快速轨道交通，而中心城为常规城市轨道交通，在外围新城根据需要也可能构建常规城轨或有轨电车等。

2. 城市轨道交通制式单一，运营组织模式固化

一张好的轨道交通线网应该是“有层次，有重点”。当前，国内部分城市过分追求地铁的建设和关注建设里程，未能根据城市功能布局和交通需求规划设计合理的分层次轨道交通网络。

网络功能层次结构不合理、发展模式单一，包括国内好多一线城市过分追求轨道交通里程，虽然轨道交通运营已基本形成网络化，但全部采用单一地铁模式，服务于半径30 km通勤圈的线路在轨道交通线网中占比很小。这些城市在新一轮轨道交通建设周期内，应在中心城地铁网加密的同时，充分考虑如何建立能够满足全方位、多层次需求的轨道交通网络。

纵观世界大城市轨道交通发展历程可以发现，在构建中心城区高密度地铁系统的同时，无一例外地采用城际铁路、市郊铁路、市域快线和有轨电车等模式，在不同区域和通道走廊选择适宜的轨道交通方式，并使之有效衔接，以满足都市圈不同功能层次的出行需求，形成轨道交通合理的级配结构。

城市轨道交通应根据城市交通需求，采取灵活的系统制式选择和灵活的运营组织模式，根据乘客出行需求而开行直达车、大站快车、站站停等多种灵活的运行组织方案，并注重与其他轨道交通系统的衔接换乘。

同时，需要推动市郊铁路与中心城区轨道交通“一张网”运行。目前，由于部分已建成的市郊铁路由铁路部门运营，在设施对接、运力匹配、时刻衔接等方面与城市轨道交通网均存在“两张皮”现象，不利于发挥轨道交通网络的规模效应和整体效益。可以利用市郊铁路建设契机，推动市郊铁路多点直接接入城市中心城区，实现市郊铁路网与城市中心城区轨道交通网的两网融合，并采取灵活的运营组织模式，提升运行速度，加大市郊铁路的吸引力。

3. 城市轨道交通规划未实现多网融合，交通衔接不足，特大城市市郊铁路发展不够

城市轨道交通线网规划应该是分层次，突出重点，并做到多网融合。

城市轨道交通线网规划阶段，要明确轨道交通与其他交通方式的功能关系和分工，这是进一步明确轨道交通服务范围、对象、线网布局等的前提条件。目前有的城市在该方面重视不足，表现为市域层面市域快轨与区域铁路功能不清，或城区轨道交通与其他公交系统（有轨电车、BRT 等）功能定位不清。此外，一些城市前期功能定位是明晰且合

理的，然而在网络构建过程中，出现市域铁路、现代有轨电车与城区轨道交通路有重叠，造成功能定位不清，多网络体系搭接出现矛盾。如沈阳浑南新区规划的有轨电车5号线与已批复建设规划的地铁9号线线位重复，再如温州市域铁路3号线线位与已规划城区地铁3号线线位矛盾，需要对二者进一步协调。

现行城市轨道交通中地铁与有轨电车审批流程不同，致使个城市地铁网与有轨电车网未在同一层面规划设计，同时，城市轨道交通与城际铁路以及市郊铁路也未实现多网规划融合，致使多层次网络规划脱节，相关衔接不足。此外，城市轨道交通规划实施过程中，与其他交通方式，如城市公共交通、出租车、私人机动车、自行车等交通衔接的一体化设计不足。

由于未实现多网融合，导致主城区主要客流通道已被城市轨道交通占据，从而使得市域快轨线与城市轨道交通线末端站衔接换乘，甚至是单点换乘。这种方式的服务功能很差。将乘客置于中心城外围，造成大部分乘客被动换乘，降低了乘客进入市中心的速度，也随之降低了市域快轨线客流吸引力，并产生换乘节点换乘压力过大问题。

城市的发展有其规律性，一般需要经历城市主城区各自独立发展、城市与周边城镇形成一体化的都市圈、形成协调互动的城镇聚集区或城市群三个阶段。轨道交通作为支撑和引导城市发展的基础性条件，也需要相应发展城市主城区轨道交通网、都市圈市郊铁路网和城市群城际铁路网三张网。值得注意的是，东京、纽约、伦敦等城市均建有包含市郊铁路、城市地铁等多种制式在内的发达轨道交通系统，且市郊铁路的里程数远远多于城市地铁的里程数。

从都市圈空间尺度上看，东京都市圈面积1.3万km^2左右，伦敦都市圈面积1.2万km^2左右，纽约都市圈面积2.1万km^2左右，而我国北京、上海目前轨道交通网络能够覆盖到的都市圈面积只有2 000～3 000 km^2，远小于上述国际上比较发达的都市圈。通过中心城市的辐射作用联合带动周边城镇发展，是实现资源集约节约利用的有效途径，也是提高我国整体竞争力的关键。具备一定条件的大城市应把发展市郊铁路作为城市拓展空间的重要手段，疏解中心城区功能，提升周边城镇发展能力，引导形成合理均衡布局的都市群发展模式。

同时，国家有关部门要高度重视各城市在推进市郊铁路建设项目时的示范效应，加强对市郊铁路发展规律的研究和对城市政府的指导，确保市郊铁路建设项目的科学合理。

特大城市和大城市要充分论证市域快轨发展必要性和功能定位，及早统筹规划，采取合理的修建策略，使得城市轨道交通系统做到统一规划、超前规划，并在实施次序上结合城市发展需要和客流需求合理有序进行。

4. 从以人为本的角度审视换乘站规划设计以及与公共汽（电）车的接驳问题

近年来，相关研究人员提出公交与地铁“零换乘”的概念，而相关运营企业从保障运营安全角度对该提法并不完全认可。当前，轨道交通换乘中存在的问题主要体现在两方面:一方面有的换乘车站交通换乘时间过长,目前,部分地铁换乘车站在设计过程中出现换乘客流过大的情形,从而导致设计方为缓解拥挤人为加长换乘通道,高峰时段乘客随人流前行相关感知尚不明显,平峰时,乘客抱怨明显较多。造成部分换乘客流压力较大的原因是该地铁站由普通站转变为换乘站,其深层次背景是相关轨道交通线网的变化以及规划的调整。另一方面在轨道交通初步设计阶段交通衔接上更多关注设施用地布局,轻视交通组织,使得后期与公交汽(电)车的接驳无法形成良好有效衔接。城市轨道交通最终是为乘客出行提供服务,应从以人为本的角度审视换乘站规划设计以及与公共汽(电)车的接驳问题,转变观念,优化设计。

5. 保证相关规章制度的执行,杜绝规划调整的随意性

《住房城乡建设部关于加强城市轨道交通线网规划编制的通知》(建城〔2014〕169 号文)指出:线网规划是指导城市轨道交通近期建设和长远发展的重要依据,是城市综合交通体系规划的组成部分,是城市总体规划的专项规划。在城市总体规划编制时,应统筹研究发展城市轨道交通的必要性,确需发展的,应同步编制线网规划,做好相互协调与衔接。

《国家发展改革委关于加强城市轨道交通规划建设管理的通知》(发改基础〔2015〕49 号文)指出:应规范规划调整程序。国家批准的建设规划原则上不得变更,纳入建设规划的项目直接开展可行性研究工作。对于因城市规划、工程条件等因素影响,基本走向、敷设方式发生重大变化,线路长度、车站数量、直接工程投资(扣除物价上涨因素)超过建设规划批准规模的 15%,或提前开工规划项目,以及投资模式发生重大变化,需将规划调整方案报国家发展改革委审批。

以上两个文件一方面对城市轨道交通线网规划的编制提出要求,另一方面对规划建设的调整进行了约束,然而,在轨道交通的规划建设阶段,应保证相关规章制度的严格执行,杜绝规划调整的随意性。如《国家发展改革委办公厅关于云南省发展改革委违规审批昆明城市轨道交通项目的通报》中对昆明市在第二期城市轨道交通建设规划实施过程中,由于规划严肃性和约束性没有得到认真执行,项目方案调整随意,先实施项目后报批调整建设规划的行为进行了点名通报批评,其他城市在相关规章制度的落实方面应引以为戒。

6.4 出租汽车服务

6.4.1 出租汽车的概念

1. 出租车的界定

在《出租汽车经营服务管理规定》(交通运输部令 2014 年第 16 号)中,涉及如下基本概念:

(1) 出租汽车经营服务:可在道路上巡游揽客,喷涂、安装出租汽车标识,以七座及

以下乘用车和驾驶劳务为乘客提供出行服务，并按照乘客意愿行驶，根据行驶里程和时间计费的经营活动。

(2) 预约出租汽车经营服务：以七座及以下乘用车通过预约方式承揽乘客，并按照乘客意愿行驶、提供驾驶劳务，根据行驶里程、时间或者约定计费的经营活动。

也就是说，《出租汽车运营服务规范》(GB/T 22485—2013)规定出租汽车运营服务是指以小型营运客车和驾驶劳务为乘客提供出行服务，并按乘客意愿行驶，根据行驶里程或者行驶时间计费的运输经营活动。

2. 出租车的服务形式

出租车提供的服务通常可以细分为三类：巡游服务、站点候客服务和电话预约服务。

1) 巡游服务

"巡游服务"是指出租车不在固定站点候客，而是四处巡游，应沿路乘客的招呼，随时停车载客并将乘客送至指定地点的一种服务。巡游服务的随机性很强，招呼出租车的乘客和寻觅乘客的出租车是在事先没有任何约定的时间和地点购买与出售服务。当然，有经验的司机知道哪些地点、哪些时段乘客较多，有经验的乘客也知道哪些地方较容易招呼出租车。但是，巡游服务市场的信息问题是比较突出的：在乘车之前，乘客对招手即停的出租车的安全性能、是否购买责任保险、司机的服务水平、司机的驾驶经验和技术、司机是否疲劳驾驶等通常是一无所知的；乘客也不知道需要等待多长时间会有可供选择的其他车辆出现，更无法预期的是，下一辆车是否比当前的这辆车更令自己满意。同时出租车司机每次提供的服务质量对其获得后续的业务、后续业务服务的质量基本没有影响。

2) 站点候客服务

"站点候客服务"是指出租车在机场、车站、宾馆或者其他固定站点等候不特定乘客租乘的一种服务。如果在某站点候客的出租车不止一辆的话，它们通常会按照到来的顺序排队候客。在许多国家，出租车站点都有一个约定俗成的规矩：乘客只能依次选乘排在最前列的车辆。这意味着先到来的出租车相对后到来者拥有载客的优先权，这个规矩被称为"先来先走"规则。"先来先走"规则使得在站点排队候客的出租车和排队候车的乘客可以依次出发，秩序井然，但是，"先来先走"规则也是一种出租车经营者的集体保护机制，它排除了乘客挑选出租车的可能，从而避免了出租车之间的价格和服务竞争。

3) 预约服务

"预约服务"是指出租车接受乘客预约，在约定的地点和时间接送乘客。预约服务又分为电话招车和网络招车。电话招车是指乘客通过打电话给出租车电招中心招租出租车，电招发展起来后即可招租当下和预约未来的出行需求。电招中心往往会询问乘客目的地以便确保出租车能够按时送达乘客，乘客目的地信息司机通常不被告知，以避免司机挑客。打车软件招租形式是近几年来的新生事物，利用移动互联网技术，通过手机的应用软件完成招租。由于这一新生事物缺乏规范化管理新举措，出租车司机可以即时了解乘客的目的地，合规地挑选承接乘客。

6.4.2 出租汽车发展历程

1. 出租汽车及规制模式起源

出租车是伦敦的标志，伦敦出租车的发展史也是全球出租车发展史的缩影。出租车的鼻祖是历史上用于出租的马车，1654 年驾驶出租马车成为需要许可的职业，200 名出租马车司机获得许可，出租业首次使用(驾驶员准入)市场规制。1831 年，伦敦出台出租马车法，这是第一个比较综合对出租马车业进行规制的法规。

从 1833 年开始，伦敦市因道路设施的显著改善，使得原有的数量管制条件——出租马车的自由运营导致交通拥堵——的问题已不存在，所以从该年起伦敦市就解除了对出租马车的数量限制。1947 年，伦敦出租马车彻底退出历史舞台，从以马为动力转变到以机械为动力之后，伦敦的出租车一直坚持采用黑色车身的设计风格，所以伦敦的出租车又被称为“黑色出租车”，也因此而广为人知。

1907 年，纽约首次出现内燃机驱动的出租车，纽约市的出租车不仅是城市交通的重要组成部分，也是纽约历史、文化和个性的一个写照。1912 年，纽约黄色出租车公司成立，几经合并，1924 年成为纽约最大的出租车公司(1 704 辆)。为了和其竞争，很多小企业将车喷成类似颜色，并设立电话预约服务，预约服务开始出现。1937 年，哈斯法案通过，纽约出租车业开始实施严格的数量管制，并几乎持续至今。更为重要的是，该法首次提出了出租车经营权的概念，并成为至今出租车规制的关键环节。

2. 我国城市出租汽车的发展历程

1) 计划调配时期(20 世纪 90 年代以前)

1903 年，出租车进入中国，哈尔滨成为中国最早有出租车的城市。新中国成立之前，中国一些城市的出租车公司虽然渐多，但是每家公司旗下的车辆却很少，主要原因在于当时由于小轿车需要整车进口，购置费用太高，即便是二手车购置费用依然不菲。

新中国成立后，出租车行业有所衰落，公交车和自行车逐渐增多。1956 年，全国出租车全行业实行公私合营。总体来说，新中国成立后很长一段时期，出租车行业是大一统的“计划调配时代”，以北京为例，仅有 1952 年由周恩来总理亲自命名的首都汽车出租公司等为数甚少的两三家公司经营着数千辆出租汽车，当时是“叫车靠电话、街上出租少”。出租汽车服务作为一种紧缺的奢侈品，是一种身份象征，普通市民是无法经常消费得起的。1985 年以后，北京市兴办了一批国有、集体出租车公司，最高峰时全市有 259 家出租公司、1 万多辆出租汽车，车型多为皇冠、尼桑等进口车，被称为“洋车出租时代”。虽然兴办了出租车公司，但是北京市出租车行业为国有和集体企业所垄断，服务对象主要为外宾和外省市旅客。出租车行业的准入极为严格，投资主体限于国有、集体单位,禁止私人投资开办出租车企业。

2）快速发展阶段(20 世纪 90 年代初)

20 世纪 90 年代初期,特别是 1992 年邓小平南方谈话之后。随着新一轮改革开放的推进,各地出台了一系列鼓励出租汽车行业发展的政策,并普遍放松了对出租汽车行业的进入限制,各种社会资本特别是私人资本迅速进入,使出租汽车行业进入了“井喷式”的发展阶段。在 1～2 年的时间内,出租汽车数量和种类迅速增加。以北京市为例,1992 年,北京市采取了开放出租车市场的政策,提出“符合条件就批,将企业推向市场,优胜劣汰”的发展方针,并向出租车企业提供优惠政策,鼓励各种经济形式自筹资金开办出租企业,出租行业进入迅猛发展阶段,形成了工农商全民办出租的热潮。1992 年、1993 年两年增加了近 5 万辆低档次(黄面的)、低租价的出租汽车,增加了 1 000 余家中小企业和 1 157 家个体出租汽车工商户,企业数和运营车辆数迅速增加到 1 498 家和 6.3 万辆。但是,伴随着公共电汽车的大发展,行业出现了供大于求、空驶率高的现象。为此,1993 年北京市委、市政府决定对出租汽车行业实行总量控制,停止审批出租公司和增加运力投放。

从 1993 年起,各地开始将出租汽车作为城市公共资源按照特许经营方式进行管理,陆续采取了准入数量管制、经营权有偿使用和公司化运营等管理办法。在此期间,一方面,许多公司以有偿或无偿方式取得出租车经营权后,在承包给司机实际运营的过程中,收取包括车款和经营权费用在内的高额承包租赁费和风险抵押金;另一方面,一些公司在取得经营权时,采取了由司机实际出资、经营权名义归公司的做法。这两种情况都是运营司机实际出资并承担经营风险,这是导致后来全国不少城市出现公司与司机之间的产权纠纷和出租汽车行业群体性事件发生的重要原因之一。与此同时,在出租汽车行业管理和发展中,非法营运、政府部门乱收费、经营权出让不规范等问题也日益突出。

3）大规模行业整顿阶段(20 世纪 90 年代末至 21 世纪初)

从 1999 年起,国家相关部门陆续出台了一系列清理整顿和专项治理城市出租汽车的意见和办法。2004 年,国务院办公厅发布了《关于进一步规范出租汽车行业管理有关问题的通知》(81 号文),明确提出严禁盲目投入运力,所有城市一律不得新出台出租汽车经营权有偿出让政策:逐步推广采用以服务质量为主要竞标条件的经营权招投标方式;各地要根据实际情况制定合理的出租汽车承包费标准,合理调整出租汽车企业与司机的收益分配关系;要坚决制止企业利用出租汽车经营权向司机转嫁投资和经营风险,牟取暴利;要采取有效措施,依法理顺出租汽车企业与司机的劳动用工关系,切实保障司机的合法权益;严格规范各项收费,开展专项整治行动,严厉打击非法运营等。2004 年以来,各地按照 81 号文的要求开始进行治理和规范,出租汽车行业的发展总体上进入清理整顿和规范发展的阶段。突出表现在两点:一是前一时期盲目投放运力的情况得到有效控制;二是各地根据 81 号文的要求,对以前的一些不规范的做法进行清理、整顿和规范。以北京为例，这一时期的整顿主要分为两个阶段：

第一次是1996—1999年，针对行业普遍存在的“变相卖车”“以卖代管”行为，进行了重点解决“变相卖车”问题的行业整顿。1996年10月31日，北京市出管局下发《关于加强企业营运任务承包管理工作的通知》(京出管〔1996〕129号)，禁止企业“变相卖车”。这次整顿纠正“变相卖车”1万余辆，通过重组兼并，企业由1 498家减至1 008家。

第二次是2000—2003年，市政府组织了以完善企业经营机制为重点的行业整顿，2000年9月20日，《北京市人民政府批转市整顿出租汽车行业和企业、小公共汽车经营和营运秩序工作领导小组〈关于整顿本市出租汽车行业和企业的意见〉的通知》提出，鼓励出租汽车企业兼并重组、实现规模化经营。企业由1 008家减至277家；纠正企业“变相卖车”近4万辆；淘汰老旧破车3万余辆；行业8万余名驾驶员与企业签订了劳动合同，基本解决了驾驶员的社会统筹保险问题。

4) 互联网时代出租车业的革命性变革(2010年后)

近年来，一些城市中出现的打车难、拒载、司机罢工等现象，让中国出租车业长期积累的矛盾与问题渐渐凸显，与此同时，互联网带来全新出行模式也深刻改变着传统出租车业的生态。

手机叫车软件的出现，专车、快车、顺风车等新型模式的出现，使传统出租汽车市场受到极大的冲击。在市场迎来“革命性”变化的同时，传统出租车业如何改革，新兴业态如何规范，备受社会关注，出租车行业的改革再度到达一个历史关口。

2016年7月28日，国务院办公厅印发了《关于深化改革推进出租汽车行业健康发展的指导意见》。交通运输部会同工信部、公安部、商务部、国家工商总局、质检总局和网信办等部门发布《网络预约出租汽车经营服务管理暂行办法》，互联网时代，中国出租车业新一轮的改革方案终于面世。根据方案，“专车”等新业态纳入出租汽车管理范畴，将出租汽车分为巡游出租汽车和预约出租汽车新老业态共存的多样化服务体系，实行分类管理、错位发展和差异化经营。此外，提出了包括出租车规模将总量调控动态调整，经营权无偿使用且有期限，份子钱应协商确定并公开，网约车经营者、车辆和驾驶员实行许可管理，私家车不得接入网约车平台，拼车不能以盈利为目的等一系列措施。

6.4.3 出租汽车行业发展的关键问题

1. 关于出租汽车行业的定位

出租汽车同时具有不经济性和不可或缺两种属性。不经济性是指相对于大容量公共交通，出租汽车是一种低效率、对环境和道路交通压力大、便捷但不经济的交通形式；不可或缺性是指对于特殊人群(如残障人士、孕妇、老人和公交覆盖不足的偏远地区等)或特殊需求(如生病、事务时间紧急的出行、不熟悉地点的出行、深夜出行等)，出租汽车不可或缺。

由于出租汽车运营过程中占用有限且宝贵的城市道路交通资源，且其利用城市道路交通资源的效率远远低于其他大运量公共交通方式，决定了其提供的服务不应针对普通人群的日常出行，尤其是通勤，而是一般公众的特殊出行和特殊人群的出行。例如日本交通主管部门提出了将引导出租汽车业成为“综合生活移动产业”的指导思想和满足高龄者、障碍者出行，为特别旅客提供快捷出行，为国内外旅行者观光服务，为社区提供便利服务以及为夜间出行者提供安全保障等一系列新的市场定位。

因此，出租汽车应是公共交通优先发展概念下大运量公共交通的补充，不鼓励过度发展，在大城市和特大城市更不能是放任增长的交通方式。

2. 关于出租汽车行业的规制

1）市场失灵与规制俘获

以巡游和站点候车服务为主导的出租汽车市场存在一定程度的市场失灵问题，主要体现在：出租汽车免费利用街道作为经营场所，而大城市道路资源有限，城市空间价格并不会直接影响出租车价格；同时巡游和候车市场的交易特性限制了消费者根据服务和价格自由选择出租车的权利，难以单纯依靠市场竞争实现“优胜劣汰”。

巡游和候车市场的交易特性对消费者根据服务和价格自由选择产生制约的原因主要有以下几点：

（1）事后信息：消费前乘客难以了解出租车的安全状况、服务质量（尤其是对外地乘客）。

（2）非重复博弈：再次搭乘同一辆出租车的概率很小，上一次消费所获得的相关信息无法对下一次消费产生影响。

（3）同一时间、地点很难有多辆出租车同时出现供选择。

（4）乘客难以确定下一辆车什么时间出现，是否比当前的服务更好、价格更低，比选会造成较高的时间成本。

（5）乘出租车的乘客通常时间价值较高，比选带来的收益无法弥补浪费时间而产生的损失，通常会选择最早遇到的出租车。

（6）站点候车“先来先走”的规则排除了乘客挑选出租车的可能。

正是由于出租市场存在的“市场失灵”问题，国内外出租车市场大都采取了不同程度的规制措施，如数量和价格管制以及服务安全准入标准管制等。规制的意图很简单，一方面是对于这一行业自身特性而造成的“市场失灵”进行矫正，另一方面也是试图保障和监督这一“辅助性的公共交通”的服务质量。

出租车市场管制的主要内容有：

（1）数量管制：控制出租车的负外部效应——交通拥堵和环境污染；避免过度竞争造成的司机收入降低、费率大幅上涨、服务质量下降问题。

（2）价格管制：由于出租车服务需求缺乏价格弹性，完全自由定价将导致偏高的价格水平；避免信息不对称导致司机漫天要价；矫正数量管制的缺陷，避免市场垄断者制定不合理的价格。

(3) 服务标准管制:有利于公众安全;避免信息不对称造成的服务质量下滑。

然而,政府的市场规制未必一定会取得理想化效果。中国城市出租车市场自改革开放初期政府鼓励自由发展,很快到 80 年代末就进入了约束发展时期,在数量上和价格上实行严格的管控。长期规制的显而易见的结果是管制者成为受管制者的俘虏,即“规制俘获”。以出租车公司为代表,形成了既得利益集团,它们利用其影响力让政府维持甚至进一步巩固其垄断地位,规制背离了初始目标,成为行业保护的工具,也成为出租市场拒绝改革的根源。

2) 解除管制的实践

反对出租车行业规制政策的人士认为,自由市场能够最有效地分配资源,为出租车乘客提供最佳的价格和服务组合。因此,鼓励竞争及创新服务是放宽出租车市场准入的主要目的,支持者们认为市场自由准入能够促进服务品质提升及价格降低,并有利于创新服务。这种观点对于解除出租车行业管制具有至关重要的影响,1965—1983 年,以鼓励竞争和鼓励创新的目的下,美国和加拿大 18 座城市废弃了出租车准入机制。当出租规制体制放松后无一例外导致了这些美国和加拿大城市的出租车数量过剩,供应过剩后每个驾驶员营收大大降低,有些已无力维持最低的收入要求及更新车辆要求,那些路边招扬承租比例比较大的城市,80 年代中后期很快就恢复了规制体系。有些城市配置了较多的路边招扬站,由于出租车供应过剩,出租车等候时间过长,不仅降低了他们的收入,同时也影响了出租车周转效率。出租车过剩的另一层面的压力是价格,司机不断要求涨价、挑客、短途拒载、“绕远”、品质降低等种种出租车陋习甚至越来越严重。波士顿、巴尔的摩、多伦多、蒙特利尔、温哥华、西雅图等 14 座城市重新拾回了出租车数量管制体系,这也给最初 18 座城市放弃出租车数量管制体系的尝试基本画上了句号,事实和行动再次证实了出租车合理管制的必要性。剩下坚持的城市在一段时期后也部分再应用了出租车管制思路。

3) 改善监管的建议和方向

出租汽车市场虽然同样存在监管失灵的弊病,但监管得以确立的交易特征及市场并没有消失或显著改变,监管失灵不该以取消监管的极端方式来解决,可通过建立动态数量和价格管控机制以及引入更严格的服务质量监管机制,监管失灵的一些诟病能够得以改善。

因地制宜把握管制力度。任何城市的道路资源都是非常有限的,城市越大、密度越高,城市道路上能容纳的车辆数量越有限。中小城市可逐步放松出租市场管制力度,大城市应始终坚持优先发展公共交通作为解决城市交通问题的根本,出租车作为公共交通的补充,适度有限发展。

建立出租汽车总量及价格动态调整机制。在综合考虑市场需求、出租汽车里程利用率、行业整体盈利水平等因素的基础上建立总量动态调控机制,建立科学的调整程序。采取政府定价或政府指导价下由行业协会定价,建立出租车汽车运价调整机制及调整程序。

规制重心回归到制定行业服务安全监管标准和退出机制上。改变政府只管数量、价格，不管服务的传统思路，强化服务质量和安全监管。通过服务质量招投标等手段配置牌照资源，并建立市场退出机制，对于服务质量差的企业和个人政府可回收其经营权和运营权。参考“专车”运营经验，利用信息技术对传统出租车行业进行经营管理的升级改造，建立政府和乘客对出租汽车公司、驾驶员的服务质量考评反馈机制，建立经营权交易机制，鼓励品牌化发展，实现政府管制下的适度竞争。

6.4.4 移动互联网背景下网约车发展

1. 移动互联网在出租汽车行业的应用和发展

移动互联网对出租汽车行业的渗透发展经历了三个阶段：

第一阶段是2013—2014年，滴滴和快的两大平台通过持续市场推广，使得软件打车得到快速普及，并基本实现对传统顶灯出租汽车市场的全覆盖，在性质上属于对传统出租服务的互联网化改造。

第二阶段是2014年下半年开始的专车服务。专车服务首先在租赁车市场开始推广，提供比传统出租汽车更好的车型和服务，价格也相对较高，进一步凸显了既有出租在运营管理和服务水平上的差异，为软件叫车的发展寻找到盈利点。随着专车服务的深入推广，由于运营车额度有限，大量社会私家车类非营运车辆通过挂靠第三方平台加入专车服务，大量租车服务平台也纷纷推出专车服务业务。

第三阶段是于2015年开始快速兴起的拼车服务。随着易到、嘀嗒、滴滴顺风车等拼车平台的出现，拼车业态也呈现爆发式的发展。由于国内对于合乘车没有明确的法律界定，而拼车和营运行为本身又很难监管界定，对于不具备营运资格的车主向乘客收取乘车费用的行为，地方运管、交警部门普遍将其定性为非法营运，也属于严厉打击的范围。

2. 移动互联网约租服务的主要问题

移动互联网将可提供服务的车辆位置、司机与需求者直接联系起来，并利用评分系统将交易双方的信息相对透明化，解决了传统巡游出租车信息不透明、激励与约束机制不足的问题。对提升出租服务水平而言，其价值显而易见。

可是，移动互联网约租企业在融资估值高及走向资本市场的预期双重利益驱动下，其商业模式已不可能采用“公益性合乘”。依赖非运营汽车拥有者提供运输服务，以及通常收取20%～30%的出行撮合服务费，是这类企业被当今资本市场认同的一种商业模式。这种运营模式带来如下几种争议。

(1) 网约车是出租汽车还是一种新类型?

一种观点认为，网约车通过约车平台动态地调整资费、增减补贴和定向派单，在需求高的时段，司机投入服务；在需求低的时段，司机回归私车身份。因此，网约车辆既不是普通私车，也不是普通营运车，不应该也没有必要在传统的二分法——“营运”与“非营运”之间作非此即彼的选择。

然而网约车提供的仍然是运输服务，跟传统出租汽车相比，只是乘车形式、交易方式有变化，但是绝对改变不了出租服务的本质。而预约式出租车早已存在，只不过一般是通过无线电或电话进行。网约车是互联网信息技术与出租汽车这种客运服务模式相结合的产物，但其依然具有出租汽车服务的典型特征——是有偿的个性化应需客运服务、按行程（里程或时程）计价收费。因此，网约车是出租车行业一种新型业态。

（2）网约专车平台是信息中介还是承运人？

部分社会舆论观点认为，互联网企业提供的是信息服务，不应对其定性为“营运车辆”的企业。相关企业主要一类宣称其为信息平台，另一类则自定性为汽车合乘平台，其核心在于，都不自认在提供运营性质的运输服务，以规避有关责任。

从网约车服务的经济实质看，当前的网约车平台提供运输服务，而不是作为信息中介。主要理由包括：第一，平台提供的车辆、驾驶员均是由其招募和组织的，平台实质是资源的组织者，并非仅提供交易平台。第二，平台以统一的服务品牌对外提供服务，经过各种营销活动，社会对其提供运输服务已形成广泛的认知。第三，在服务过程中，平台将乘客需求与车辆进行匹配，并直接指派具体车辆提供服务，乘客有服务偏好的选择，但乘客与驾驶员不能自主双向选择。抢单也仍然是一种调度形式，本质上平台行使运输调度组织功能，更非信息中介功能。第四，乘客将全部车资交付于平台，平台并未向消费者明示符合其法律形式的费用结构，如租车费、代驾费和信息中介费，反而以运输服务的通常法律形式明示费用结构，如时间、里程等。法律形式与费用结构不一致，平台实际上已暗示其在从事运输经营活动。后续平台按约定与驾驶员结算，这仅是平台与驾驶员间的利益分配问题，平台获得利润的多少也不影响对其从事运输经营活动的定性。第五，服务销售价格由平台制定，其他参与者无任何决定权，与信息中介的概念存在本质区别。

（3）网约车是不是需要数量和价格管制？

一种观点认为，在移动互联网技术的帮助下，出租汽车数量和价格管制依据的前提条件都已不复存在，既有的出租车管制模式已不合时宜，应实现全面市场化。

然而大城市道路资源稀缺性的约束条件并未改变，出租汽车包括网络预约出租汽车作为一种不集约的交通方式，总量控制仍有必要。推动改革，并不意味着彻底市场化，尤其是在涉及公共服务和产品的领域，改革的方向应是厘清市场与政府的边界。要从城市和城市交通的可持续发展，有益于推动公共交通优先发展政策的落实。借助“互联网＋”发展机遇，制定统一市场的全行业改革方案，并分步实施。

现在反映的网络约租车已经涉及金融支付、社会稳定、城市交通政策和出租汽车全行业改革等重大问题，既要适应公众需求的变化的大趋势，又要有战略性的眼光做出全行业改革的顶层设计。

6.5 其他公共交通服务方式

城市化、机动化和社会经济的发展导致客运需求日益多样，组合方式出行成为现代交通出行的重要组成方式之一。为满足多样化、多层次、人性化的交通出行需求，衍生出介于常规公交与出租车之间的一类公共交通服务模式，服务目标是为具有特殊出行需求的人群提供公共交通服务，该需求相对常规公交出行方式较为个性、特殊，例如，水上巴士、居住小区公交、单位班车等多样化公交运行方式的出现，可为市民提供便捷、高效的出行环境，辅助主体公交系统构建和谐交通，支撑城市社会经济的可持续发展。

6.5.1 水上巴士

水上巴士，指的是水上公交巴士，是城市公共交通系统的组成部分，主要承担起水上公共交通运输和周边城市的旅游线路功能，分为通勤水上巴士和休闲水上巴士（图 6-7）。

图 6-7 广州市水上巴士

水上巴士作为一种新型的交通服务模式，是对城市水域资源的新开发和利用，运行不受其他交通方式影响，具有地面公交和地下轨道所没有的一些独特优势。在良好的航道条件及现代船舶技术前提下，水上巴士运行快速稳定，具有舒适、准点率高等特点。但由于水上巴士有限的服务范围，决定了其在城市公共交通体系中只能起到中心区的一种补充交通系统。

通勤水上巴士的服务对象主要是居住于江海沿岸的市民，采用类似公交的相对较低的票价，其站点设计主要考虑靠近工作区、住宅区，并在高峰时期加大发船频率，提高服务质量；而休闲水上巴士的服务对象主要是游客及夜晚休闲的市民，采用相对较高的票价，站点设计主要考虑如何更好地将城市景点串联起来，并在夜晚加大发船频率。

水上巴士作为中心区一种不可替代的补充交通系统，在不同的视角下，水上巴士交通服务模式存在着差异，牵涉不同主体的利益。企业主要考虑的是自身的发展，同时争取政府的政策性支持；而政府考虑的是近期需求与长远发展的平衡；轮渡企业和地面公交之间存在协调问题。

水上巴士提供准点、宽松的公交服务，为沿江居住或工作的市民提供“地面公交＋水上巴士＋步行”或“步行＋水上巴士＋地面公交”出行方式链的选择模式。根据不同的市场需求，开行价格相对低廉的水上巴士公交服务；另一方面，提供价格相对较高的水上巴士休闲服务。根据不同服务对象的需求特征，对两种水上巴士服务模式进行差异化的设计。

企业是水上巴士运营的主体，而政府为企业提供相关的支持，对水上巴士服务进行监督。在水上巴士的运营上，政府与企业间的关系主要有以下两种类型：

其一是政府支持部分设施建设，并提供水上巴士类似公交的补贴，但是严格限制其运营中的票价、线路、班次等。

其二是政府支持部分设施建设，不提供水上巴士类似公交的补贴。企业根据市场制定票价与服务标准，并允许其利用设施与船舶在非高峰期间进行适当的旅游、休闲的运营。

不论哪种类型，政府对水上巴士运营系统的支持主要如下：①对码头设施改造、船舶更新提供一定的资金帮扶；②在航权和航速上给予一定的优先；③对低票价的水上巴士交通服务提供一定的补贴。

6.5.2 公共自行车与共享单车

1. 公共自行车

在共享单车流行之前，公共自行车曾经是政府主导推进绿色交通的重要方式。

1）公共自行车的基本概念

公共自行车系统（Public Bicycle System，PBS）的基本含义是，在交通枢纽、大型居住区、商业中心、旅游景点等客流量较大的地点设置公共自行车租赁点（图6-8），根据使用时间的长短收取一定额度的费用，提供公共自行车出行服务的一种城市交通系统。公共自行车系统具备较先进的硬件和软件设施，其主要特点是绿色环保、方便灵活、可达性高。

图6-8 公共自行车租赁点

公共自行车系统主要具有服务短距离出行、接驳公共交通和服务于大型旅游景区和校园的功能。

公共自行车系统的服务对象，是使用公共自行车来满足出行需求的群体，公共自行车适于短距离出行并能较好地衔接多种交通方式。因此，其针对的服务对象主要是短距离出行者和对城市公共交通有需求的城市居民。

公共自行车系统的运营目标，是一定时期公共自行车系统的运营要达到的成果，是经营活动目的性的反映与体现，是运营主体所追求的并在客观上制约其行为的目的，是在分析各种环境要素的基础上确定的各项经营活动的发展方向和奋斗目标，是经营思想的具体化。

公共自行车系统中一般存在两个运营主体，即政府和企业。对于政府来说，公共自行车系统旨在改善交通状况、改善环境质量；对于企业来说，公共自行车系统的运营目标是盈利。但是，总的来说，公共自行车系统的运营目标对营利性的要求较弱，而更关注于缓解城市交通拥堵问题和改善城市空气污染问题。

2）公共自行车的运营模式

公共自行车系统的供给方式主要体现在政府和企业需要清楚角色定位，即政府和企业在运营公共自行车系统时分别应该如何采取行动。在这一层面，政府和企业的合作模式尤为重要，根据公共自行车系统在国内外的实践情况，可将公共自行车系统供给方式划为三类，即完全市场化模式、部分市场化模式和政府购买服务模式（表6-5、表6-6）。

完全市场化模式是指由政府主导、企业来进行投资并且自负盈亏的运营模式。对于公共自行车系统来说，就是指政府没有任何的投入，只提供网点用地、用电、网络传输等条件，公共自行车系统的建设和运营等完全通过市场化运作，由企业投入和承担。

部分市场化模式是指由政府投入前期的系统建设投资，企业则负责后期对系统的运营和维护。系统建设初期的硬件购置和基础设施建设需要大量的投资，政府的投资可以大大减轻企业的负担，也使得公共自行车的公益性得到了体现，当然政府还必须提供系统建设所需的土地等资源。企业负责后续的资金投入，主要用于系统的后期建设、运营和维护，政府可以根据运营的实际情况，给予企业适当的财政补助。这样使得企业能够更专心于系统的建设和升级。

政府购买服务模式是指政府负责系统的初期建设和后续的建设、运营、维护资金的全部投入，企业仅负责具体的建设、运营和维护工作。政府可通过招标，选择拥有公共自行车运营资质的企业，并与企业签订服务购买合同，规定双方的责任和义务；政府在合同期内每年拨付企业购买服务费用，并给予一定的商业资源。这种模式下存在三种不同的方式：①政府投资，由政府行政机构直接经营管理；②政府投资，设立国有独资企业进行经营管理；③政府部门出资，经过招标程序，通过签订租赁或是特许合同方式，将项目委托于专业自行车公司建设并且经营。

表 6-5　　公共自行车三种运营模式的特点

模式类型	特　　点	代表城市
完全市场化	政府不投入,仅提供必要条件(网点用地、用地信息传输网络等) 政府投入启动资金用于系统初期建设 建设、运营完全市场化运作,由企业投入和承担	巴黎 武汉
部分市场化	政府负责资金投入及建设、运营均由企业负责	杭州
政府购买服务	系统初期和后续的建设、运营、维护资金均由政府投入 企业仅负责具体的建设、运营、维护	上海 巴塞罗那

表 6-6　　公共自行车三种供给模式的优缺点

模式类型	适用条件	优点	缺点
完全市场化	地区发展水平高 政府能提高商业资源补偿	政府无财政负担	难以保障偏远地区服务 对政府监督能力要求高
部分市场化	地区发展水平差异较大 政府能提供商业资源补偿	解决偏远地区的初期建设投入问题	政府要一定投入
政府购买服务	政府无法提供商业资源补偿或商业资源价值不足 政府有稳定财政投入保障	较好保障服务提供	政府财政负担大

3）完全市场化的武汉模式

在系统建设初期,政府没有直接提供资金支持,而是通过将租赁服务站点的广告授权给经营企业,以置换公共资源的形式对公共自行车服务提供政策支持。从 2010 年开始,政府对公共自行车服务进行补贴,一是对聘用下岗工人的公益岗位进行补贴,每人每月 1 000 元的标准;二是对每辆新车一次性补贴 100 元;三是对新建的服务点给予 10 万元的补贴。

后期运营建设由武汉鑫飞达环保节能科技有限公司、上海龙骑天际公司投入和承担。其投入和承担的收入来源中,广告收入占到 70%,政府补贴仅占 20%,其余 10%来自公司接收的爱心企业(部分为合作共建关系)和社会捐赠。此外,公司将目前的服务点改造成以绿色项目服务为主的智能便民服务点,还对部分服务亭实行承包经营制,以进一步扩大自身筹融资的能力。

武汉市公共自行车的供给主体是以两家运营企业为中心,社会其他爱心企业参与共建,政府补贴激励的供给模式。在武汉市以企业为中心的市场化运行的供给模式中,由鑫飞达环保节能科技有限公司和上海龙骑天际公司为运营者,是公共自行车服务的主控者和实操者。由于企业自身的优势,通过企业之间的商业联系,比较容易达成同社会的爱心企业共建的合作协议,由此构成了一个企业供给群。爱心企业通过企业捐赠、免息贷款、联合共建等方式参与公共自行车的供给。政府作为准公共物品的天然供给者,则在统筹规划、政策支持、资金补贴等方面发挥引导和推动作用。

武汉市公共自行车的收费模式是:收取 300 元(武汉市民)或者 400 元(非武汉市

民)诚信保证金,低保家庭免收。具体的收费制度:前两小时免费使用;每超时 1 h 罚 1 元;超时 12 h 处罚 12 元并记录不良租车记录一次;超时 24 h 且不良记录3 次者取消租车资格;超时 72 h 的被视作侵占公共财物,应承担法律责任。还车时如果车辆有遗失或者损坏,则根据公布的赔偿标准进行赔付。鑫飞达设立了低碳积分账户,以鼓励大家尽量多使用并文明使用公共自行车,只要是在免费时段内成功租还车一次,则积分 1 分,抵用 0.1 元,每天上限为 4 分,个人积分可在鑫飞达公司网站查询,并且可在年底集中兑换礼品,积满 1 000 分则可以免诚信保证金。

4) 部分市场化的杭州模式

杭州市公共自行车服务是“政府主导,国企运营,市民支持”的模式,政府作为公共自行车系统的主导者,扮演“组织筹划者”“资源协调者”和“监督者”的角色。

作为“组织筹划者”和“资源协调者”,政府在运行初期即明确将公共自行车服务作为城市公共交通方式之一纳入了杭州市公共交通体系,确立了公共自行车服务的公交功能定位。《杭州市人大常委会五年立法规划(2011—2015)》中,《杭州市公共自行车管理条例》作为城建环保类的 20 个立法项目之一提上立法日程。杭州市政府积极统筹协调交警和城管等相关部门,保证公共自行车行驶的路权。除了政策上给予大力支持,政府还提供了大量的资金投入。2008 年 5 月,杭州市政府为系统硬件和基础设施,提供了大力的资金支持和大规模的免息贷款和政府贴息贷款。根据计划,政府每年土地出让金中都有 2.5%用于补贴出租车系统、公交系统,按此比例,政府每年对公共自行车服务的投入大约为 1.3 亿元。

作为“监督者”,杭州市政府将整个系统的运营权分划给杭州市公交集团子公司——杭州市公共自行车服务发展有限公司,由其进行系统的日常运营和管理。并将公共自行车服务列为 2009 年政府为民办实事项目,由负责市直单位综合考核的杭州市考评委员会对公共自行车服务发展有限公司进行绩效考核。此外,在服务点的选址上,执行“四结合,一公示”的公众监督原则——由交警部门、城市管理委员会、公交集团、社区街道四部门共同负责选点,结果在各大传播媒介中向公众公示 7 天,没有意见方可施工。

公司的自主运营收入主要来自广告收入。此外,服务点设有与当地旅游公司合作的旅游咨询点,提供旅游推广服务,该业务每年能为公司带来 500 万元左右的收入。

公司积极进行社会宣传,首先建立了杭州公共自行车(免费单车)网站。此外,杭州市公共交通集团开通了新浪博客和腾讯微博,发布公共自行车的使用信息。

杭州市志愿者协会负责向市民提供租用咨询等志愿服务。2011 年 4 月,杭州市团委联合文明办与杭州市城市建设投资集团有限公司决定成立杭州市公共自行车志愿服务总队,将其列入市志愿者协会统一管理。通过与在杭高校定向招募、媒体中公开向社会招募,以及从现有志愿者队伍中招募等渠道组成了目前总共提供 36 000 多次的服务规模，平均每天检查服务点200个以上，服务工作基本趋于常态化。

在杭州模式中体现了一种由上至下的互动方式(图6-9)，这是一种以政府为主导的由上至下的管理模式，杭州市政府处于系统的主导地位，通过对公交集团的管理，将独立运营权全权交给杭州市公共自行车交通服务发展有限公司，政府负责大部分的资金来源，提供优惠政策；作为运营方，杭州市公共自行车交通服务发展有限公司对自行车的硬件供给采取的是招标的方式，量身打造杭州市的公共自行车，在软件方面拥有自己的专业公共自行车研发公司，保证了公司提供服务的专业性和可持续发展，并将公共自行车的租赁服务直接提供给公众，与公众直接互动。

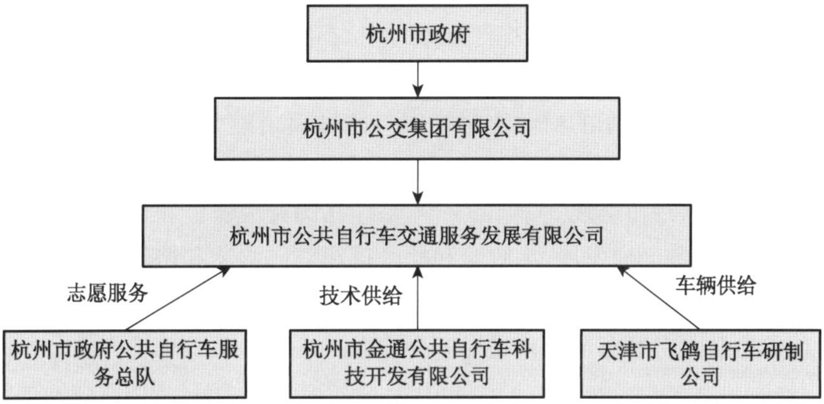

图6-9 杭州市公共自行车服务供给主体的相互作用

杭州公共自行车的租借手续分为两种：一种是直接凭全市通用的IC公交卡刷卡租借，另一种是通过出示身份证，缴纳200元押金和100元预消费资金，填写申请表办理临时卡。杭州市公共自行车的运营参照了巴黎公共自行车的收费模式，并不是全免费的，采用的是阶梯式递进的收费模式。这两年，公交集团又推出优惠政策，只要在公共汽车上用IC卡刷卡90 min内，使用公共自行车的免费时间顺延90 min，落实系统与其他公交接驳的功能(表6-7)。

表6-7 杭州市公共自行车服务收费标准

使用时间	1 h以内	1～2 h	2～3 h	3 h以上
收费金额	免费	1元	2元	3元/h

5）政府购买服务的上海模式

上海市公共自行车的供给主体为政府、企业、社区、非政府组织共同组成。

上海市建设和交通委员会具体负责公开招标公共自行车运营企业，为上海永久自行车有限公司提供交通网络等信息、公共自行车使用的非机动车道的适用调查与道路维护。除了前期系统的建设费用由上海永久自行车有限公司负责外，政府对辖区内的公共自行车费用全部买单，实行政府分级分摊：公共自行车服务的设备租赁、管理运营等所产生的费用由闵行区财政支付；基层管理人员和服务点的工作人员工资由相应的镇和街道财政支付。

上海永久自行车有限公司在服务期内负责站点建设、技术服务和运营管理。在广告经营的收益分配方面，公司与区政府按 7：3 的比例分配，政府应得的三成收益直接作为政府购买服务的费用。上海永久自行车有限公司的收入渠道比较单一，由于采取的是全免费而且无押金的形式，没有票据来源，政府的支付占公司收入的大部分，其余的是广告收益。上海永久自行车公司开通了永久城市租赁自行车的网站，并开通了新浪微博“绿色出行——上海闵行公共自行车”，以发布闵行区宣传公共自行车服务活动的图片和新闻简报为主。

由于政府对公共自行车的财政支付按岗行区和镇街道分管，社区居委会因此独立承担一部分管理事务，并按一个社区配一名一线管理人员的配额，负责其工资和福利的发放。闵行区乘客管理协会成立于 1993 年，是挂靠闵行区建设和交通委员会的社会组织，致力于闵行区公共交通发展，为政府和社区搭建双向沟通和协调服务。推进岗行区综合公共交通事业的发展。协会负责监督考核岗行区公共自行车服务的运行，派监督员负责对闵行区公共自行车的硬件进行安全检查。

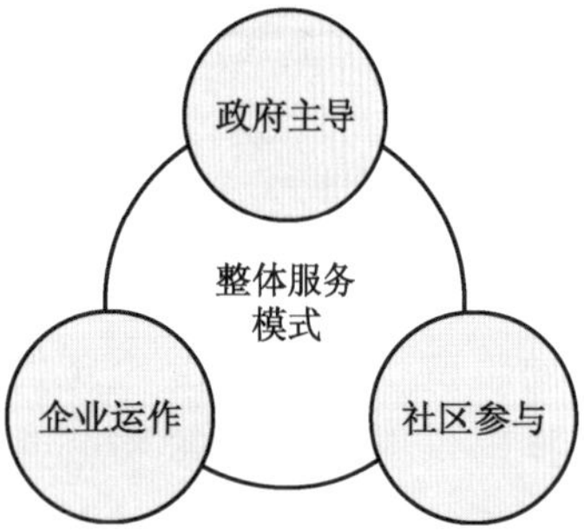

图 6-10　上海闵行区公共自行车供给主体相互作用

上海市闵行区公共自行车呈现为三位一体的互动方式(图 6-10)，其特征为政府出资、企业运作、社区参与的供给主体互动方式。政府与企业存在合同关系，与社区各负责一部分资金筹备和管理，社区负责日常的管理工作，同时又与企业的运营息息相关。三方各司其职，以伙伴关系合作，达到利益共享、风险共担。

上海市闵行区公共自行车服务是实行全免费的方式，只要持有闵行区户口就可以到社区办理一张诚信卡，家庭还可以以户为单位申请，一卡全家共用。办理成功之后，诚信卡账户内的初始积分为 100 分，成功租借一次账户累计 1 分，每次免费骑行的时间是 1 个小时。如果超时账户会相应扣分，超过 30 min不归还的扣除 10 分，超过 24 h 不归还的扣除 100 分，当诚信积分为 0 时，就失去了用车资格。

6）不同运行模式中的政府责任

在完全市场化模式中，政府通过招标，选择拥有公共自行车运营资质的企业作为项目的投资主体。政府只作为项目的倡导者，不需要进行任何资金投入，仅向运营企业一次性给予提供网点用地、用电、信息传输网络等必要的商业资源作为补偿，利用资源置换资金的形式，由企业负责承担全部资金投入和风险，全权负责系统的建设、运营、维护的市场化运作，自负盈亏。管理上，政府积极协同企业对公共自行车系统统筹规划，并提供政策支持、资金补贴等。

部分市场化模式是指由政府投入前期的系统建设投资与系统建设所需的土地等资源，企业则负责后期对系统的运营和维护。除了政策上给予大力支持，政府根据运营的实际情况，给予企业提供免息贷款和政府贴息贷款政策，并给予适当的财政补助。管理上，市政府积极统筹协调交警和城管等相关部门，保证公共自行车行驶的路权。政府相关部门对公共自行车服务发展有限公司进行绩效考核。并将公共自行车志愿服务总队，将其列入市志愿者协会统一管理。

在政府购买服务模式中，政府对前期的系统建设和后期的运营和维护等进行资金的投入，而企业仅负责具体的建设、运营和维护工作。所有的项目收入是由政府支配和调控，企业运转所需的费用由政府负责。由政府公开招标，邀请私营企业来建设系统并经营一定年限，政府给予一定的资金或政策补偿（如无息贷款、出让城市广告牌使用权等），并享有私企经营利润的分红。

2. 共享单车

与传统的政府主导的公共自行车不同，基于民营主导采用“无桩”方式的共享单车，几乎在一夜之间在各大城市遍地开花，由于其便利的使用方式和灵活的推介，公众的接受程度远超政府主导推进的公共自行车（表 6-8）。到 2017 年 7 月，国内共享单车累计投放量约 1 600 万辆，目前我国共享单车全行业日订单 5 000 万单左右，平均每辆共享单车的骑行频次达到 3.125 次，国内共享单车用户规模达到 1.06 亿（2017 年 6 月），占全国网民的 14.11%。

表 6-8　共享单车大事记（截至 2017 年 9 月）

日期	事　件
2014 年	北大毕业生戴威与 4 名合伙人共同创立 ofo，致力于解决大学校园的出行问题
2016 年 9 月	摩拜单车已经完成超过 1 亿美元的 C 轮融资
2016 年 11 月	已经有包括摩拜单车、优拜单车、ofo、小鸣单车、小蓝单车、骑呗等在内的多家共享单车诞生并且都获得了大量的风险投资
2017 年 3 月	共享单车平台 ofo 迈出了免押金的第一步
2017 年 3 月	摩拜单车宣布将入驻“微信钱包”
2017 年 4 月	武汉建成第一条共享单车专用道；全国首个共享单车示范县市落户湖北枝江；Trustdata 数据显示，国内共享单车市场月活跃用户量约为 432.2 万，摩拜单车所占据的市场份额已经达到令人震惊的 72.5%
2017 年 5 月	中国自行车协会在沪召开共享单车专业委员会成立大会，宣布成立中国自行车协会共享单车专业委员会
2017 年 6 月	悟空单车成为首家共享单车倒闭企业
2017 年 7 月	深圳交警联合在深共享单车发布的“停用令”正式开始生效，在深非机动车违法的，根据违法次数不同而停用不同的时长，最高可停用半年

（续表）

日期	事　件
2017 年 7 月	中国共享单车正式登陆曼彻斯特；由于占道违停等原因，江西南昌城管已暂扣 26 000 多辆共享单车；由中信银行与 ofo 小黄车联合发行的国内共享单车领域第一张联名银行卡——“小黄卡”正式面世
2017 年 9 月	北京市交通委宣布暂停在北京市新增投放共享单车。至此，包括 4 个一线城市在内的 12 个国内城市一多月来先后宣布暂停了共享单车的新增投放

自行车出行是一种绿色交通方式，共享单车的出现使得自行车在城市中迅速复兴，同时促进了“公交＋慢行”出行链的发展。从这一角度看上来说，共享单车对于城市交通模式健康演化有着重要的意义。

共享单车的运营模式改变了交通工具所有权形式，但没有改变从空间资源使用角度的私人交通方式属性，由于难以规范使用者行为，破坏空间秩序的情况多有发生，从而产生了与公众利益的一系列冲突。伴随共享单车企业为了市场竞争需要的大量车辆投放，共享单车的负面影响迅速受到社会关注。为了引导共享单车的健康发展，截至 2017 年 9 月 7 日，共有包括北京、上海等 12 个城市不得不叫停了共享单车新增投放。

围绕共享单车社会责任，企业与政府均在积极探索。采用“电子围栏”、诚信记录等技术手段规范停车行为，增加人力投入进行车辆管理等多方面的尝试，目前看来均不能从根本上扭转共享单车使用混乱的局面。

改变政府独立承担城市交通供给所造成的低效、市场需求响应迟钝等问题，是深化城市交通供给侧变革的重要问题。因此对于社会资本参与的共享单车模式，不是简单的“禁”或“放”的问题，而是需要认真考虑如何与社会力量共同推进城市交通公共治理。共享单车解决了“最后一公里”的问题，这是许多地方政府多年来总是做不成的难题。但是，并不能由此得出政府不应该参与共享单车经营和管理的结论。具有公共品性质的共享单车模式如果缺少了政府的必要参与，缺少了政府的必要管理，就很可能酝酿出共享的市场失灵。

从本质上来说，共享单车是资本借助“共享经济/分享经济”浪潮，试图推进的商业模式创新。因此，共享单车的管理不是单纯的公共秩序维护，而是针对具有公共产品性质的市场运作机制。不理解共享单车背后的资本诉求和行为，很难寻求有效的合作之路。

不同企业运营的共享单车在区域市场、管理方式、技术能力等方面存在差异，但其运作模式却大同小异，预付押金或信用积分绑定都是不可或缺的关键环节，其运营收入也并非单纯依靠租金，运作关注点集中于客户集聚所产生的“流量”。目前共享单车的收入主要有以下四个组成部分：一是单车租金收入；二是线上下广告收益；三是大数据收益；四是金融收益。

(1) 单车租金收入。即使对于具有相当大市场规模的摩拜单车来说，租金对支撑企业正常运营的贡献也是非常有限的。

(2) 线上下广告收入。共享单车锁定的用户数量越大，潜在的广告收益也会越高。除了传统类型的实物型广告和较为广泛见到的共享型 APP 广告以外，“吸粉”型广告也是一种重要的形式。“吸粉”就是聚集客户信息，通过信息开发为广告商带来利益，通过用户的扫一扫免费骑行方式进行“吸粉”，单车单次骑行的支出由广告商支付，广告商通过获取精准客户需求获得收益后，分别部分返还给商家和单车平台。

(3) 大数据收益。共享单车是用户实名登记，通过单车平台可以获得精准的出行数据和用户画像。这种大数据具有很大的潜在开发价值，但是目前应用还主要局限在单车平台优化经营和开展关联业务的层面，距离大数据产业化经营还比较远。

(4) 金融收益。对于引起广泛争议的共享单车押金形成的资金池问题，一种观点认为共享单车企业即使没有盈利，其数额巨大押金如果被用到投资市场，剔除利息、经营费用等，年收入也非常可观。而共享单车企业回应称，资金池不存在挪用问题，而且已经存入到国有银行，接受相关部门的严格监管。对于这个巨大资金池的存在的确有诸多可供研究之处，缺少明确的法律条文和明确的监管部门，且不受到公众有效监督的确并非妥当方法。

流量是共享经济模式生存和发展的关键。共享单车在发展初期，力图通过“吸引眼球—利益吸粉—用户共享”的方式完成流量导入。由于这种方式几乎没有模仿成本，拼钱、拼优惠、“烧钱”的过度竞争行为成为初期的主导特征，多数跟随模仿性的共享平台将被淘汰出局。第二个阶段是平台间的合作导入流量。比如，摩拜单车与腾讯微信的战略合作，当当网平台与腾讯 QQ 平台的合作等。

面对共享单车，政府需要对其经营重点环节的管理。其中最为重要的问题是通过政府的介入，既规范相应的市场发展秩序，又要保护和鼓励创新的积极性。政府管理的重点并非单纯地维护公共秩序，而是需要在过度竞争和垄断固化之间寻找到合适的解决方法。

共享单车短时间的发展历程警示我们，为了实现对于社会资本参与城市交通服务的因势利导，政府一方面需要“适时响应”，尽管不可能先知先觉制定管理方案，但要在新模式呈现稳定趋势并开始迈入过度竞争阶段之后，及时介入管理；同时，对资金池进行必要的监管，制定资金池的监管条例，督促平台企业接受全社会监督，并在适度保护层面上下功夫，可以尝试考虑把共享单车平台纳入牌照管理轨道；此外，基于共享平台的大数据要和政府数据平台无缝对接共享，并接受政府相关部门的监管，在数据买卖、使用领域等方面制定管制负面清单，以体现互联网时代大数据企业社会责任。

6.5.3 居住社区公交

居住社区公交(也称社区公交)是在 TOD 的发展模式引导下所形成的，位于大运量快速公交(地铁、轻轨、公共汽车)站点周边步行可达(5～10 min，400～800 m 半径)区域内，可提供混合功能服务的社会生活共同体(图 6-11)。

居住社区公交是一种固定线路的公交服务，用来满足小区居民到周围公交站点、地铁站点的出行需求，通常采用电动车等小型车辆，沿附近街巷布设路线。

居住社区公交是面向大型居住区的小区居民，解决其居住地与周边公交站、地铁站等其他站点间最后一公里的接驳问题。这类居住社区往往与站点间的步行距离超过

图 6-11　北京后现代城小区公交

5 min，行人步行时间过长，且不方便。通过开设居住社区公交提高小区居民的出行舒适度和效率，同时改善小区的交通出行便捷程度，提高了居住小区的服务质量。

总结目前北京市、香港、上海等地的居住社区公交经验，可以归结出国内现阶段居住社区公交的运营组织模式：

(1) 运营管理以小区物业和公交集团公司为主。

以小区物业为主运营的居住社区公交多采用电动车运营，可容纳 20 名左右的乘客，线路主要通过小区住户的需求而设定；以公交集团为主运营的居住社区公交采用小型车辆，采集并分析接驳需求，设计线路班次与线路。

(2) 灵活的运行组织。

线路设计较为灵活，每条线路单独设计，不联网，站点分布考虑直达，途中设一站或两站。客满时，直接运送到终点。

时刻表根据客流量制定，单程一般在 2～5 min。

票价实行弹性原则，包含固定费用和变动费用。同时在票价上实现对乘客群体的区分性。

小区物业为主的运营车辆为新购置车辆；公交集团运营为原有车辆，前期没有新车购置费。

(3) 运营监管模式。

运营监管模式主要有两种：其一由市公交集团、所在区管委员会和社区自身等三家运营单位分工协作的监管模式；其二由社区直接监督管理，同时接受小区住户的监督。其中，第二种模式是目前最主要的形式。

(4) 政府责任。

针对以小区物业为主的运营模式需要经过政府出台相关政策予以规范化、专业化指导，尤其是电瓶车运营车辆的安全运营指导。针对以公交集团为主的运营模式，政府应督促运营单位加强小区公交的灵活性和科学性。居住小区公交是城市化带来的新型公共交通方式，因其孕育于基层的客流需求，灵活性较强，管理难度和设计难度较大。目前，亟需政府涉入监管，实现对居住小区的规范化管理，同时借助该需求产生的服务行业解决小区周边就业问题。

6.5.4 定制公交

定制公交(也称定制通勤商务班车、定制商务班车、定制通勤班车等)是为了吸引私家车通勤者或拟采用私家车通勤的乘客，一人一座、一站直达，具有定人、定时、定点、定价的特点，是介于出租车和普通公交车之间的一种绿色出行的公共交通模式，图 6-12 为国内首条定制公交。

图 6-12 国内首条定制公交

定制公交在我国属于刚刚兴起的出行方式，目前也只有北京、青岛、济南等城市已开通运行；上海、西安、厦门等交通拥堵问题比较严重的城市也已开始了市场调研，并研究制定实施细则，其中部分线路也已经开通试运行。

定制公交的服务对象主要是为相对处于相同区域、相同出行时间、具有相同出行需求的自驾车主或乘坐出租车或拟打算购买私家车通勤的市民。

考虑到开车上班疲劳程度增大、出行成本升高等原因，很多人并不想开车上班，而是迫于没有合适的公共交通工具的无奈。定制公交恰好满足上班族经济、方便、高效的出行要求。

通过对北京市、青岛、济南等地商务班车的经验，可以将国内现阶段大多数商务班车的运营组织模式总结如下：

(1) 运营管理以公交集团公司为主。

(2) 搭建网络平台,借助大数据工具,收集、统计、分析乘客意愿,开展线路招募、征订、变动等信息,积极与乘客互动。

(3) 线路只要达到最低人数标准就开通,以乘客的需求为唯一标准。

(4) 线路设计追求速度优势,每条线路单独设计,不联网;站点分布考虑直达,途中不设站。

(5) 时刻表根据乘客上下班时间,再结合道路拥堵状况,得出平均时间。

(6) 票价实行弹性原则,包含固定费用和变动费用,同时在票价上实现对乘客群体的区分性。

(7) 车辆属于公交集团原有车辆,前期没有新车购置费。

定制公交的运营监管模式主要有两种:其一由市公交集团、所在区管委员会和社区自身等三家运营单位分工协作的监管模式;其二由公交集团主导运营,同时接受当地运管部门的监管。其中,第二种模式更为有效。

在定制公交运营管理中,当地交通管理部门主要对商务班车日常服务进行监管和考核,常态化、规范化管理。定制公交是一种近些年来新兴的公共交通方式,因此无论是中央还是地方都还没有出台相应的法律规章制度、财政补贴和投资政策、辅助政策等。目前,政府承担责任较小。

6.5.5 单位班车

单位班车,指企事业单位为便于内部员工上下班出行,在统筹考虑他们的上下车地点后,由所在单位负责开行多条线路的客车(图 6-13)。各条线路均定时、定点、定线、定班行驶,以满足人们便捷通勤出行的需求。单位班车是城市公共交通方式之一,属于辅助公共交通系统。

图 6-13 单位专用班车

单位班车的服务对象为企事业单位内部员工。

单位班车由单位企业根据单位上下班时间和员工居住地,自主开设班车起终点、中间站点、发车时间、运营班次等。

单位企业设有员工公寓的单位班车起终点设在员工公寓与公司，中间不设站；单位企业未设有员工公寓的单位班车起终点站设在公司和员工聚集区某点(此情况通常下不开设单位班车，当员工较为聚集或有特殊需要时开设)，若有多个聚集区，则开设中间站(一般不超过 3 个)。部分企业分公司之间开设单位班车，包括学校、医院等。

发车时间根据单位通勤时间要求，一般是早上 6:00～8:00，晚上 16:00～18:00，部分企业开设夜班车，时间具体不一，且通常为多车同时，单次出行。

线路选择、车辆组织与维修、司机征集、运营管理等工作皆由单位企业单独设立相应后勤等部门根据其单位企业情况自主统筹安排。

虽然单位班车多定义为辅助公共交通系统的公交方式，但其为单位企业自主开设，属于单位企业内部事宜，且其运行包括规模并未对整体交通造成较大影响，交通管理部门并不严格限制与要求，政府对其无特殊政策，无特殊监管，只是在对公司整体管理中对车辆采取一定规模限制和运营安全监管。政府责任较小。

6.5.6 校车

校车是用来运送学生往返学校的一种交通工具，是集体运输工具之一，收月费或年费，或是校方聘请司机自行经营，或是与地区性的公车业者签约租用的学生专车(图 6-14)。

图 6-14 小学校车

校车服务对象为中学、小学、幼儿园学生。

现有的校车运营组织模式基本有学区自有校车模式、外包校车模式两种。其中，学区自有校车模式为主流。

学区自有校车模式，即学区使用公共经费购买车辆、委派专人运营校车服务、提供适当的校车维护和设备并购买必要的设备来维持校车服务项目的顺利开展。学校承担校车运营的所有开支，经费来源由政府拨款或学校自筹资金，并自行办理所有政府部门规定的证件。

这种模式的优势是减去了与租赁公司的协调步骤，灵活性强，对校车进行直接管理，调用校车更为便捷，服务稳定，且成本较低。但是，其缺点是校方必须花费大量的成本与时间对校车的日常维护、证件办理进行管理。

外包校车模式由学校和校车租赁公司签订租赁校车的合同，约定租赁校车的数量、质量、安全保证等相关信息。学校每月向租赁公司支付约定的租车费用，由租赁公司负责车辆的日常维护，所雇佣人员须达到学校使用校车的要求。租赁公车需协助学校办理各种证件，以符合政府部门对校车的各项要求。这种模式的优势是减轻了学校的成本投入和管理负担，发生事故时由租赁公司承担责任并出面解决。劣势在于学校必须与租赁公司经常沟通与协调，且因为驾驶员来自租赁公司，增加了校车管理的难度。

不论是学区自办校车服务或是外包校车服务，在服务提供的过程中，包含以下几个方面，即组建校车服务团队，聘任校车司机并组织培训、购买校车并负责日常维护、对乘车学生及其家长进行安全教育等。学区教育董事会或校车服务公司作为执行主体，通过这样的校车服务流程，来为学生提供优质安全的校车服务。

对于学校班车政府承担有不可推卸的责任。

在政策与立法进程上，我国目前已经颁布三部法规以及若干项提案，包括：①2007 年9 月 1 日正式实施的“关于实施国家标准《机动车运行安全技术条件》(GB 7258—2004)第 2 号修改单”；②2010 年 7 月 1 日，我国首部专门规范小学生校区安全的强制性国家标准《专用小学生校车安全技术条件》正式实施；③2012 年 3 月 28 日国务院第 197 次常务会议通过《校车安全管理条例》，并正式颁布实施。

政府也已逐步建立健全国家校车安全技术标准体系、国家校车安全生产准入机制、国家校车安全质量检测机制，严格、全面监管校车运营安全问题，保障校车高效、安全运营。

其次，政府投入大量资金补贴校区及设备购买、运营、维护等工作，以及成立相关研究组织、集聚科研人员，开展校车运营管理与安全保障方面的相关研究。

此外，政府组织力量编写适用于不同年龄阶段学生的校车安全教育内容的教材，以儿童和青少年喜欢的形式，组织各种宣传教育活动、进行校车安全逃生演练等。

6.6 城市公交枢纽

城市公交枢纽并非单一的交通换乘功能，还有社会组织功能，以减少人流、车流为目标，成为兼顾商务、休闲、娱乐等的综合体。公交枢纽规划选址原则，实际是以枢纽组织全城或者某一区域公共交通线路，提高公交出行率的重要措施；又是减少人的出行活动，提供一般社会服务，减少地面车流和人流。

城市公共交通是城市交通系统中重要的组成部分，解决我国城市交通问题的根本出路在于优先发展公共交通。城市公共交通枢纽是城市公共交通系统中的关键节点，明确功能、合理规模、布局规划和内部交通组织，可以衔接各种交通方式，提高公共交通出行比例，有助于城市交通系统的高效运行。以下从城市公交枢纽的功能、选址及其内部交通组织三方面分别论述。

6.6.1 城市交通枢纽的定义、功能及分类

随着城市的不断扩大，公共交通线路的不断增加和延伸，客运交通方式向多元化发展，人们的工作、社交、购物、文化娱乐等各项活动的出行范围也在不断扩大，出行距离增长。乘客从起点到终点完成一次出行，往往需要使用很多种交通方式或转换线路，把多种交通方式、多条线路有机衔接起来，方便乘客换乘是公共交通系统提高服务水平、吸引乘客的重要手段。“公共交通枢纽”就是指公交线路之间、公共交通与其他交通方式之间客流转换相对集中的场所，是一种具有必要的服务功能和控制设备的综合性公共交通设施。城市公交枢纽具有如下功能：

(1) 运输生产组织功能。包括运输市场、运输工具的管理，客流组织，对外联络、各枢纽场站之间的协调以及枢纽站的管理，各种交通方式之间的有机衔接、统一协调，为旅客提供方便快捷的运输服务。

(2) 场站作业服务功能。为各种客运交通方式乘客提供问询、购票、候车、检票以及行包托运和提取等基本服务；对各种客运车辆进行组织调度、接发、行包装卸和有关运输手续的交接、费用结算等生产服务，满足不同客运形式对客运枢纽站的要求。

(3) 通信信息服务功能。通过计算机通信技术，依托互联网，使客运枢纽站与上级主管和各种不同方式的运输枢纽有机联系起来，并为枢纽站的组织运营、内部管理、内外联络、旅客出行提供先进的手段和及时、准确的信息；满足旅客出行和中转换乘的要求。

(4) 中转换乘功能。利用良好的交通位置、完善的设施，以及现代化的管理手段，为旅客提供不同运输方式之间、不同运输线路之间，以及各种运输方式与市内交通之间便利的换乘服务，实现各种运输方式之间的“零距离换乘”目标。

(5) 集散功能。公共交通枢纽利用智能化、现代化的设施设备实现客流组织和车辆调度，对于到达或出发的乘客和车辆，实现有序地聚集会合、疏散分流，合理组织枢纽内的客流和车流，为乘客提供优质、便捷、高效的运输服务，实现乘客安全集散。

(6) 引导功能。发挥公共交通的优势，引导私人交通向公共交通转移，改善城市客运结构，实现城市客运中各种交通方式的合理分工。

从上述城市公交枢纽功能分析可见，城市公交枢纽并非单一的交通换乘功能，还有社会组织功能，以减少人流、车流为目标，成为兼顾商务、休闲、娱乐等的综合体。

城市公交枢纽由于划分公共交通枢纽的依据不同，其分类也有差异。主要按照交

通功能、交通方式等方面对城市公交枢纽进行分类(表 6-9)。

表 6-9　　城市公交枢纽分类

分类系统	内容	主要特征
按交通功能分类	对外枢纽	一般设在城市出入口,连接着对外交通运输出入线路与城市公交线路,其规模与城市发展形态、经济文化活动相匹配
	市内枢纽	主要为城市内部区域或中心与外枢纽的客流交换服务,一般设在城市内主要客流集散点、多种交通方式多条线路汇总点
	特定设施处枢纽	这些地点在某时段内集散度大,满足人们文化、娱乐出行
按交通方式分类	方式换乘枢纽	如城市公共汽车与地铁、铁路、航空运输等线路相互衔接的枢纽
	线路换乘枢纽	主要指公交线路之间,包括公交车与长途汽车线路间的交汇处枢纽
按交通组织分类	首末站换乘枢纽	枢纽内有多条电汽车的首末站,并设有相关指示标志等设施
	中途站换乘枢纽	位于道路条件好、公交线路通达性高、多条线路交汇的路网节点,站点设置、人流组织是此类枢纽设计的重要内容
按布置形式分类	立体式枢纽	枢纽站为地上或地下多层结构形式,适用于交通方式复杂、用地受到限制,同时也可与综合性服务设施,如商业、文娱场所相协调
	平面式枢纽	枢纽站设施布置在地面上,其规模视换乘需求而定
按服务区域分类	都市级枢纽	吸引全市范围和对外交通客流的枢纽,如火车站、机场等大型城市出入口
	中心区级枢纽	引导需要进入城市中心区内部中转换乘的客流在中心区外围换乘
	边缘组团级枢纽	为轨道交通和快速公交接驳客流,实现轨道交通或快速公交与常规公交最便捷的换乘
	片区级枢纽	可以是轨道交通枢纽,也可以是常规公共交通枢纽
	外围衔接区级枢纽	主要解决对外交通与城市内部交通的衔接,一般设在对外换乘枢纽周围
按客流性质分类	换乘型枢纽	承担公共交通之间或与其他客运交通方式之间的换乘客流为主
	集散型枢纽	以承担公共交通枢纽所在区域的集散客流为主
	混合型枢纽	既有大量换乘客流又有大量区域集散客流的公共交通枢纽

除上述主要的分类方法外,国内外在对城市公交枢纽进行规划研究时,还采用了其他的分类方法,如按服务区域划分、按时间范围划分、按枢纽作用划分等。

6.6.2　城市公交枢纽规划选址原则

随着城市的发展,城市交通系统变得越来越复杂,对城市公共交通枢纽的要求也越来越高,应当给予城市公交枢纽规划足够的重视。由于交通发生吸引源的分布、交通运输网络特点和自然环境等因素的影响,使得同样的地域范围和交通网络上,布局不同的公交枢纽系统,会导致不同的交通运输效率和社会经济效益。因此,交通枢纽场站的合理布局是以整个交通运输系统和社会的经济效益为目标,综合考虑交通发生吸引源的分布情况、交通运输条件等因素,对公交枢纽进行优化和调整。

公交枢纽规划选址原则，既考虑以枢纽组织全城或者某一区域公共交通线路，提高公交出行率；又考虑减少人的出行活动，提供一般社会服务，减少地面车流和人流。

公共交通枢纽的选址原则如下：

(1) 与城市总体规划相协调，与城市用地布局紧密结合。公共交通枢纽是城市总体规划的一部分，应当符合城市总体规划。由于公共交通换乘枢纽的建设同时推动周边地区的发展，为周边的土地开发创造条件，因此，在布置换乘枢纽时，应当综合考虑周边用地布局，以城市土地利用发展规划为依据布置公共交通枢纽。

(2) 有效衔接城市各个分区，与区域交通综合考虑。大城市区分为城区、郊区，有的还设有经济开发区，卫星城镇。交通系统将城市分区有机地衔接与延伸，城市中心地带，用地相对紧张，换乘枢纽具体布置中应当因地制宜采取立体交通组织的方式，形成地上、地下相结合的综合性枢纽。

(3) 与公交规划及现有的公交线路紧密衔接，考虑乘客换乘的连续性。枢纽的位置应为换乘提供方便，应为乘客提供选择最佳交通路线的机会。公共交通换乘枢纽作为交通的交换中心，一般情况下，既不是出行全过程的起点，也不是终点。一般而言，公共交通换乘枢纽应尽可能连接城市客运干道。与此同时，换乘枢纽不宜设置在城市车流密集区域的两边，避免车流和人流的相互干扰，提高行人的安全性。

(4) 适度超前，合理有效，引导需求。从交通经济学的角度看，交通基础设施投资可分为“追随型投资”和“开发型投资”。综合交通枢纽规划应适度超前交通需求，并应有适当的开发型投资，合理有效引导需求，形成合理的交通枢纽结构，使整个交通系统向综合交通运输体系方向发展，以促进我国经济持续快速发展。

(5) 强调各种交通运输方式的综合协调。充分考虑综合交通枢纽之间的相互协调、相互依托，从而保证整个运输过程的连续性，提高运输效率。通过路网优化确定规划区内最优的综合交通网络布局和公路、水运、铁路和航空在综合交通运输系统中的分担比率，通过枢纽场站的布局使各种交通方式有机衔接，从而实现各种交通方式相互协调的规划目标。同时，还要确定建设项目的优先顺序及实施时间序列，做到有步骤、有计划地实施规划。

(6) 诱导＋疏导原则。通过对枢纽站点的设置，从一定程度上诱导城市客流，增强公交吸引能力，缓减城市交通压力。对换乘乘客实行疏导原则，以便快速、便捷地疏散客流，减少换乘人员的时间及体力消耗，提高换乘服务水平。

(7) 换乘安全、畅通原则。公交枢纽设计要保证换乘枢纽与周边各种交通方式之间衔接通畅、安全，避免车辆行人混乱造成枢纽内部不安全与拥挤情况的发生。

6.6.3 城市公交枢纽内部交通组织

确定城市公交枢纽的位置、等级以及相应配套设施和规模后，需开展枢纽的平面布局设计，包括：枢纽站集结的各种交通模式、进出安排、各种交通模式所需场站的规模、停放空间、运营空间，以及行人设施安排、楼梯和电梯等。

1. 他山之石

以法国拉德芳斯(La Defense)枢纽站为例,拉德芳斯枢纽位于巴黎拉德芳斯副中心,包括地铁1号线、有轨电车T2线、区域快速铁(RER)A线、郊区铁路线和多条公共汽车线路,是集轨道交通(高速铁路、地铁线路)、高速公路、城市道路于一体的综合交通枢纽。目前已形成了高架道路交通、地面交通和地下交通三位一体的交通系统,形成了欧洲最大的公交换乘中心,将拉德芳斯区与巴黎市中心区紧密地连接起来。这一公共运输服务系统日接待乘客达50万人次以上,超过80%的人选择乘坐公共交通进出拉德芳斯副中心。拉德芳斯枢纽设计得非常先进,巧妙地将多个车站都整合在一个4层的大型建筑内,乘客不用出站就可以换乘各种方式,其成功的关键因素之一是其完善、便捷的交通基础设施。

拉德芳斯区域位于法国巴黎市区的西北部,城市主轴线的西端。该枢纽具有交通、商业服务等功能。公交车站层,在枢纽的东侧,公交线路包围了小汽车停车场,设有大量清晰的道路标志,引导车辆快速通过,有序停放;中央为售票和换乘大厅,有商业及其他服务设施;西侧为郊区铁路和有轨电车T2线。乘客通过地面出入口和换乘大厅的换乘楼梯,可以很方便地到达商业中心,以及地下三、四层的地铁1号线和RER-A线,通过地铁线路将拉德芳斯区域与巴黎市中心区紧密联系起来(图6-15)。

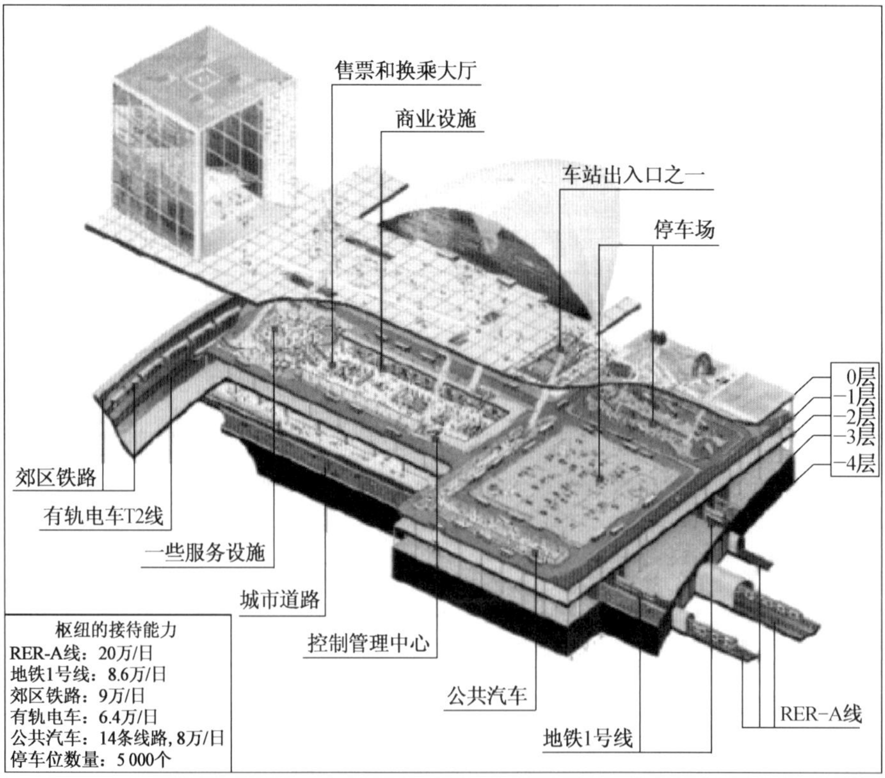

图6-15　法国拉德芳斯交通枢纽剖面

该枢纽分为地下四层。

地下一层：公交车站层，设置了14条公交线路；公交车进出站道路中央包围的是小汽车停车场。

地下二层：售票和换乘大厅，周围附有商业及服务设施，站厅内多个显示屏能实时地显示各种交通方式的时刻表；西区为郊区铁路和有轨电车T2线的站台层。

地下三层：地铁站台层，设有地铁1号线终点站的站台层。

地下四层：地铁站台层，为RER-A线的站台层，共有4股轨道平行排列。

该枢纽的特点是：①着眼于综合交通体系，统筹规划，使得不同交通方式之间的换乘十分流畅，近似于"零距离"换乘；②两条地铁线路之间采用同站台换乘，换乘距离很短；③与周围建筑物结合比较协调，方便不同方向的乘客进出换乘枢纽。

2. 城市公交枢纽内部交通组织原则

为了妥善安排内部交通组织，需要遵循如下原则：

(1) 考虑城市地铁、轻轨、主要干道的布置，围绕轨道交通、公共交通等多种客流的需求，合理布置客流集散点、进出站及换乘旅客的出行方式，处理好枢纽布局与城市交通流线的衔接问题，最大限度地方便旅客的集散和换乘[12]。

(2) 人流与车流的行驶路线严格分开，保证行人的安全和车辆行驶不受干扰。设计合适的交通组织，实现进与出、人与车、行与停、通过与到达、枢纽内部和外部等交通活动在空间上的适当分离，减少各种交通之间的干扰，保证交通的畅通有序。

(3) 既要考虑水平方向流线组织，亦要考虑垂直方向的人流组织。水平与垂直方向人流不应相互交叉。对于大型综合客运枢纽，应分层组织旅客流线。

(4) 最大程度地满足行人对换乘便捷、快速、安全、舒适的要求，缩短行人在枢纽内的转乘时间，提高设施服务水平。

3. 枢纽内部交通组织的工作内容

枢纽内部交通组织决定了枢纽使用的功能水平，同时也是决定建筑方案最主要的因素之一。枢纽内部交通组织一般包括以下内容：

(1) 枢纽内部各功能模块的运营要求和交通特征分析。

(2) 枢纽内部各功能模块的相互关系。

(3) 各种交通流流量、流向和时间分布。进行枢纽的交通组织应首先对枢纽各交通方式的流量、流向、换乘量进行预测。一个大型城市交通枢纽的交通方式均会在3种以上，流量、流向及换乘量要通过大量的基础资料和规划意图进行预测。一般来说，换乘量越大的换乘，在枢纽中占据的地位越重要。流量的测算可实现枢纽组织以客流量为基础，做到主次分明，组织有序。

(4) 交通流的引导和干预。枢纽内人车分流是保证枢纽有序运行的关键环节之一，也是枢纽"以人为本"的一种具体体现。"人车分流"最基本的做法就是将车流区域和客流区域进行空间分割，使二者相互独立，互不干扰。明确枢纽的主骨架、车流区域和客流区域后，依次进行各方式换乘客流的细部分区和交通组织。各交通方式的换乘客流应避免相互交叉干扰，但应做到分区清晰，连通便利，使乘客在枢纽中不至于迷失方向。

4. 枢纽内的车流和客流交通组织

(1) 停车交通组织。停车交通组织中最主要的就是各类停车场地及设施的规划布局，停车场地布局是否合理关系到整个枢纽周边及内部的交通秩序。各类停车场的规划布局主要内容有停车场的泊位容量、车场位置、停车泊位的尺寸。由于城市交通枢纽空间有限，人流、车流众多，且需留有足够的绿化休闲场地，因此，停车场规划布局应充分利用地下空间。

(2) 车流组织。除了应该配合停车场地的设计外，还应考虑交通枢纽与周边相连的城市道路的关系。一般来说，枢纽内需要进行交通组织的车辆是指公交车、长途车、社会车辆及自行车等。车辆组织中，可采用立体交通对各种车辆的交通方式进行空间上的有效分离；同时控制通过车辆，尽量减少其对枢纽交通组织的不利影响。

对社会车辆，由于接送客的车辆来自城市的四面八方，每条相连的道路都可能有交通需求，因此原则上不对这些相连的道路作限制；但是对于那些连接道路很多、交通压力特别大的广场，就有必要对某些入口作限制。

对出租车的组织，可结合进出站人流线路，考虑采取在不同空间层面上下客来分离、简化交通流线。落客区设在入站口附近，接客区设在出站口附近，既改善出租车的运营环境，又方便出入站的乘客。

长途客车因其对外运输的特殊性质以及便于管理的特点，进出广场的路线可以固定在某一条或几条道路上，避开拥挤的入口，减少枢纽广场内的冲突点。

(3) 客流组织。行人组织中，应有完善的诱导系统和无障碍设施，行人需规划有明确的通行空间。尽量使人流的换乘距离和时间最小化，以人为本，方便旅客。

(4) 客流、车流组织的统一及方案调整。枢纽内的客流、车流是相互依赖、相互牵制的统一整体。分别进行了枢纽的客流、车流组织设计后，二者肯定存在着某些冲突和矛盾，需要进行客流、车流组织的统一，对方案进行优化调整。具体做法为：首先将客流、车流组织流线进行叠加，寻找客流组织、车流组织的冲突点和不相融合点，并开展对策研究，列出解决方案，调整交通组织。对以上过程进行反复的循环研究，保证一个和谐统一的交通组织方案的产生。

(5) 枢纽内部交通瓶颈分析。

(6) 应急状态下(灾害、大规模突发客流、堵塞)交通疏解。

6.7 城市公交服务水平的评价方法

6.7.1 国内外公交优先发展评价指标体系的现状问题

为了缓解日益严重的城市交通拥堵以及与此相关的土地、能源、环境乃至公共安全等社会问题，优先发展公共交通成为国家和地方党政共同倡导和推动的大事。而欧洲、南美和亚洲的那些公共交通系统发达、服务优秀，城市形态结构聚散有序、人居环境优美，交通运输有序、高效的城市，如伦敦、巴黎、哥本哈根、库里蒂巴、波哥大、中国香港、首尔等，被美誉为“公交都市”，成为正陷于交通拥堵困境中的中国内陆大城市学习借鉴的典范。国家交通运输部在2010年11月与深圳市签订了共建国家首个“公交都市”示范城市合作框架协议后，2012年又批准了14个“公交都市”的试点城市，包括深圳、北京、南京等在内的15个城市将在5年内大力建设“公交都市”。可以看出，公交优先发展已上升成为我国的城市发展战略，是新型城镇化的重要内容。那么该如何客观公正地评价各个城市公共交通优先发展的绩效呢？

目前很多城市在优先发展公共交通的过程中更注重的是单纯性增加对公交系统的投入，并以此作为评判公共交通改善的标准，如增加公共汽车数量、开辟新线、加大新能源车的比例、增加公交专用道等。但遗憾的是，大量的财力投入和缺乏魄力的公交改革并没有达到预期的效果，反而在机动化浪潮、小汽车暴增的压力下，公交客运量和分担率出现了不少不升反降的情况。可见，希望通过简单地加大公交系统内部硬件的投入就可以提升公共交通吸引力是不现实的，而把这些硬件指标作为衡量城市公交是否发达的唯一标准也是不科学的。我们需要关注的是真正能够左右市民选择公共交通的要素——公共交通的服务质量。

在美国交通运输研究委员会编著的《公共交通通行能力和服务质量手册》(以下简称《手册》)中，对于公共交通服务质量做了如下的定义：“从乘客角度出发，通过客观量测或主观感知所得出的对公共交通服务的整体评价。”《手册》认为，公共交通服务质量指标主要反映了公交服务的两个重要方面：其一是公交服务的可用性，这是市民把公共交通作为出行方式的必要条件；其二是公交服务的舒适性和便捷性，这是市民是否选择公交出行的关键因素。不难看出，无论是公交服务的可用性、舒适性还是便捷性都是从乘客角度出发，关注乘客的感受。只有让乘客感受到乘坐公交是一种愉悦的体验，才能真正提高公共交通的吸引力。

2013年6月，国家交通运输部印发了《公交都市考核评价指标体系》(交运发〔2013〕387号)，将公共交通机动化出行分担率作为硬性考核指标，将不含步行的公共交通出行分担率将为参考指标，并提出：“十二五”末，“公交都市”示范城市有轨道交通的城市公共交通出行分担率(不含步行)达到45%以上。该指标体系一出台即引起业内的广泛争议。公交分担率指标的优势在于简洁概要，但其单一的形式和对量化值的过分强调，难以体现系统评估的体系化、责任划分的精细化，以及城市发展特征的多样化，更难与公交优先发展的多维目标体系(用地、能源、环境等方面)形成科学呼应，在指导城市公交优先发展实践时必将存在局限，甚至存在误导隐患。

城市公共交通优先并非一般意义上城市内部公共交通工具运行的优先，而是大力倡导集节约土地资源、节能减排、改善人居环境等要素于一体的科学城市发展模式。要实现这一目标，就必须从城市规划、综合配套等角度出发，优先分配资源保障公共交通健康发展。而对各项工作推进是否积极稳妥，政策与措施方向是否与城市规模、形态、出行特征等情况相适应，都需要建立一套科学的评估与监督考核方法，引导工作的积极推进。

6.7.2 以通勤出行公交分担率为核心综合评价公交优先发展

国际经验表明：一方面，全日公交分担率（无论是占全方式的还是机动化的）的差异性较大，不仅取决于城市规模形态，与社会经济发展阶段等因素也密切相关，发挥目标的量化尤为困难。其次，从城市公交优先发展与其他要素的关系来看，仅采用没有定义和内涵的公交分担率这一单一指标来评估城市公交优先发展是片面的，易导致盲目追求高公交分担率而忽视城市发展基础的差异性，难以综合反映城市公交优先发展与城市规划、土地利用、能源、环境的有机互动。

因此认为，由于刚性出行需求通常集中产生于通勤时段，该时段内的交通供需矛盾最为突出，能够有效缓解该时段内的能源、环境、出行品质等面临的矛盾是解决全日交通供需矛盾的基本前提，通勤出行的公交分担率更能够客观地反映城市发展模式是否符合公交优先发展战略的核心理念。因此，需建立一个以倡导绿色出行为目标、通勤出行公交分担率为核心，具备完善辅助指标的公交优先评价体系，从规划、交通运行、能源与环境、乘客感知等角度出发，综合反映城市的公交优先发展水平。

公交优先发展理念强调城市的发展目标的差异化性，国家自然科学基金课题《我国城市交通公交优先发展战略研究》中对差别化的城市公交优先发展进行了研究，认为：对于特大城市，要形成以轨道交通为骨干，大运量快速公交为主体，公共汽（电）车均衡发展，出租车等方式为补充的交通结构；对于大、中等城市，要构建以轨道和地面大运量快速公交为骨干，公共汽（电）车为主体，步行、自行车、出租汽车等方式为辅助和补充的交通结构；对于小城市及城镇，交通结构则应该以步行以及自行车为主体，以公共汽（电）车作为保障居民出行基本需求的交通方式，以出租车等方式为补充。因此，选取指标应能够弹性适配城市发展的差异性，反映出不同城市公交优先的差异化目标，避免盲目追求高的公交分担率而忽略了多种绿色交通出行方式的均衡发展。

考虑指标含义的覆盖性、指标数据源的可采集性等因素，遵循指标选取具有实际意义、可量化、具有可操作性、应能够弹性适配城市发展的差异性等原则，建议以引导绿色交通出行为目标，建立三类八项指标如下：

（1）核心指标——以通勤出行公交分担率（①）为核心，由全日全方式出行公交分担率（②）、绿色交通出行分担率（③）、出租车空驶率（④）等三项辅助指标共同组成的公交优先发展评价指标体系。

（2）补充类指标——针对我国城市发展的实践，建议补充研究（⑤）公交站点对就业岗位和居住人口的覆盖效率、换乘便捷度指标(⑥)以及公共交通内部结构合理性评价(⑦)。

(3) 其他指标——建议增加能够反映道路和停车资源分配向公共交通倾斜的指标,特别是反映停车系统和公共交通发展关系的指标,如人均停车泊位与通勤出行分担率的适配关系(⑧),该类指标亟待进一步关注研究。

八项指标具体说明如下:

(1) 通勤出行公交分担率。通勤出行公交分担率,是指以通勤为目的的出行中公共交通出行量占出行总量的比率。城镇化就是人就业和居住地的变化,核心是人口集聚就业,因此通勤出行是城市居民最基本和最重要的出行。相对于其他目的出行,通勤出行更为"刚性",是"社会生产的第一道工序",也是城市功能区域之间相互沟通形成的最基本需求,其在时间和空间分布上相对恒定,同时对于全日的出行结构起着重要的调节作用,应重点保障。通勤出行公交分担率具体定义为:采用公共汽(电)车和城市轨道交通方式的通勤人数占全方式(公共汽电车+城市轨道+私人小汽车+出租车+自行车+步行+其他)通勤人数的比例。

(2) 全日全方式公交分担率。全日全方式公交分担率(年平均全日全方式出行公交分担率),是一座城市公众对公交方式接受程度的重要体现,与城市人均年公交出行次数一致(城市人均年公交出行次数=全方式公交分担率×城市人日均出行次数×365 天/年),属于公交影响力指标。指标高则表明一个城市有较好的公交出行传统(基础),公众能普遍接受以及使用公交方式出行,也意味着未来采取任何新的公交优先发展措施,都较容易取得支持。全日全方式公交分担率是规划的基础,是对城市所有出行统筹规划组织和交通资源配置的最基本的依据。而其他的公交分担率概念和计算方法,都只能是在全日全方式分担率基础上对某一具体问题分析的细化,而不是评价城市交通总体状况的标准。通勤出行公交分担率与全日全方式出行公交分担率的指标相对应,是其在出行目的上的细化。在全日全方式出行公交分担率的统计过程中,通过出行目的的识别,即能同时统计出通勤出行公交分担率。二者能够同时统计,同时公布。全日全方式公交出行分担比定义为:全天中采用公共汽(电)车和城市轨道交通方式的出行人数占全天中全方式(公共汽电车+城市轨道+私人小汽车+出租车+自行车+步行+其他)出行人数的比例。

(3) 绿色交通方式出行分担率。低碳交通是我国面临资源和环境约束做出的必然选择。步行和非机动车是零碳的交通方式,但主要适合短距离交通出行;公共交通、小汽车、电动自行车等交通方式则需要消耗能源产生碳排放,但更适合中长距离的交通出行。低碳交通的发展不是盲目鼓励发展碳排放低的交通方式,而是应当针对各种交通方式的服务功能特点,提出合理的低碳交通发展对策。从改善人居环境、缓解交通拥堵以及能源环境角度分析,该指标也应该作为辅助指标,体现上述要求。绿色交通方式出行分担率定义为:采用绿色交通方式(公共汽电车+城市轨道+自行车+步行)出行的人数占全方式(公共汽电车+城市轨道+私人小汽车+出租车+自行车+步行+其他)出行人数的比例。

(4) 出租车空驶率。当前,出租汽车的空驶率较高在全国范围内属普遍现象,在一定程度上反映了城市的交通运行情况,不合理的运营模式既加剧了城市交通拥堵,同时也构成了城市交通运行高能耗的原因之一。当前,北京的出租汽车保有量维持在6.66万辆左右(到2015年仍将维持在该水平),相比而言,一些国际大都市的出租车数量要少得可怜(比如,纽约出租车总量为1.5万辆,东京为1.2万辆,伦敦不足1万辆),但“打车难”的矛盾并不像我国那么突出。究其原因,在许多国际大都市,出租汽车并非定位为满足通勤出行的交通工具,非通勤出行需求在总量上并不占据整体出行的很高比例,同时需求时空分布相对均衡,加之有相对成熟的运营机制(预约乘车、在定点扬召站乘车),保证了车辆利用率较高。空驶率的下降实际上一定是多措并举的后果,将该指标作为评价体系中的重要补充,体现资源的有效利用、节能减排和城市交通有效运行的要求。其具体定义为出租车营运空驶里程占出租车全部行驶里程(出租车载客里程+出租车空驶营运里程)的比例。

(5) 公交站点对就业岗位和居住人口的覆盖效率。这一指标是解决最后一公里接驳的重要依据。此前研究采用公交站点设施的覆盖率指标,强调公交场站的建设情况。笔者提出的这一指标着重覆盖效率,强调公交场站(特别是枢纽)的实施效果,反映周边区域的人是否自主选择乘坐公共交通方式,统计周边区域乘坐公交人员的比重,是对公共服务水平的反映。

公交、地铁是通过站点来衔接出行需求,站点覆盖率是公交可达性的关键指标。随着公交优先发展理念的传播、推广与普及,越来越多的城市意识到应通过提升公交站点覆盖率进而提升百姓使用公交服务的便捷性。但是这一点在大城市、特大城市公交网络逐渐发达的态势下,并不能够显著反映公交网络布设与城市格局的适配性。以北京为例,截至2013年底,中心城公共交通站点500 m覆盖率已经达到了78%,在国内居于较高水平。尽管如此,调查显示还有很高比例的市民认为北京的公交出行与预期还有差距。究其原因,问题出在公共交通干线和快线(包括轨道交通)的站点与就业岗位和居住缺乏深度的有机结合。

因此,采用公交站点对就业岗位和居住人口的覆盖效率代替传统的公交站点覆盖水平或线网密度来评估交通走廊和城市结构特征的协调发展水平,作为对于通勤出行公交分担率这一核心指标的补充。相比“500 m半径覆盖率”而言,该指标的优势恰恰在于:①可有效改善出行链两端接驳;②形成与高密度适配的出行结构。同时,笔者认为,该项指标在具体实施过程中也应当体现差别化:对于公交线网不够密的城市而言,“公交站点”可以为公共汽(电)车站点;对于公交线网密度达到一定程度的城市而言,建议“公交站点”重点关注公共交通快线(包括大站快车、BRT、轨道交通等)站点,以体现高水平公交服务与就业岗位和居住的有机协调。公交站点对就业岗位和居住人口的覆盖效率定义为:站点辐射区域内乘坐公交人数与区域内就业岗位和居住人口总数的比例。

(6) 换乘便捷度指标。不同交通方式之间的有效换乘,特别是公共交通系统内各方式和线路之间、步行自行车交通和公共交通之间,是乘客选用公共交通、提高公交分担率的保障。方便、灵活、廉价的接驳方式,换乘时间和换乘距离是影响出行者选择公共交通的重要因素。因体力、心理等原因,出行者对换乘的时间和距离存在一定容忍限度,超过此限度,其感受会发生变化从而影响出行行为。这与城市规划、城市综合交通和相关工程建设方面直接关联,是城市硬件和软件建设的结合。

(7) 公共交通内部结构合理性评价。交通运输节能问题的关键是集约化运输,降低运输工具单位能耗水平。公共交通是国家实施新能源、降低排放的重要载体,该指标旨在评估公交优先对节能减排战略的贡献。我国正处于城市、城市群快速发展时期,城市人口增加,城市建成区范围扩大,城市组团式发展和城镇密集地区不断出现,城市交通面临的问题中包括公共交通工具的选用。初步研究表明,基于投资最少、用地最少、能耗排放最少的整体最优原则,为达到安全、方便、快捷、舒适、经济、可靠的整体服务效果,各种公共交通方式有着各自的适用性,对公共交通内部交通工具和方式的合理评价,对编制与城市发展相适应的公共交通规划,提高公共交通建设投资效率等均是十分重要的。

(8) 人均停车泊位与通勤出行分担率的适配关系。对于停车系统和城市公共交通的关系,是值得关注的问题。正如上文中所说,合理的空间资源的分配应该体现出与密度的适应性,但目前国内城市发展过程中,这一点往往被忽略,部分城市高人口密度的区域反而人均车位配给充足,亟待通过指标的构建和考核改变这一现状。密度最为理想的表述为:(区域内就业岗位总数+区域内居住人口总数)/区域面积,城市内密度越高的区域应当降低停车泊位(包括公建配建停车、路侧停车泊位等),抑制私人机动化需求,引导高密度区域出行结构向节约化方式转变。该指标主要是反映空间资源分配上向公共交通倾斜的水平。

值得注意的是,上文提出的这些指标只能供各地研究自身情况时参考,而不能简单成为上级部门对城市政府的考核指标。我国城镇化进程中不同区域、规模城市发展差异巨大,因此在公交优先发展评价指标的选用和目标制定上,应体现因地制宜、因势利导的原则,既要避免一味追求高的公交分担率而忽略了公共交通内部各种方式的均衡、可持续发展,又要综合考虑能源、环境与经济效益。

2012 年底国务院出台了《国务院关于城市优先发展公共交通的指导意见》(国发〔2012〕64 号),明确提出“大城市要基本实现中心城区公共交通站点 500 m 全覆盖,公共交通占机动车出行比例达到 60%左右”的大城市公交发展目标要求。但随着经济社会与机动化的飞速发展,50 万~100 万人口甚至 50 万人口以下的城市在土地资源、能源消耗、环境质量、交通拥堵等方面的矛盾相对较大城市更为突出。分析这一要求,我们认为更多是从当前社会反映的交通拥堵出发提出的。事实上,公交优先发展一个更重要的角度是要从城市发展的能源、土地等资源节约和城市环境改善的角度考虑。城市拥堵、城市病的治理应当从规划、管理的综合措施着手，简单采用公交分担率这一指标，难以解决。从发达国家的案例和我们的收集分析的资料看，应当就这一情况及时向有关部门建议。高公交分担率一定不是普适性的城市发展目标，而应当与城市规模、出行特征相适应。特别要防止为了盲目追求高公交分担率的目标，通过不合理的政策引导迫使人们放弃步行、自行车而选择公共交通方式，导致城市交通发展走入误区。

参考文献

[1] 罗伯特·瑟夫洛. 公交都市[M]. 美国：宇恒可持续交通研究中心，2007.

[2] 彼得·卡尔索普，杨保军，张泉. TOD 在中国：面向低碳城市的土地使用与交通规划设计指南[M]. 北京：中国建筑工业出版社，2014.

[3] 汪光焘，陈小鸿. 中国城市公共交通优先发展战略：内涵、目标与路径[M]. 北京：科学出版社，2015.

[4] 北京市市政工程设计研究总院. 城市快速路设计规程：CJJ 129—2009[S]. 北京：中国建筑工业出版社，2009.

[5] 安健，张栋，姚广铮，等. 服务导向型公共交通快速通勤系统发展：以北京市为例[J]. 城市交通，2015，13(3)：24-33.

[6] 中华人民共和国住房和城乡建设部. 中国城市建设统计年鉴 2014[M]. 北京：中国统计出版社，2015.

[7] 东京都建设局道路管理部. 东京都道路现况调书[R]. 2012.

[8] 同济大学城市规划设计研究所，中国城市规划设计研究院，天津市建委城乡建设研究所，等. 城市道路交通规划设计规范：GB 50220—1995[S]. 北京：中国计划出版社，1995.

[9] 浙江省城乡规划设计研究院，浙江省标准设计站. 城市建筑工程停车场(库)设置规则和配建标准：DB 331021—2013[S]. 2013.

[10] 斯卜洛夫. 城市交通枢纽的发展[M]. 北京：中国建筑工业出版社，1982.

[11] 张超，李海鹰. 交通港站与枢纽[M]. 北京：中国铁道出版社，2004.

[12] 郑祖武，李康，徐吉谦，等. 现代城市交通[M]. 北京：人民交通出版社，1998.

[13] David Brownstone, David S. Buneh, Kenneth Train. Joint mixed logit models of stated and revealed preferences for alternative-fuel vehicles[J]. Transportation Research, PartB, No. 5, 2000. 23-28.

[14] 国际能源署. 面向未来的公共汽车交通系统：实现可持续交通的模式[M]. 杨玉峰，等，译. 北京：人民交通出版社，2003.

[15] 文国炜. 城市交通与道路系统规划[M]. 北京：清华大学出版社，2001.

[16] 郝蕾. 城市公共交通枢纽规划应用研究[J]. 黑龙江交通科技，2010.

[17] 谢韬. 城市换乘枢纽空间布局与交通资源整合研究[D]. 大连：大连理工大学，2005.

[18] 王洋. 综合交通枢纽的布局规划与评价研究[D]. 北京:北京交通大学,2004.
[19] 陆化普. 城市交通现代化管理[M]. 北京:人民交通出版社,1998. 133-134.
[20] 程婕. 城市客运交通枢纽规划研究:以陕西省西安市为例[D]. 西安:西安建筑科技大学,2005.
[21] 郭劲松. 综合交通枢纽区域内部交通组织研究[J]. 山西建筑. 2007,20.
[22] 范璐. 综合客运枢纽交通组织研究[D]. 西安:长安大学,2010.
[23] 向旭. 公交枢纽内部流线优化设计研究[D]. 北京:北京建筑工程学院,2012.

7 城市交通与信息化

信息化是城市交通体系中的基础性要素，但是为了充分发挥交通信息的倍增器作用，必须从体系化视角审视已经获得的技术进展，以及完善顶层设计的方法。

7.1 城市交通信息的体系化视角

在城市交通体系中，信息化发挥着重要的基础性作用。首先，它是"感知神经元"，借助各种检测器和使用者在信息系统中留下的电子足迹，信息系统不断感知系统的运行态势；其次，它是"运动神经元"，各种运行管理系统帮助我们更加有效地使用空间和设施资源，提升系统的服务水平、安全保障水平；最后，它是"学习神经元"，面对不断演化的城市交通体系，辨识系统发生的各种"涌现"特征，探索其中的内在规律；第四，它是"中枢神经网络"，发挥着智慧城市中的交通体系大脑作用。

从技术应用角度来看，交通运输体系中的信息技术应用主要体现在三个方面：面向公众的交通信息服务、交通系统自身技术提升，以及管理与规划中的决策分析。近年来信息技术在面向企业、公众和基层管理部门中得到广泛应用，这些基础性的"神经元"为进一步搭建智慧城市的神经中枢创造了条件。但是，到目前为止交通信息化并没有从根本上扭转城市交通拥堵的态势，也没能在转变城市交通模式等战略性问题上发挥关键性作用。为此，需要在认真总结已有经验基础上，思考城市交通信息化顶层重构设计问题，为优化城市交通运行状态、引导城市交通模式向可持续发展方向转变，发挥更大作用。

交通信息化是一个不断反思、不断创新和不断调整运作机制的成长过程，也是一个"社会—技术"系统的演化过程，不可能完全遵循初始阶段的构想框架一成不变加以推进，更不能固步自封满足于已经实现的功能。多年来的实践告诉我们，由于城市交通涉及政府众多部门、社会众多企事业机构、城市不同阶层的公众，涉及技术、政治和实际运行等众多"源流"的内在机制，并非一个集中控制系统所能够胜任。需要采用网络思维，将各种交通信息系统和控制系统视为"感知器""执行器"和"中枢神经元"，通过搭建城市交通的"神经网络平台"，构成分布式的城市交通智慧大脑，以协同和体系化"作战"方式应对面向未来的复杂挑战。

从理论上看，城市交通并非是一个复合系统(complicated system)，而是一个复杂系统(complex system)。在复合系统中，各种要素之间保持着一定程度的独立性，因而既可以从系统中抽取某些部分加以单独研究(抽象方法)，也可以通过简单组合方法叠加各个要素的功能。但是复杂系统最主要的特点就在于各要素之间的相互作用，交通信息试图像军事领域那样发挥倍增器的作用，就不能孤立地看待各个信息系统，也不能简单视为技术系统，而需要从系统功能耦合、"社会—技术"系统观点出发，将相对独立的信息系统视为"神经元"，通过连接形成具有更高智慧的"神经网络"，并将其嵌入城市交通的管理体系、运行体系和技术体系之中。

针对这种发展需求，停留在对单个信息系统认识基础上的规划设计方法，很难完成具有复杂性特征的“社会—技术”系统的整体设计。需要在认识并评估现有各种系统功能和局限的基础上，重新审视和改进其顶层设计方法，通过基础“神经元”的重新组合和连接调整实现系统重构。

7.2 交通信息化基础性分系统发展评述

到目前为止，城市交通信息化的重点是建设它的具体实现平台——道路交通管理系统、公共交通管理与服务系统、智能停车管理与服务系统、交通综合信息平台、交通出行综合信息服务、交通运行状态研判和决策支持系统。

7.2.1 道路交通管理系统

道路交通管理是指为实现道路交通安全、畅通、高效、便捷、低公害、低耗能的目标，由国家行政机关根据有关法律、法规、标准规范，采用科学的管理方法，在社会公众的积极参与下，对构成道路交通系统的人、车、路、交通环境等要素进行有效的组织、协调、控制的活动。该定义有如下五层含义：

道路交通管理的目标是维护道路交通秩序，保障道路交通安全、畅通、高效、便捷、低公害和低耗能。

道路交通管理的主体是国家公安机关的交通管理职能部门，同时需要全社会的广泛参与。因而，从广义上来讲，道路交通管理的主体是在政府领导下，以公安交通管理部门为主的社会各方面共同参与的综合力量。

道路交通管理的客体是道路交通构成要素及其相互关系。道路交通管理的客体，从其外在形式上看，是由人、车、路、交通环境等要素构成的，而从其内在实质上看，是由受道路交通管理法规所调整和保护的各种道路交通法律关系构成的。

道路交通管理的依据是道路交通管理法律、法规和有关技术规范。道路交通管理的依据概括起来可分为三个部分：第一部分是道路交通管理法律（以全国人大及其常委会为立法主体），如《中华人民共和国道路交通安全法》（以下简称《交通安全法》）、法规（包括国务院制定的法规和地方人大及其常委会制定的地方性法规）、规章（包括公安部制定的部委规章和地方政府制定的政府规章）；第二部分是与道路交通管理相关的法律（如《中华人民共和国刑法》）、法规（如《中华人民共和国治安管理处罚法》）；第三部分是道路交通管理的相关技术规范（如《机动车安全运行技术条件》国家标准等）。

道路交通管理的基本职能是协调、控制。道路交通管理是一项国家行政管理活动。行政管理部门在交通管理过程中，是通过协调、控制道路交通构成要素及其相互关系，从而达到要素间有序的动态平衡。

参照国家信息化定义，道路交通信息化是指在国家及道路交通管理部门的统一规划和组织下，在道路交通建设、生产和管理等领域全面深入地应用现代信息技术，加速实现道路交通现代化的过程。道路交通信息化管理系统是则是道路交通管理部门利用信息化手段对道路交通实施管理所依托的技术系统。

道路交通信息化的定义有四层含义：①实现道路交通现代化离不开信息化，信息化要服务于道路交通现代化；②国家及道路交通管理部门要统一规划和组织道路交通信息化建设；③道路交通系统的各个领域应广泛深入地应用现代信息技术；④道路交通信息化是一个循序渐进、不断发展的过程。

道路交通管理系统作为一个多部门，多领域运用现代信息技术协作发展道路交通现代化的复杂系统，主要有以下五个特点：

(1) 道路交通信息化建设要统一规划、统一组织，以避免道路交通信息化建设中的盲目性，规划和组织由国家及道路交通管理部门进行。

(2) 道路交通信息化管理系统以实现道路交通现代化为目的。

(3) 道路交通信息化涵盖道路交通系统的各领域。

(4) 现代信息技术是道路交通信息化进程的原始动力。

(5) 道路交通信息化是一个循序渐进、不断发展的过程。

7.2.2 公共交通管理与服务系统

城市公共交通管理与服务系统主要是整合城市范围内各个路段行车状况、各大运输管理信息系统的信息内容，并通过互联网、呼叫中心、手机、平板等移动设备；交通广播、路侧广播、图文电视等媒体媒介；车载终端、可变情报板、警示标志、车载滚动显示屏、触摸屏等显示设施，给出行者发布全面、准确、及时、便捷的出行信息的系统。

公共交通管理与服务系统是把最新的信息、计算机、传感器、数据通信、电子控制等技术与运筹学、自动控制、人工智能等理论有效地结合，同时让车辆、道路、使用者紧密联系起来，以提高运输系统的综合性及高效性。因此，对于当前交通拥堵、交通事故频发和环境污染等问题，及其矛盾的化解，公众出行交通管理与服务系统是解决问题的关键。

城市的公共交通服务系统由交通数据采集与接入、通信网络、交通数据处理中心、交通信息发布四大部分组成。其中，交通数据采集与接入为整个系统的运行提供基础资源；通信网络为系统数据的传递和信息发布提供方便，主要包括专线、互联网、GPRS等；数据处理系统作为枢纽，主要是对采集的内容进行简单的处理并存储，随后再对数据进行深层次的分析，包括指挥控制中心和交通事故处理中心、急救中心和公交查询服务中心、气象中心和设备维护中心等，信息发布系统把交通基础设施、客运信息、交通黄页、出行常识等各类信息服务提供给各种类型的交通出行者。

城市公共交通管理与服务系统能够为不同的出行对象提供有差别的交通信息服务，例如：把票务、营运、站务、转乘有关信息提供给乘坐公共交通的出行者；把路况、突发事件、施工、沿途、气象、环境等信息提供给驾驶私人交通工具的出行者。根据以上信息，出行者尽早安排出行计划，也能随时随地变更出行路线，使公众的出行更加安全、便捷、可靠。该系统通过把铁路、民航、旅游、气象等信息整合到一块，并集合广播、电视等媒体公布的相关信息，把全面、多样化的服务提供给出行者，把真正便利交通服务带给公众。因此，城市公共交通管理与服务系统是加速实现城市交通智能化的关键，且能为公众构造一个更加便捷、更加完善的城市出行信息服务氛围。

该系统的服务主要是以信息技术在城市公共交通出行中的应用体现，并以交通服务的信息化带动交通运行的现代化，使城市的交通信息服务从高投入、消耗，低效益、质量的粗放型增长朝高速度、效益、低投入、消耗的集约型增长转变。同时，该系统通过信息技术的改造来提升传统的城市交通信息服务，并提高城市公共出行交通的管理水平。

7.2.3 智能停车管理与服务系统

智能停车管理与服务系统主要包括停车资源信息平台、停车诱导系统、路侧停车管理系统、智能停车场管理系、违法停车管理系统部分，系统通过前端数据采集装置收集停车场、路侧停车场的车位信息和违法停车信息等，并将数据传回系统后台进行处理，将处理后的数据分别传送给停车诱导系统和停车信息资源管理平台，并能将这些数据与关联数据库、交通指挥中心和其他智能交通系统共享。

智能停车管理与服务系统要满足全面收集城市相关停车动态及静态信息。通过有效整合、综合分析与控制各种交通管理资源和设施，达到先进实用、反应快速、运转协调、安全可靠的现代化停车管理指挥和服务体系的要求，全面提高城区交通管控能力和停车服务水平。该系统应具有以下几方面功能。

(1) 数据共享功能。智能停车管理与服务系统只是智能交通系统中的一部分，因此该系统应该具有较强的兼容性，能实现与其他智能交通子系统进行信息共享、数据传输等功能，方便统一管理和维护。能够最大限度地利用现有的智能停车管理设施，使其成为智能停车管理与服务系统中的一部分，做到资源的合理利用。

(2) 停车信息采集、处理、研判功能。通过对智能停车场、路侧停车场、违章停车监控系统等取得动态、静态停车信息，系统后台软件将对所采集的信息进行统计、分析，得出相应的停车数据，为交通指挥调度、有关领导制定相关决策等提供重要依据。

(3) 违法停车监视与管控功能。通过覆盖市区内的视频摄像机以及各类交通检测装置，对市区停车状况进行全面的实时监控，尤其是城市重点区域。在指挥中心可通过视频摄像机，随时定点检查路面上、停车场内的停车状况，及时发现违法行为并予以纠正处罚。

(4) 停车诱导和信息服务功能。基于综合交通信息采集系统，交通指挥中心可以发布多种停车信息，一方面可以通过道路上的可变诱导屏为道路出行者提供实时的停车状况信息；另一方面可以通过系统部门之间的信息传输，获取其他相关部门的信息并实现交通信息与其他相关部门的信息共享。市民可通过电脑、手机等互联网终端登录停车资源信息平台，实时查询需要的停车信息包括停车场位置、停车场总车位数、空车位数、收费标准、营业时间等信息。

智能停车管理系统的特点主要表现在管理与智能两个方面。

从管理角度来看，智能停车管理系统将整个停车场所有车位、出入口、停靠车辆、停车费用以及相应的硬件设备等所有数据、信息进行统一的管理有助于管理人员更好地管理整个停车场，使资源得到更充分的利用，同时也对城市停车场建设有较大的帮助与引导作用。

而从智能角度来看，在停车管理系统中应用大量新技术、新材料、新方法，使得车位感知、车位引导、反向寻车、出入场收费等过程实现自动或半自动，使用机器智能的方式代替原始人工的方式，可以使车主停车过程更为方便快捷，管理过程更为准确智能，有助于提高车主停车体验的同时帮助减缓城市交通的压力。

7.2.4 交通综合信息平台

智能交通系统的实质是交通信息的共享和综合利用，完善的城市交通系统能够更好地为社会提供更优质的交通信息服务。对于交通出行者来说，可以根据交通综合信息平台发布的实时道路交通信息来确定自己的出行方式，并选择合适的出行路线；对于交通信息中心来讲，可以更有效地为社会提供安全、快捷、舒适、经济的交通服务；对于交通管理者来说，可以尽可能多地减少城市交通拥堵问题，同时还能更快捷地处理道路交通事故。

城市交通综合信息平台作为城市交通信息系统的核心，主要负责采集共用数据信息（如道路交通状况、道路的使用情况、交通管理数据等信息），对采集到的交通数据进行处理、融合，以供其他子系统使用，同时还可以向交通管理部门提供交通信息服务。以城市交通综合信息平台为依托，建立交通信息服务系统，面向人民大众提供实时、快速、高效的交通信息服务，将有效地提高城市交通信息服务水平和交通系统的运行效率，大大改善公众的出行质量。

城市交通综合信息平台综合利用了地理信息技术、数据库技术、网络技术、通信数据处理技术等，对城市的交通信息、空间信息以及其他相关信息进行组织、管理、存储、综合分析和处理，为需要信息服务的用户提供信息服务的计算机软、硬件环境。城市交通综合信息平台在明确各子系统之间相关性的基础上，制定符合各项标准的信息接口和功能衔接的要求，尽可能多地满足多种交通的信息需求。城市交通综合信息平台对交通信息的处理和分析是该平台最核心的功能。通过它可以实现各部门间的信息交流和共享；是各应用系统交通信息交换的平台，通过它可以为各应用系统的有机集成提供保证；是交通信息数据的存储和备份中心，通过对交通信息资源的整合，并按照一定的标准规划，可以实现多源异构数据的采集、传输、处理与融合、存储、发布、查询等功能。

城市交通综合信息平台的构成包括以下三个层次的内容。

数据层：数据层处于交通综合信息平台层次结构的最底层，主要是为各类应用服务提供数据支持。

应用层：应用逻辑层主要是负责处理用户界面层的信息请求，完成业务逻辑计划任务，并把结果返回给用户。

用户层：用户界面层是城市交通综合信息平台应用的用户接口部分，它直接面对各个交通用户，担负着用户与应用服务器之间的对话功能。

交通综合信息平台是在综合交通信息基础上为交通信息应用服务所共享的信息平台的集成。所谓交通信息集成，就是对不同来源、不同类型的交通信息进行处理、融合，并在一定的规范条件和标准下实现交通资源的共享，以适应和满足对道路交通管理的要求，同时向公众提供全方位的交通信息服务；交通信息的智能化就是让静态及动态交通信息在最大范围内、最大限度地被交通出行者、驾驶员及交通管理者共享和使用，从而实现整个交通系统的动态最优化运行。

集成化、智能化的城市交通综合信息平台具有以下特点：

整体性——交通综合信息平台最基本的特征之一就是系统的整体性。交通综合信息平台是一个极其复杂的综合体，它由很多个不同功能的子系统组成，同时这些子系统又相互融合，形成了一个具有强大功能的结构系统，为整个系统的正常运行服务。

可靠性——交通综合信息平台采集或处理后的数据应具有可靠性，为交通者顺利出行提供可靠的信息基础。同时当信息平台由于某些原因发生系统故障或操作不当造成系统输入数据的不合理，在这种情况下，信息平台自身要具有很强的抗干扰和排除故障的能力，以保护系统自身的安全性。

目的性——交通综合信息平台具有明确的目的性。交通综合信息平台的目的性就是在其运行的过程中要达到的预期目标，具体表现为在运行中所要实现的各项功能。交通综合信息平台的结构层次主要是依据交通综合信息平台的目的性建立的，信息平台建设的目的和功能决定着平台内部各要素的组成和结构体系。

层次性——交通综合信息平台因由很多子系统组成，各子系统后有次子系统，并且交通综合信息平台本身也是智能交通的一部分，这从根本上决定了交通综合信息平台的结构层次性。

安全性——交通综合信息平台保证数据的准确性，对信息平台内部的数据决不允许随意更改，这就决定了信息平台应具有安全性的特征。当系统发生错误或受到病毒感染的时候，系统能采取有效保护措施，防止已有数据遭到破坏而影响系统的正常运行。

相关性——交通综合信息平台是一个有机的整体，各个子系统之间不是孤立存在的，而是相互制约、相互影响的关系。一个子系统功能的完全发挥需要另外一个或多个子系统的共同配合，这就决定了子系统相互依存的关系。

环境适应性——环境的变化对交通综合信息平台功能的发挥影响较大，特别是在交通信息采集阶段，由于天气变化会对交通信息采集系统造成一定的影响，从而影响采集到的信息的准确性，这就决定了信息平台的存在具有适应环境性。

可扩展性——随着新技术的不断运用，同样交通综合信息平台也在新技术的带动下，不断向前发展，这就要求平台自身具有可扩展的性能，根据接口的兼容性，能容易添加新的设备，为城市交通可持续发展服务。

可操作性——交通综合信息平台要具有可操作性，以便系统管理人员能简便快捷地操作该系统，其中系统界面应简单明了，清晰直观。

7.2.5 交通出行综合信息服务系统

交通出行综合信息服务系统是智能交通系统的重要组成部分之一，无论是驾驶员、一般交通出行者，还是交通管理者，若能准确而及时地掌握充分的交通信息，将可以采取最佳的交通出行方式，或交通运营与管理对策，从而降低出行成本、提高交通设施的利用效率，产生改善交通的作用。利用交通信息资源可以改善交通，形成各种服务，产生直接的经济效益和间接的社会效益，因此，这种资源同时具有有价性，只有深入地开发利用交通信息资源，方能充分地体现其价值。

交通出行综合信息服务系统通过各种信息发布方式实时向出行者提供出行相关信息，使出行者(包括司机和乘客)从出发前、途中直至到达目的地的整个旅行过程中随时能够获得有关道路状况、所需时间、最佳换乘方式、所需费用等信息，指导旅行者选择合适的交通方式和路径，以最高的效率和最佳方式完成旅行过程。交通出行综合信息服务系统使人类的交通行为更具有科学性、计划性和合理性，是实现智能运输的重要标志。

交通出行综合信息服务系统可分为交通综合信息采集系统、交通综合信息处理系统和交通综合信息发布系统三大子系统。

交通综合信息采集系统一方面可以通过各类交通检测器采集动态道路交通流信息，主要有移动型交通信息采集系统(基于 GPS 的浮动车信息采集、基于电子标签的交通信息采集、基于汽车牌照识别的信息采集等)、固定型交通检测器系统(红外线检测器、线圈检测器、微波检测器、视频检测器等)；另一方面，与出行相关的其他信息很大一部分是分散存贮于不同部门的信息系统(如道路信息系统、客运信息系统、公共交通信息系统、停车场信息系统等)中，对于这些信息，可以通过网络连接方式，获取相关信息。

交通综合信息处理系统主要对从采集系统获取的交通信息进行加工处理，使其成为对公众出行切实有用的信息。交通信息处理包括静态信息处理和动态信息处理。静态交通信息处理主要对获取的静态信息进行分类、统计处理，对其不同表示格式进行规范化处理等，如多模式行程规划、静态路径规划、静态交通数据的统计分析等。由于直接采集的动态交通信息具有多变性和片面性，需进行一定处理，从中找出规律，有效指导公众出行，其处理过程有行程时间估计、交通状态判别、动态路径诱导、动态交通数据统计分析等。

交通综合信息发布系统主要面向公众出行者,为其提供各类交通信息,可以采用的信息发布方式有公众出行服务网站、呼叫中心系统、短信服务系统、交通广播、可变情报板、触摸屏、车载终端系统等。

交通出行综合信息服务系统作为一个较复杂的系统,具有以下四个特征:

(1) 整体性。整体性是交通出行综合信息服务系统的基本特征。系统包含了交通信息采集、处理以及发布等子系统,各子系统进行有机的结合,形成具有一定结构和功能的整体。

(2) 目的性。交通出行综合信息服务系统具有明确的目的性。其目的就是使交通出行综合信息服务系统运行达到预期目标,它表现为系统所能实现的各项功能。系统的目的和功能决定着系统各要素的组成和结构。因此,在建设系统的过程中,首先要明确系统目的,然后选取达到目的的若干途径,从中找出最好的途径,实施并且监控、修正、最后达到目的。

(3) 相关性。相关性指系统内的各子系统相互制约、相互依存的关系。构成交通出行综合信息服务系统的各个部分虽然是相互独立的,但它们并不是孤立地存在于系统之中,而是在数据信息流动过程中相互联系、相互依存。这里所说的联系包括结构联系、功能联系与因果联系。

(4) 环境适应性。系统的存在和运行受到交通环境的约束和限制,交通信息服务系统作为 ITS(Intelligent Transport System,智能交通系统)建设的一部分,它的设计和建设要与 ITS 的建设协调、同步,要满足 ITS 的要求。

7.2.6 交通运行态势研判和决策支持系统

交通运行研判和决策系统的基本要求是准确、透明、现势、集成。准确,要求以系统、完整、动态的数据为依据;透明,要求以各个部门、环节以及主体与对象之间的信息对称为前提;现势,要求以最小的时空差、最高的运行效率为特征;集成,要求以各类管理、设施、服务资源的合理配置,形成城市交通运行最佳效能为目标。这些基本要求,决定了决策体系必须更多地依托于现代化的、先进的信息手段。

信息化支撑的研判和决策支持系统是基于信息反馈机制的闭环系统,为政府战略管理能力、企业高效运行能力和公众综合交通服务提供强有力的支持。

交通运行研判和决策支持系统的内容是第一阶段将通过城市道路状况采集系统、公交运行系统、高速公路运行系统的信息采集、处理和应用,支持对交通建设项目供需平衡判断、交通设施瓶颈诊断,对交通发展形势估计,以及重要交通项目的年度评估决策等。第二阶段,主要通过公交线路运行系统、轨道交通系统、郊区和市区连接干线道路的信息采集,对公交设施优先和公交运行模式等进行决策。

交通运行研判和决策支持系统构筑的原则:以综合交通信息化体系为基本的技术

支持保障，构筑人性化、透明化、集成化、准确化的交通决策体系。

交通运行研判和决策支持系统构筑的目标：第一阶段，在现有数据分析的基础上，加以适度应用，对城市道路、高速公路和城市公交所做的决策支持；第二阶段，以比较完备的综合交通信息系统全面运行、城市交通管理的基础数据库和信息共享平台全面发挥作用、政府宏观决策的决策支持能力全面形成为标志，建成城市交通管理信息化平台，基本实现对城市交通管理对象的数字化、城市交通管理过程的数字化、城市交通管理评价的数字化。

该系统的特点在于：通过信息技术进行数据搜集分析，形成运行报告，供相关部门实时引导交通需求，提高城市交通运行效率，这也是掌握交通系统中长期运行状况的手段。例如，北京市初步建成了交通运行智能化分析平台，集道路交通和公共交通运行监测、规律分析和发展预测于一体，研发交通拥堵指数系统，形成交通系统运行报告。上述技术有效调节了城市交通的供需平衡，极大改善公共交通运行效率和服务水平，提高城市路网的交通运行效率。

7.2.7 交通信息化发展的五个趋势

随着国民经济快速发展，公众出行方式日趋多样化，公众对交通出行信息的需求日益增强。随着科技的发展，出行者能够通过交通信息系统迅速获取有效交通信息，提高出行效率，提升服务水平。“互联网＋”时代的到来使人们可以有个人定制化的出行服务，滴滴、优步等互联网约拼车平台充分调动社会车辆参与运营，保障日常及高峰出行需求；促进信息共享和互动，降低车辆空驶率，减少乘客平均等待时间，提高单车载客量，提升道路交通运输效率，最大程度满足乘客出行需求。

(1) 信息采集：从单一数据来源向多部门数据整合发展。当今的数据采集模式已发生革命性变化，交通信息采集设备愈加先进，数据来源也愈加多样化，且采集方法已摆脱传统的静态、人工、单一的特征，实现向动态、自动化、多源化、多方法采集方式的转变。

(2) 数据分析：从传统数据处理向大数据深度挖掘发展。随着计算机、通信技术飞速发展，通过技术手段存储、处理数据的能力（存储容量、计算能力、运算速度）迅猛提升，这为交通运行相关数据在时序积累和深入挖掘方面创造了契机。同时，随着跨部门数据开放水平不断提升，基于多元数据融合的信息化与智能化也在逐渐成为发展趋势。

(3) 决策支持：从基础数据统计向智能化决策支持发展。智能化决策支持发展的转变在很多方面有所体现。以 6 个交通行业的统计为例：道路交通数据来源于线圈、红外、视频等检测器；地面公交数据来源于公交 IC 卡刷卡、GPS、车站信息、调度信息等；轨道交通数据来源于 AFC（Automatic Fare Collection System，城市轨道交通自动售检票系统）刷卡、调度信息、车站人流量等；公共自行车数据来源于自行车刷卡、租赁点信息；出租汽车数据来源于出租汽车 GPS、计价器收费等；高速公路通行数据来源于收费系统和检测器。以上均为业务数据智能化影响决策的实例。

(4) 信息发布:从普通查询服务向全面个性化服务发展。以往的交通信息服务单一,只能搜集道路流量、静态的公交换乘信息等。现今,交通信息服务更加全面,各种路况、位置、导航服务已经非常普及,影响市民的出行习惯。

(5) 社会关注:从政府引导逐步向互联网融合。智能交通与互联网融合产生的新格局、新模式,为城市交通发展开拓了巨大空间。例如,百度实时路况以及高德导航系统的应用,既是智能交通与互联网结合的产物,也是市民关注的热点问题。

7.3 公众的交通信息需求与服务

所谓的公众出行信息服务就是依托公路和客运站场的信息资源,通过互联网、呼叫中心、手机、PDA 等移动终端、交通广播、路侧广播、图文电视、车载终端、可变情报板、警示标志、车载滚动显示屏、分布在公共场所内的大屏幕、触摸屏等显示装置,为驾车出行者提供路况、突发事件、施工、沿途、气象、环境等信息;为采用公共交通方式的出行者提供票务、营运、站务、转乘、沿途等信息。总而言之,为出行者提供安全、便捷、可靠的公路出行信息服务,让公众切身感受到交通信息服务的便利。

7.3.1 交通信息服务对出行行为的影响

随着交通运输的发展,路网的运行效率和交通安全问题是目前中国乃至世界各国所面临的重要问题,先进的交通信息化服务(Advanced Traveler Information System, ATIS)的实施对于提高路网的运行效率和交通安全至关重要。该系统的目标是为出行者提供准确实时的地铁、轻轨和公共汽车等公共交通的服务信息。系统的核心是通过电子出行指南来收集各种公共交通设施的静态和动态服务信息,并向出行者提供当前的公共交通和道路状况等,以帮助出行者选择出行方式、出行时间和出行路线。

1. ATIS 的发展过程

ATIS 是 ITS 的主要子系统之一。ATIS 的主要功能是通过对出行信息进行采集、传输、处理和发布,让出行者及时掌握交通动态,及时调整、优化出行计划,减少不必要的交通延误和拥堵。同时,由于出行者掌握了出行信息,使得出行行为和驾驶行为更加合理,从而有助于提高整个公路网的运行效率和交通安全。

第一代系统称为出行者信息系统(Traveler Information System, TIS),是在 20 世纪 60 年代末至 70 年代初出现的计算机技术和交通监控系统的基础上发展起来的。最初的将通信技术进行信息发布。用于提高路网局部的通行能力,如严重拥挤的干道与干道的交叉口,或者由特别事件和交通事故引起阻塞的部分路口与路段等。其发布手段为可变信息标志(Variable Message Signage, VMS)、公路顾问广播(Highway Advisory Radio, HAR)等。该系统的特点是通过单向的通信系统,向车辆传递通用出行信息,由出行者个人对信息进行筛选,选择出对其有用的信息(如果有的话)。目前

VMS 仍是发布交通信息的重要手段。

第二代系统称为先进的出行者信息系统,它采用信息采集、传输、处理和发布方面的最新技术成果,可以为更广泛的出行者提供多种方式的实时交通信息和动态路线诱导功能。其发布手段更加多样化,包括车载终端、蜂窝电话、有线电话、有线电视、大屏幕显示和互联网等。系统充分利用通信电子地图、计算机和多媒体技术的发展成果,为出行者提供个性化的出行帮助。ATIS 着眼于提供出行者想要的信息,因而可以大大减少出行者对信息进行筛选的工作量(如装有车载机的车辆可以进行出行起终点的输入,然后查询和选择路线,其中路线的提供是出行者信息系统根据当前实时的道路信息进行计算的最短路径)。

2. 与公众交通出行相关的信息需求

公众交通出行决策分为出行前、出行中和出行后三个阶段,对应的信息需求也不尽相同。对于一个出行者,在出行前可做的选择有较大的灵活性,交通出行者需要根据实际的交通状况,选择最佳的出行方式和交通路径;出行中决策是在预定方案遇到问题时,根据交通信息和个人经验做出的行为调整;出行后则会将出行体验纳入个人经验,对于今后行为有可能产生一定程度的影响。通过交通信息系统所提供的交通信息服务,能够在一定程度上协调交通供需的矛盾。

交通出行者采取何种交通方式,选择怎样的交通路径,一般取决于交通系统中各种交通方式的方便性和及时性,以及可获得的交通信息的范围和详细程度,如停车及交通换乘点的信息、可选择路径的交通状态信息以及突发事故信息等。因此,向用户提供可利用的交通方式和行驶路线(如地铁、轻轨、公共汽车、高架道路、平面道路)的交通状况(阻塞状况、突发事故发生与否、行程时间等),以及目的地(或交通换乘点)周边的交通设施(停车场)和可利用的公共交通站点(步行距离和发车频率)情况等,对于交通出行者是至关重要的。

有的学者提出交通信息服务系统应该能够满足出行者以下五种情况下的交通信息需求:

(1) 出行者在出行之前的信息需求。出行者在出发之前,可以通过交通网站、电视广播、电话等向交通管理系统获取目前的道路交通信息。该信息可以向出行者提供有关公共交通运输的行车时刻和运行路线、换乘站点、票价等实时信息,用来鼓励人们乘坐公共交通出行,尽量减少城市交通拥挤;同时还可以提供道路交通事故、道路施工、绕行路线及某路段车速情况以及天气状况等实时信息。出行者可以根据所得到这些信息进行出行路线、出行时间及出行方式的选择。

(2) 提供与出行者目的地相关的信息。出行者可以向交通管理中心咨询,获取其要到达的目的地的信息情况,此类信息主要包括加油站、餐饮娱乐、医院、停车场、汽车修理厂等一些服务类型的设施,及各种设施所处的地理位置、营业时间、联系方式等;也可以包括目的地的住宿情况、天气情况及交通状况等,使出行者可以根据具体情况进行安排。

(3) 提供公共交通信息。选择公交出行在目前的城市交通中已经变成了一种很普遍的方式，特别是在一些大中城市，公交基本已经覆盖了整个城市网络。为出行者提供公交出行信息是为了帮助出行者进行出行时间、出行路线及换乘方式的选择，以此来为出行者的出行提供便利、高效的服务。

(4) 提供交通与道路状况信息。为交通出行者提供实时的道路交通信息，包括车流量、道路拥挤程度、所经交叉口数量、道路路况信息等。道路交通信息可以提高驾驶员在出行过程行车的安全性。

(5) 车辆导航信息。车辆导航服务可为出行者提供到达目的地的行驶路线。道路交通信息中心根据实时交通信息状况，向出行者提供实时的路况信息，直到驾驶员安全、高效地到达目的地。

3. 公众出行相关的信息分类

总的来说，公众出行相关的信息分可为三类：一类是静态信息，这些信息一般不随时间变化，或变化得比较缓慢；另一类是动态信息，它随着时间的变化而发生较快的变化；第三类是关联信息。

(1) 静态交通信息。静态信息在相当长的一段时间内保持相对稳定，主要包括与交通管理相关的城市基础地理信息(城市路网分布、交叉口布局、交通站点分布、换乘点、城市基础交通设施信息等)，道路交通网络基础信息(道路技术等级、长度、收费、立交连接方式等)，车辆保有量信息(包括分区域、时间、不同车种车辆保有量信息等)，交通政策法规信息、交通限制、停车场信息、收费标准、施工与道路养护信息等。

(2) 动态交通信息。动态信息是指分布在城市道路网中的实时交通状态信息，根据实际交通状况时刻变化。主要包括网络交通流状态特征信息，交通紧急事故信息(路面检测器信息、人工报告信息等)，在途车辆及驾驶员的实时信息(包括各种车辆定位信息等)，环境状况信息(大气状况、污染状况信息等)，交通动态控制管理信息等。

(3) 关联信息。关联信息主要包括一些与公众出行密切相关的信息，主要有旅游、购物、娱乐、体育、火车信息(列车车次信息、票价等)、民航信息(定期出港的航班信息、票价等)、公交信息(定期发出的汽车班车车次信息、票价等)以及物流货运、气象等信息。

7.3.2 公众出行信息服务需求分析

1. 公众交通出行服务信息的功能需求

公共交通管理与服务系统提供的功能应以出行者为本，综合考虑整个出行过程中所需的交通信息。主要从以下几个方面来考虑功能需求：

(1) 便利性。系统提供的功能是否方便、可靠、有效，对出行者来说是非常重要的。通常来说，出行者不希望花太多时间和费用在交通信息的获取上面，因而功能上应尽量简便，契合绝大部分出行者的实际情况。例如，目前互联网风靡全球，很多家庭都可以上网,那么通过网上查询交通信息也不失为一种方便、有效的方式。

(2) 多样性。单一的功能已不能满足出行者对交通信息的需求。在不同的时间、地点,所需的交通信息不同,受到的条件限制也不同。同一种功能在不同的时间和地点下,不一定都能使用。同时,在不同交通状况下,既需要能提供静态交通信息的功能,也需要有提供动态交通信息的功能。例如,除了提供一般交通信息查询功能外,还可以为出行者提供出行路径规划、订票购票服务、电子地图功能等。

(3) 个性化。一般来说,系统主要针对普通出行者来设计功能,但对于少数出行者来说,鉴于其经济条件允许,可以为其提供一些个性化的功能,方便其出行,如可以提供出行信息定制、出行信息提示等。

2. 公众交通需求的分类

采用不同方式出行的出行者,对于交通信息的需求各不相同,在设计时需分别对待。总的来说,出行者类型可分为:乘坐公共交通工具出行的出行者;驾车出行的出行者;其他类型出行者。下面分别对这三种出行者类型在出行前、出行中、到达前和出行后四个阶段的信息服务需求特征进行分析。

1) 乘坐市内公交车辆(城市轨道交通)的出行者

出行前:需要了解公交线路、车站位置、运营时间、车票费用、旅行时间等,其最终需求是基于某种前提下的一条最佳乘车路线及几条备选乘车路线。如果需要换乘,则还需要了解换乘的步行路线。

出行中:对于等车的出行者,需要了解下一班车目前的位置及预计到站时间;对于已经上车的出行者,则需要了解当前路线是否可靠,是否发生了必须变更预计路线的情况,以及预计抵达终点的时间。如果需要换乘,则需要抵达换乘地点的提示服务。

到达前:需要抵达终点的提示服务。

出行后:需要评价(表扬、投诉等)—反馈服务及遗失物找寻服务。

2) 乘坐长途客运车辆的出行者

出行前:需要了解客运线路、时刻表、车票费用、客运站位置、抵达客运站的方法等。

出行中:需要了解当前地点,以及到目的地的距离和预计到达时间。

到达前:需要抵达终点的提示服务。需要了解终点站附近的公交换乘信息、住宿信息、旅游景点、餐饮娱乐等信息。

出行后:需要评价(表扬、投诉等)—反馈服务及遗失物找寻服务。

3) 乘坐非道路交通工具(包括民航、铁路、航运等)的出行者

出行前:可能需要了解航班信息、列车时刻表、轮船客运信息及抵达机场、火车站、港口码头客运站的方法等。

出行中:可能需要了解当前地点,以及到目的地距离和预计到达时间。

到达前:需要抵达终点的提示服务。需要了解终点站附近的公交换乘、住宿、旅游景点、餐饮娱乐等信息。

出行后:需要评价(表扬、投诉等)—反馈服务及遗失物找寻服务。

对于驾车出行的人来说,需要独立应对各种交通状况,要使整个出行过程中能顺利、高效地完成,需要有大量的交通信息作为支撑。因而,对于该群体来说,做好出行前的准备是非常重要的。

出行前:需要了解较大范围的标志性地点(建筑物)位置,以及路网通行状况,包括车流量大小,拥堵和事故(施工)等,当天天气变化情况,周边高速路(桥梁)收费信息等。

出行中:需要了解两点间或多点间的一条最优路径(时间最优、距离最短、资费最优或综合最优等)及几条备选路径。需了解目前路网通行状况、拥堵信息、事故信息、旅行时间预测信息以及当前位置附近的加油站、车辆维修地点以及医院、公安部门等应急部门相关信息。另外,还可能需要了解沿途餐饮与临时休息服务设施及停车场等相关信息。

到达前:需要了解目的地附近的停车场位置、到达停车场的路线、停车场收费标准、当前剩余车位等信息。

出行后:沿途特殊情况的上报及遗失物上交服务。

3. 其他需求对象

(1) 旅行社的主要业务是开辟各类旅游线路,并将游客组织为团队,集体出游。为了降低成本,他们需要准确了解各类交通工具的票务信息,并尽可能获得团体票价。

(2) 客货运输公司客货运输公司需要对出行车辆加强管理,如对车辆的跟踪等,还需要运输路径规划服务,如提供距离最短路径、资费最少路径、时间最少路径等。路径沿途的安全性、舒适性也应该是它们的考虑因素,因此还需要了解沿途的道路状况、应急设施等信息。

(3) 公交调度中心需要了解公交车辆目前的分布情况,以及实际的 D0 出行情况,进行合理有效地调度。还需要了解是否有公交车发生交通事故,以便提醒随后的公交车驾驶员进行绕道行驶,并且督促下一班车加快行驶,保证公交服务质量。

④ 出租车调度中心为了满足电话叫车用户的需要,出租车调度中心需要了解出租车目前的分布情况、空驶/载客情况等,以实现智能化调度。

(4) 应急部门如安全、救护、消防、维修部门,需要了解紧急事件发生的地点、性质、严重程度等信息,作为启动应急预案的依据。

4. 不同视角下的分类方法

以上是按出行的方式和目的来划分的,然而不同类型公众在信息服务需求上存在差异。以下为几种不同视角下的分类。

(1) 按年龄分。不同年龄段的群体希望获取的信息内容存在差异。如 60 周岁以上的群体,进站后更加关注自动扶梯与无障碍电梯的运营状况。而 18 岁以下的人群在进站前更关注列车拥挤情况,进站后则更关注本站到下一站的运行时间。不同年龄段人群获取信息的渠道也存在差异。在 60 岁以下的人群中,地铁微信、地铁 APP 应用、手机短信等移动应用是公众去地铁站前获取信息的主要渠道,而 60 岁以上的人群中,去地铁站前获取信息的主要渠道是地铁便民信息手册、电视和广播。

(2) 按受教育程度分。不同学历的人群在信息需求偏好上也存在差异。小学及以下学历群体对电视、地铁服务热线的使用偏好显著高于其他群体，在去地铁站之前，有59.6%的人倾向于通过电视渠道来获取信息。而高学历人群则更偏好使用移动互联设备与新媒体获取信息。

(3) 按来源地区分。我们用上海市来分析，上海市区与郊区居民在信息需求方面的差异基本不大，但与外地游客和来沪出差人士差异明显。在外地游客中，71.6%的游客都希望获知最近的站点位置信息，此方面的需求高于上海市区和郊区居民。以地铁信息服务的语言来看，上海郊区乘客以及外省市乘客偏向于普通话方式播报信息；部分上海市区受访者则希望有上海话播报；大部分外籍受访人士则希望通过英语进行播报，除播报语言外，有外籍受访人士希望指示标识和文字信息发布也能够使用英文。

(4) 按身体状况分。处于孕期、身体不适或残障人士也有特殊的信息需求。去地铁站前，66.1%的孕妇希望获知列车拥挤情况，61.0%的孕妇希望获知时间最短的路线，57.6%的孕妇希望获知换乘次数最少的路线。部分受访孕妇表示，她们会尽量避免在怀孕期间乘坐地铁，但是在迫不得已的情况下也会选择非高峰时间出行。75.8%的残障乘客希望获知最近的站点，63.6%的残障乘客希望获知换乘次数最少的路线，42.4%的残障乘客希望获知列车拥挤情况。在进入地铁站后，对肢残人士或是腿脚不便的乘客，或是携带大件行李的乘客来说，希望获得无障碍电梯的位置信息。孕妇(64.4%)和残障人士(66.7%)比普通人群(50.6%)更加倾向于通过站内广播来获取信息。患有听觉障碍的受访者则提出，希望地铁广播播音时能够用女声进行播报，因为对听障者来说，低沉的男声容易和地铁行驶低鸣混合，生活中女声对于听障者更易辨识。他们还希望车厢内能够多使用文字提醒，包括利用移动电视字幕以及车厢内滚动屏等渠道，以醒目的文字进行到站提醒。

7.4 交通系统自身的技术提升

伴随信息技术的发展，交通系统本身也在逐步发生革命性变化。新技术为城市交通注入了活力，也将改变城市交通的未来。

7.4.1 车联网技术

车联网是对于未来城市交通产生重大影响的技术进步之一。车联网(Internet of Vehicles, IOV)概念是从物联网(Internet of Things, IOT)中引申而来，传统的车联网定义是指装载在车辆上的电子标签通过无线射频等识别技术，实现在信息网络平台上对所有车辆的属性信息和静、动态信息进行提取和有效利用，并根据不同的功能需求对所有车辆的运行状态进行有效的监管和提供综合服务的系统。人们很快发现这种定义不过是在描述一个更加重要系统的初级阶段，进而提出：车联网是以车内网、车际网和车载移动互联网为基础，按照约定的通信协议和数据交互标准，在车—X（X：车、路、行人及互联网等）之间，进行无线通信和信息交换的大系统网络，是能够实现智能化交通管理、智能动态信息服务和车辆智能化控制的一体化网络。

从网络架构角度来看，车联网是一个“端管云”三层体系。

第一层（端—系统），端—系统具有三方面的功能要素：其一是汽车的智能传感器，负责采集与获取车辆的智能信息，感知行车状态与环境；其二是具有车内通信、车间通信、车网通信的泛在通信终端；其三是让汽车具备 IOV 寻址和网络可信标识等能力的设备。

第二层（管—系统），管—系统的核心任务是解决车与车（V2V）、车与路（V2R）、车与网（V2I）、车与人（V2H）等的互联互通，实现车辆自组网及多种异构网络之间的通信与漫游，在功能和性能上保障实时性、可服务性与网络泛在性，形式上是公网与专网的统一体。

第三层（云—系统），车联网是一个云架构的车辆运行信息平台，它的生态链包含了ITS、物流、客货运、危特车辆、汽修汽配、汽车租赁、企事业车辆管理、汽车制造商、4S店、车管、保险、紧急救援、移动互联网等，是多源海量信息的汇聚，因此需要虚拟化、安全认证、实时交互、海量存储等云计算功能，其应用系统也是围绕车辆的数据汇聚、计算、调度、监控、管理与应用的复合体系。

智能驾驶与网络相连接，可以即时了解各方路况，从而便于驾驶者及时调整交通路线，避免形成拥堵路段。同时还通过调节汽车速度，降低能耗、减少环境污染。据有关专家测算分析，智能交通技术可实现交通堵塞减少约 60%，实现短途运输效率提高近70%，实现现有道路网的通行能力提高 2～3 倍，大大提高了交通管理水平。

从大的技术板块来看，车联网可以划分为：

（1）高速通信网络技术。车联网是建立在高速通信网络技术支撑之上。车联通信（IVC）系统有助于增加旅客的安全性，减少燃料消耗和污染，并保持车辆之间以及车辆到基础设施的连接，其中车辆对车辆通信（ V2V）的激励来源是安全应用；车辆到基础设施通信（V2I）系统则主要是为了支持方便的应用，包括个人通信、移动办公、远程信息处理、基于位置的信息、与汽车相关的移动服务、视频直播和互联网接入。在高速通信网络技术的支持下，智能车辆通过掌握系统整体状态和周边车辆运行及环境信息，实现自动驾驶和智能导航。

（2）车辆周边状态感知技术。所需要感知的车辆周边状态包括对于道路交通管理条件（车道、各种交通控制等）、周边车辆状态（行驶状态、改变形式状态的征兆信息等）、影响行驶操作的交通环境（行人、自行车等）。

（3）驾驶员状态监测技术。尽管车联网状态下可以实现自动驾驶，但由于交通并非单纯的位置移动需求，包含了许多文化、偏好等方面的影响，因此未来的交通系统不可能完全将人的驾驶排除在外。为了保障驾驶安全性，驾驶员状态监测技术在先进的车联网系统中仍然保有重要地位。该技术主要是通过对驾驶员行为特征、驾驶员生理指标和车辆运行状态的分析，识别是否出现了疲劳驾驶的问题。

(4) 车联网环境下的交通控制技术。传统的道路交通信号控制系统属于群体控制模式，即对于某一方向或者某条车道的车流通过信号进行控制。在车联网环境（特别是智能车与普通车共存）下，如何对道路交通系统实现更加精细化的控制，成为一个有待深入研究的领域。

(5) 自动驾驶模型。作为智能车的神经中枢，自动驾驶模型已经取得了长足的进步，包括特斯拉、谷歌等自动驾驶车辆的出现，正是技术进步的表现。但是，由于涉及安全驾驶问题，智能驾驶模型还在接受一系列测试和改进，经历着一个从“小学”到“大学”的成长过程。

7.4.2 先进信号控制技术

城市道路交通控制系统经历了逐步进步的过程，从控制范围来说，经历单点（各个交叉口）控制、线控（绿波）控制和面控三个发展阶段，而从控制技术来说，则呈现一个简单定时控制、自适应控制、智能控制的技术进步过程。目前，正在逐步与智能交通系统，乃至未来的车联网系统与相互衔接。

从自身功能来说，城市道路交通控制系统是控制交通流的道路网络运行管理系统。在更加广泛的意义上，信号控制系统一方面发挥“感知器”的功能，将所获取的道路交通流数据与其他相关交通信息系统共享；另一方面发挥“执行器”的作用，根据“公交优先”“宏观调控”等控制策略的要求，通过调整道路上信号控制方案，对交通实现强制性管控，以及发布诱导信息实现整体疏导。

在道路交通信号控制系统中，TRANSYT 系统（Traffic Network Study Tool）是极具代表性的静态信号系统。它属于脱机操作定时的交通信号控制系统，系统主要由仿真模型及优化两部分组成。系统根据用户交通延误和停车次数的线性组合作为衡量标准，优选控制方案的最佳绿信比和相位差。经过全球 400 多个城市的应用实践，验证了本系统的实用价值。

动态控制系统的代表之一是 ASCOT 系统。该系统的控制策略建立在不断获取的交通数据基础之上。以上一控制时段内的实测数据，以及历史波动特征为基础，预测下一控制时段可能出现的交通状态，据此优化信号控制的绿信比、相位差和信号周期时长。

而适应式动态控制系统则可以列举 SCOOT 系统（Split Cycle Offset Optimizing Technique）和 SCATS 系统（Sydney Coordinated Adaptive Traffic System）为代表。SCOOT 系统通过上游检测器获得的交通流变化情况，识别并更新上游交通流模式，并与预先确定的饱和交通流及行程时间一起预测下游交叉口的车辆排队情况。通过小步增长方式对绿信比、相位差和信号周期时长进行优化。SCATS 系统将控制区域划分为若干控制子区域，每个子区域采用相同的信号周期。采用事先脱机计算方式为每个子区域设定 5 个子区域内部相位差方案，每个交叉口设定 4 个绿信比方案，同时设定 5 个外部相位差(子区域之间的相位差)方案。系统通过位于停车线的检测器采集饱和状态信息,据此优化共同信号周期以及选择具体的相位差和绿信比。

从道路信号控制系统本身的发展趋势看,一方面体现在其自身的技术进步:在采用公交优先的控制策略,进一步引入人工智能、信息融合等相关技术,将模糊控制、混沌控制等理论方法加以有效应用,以适应道路交通系统的非线性性、模糊性和不确定性特征。另一方面体现在融入更大的系统——智能交通系统、车联网系统等,将信号控制与广义宏观控制策略以及高效运行的先进技术系统进一步整合。

7.4.3 个人城市交通系统

个人城市交通系统(Personal Rapid Transit, PRT)是一种大众化的交通技术,采用4~6人小型车辆,借助可以与群体交通、快速货物运输共用一套轨道系统,根据定制路线行驶的交通系统。PRT系统具有如下运行特征:①完全机动性的交通工具(可实现无人驾驶);②车辆采用轨道运行方式;③车辆可供单人至多人乘坐,可以24 h运行;④轨道可以假设在空中、地面和地下;⑤能够在闭合的PRT轨道网络上,利用轨道和车站自由行驶、停靠;⑥所提供的是中途不停靠、不改变路线的直达式服务;⑦可以实现按照需要而不是按照时刻表提供服务。

PRT的第一次研究热潮是在1970—1975年期间,美国政府曾经提供了大量研究经费,当时的意向是利用小型化并可以定制路线的轨道运输系统来解决大量机动车占用城市道路的难题。1975年为西弗吉尼亚大学服务的Morgantown建成,波音公司建设了8 km轨道,采用21个座位的车辆,通过轨道系统连接了原来有16辆穿梭巴士联系的校区,输送旅客达到1.5万人次/日,乘客平均出行距离2.3 km。在经历了30年不断失败的各种实验后,随着计算机技术、智能控制技术、材料工程等相关产业的逐渐成熟,伦敦希思罗机场T5航站楼及停车场之间终于建成投入使用的世界上第一套商业化运营的PRT系统[1]——ULTra,于2011年5月开始正式载客运行。

ULTra的车辆可载运4人,电力驱动的ULTra从停车场至T5航站楼只需要5 min(图7-1)。在保持车头时距1 s和利用率65%的前提下,每条车道的通行能力为2 300台/h。希斯罗机场的运营公司方认为,未来提前实现的ULTra节省了乘客60%的时间和40%的运营成本。

图7-1 希斯罗机场的PRT系统

随后推进的阿联酋的MASDAR系统,则是由10辆PRT车辆+3辆FRT车辆、1.2 km的运行轨道构成,未来设想构建 3 000 辆 PRT 车辆、85 个站点和运行 13 万车次/日的雄心勃勃的计划。

尽管距离最初的设想差距很大，但是 PRT 系统显示出解决传统公共交通存在的不能直达目的地、换车等待、沿途为其他乘客停车绕行、交通低峰时段车辆运力浪费发车时间间隔大等问题，也避免了传统私人汽车存在的需要人员驾驶、交通安全事故多的缺点，以及日使用时间短、低效、占用土地多、交通尘埃尾气多等问题。因此，在城市新的发展过程中，被研究者和管理者持续关注。

PRT 的特点在于充分尊重个人的出行时间、出行路线、上下车地点，乘客不受车辆时刻表限制，也不需要中途换车，只要乘客呼叫车辆坐进车内指定目的地，车就会自动把乘客直接送到目的地。

作为现有交通系统的一个补充，PRT 依托一个轨道网络，提供基于需求的接入服务，到达主要的公共交通和轨道交通站点，或者停车站场，从而提高公共交通方式的吸引力。既可以直接也可以通过其他交通方式的吸引力的间接形式，减低城市对私人小汽车的依赖性，并提升公共服务水平。

7.5 交通规划与管理中的决策支持

交通信息化并非简单建立技术层面的“神经网络”和“行动机制”，更为重要的目标是建立战略和战术层面的决策与管控的大脑，从而使得城市交通对策能够形成一种体系化“作战能力”。

7.5.1 基于交通模型技术的决策分析

经过发展，交通工程已经形成了一整套建立在数理逻辑基础上的分析模型，在决策分析中发挥着重要的作用。

1. 网络交通流分析模型

在交通规划和交通控制中，网络交通流理论发挥着重要作用。网络交通流模型的任务，是在给定的外部社会经济条件或者城市建成环境基础上，分析预测由此产生的交通流在网络上的分布，并进行相关的服务水平或者交通状态评价。

广为熟知的网络交通流分析模型是所谓的“四阶段”模型，将路网交通状态分析划分为交通产生与吸引、OD 分布、交通方式分担、网络交通流分配四个基本阶段，并在此基础上衍生出多种模型变形。

网络交通流分析模型建立在使用者交通选择行为基础之上。1952 年 Wardrop 在简单一致性准则下建立了使用者在道路网络上路径选择模型，假设使用者力图以最小行程时间（行程费用）到达目的地，当路网中任何一个使用者都不可能通过改变路径来降低自己的行程时间（行程费用）时，路网达到了一种均衡状态，可以将这种均衡状态表达为变分不等式形式[2]。其后，Beckmann 建立了与 Wardrop 变分不等式模型具有等价解的极值模型[3]，从而使得路网均衡状态的计算模型取得决定性进展。

此后的许多研究者在其基础上通过不同假设修改模型，拓展了分析技术的适用范围。例如修改原模型隐含的使用者掌握整个路网交通状态信息的假设，将使用者行为准则表达为选择"自认为"行程时间(费用)最短的路径，建立了概率型均衡分配模型；对于路阻函数不仅受到自身流量的影响，而且受到其他逻辑边流量影响的情况，为了应对极值模型解的唯一性条件被破坏，构建了变分不等式模型及求解算法；改变 OD 为外生变量的假设，构建了 OD 分布与路径费用变化有关的弹性 OD 交通分配模型等[4]。这些模型之间并非简单替代关系，而是形成一个模型"族"来满足不同分析需求[5]。

早期网络交通流模型的任务是满足围绕交通基础设施建设的交通规划和设计的需求，因此以年平均日交通量为分析对象。此后的发展中，交通控制与管理在交通对策体系中地位上升(以 30 min 或 15 min 为基本计算单位的)，时变交通流分析任务提上日程。由于前一分析时段产生的车辆出行可能滞留路网，对当前时段交通状态产生后效性影响，所以必须建立相应的动态交通分配模型。相比较静态交通分配模型来说，动态模型引入了流量连续方程，采用密度或者排队长度描述路段状态，并采用更加精细(时间和空间)计算单元划分以应对描述非定常交通流的需要[6]。

为了适应城市交通从"建设为主"向"建管并重"，乃至"管理为主"的转变，研究者从用户的异质性(多种类型用户)、路径选择的多重标准、路径费用的可加性等方面进行扩展，形成能够满足交通需求管理政策评估需要的网络交通流决策分析模型[7]。

而为了构建更加适应公交客流分析的模型，针对常规公交运行受到道路交通状态影响显著的特点，将公交网络本身属性定义为具有随机特征。用于道路交通流分析的模型中，边(路段)的通过时间虽然随交通量大小而变，但是阻抗函数本身并非随机模型。当把源于道路交通的网络流模型用于地面公交网络时，公交车辆运行时间受到道路交通状态、信号控制、上客人数等多方面因素影响所呈现的随机波动，可以认为是公交网络自身属性(而非受到乘客数量影响)具有随机性，问题转化为具有随机属性网络条件下的用户选择行为问题。

网络具有随机属性条件下的乘客路径选择准则的确定方法，可以归结为面对不确定性交通系统的路径风险决策问题。当某个备选方案结果状态可以采用主观概率来加以表达时，则该方案对于用户产生的效用，可以表达为可能出现结果状态所产生效用的数学期望值。一般认为在当前环境下决策者总是会选择期望效用最大的那个方案，早期路径选择模型就是建立在"期望效用最大化"理论基础上。在其后由于引入经济学及心理学上对决策问题的研究成果，采用等级依赖效用理论、累计前景理论等修正了路径选择行为准则，假设乘客的路径选择准则为最小化负效用，认为当没有用户能通过单方面改变出行线路降低他/她的期望感知负效用时，交通网络达到了相对稳定的均衡态[8]。

类型众多的网络交通流分析模型都遵循一个共同的框架：路段广义费用是影响使用者选择结果，乃至路网状态的基本自变量；路径选择准则采用确定型或者概率型函数的形式，将个体选择结果与路段广义费用联系在一起；在网络均衡态定义的基础上，采用极值模型、变分不等式模型或者不动点模型加以求解。

2. 交通行为分析模型

微观个体层面展开的基于行为的交通模型，被称为离散选择模型。这是一类为了适应交通需求多样化导致的服务响应问题、围绕需求管理的交通政策问题、城市化发展阶段变迁导致的交通需求演化问题等，在行为理论基础上建立的个体行为模型。

早期研究工作采用“效用”概念将影响因素与选择行为联系在一起。即假设个体是基于效用的大小，针对多个备选行为方案确定自己选择。在效用表达中所包含的概率项，并非是反映行动者具有概率性的效用，而是由于分析者无法知道行动者的真正效用，不得不采用概率变量。效用的概率项中包含如下因素的影响：①确定部分中没有包含的因素影响；②将确定部分设定为线性函数所引起的误差；③将属性的权重设定为各个个人完全一样所引起的误差；④说明变量的测定误差等。

模型中假设某个个体选择某个行动方案，是因为该选择分支的效用值大于其他选择分支。当把行动者的效用作为概率变量处理时，选择行为也具有了概率的特征。基于行动者力图将效用最大化假设构建的模型称为概率效用最大化模型，通常包括多项Logit模型、Nested Logit模型、Ordered Logit模型等。

早期模型依赖理性经济人假设，尽管取得了一定的成效，但由于忽略了对于社会属性的考虑也受到广泛的批评。

当引入社会学概念之后，多种心理要素成为行为抉择影响的说明因素：表达他人及社会影响的个人行为规范(personal norm)，表达伦理心理的道德意识(moral obligation)，表达行为实现的主观容易性—困难性的知觉行为控制(perceived behavioral control)，表达行为自动性的习惯(habit)等。初期研究中将态度作为核心心理要素，但是随后逐渐认识到态度对于行为的说明力并没有那么高，其后研究中产生了两种发展趋势：①在态度与行动之间假设中间心理要素；②考虑态度以外的行动制约要素。其中代表性的有：合理行为理论(Theory of Reasoned Action, TRA)[9]，以及对此扩展后产生的计划行为理论(Theory of Planed Behavior, TPB)[10]。在这些理论中，增加了“行动意图(behavioral intention)”进一步说明行动抉择过程。作为意图形成的心理要素，在合理的行为理论中假设为“态度”与“个人行为规范”，在计划行为理论中进一步增加了“知觉行动控制性(perceived behavioral control)”。

对于每天重复通勤路线等惯常行动，产生影响的更多是遵循一种习惯。因此认为伴随意图的计划行为(planned behavior)之外，还存在“习惯行为(habitual behavior)”[11]。

习惯行为具有如下特征：①习惯行为是自动进行的；②在实行习惯行为时，包含态度、意图等各种心理量对于行为所产生的影响强度很低；③形成习惯后将不再收集信息。针对习惯行为，交通领域产生的重要课题是习惯的形成与解冻(unfreeze)。例如为了有效增强交通政策对于行为的影响，必须研究如何解冻现在习惯，并促使新习惯形成的问题。

在离散选择行为模型基础上，为了说明系统整体状态及社会效应，需要对个体层面标定的模型在预测阶段需要进行集计化。通常所采用的方法为：

(1) 枚举法。假设样本能够充分反映整体特征，对个人选择概率求算术平均值，从而获得各种行动人群的比例结构。

(2) 代表性个人法。以各个类别代表性的假想个人的说明变量值计算选择概率，并将这一选择概率作为该类别全体结果。

对于非集计交通行为模型来说，最大的问题是作为建模基础的调查。由于考虑许多影响因素，因此难以进行大规模调查；且由于对态度、偏好等因素难以进行远期预测，以及受到调查对象所处环境的局限，所标定的模型并不具备很强的时间及空间“可移植性”。

3. 交通模型与交通信息的互动

交通模型是建立在相关数据基础之上，数学形式越是精巧，数理逻辑越是严密，模型中就包含了更多的待定参数，对模型标定中的数据基础要求就越高。从这个意义上说，能够通过专项调查和交通信息系统获得的数据基础，制约了交通模型的说明能力和可信度。例如在网络交通流分析模型中，可以引入 OD 交通流的弹性特征，但是作为基础的需求弹性模型的标定却成为实际应用中难以克服的障碍；交通行为模型引入大量关于态度、偏好和习惯的影响参数，但是未来几十年后的态度、偏好和习惯本身的确定(或者说是预测)却成为一个很大的问题。

而从另一个方面来说，模型的价值在于扩展了信息的内涵。在合理假设基础上，对于个体选择行为通过交通网络中的相互作用，所发生的联系与影响这样不能直接观测的问题，模型发挥了重要的解析作用；对于各种因素变化所产生的影响程度，直接数据给出的信息是有限且局部的，只有通过模型才有可能获得更加全面的判断。

因此，交通模型与交通信息处于一种相互紧密依存的关系。即使在大数据时代，交通模型也不会完全被取代，将模型分析结果与大数据一起融入基于证据的决策判断过程之中，模型技术将获得新的活力。

7.5.2 基于交通仿真分析技术的决策分析

对于具有“社会—技术”系统特征的城市交通来说，通过交通仿真分析完成特定社会环境和使用者行为模式前提下，技术系统的状态演化分析，并直接支持交通设计、交通控制和交通安全等方面的工程技术对策，是不可替代的技术手段。

始于 20 世纪 50 年代的交通仿真技术，采用计算机数字仿真或半实物仿真方式来复现交通流时间空间变化、解析复杂交通系统现象。20 世纪七八十年代得益于计算机技术发展，促使微观交通仿真模型迅速得到应用[12]，相比于早期的宏观仿真[13]，模型描述精度迅速提高，功能更加多样，对于交通设计和信号控制方案优化等方面产生了重要的作用。20 世纪 90 年代以来，在智能交通系统成为研究热点的背景下，世界各国广泛开展了以智能交通系统为应用背景的交通仿真技术研究，出现了一大批能够定量评价和分析智能交通系统的仿真模型和软件系统[14]，推动交通仿真研究逐步达到较成熟的水平。

各种交通仿真模型可以划分为宏观仿真模型、中观仿真模型和微观仿真模型三大类型。微观交通仿真模型以车辆个体为基本单元，对交通系统的要素及行为的细节描述程度最高。宏观交通仿真模型则将交通流视为流体，针对车流整体的流动规律，描述交通流的时空变化。介于微观和宏观仿真模型之间的中观交通仿真模型，则将车流分解为若干车队单元，并采用宏观流体模型描述车队的时空状态变化。

20 世纪 90 年代以来受到广泛关注的智能交通系统，是各种高新技术在交通领域的集成应用，日新月异发展的信息、通讯及控制等新技术为交通系统不断注入新的血液，但新技术的应用带来诸多的未知因素和风险。正因为如此，交通仿真实验分析成为智能交通系统研究所涉及的理论研究、关键技术开发以及实施方案的优化设计等的重要技术验证工具。为适应智能交通系统复杂多样的交通分析需求，近年来各主流交通仿真系统除了改进对信息采集和发布方式、智能信号控制逻辑、信息环境下驾驶员行为等的仿真模型描述功能外，还特别强调发展一些适应智能交通应用背景的高级仿真技术手段，其中交通仿真应用程序接口、硬件在环和软件在环交通仿真、在线交通仿真等一些高级仿真技术获得了广泛的应用和关注(图 7-2)。交通仿真应用程序接口是针对智能交通背景下交通分析需求的复杂多样、难以标准化的特点而为用户提供的仿真接口功能，以实现各种个性化、多样化的仿真分析需要。硬件在环和软件在环交通仿真则是为了适应对智能交通背景下复杂信号控制逻辑的仿真分析。在线交通仿真则是为了适应智能交通背景下由于信息技术的快速发展而产生的对实时仿真分析的需要。

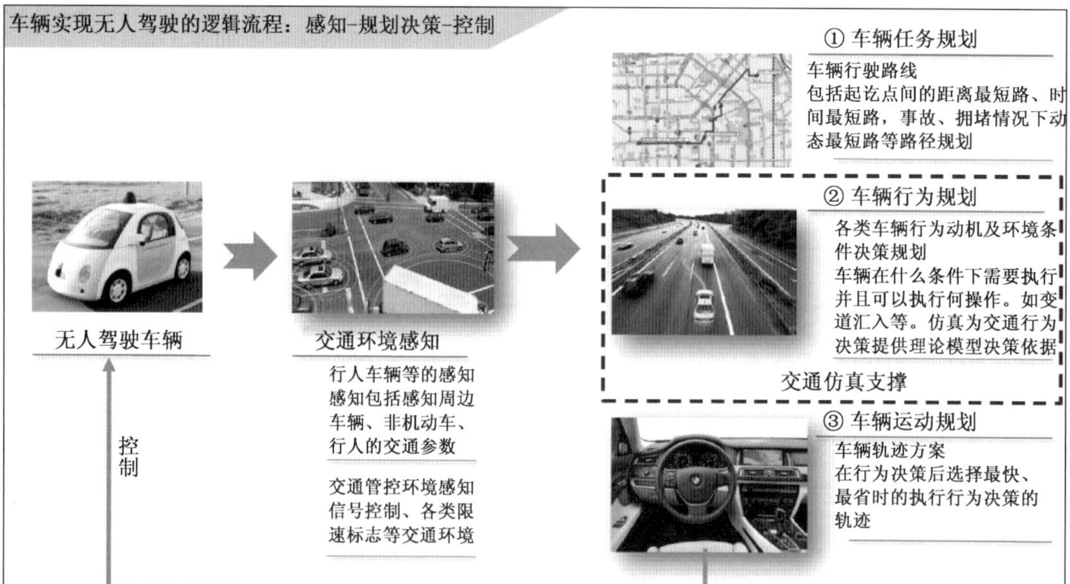

图 7-2　面向“无人驾驶”快速测试和自我学习的仿真系统

在城市交通技术系统的决策分析中，交通仿真技术发挥着极为重要的作用。例如，在实际工程设计中，交通仿真技术使得我们能够避免将驾驶员置于危险场合就获得大量与交通事故相关的数据，从而为交通设计和道路几何设计积累更多的经验。又如，在城市道路交通控制策略决策中，宏、中微观仿真对于技术方案的选择具有不可替代的作用(图 7-3)。

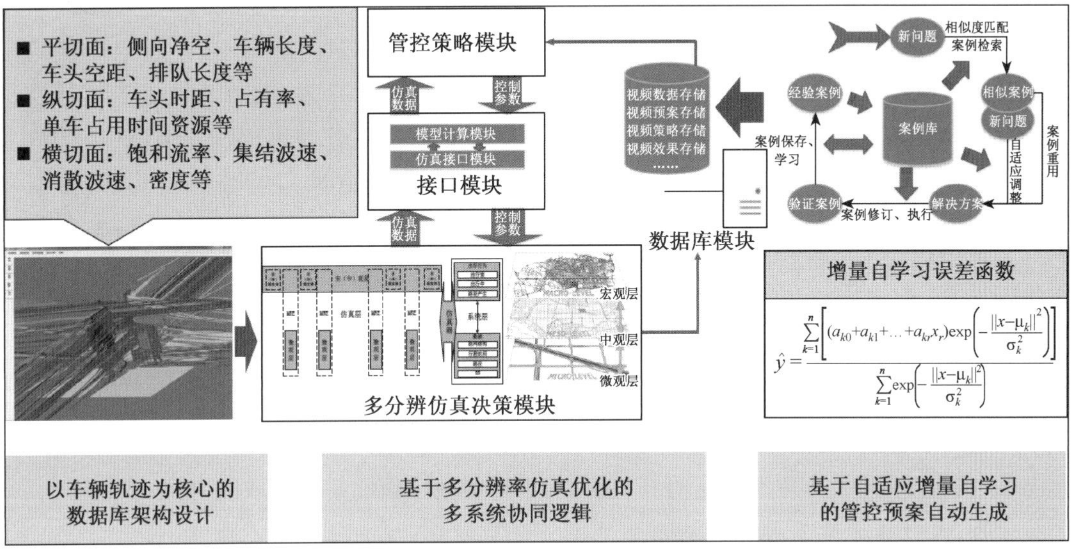

图 7-3　城市道路交通综合管控系统的概念性结构

7.5.3　大数据环境下基于“证-析”的决策分析

大数据成为近年来的热门话题，也很自然地吸引了城市交通领域研究者和管理者的目光。由于交通工程和信息工程研究人员的共同努力，城市交通大数据分析已经不再限于学术理念，正逐步形成具有特点的技术方法。在经历了初期阶段以更加丰富的数据支撑传统模型体系的努力之后，研究者和技术人员开始发掘大数据深层次的价值。尽管整个理论体系的成熟尚需时日，但是这宝贵的第一步积累了经验，明确了具有潜力的发展方向[15]。

1. 大数据环境下研究对象的度量方法

城市交通大数据不仅具有连续追踪、持续观测、多观察视角和大样本的优点，也带有非规范化、不符合传统定制标准、具有盖然性等缺陷。将大数据塞进基于小样本调查构建起来的城市交通模型表征的框架中，往往造成用其短处弃其长处的尴尬局面。

尽管数据是客观存在，但是从何角度、采用何种度量方法以及采用什么样的测度从数据中提取特征，则受到观察者主观认识的影响，从而造成在相同数据基础上获得存在巨大差异的结论。为此，基于大数据的分析对象度量方法，也成为初期研究工作的重点。

例如,基于移动通信信令数据的个体时空活动模式表征,目前已经形成适应不同要求的多种方法。美国 MIT 研究团队采用基于出行链的方法,已经证明可以将大多数人一天的空间活动归结为有限的模式类型,利用上海市部分地区居民的数据也验证了这种方法的有效性。同时根据个体所拥有出行链模式数量可以看到,其空间活动具有一定的多样性,传统交通调查所获取的 OD 矩阵只能说在统计"平均"意义上反映了宏观出行规律。由此提出对时间轴上具有高维特征的数据进行有效压缩,获取时间属性上规律的问题。针对移动通信、公交 IC 卡等数据的研究结果表明,可以将时间维度上几十天的观测数据(例如 OD 矩阵)分解为低秩矩阵、稀疏矩阵和随机矩阵的结构,在数据压缩的同时,相比简单求取平均观测值保留了更加丰富的信息。进而,以移动通信、IC 卡、车辆牌照等连续追踪观测数据,构建个体活动空间特征的研究,取代了在信息维度上处于低层次的 OD 矩阵。

在度量体系方面的另一个进展则与数据仓库构建需求紧密相关。将观测数据按照原始数据层、基础数据层、轻度抽象层和高度抽象层,构建的数据粒度体系,可以有效地应对不同类型的特征表达和查询需求。

此外,对于尽可能拓展数据资源的持续努力也取得了一系列的进展,针对网络 POI 数据、导航数据、共享单车数据等开发研究,不断展现出新的信息获取能力。

2. *大数据环境下认知方法研究*

城市交通大数据不能满足于对研究对象的描绘,新信息资源的价值也并非只是丰富了标定模型的数据,发挥对系统演化和问题结构的认识潜力才是最重要的努力方向。在大量尝试实践过程中,反映出对于城市交通这样的复杂适应系统而言,一般关联分析结论很难直接支持重要的决断。但是当我们将大数据分析融入一个复合方法体系之中,得到一条"柳暗花明"的路径。

宏微观嵌套式研究框架提供了一个可以参照的工作模板。正确地提出问题、把握整体态势并细分问题类型、案例剖析及分类机理研究,构成了宏微观嵌套框架的基本部分。在这一框架内,聚类和关联分析被赋予新的任务。在对于公交专用道客流规模影响因素的研究中,我们已经看到通过决策树算法,公交专用道客流规模与相关因素之间的关联被概括为很有限的几种类型,从而明确了进一步深入调研的对象目标。同样的方法也被应用于高铁车站周边城市要素集聚等研究之中。

城市交通之所以复杂,就在于其综合性,内在的复杂关联展现在研究者面前的是一幅扑朔迷离的图像。大数据关联分析技术的应用,为简化问题图像提供了一种非常有用的手段。正如我们在许多分析案例中所见到的那样,从关联分析角度归纳的影响因素关系,一方面为深化研究的方向提供了导向信息,另一方面归并了问题类型。尽管城市交通领域中直接根据关联分析结果制定决策有过于草率之嫌,但是将关联分析的任务定位于梳理概括问题结构却是非常合适的。

宏观态势分析与微观机理分析的有机融合，最为重要的是建立两种类型数据间的关联。针对于此，利用乘车行为或者 IC 卡卡号，在 IC 数据与问卷调查数据之间建立关联键的技术可行性得到了验证。由此所建立的公交客流宏观结构分析与不同类型个体微观行为响应机理分析之间的链接桥梁，使得公交通勤用户识别、基于不同类型公交用户的时空分布和诉求的公交服务提升"靶向"行动对策设计获得技术突破。

由于社会影响、职业道德等方面的原因，往往不能对城市交通中的一些重要问题进行受控实验。在这种情况下，比较—因果分析方法所具有独特的优势自然受到关注。比较分析的技术瓶颈是由于现实中存在的复杂关联，混淆了自变项与因变项之间的关系，造成研究者很难直接探索二者间的"净效果"。由于城市交通大数据具有提供多角度、多层次、连续性和大样本的观察能力，通过观察不同类型个体在相同外部环境中的行为差异，以及相同类型群体在不同外部环境下的行为差异，使得通过定性定量相结合的方法揭示其中的因果联系具备了技术可行性。在对不同圈层区位居民活动空间的分析中，已经显示出大数据环境下比较—因果研究的潜力。

3. 逐渐成形的基于证据方法论

在城市交通决策中，强调基于事实基础上的概念性思维能力尤为重要。这种战略思维模式并非单纯从理念出发和逻辑推演，而是突出在证-析基础上的判断。即一方面强调判断和决策中的证据，尤其是数字化的具象证据，以求增加判断与决策的权威性和说服力；另一方面强调在正确的认识论基础上通过证据产生洞察，而不是避免让精巧的数学模型剥夺了我们思考的能力。

为了实现上述目标，有效地利用大数据资源始终是研究和技术应用时重点加以关注的任务。依托大数据所提供的间接证据进行重大决策，必须有效地构建证据链，而这不仅需要通过数据挖掘提取信息的能力，更加需要根据具体问题形成专业判断逻辑的能力。就目前研究阶段来说，还需要针对实际问题积累更多的经验，才能够逐步形成稳定的分析逻辑模板。

在城市交通大数据分析过程中，正确地理解"相关"与"因果"的关系，将形成整个理论体系赖以建立的认识论基础。从概念上说，相关关系是双向的，反过来依然成立；因果关系是单向的，反过来就不成立。换句话说，相关是因果的必要条件，但不是因果的充分条件。在具有复杂适应系统特征的城市交通中，错综复杂的联系使得我们通过直接观察和实验来证实内在的因果变得非常困难。建立在"简单的一致性"基础上的行为分析加上基于 Multi-Agent 系统仿真，往往遇到是否有效地反映了多样性影响的质疑。通过聚类分析实现多样性维度上的简化，通过关联分析在问题的复杂性上筛选降维，通过涌现观察识别新模式、新结构和新问题，在正确把握全局基础上进一步展开具体的模型和仿真分析，应该是研究城市交通复杂性值得进一步探索的技术路径。

城市交通规划和管理决策无法回避的另一个问题是如何直面或然性，未来的前景总是很大范围内的一系列可能性，传统的单向的预测似乎总是隐含着一种不现实的精确度。城市交通的复杂性并非全部来自外部，系统内部的各种类型行为主体具有自身目的和主动性，正是这种主动性以及它与环境的反复的、相互作用，才是系统发展和进化的基本动因。也就是说，适应性造就复杂性。另一个方面由于受到资源和环境约束，城市所能够承载的交通（特别是小汽车交通）负荷是有限的，基于可持续发展理念可以确定未来的城市追求目标。而城市交通的或然性主要影响到能否，或者多大程度上能够实现可持续发展的目标，以及实现目标路径的效果。在这一认识基础上，制定资源和环境制约下的愿景方案更多依靠的是一种理性分析，模型、仿真在制定远景目标中发挥着关键性的作用。承载发展路径的中期对策，强调的是“对症下药”、受控需求与理性供给的平衡，以及多方协同促进城市系统健康演化。在中期战略及对策的设计和推进过程中，利用大数据对研究对象大视角、连续性、全局化、精细化的观察，有效地对城市交通进行把脉，及时修正先前的有限预测，是一个重要的技术课题。短期对策更加强调“适时响应”调控模式，基于大数据不断对城市交通进行监测把脉，发现偏离期望轨迹的征兆，适时通过“组合拳”进行调控，以实现战略性的过程管理。

7.6 城市交通信息化的顶层设计

城市是交通信息化顶层设计是以战略思维、全局视野、系统论方法对城市交通信息化的各方面、各层次、各要素进行统筹考虑，明确我国城市交通信息化发展的基本方向、整体思路、关键领域、重点任务、推进策略等。城市交通信息系统顶层设计是规划与实施之间的桥梁和纽带，也是规划的延伸和细化，是指导实施的前提与依据(图 7-4)。

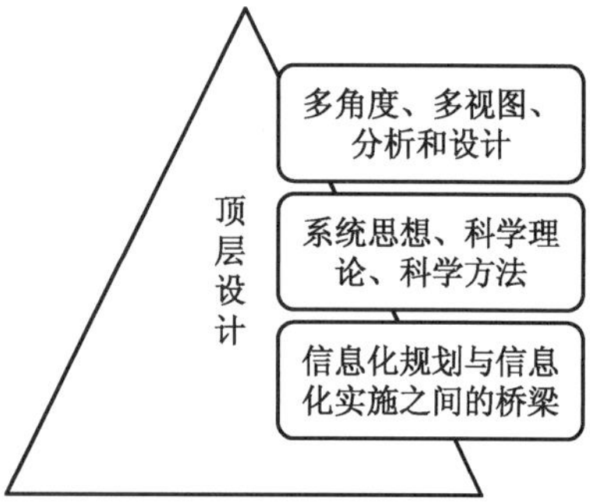

图 7-4 顶层设计的特征与功能

城市交通信息化顶层设计又可以进一步划分为两个层次：一是信息化整体架构的顶层设计；二是针对信息化关键要素——城市交通信息平台的顶层设计。

7.6.1 “网络化对策”背景下的交通信息化顶层设计

伴随技术进步和社会发展，城市交通融入了复杂的技术要素和多样化的需求，对未来系统状态做出有效预测显得越发困难，各种对策可能引发的系统响应也显得更加扑朔迷离，决策行为成为引导城市交通向可持续发展模式演化的基本制约因素。

生物学家发现，大量不同生命周期的物种是相互协同演化的。这一逻辑同样适用于城市交通，即城市交通的对策概念也是相应于它自身的“生态系统”而协同演化的。对于城市交通来说，一个值得高度关注的问题是其使命空间与对策空间正在发生巨大的变化。

进入21世纪以来，城市交通被赋予更多的责任与功能内涵，“就交通论交通”已经无法跟上时代步伐。作为城市骨架与血脉的交通系统，与人居环境问题、社会整合问题、空间发展模式引导问题等的关联引发管理者极大的关注。习近平总书记就对城市交通做出过一系列指示：“如何解决好海量人口的出行问题是个大难题。要把解决交通拥堵问题放在城市发展的重要位置……”“对大气污染、交通拥堵等突出问题，要系统分析、综合施策”“城市规划建设做得好不好，最终要用人民群众满意度来衡量”“以解决人口过多、交通拥堵、房价高涨、大气污染等问题为突破口，要系统分析解决问题的综合方略。要健全制度、完善政策，不断提高民生保障和公共服务供给水平，增强人民群众获得感”。表明城市交通的使命空间已经从工程扩展到“社会—环境—经济”的多维空间。

城市交通对策空间的变化，一方面表现在对策体系日趋“多维一体”化，即在转变交通模式和构建健康空间关系两大主线基础上，采用工程、技术、规划、管理等多种手段，采用“对策组合”来进行一个演化过程的调控；另一方面表现在对策主体的多元化，多样化的价值观导致不同社会集团诉求差异，促使城市交通从政府管理走向公共治理，通过供给侧改革引入社会力量更加深入的参与。与此同时，对策在时间维度上也悄然变化，按照“中长期规划”“五年规划”以及年度计划的推进方式，正在逐步融入更多的“适时响应”成分。

可以说，城市交通正在加速进入“体系化作战”阶段，在特定的制度框架基础上，目标引导下的“要素—杠杆”执行体系，对整体演化过程发挥着控制引导作用(图7-5)。

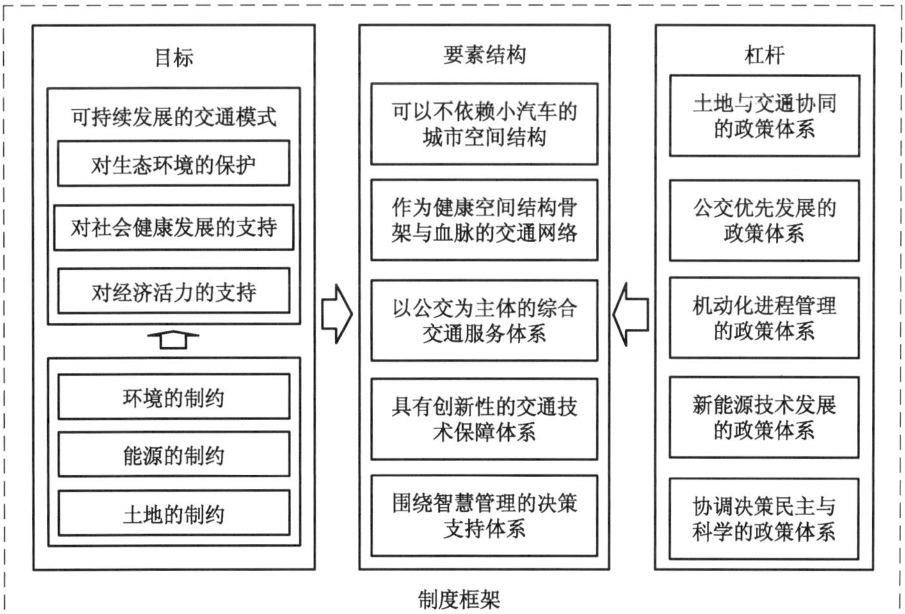

图7-5　城市交通对策体系结构

使命空间和对策空间的多维化和复杂化，造成传统的集中控制式的计划模式产生了极大的不适应，必须重构城市交通对策的指挥和控制过程模型。

如同军事等领域，针对城市交通中的人和组织的行为，采用新思维方式——网络中心思维，关注通过将各管理部门和社会组织有效地联结或网络化成有机的整体，来获得行动能力的提高。

在城市交通公共治理制度框架下，网络化对策体系并非建立在一种绝对“权力中心”控制基础之上，而是在沟通基础上形成组织的价值观，并通过信息的充分共享和快速传输，使得分散实施的行动获得协同效果，提升从利用信息资源到付诸行动的转化速度。

在网络化对策体系中，道路交通控制系统、公交运行管理系统，乃至车联网等均被视为一系列的“执行器”。与此同时这些系统产生大量实测数据，又可以被视为“感知器”。从7.2节至7.4节的介绍中不难看出，在市场和政府的双重推动下，这些“执行器”和“感知器”不断进化，使得网络化对策体系中的功能要素不断发生变化，且相互之间的耦合关系也随之变化。这一切造成建立在明确任务流程和确切要素功能基础上的顶层设计方法失效，需要找寻新的城市交通信息化顶层设计方法。

遵循这一思路，适应城市交通网络化对策体系的信息化顶层设计，有别于一般信息平台的方法，而是围绕信息资源规划这一核心而展开。所谓信息资源规划是指对信息的采集、处理、传输和使用的全面规划，其目标是通过广泛提升信息资源使用能力，使得不同隶属关系下的组织为了共同的明天所做的工作能够形成合力。

城市交通信息资源规划的目的，是创建高度共享的对策空间感知，并通过组织的自同步和在不同体系中的行动来利用这些感知，从而实现城市交通战略目标的实现。同时，这也促使战略、规划、建设、管理等行动合为一体。

在信息资源规划的指导下，通过数据归档中心、共享数据平台等将各种数据转化为信息资源，通过大数据分析、仿真分析和模型分析技术将信息资源转化为决策能力，从而进一步提升行动效果，是交通信息化发展的新阶段。

7.6.2 城市交通信息平台的顶层设计

网络化对策体系的“感知器”“执行器”是动态变化的，相互之间的连接关系也是动态变化的，但是支撑它们形成有机整体的城市交通共享信息平台却是具有一个相对稳定的架构，这个共享信息平台自身的顶层设计，强调一种自上而下科学、系统的设计方法，成果体现了围绕“数据采集—数据加工—数据查询”，延伸至下的业务活动内涵和内在关联的设计和运行机制架构，表现为多维化的信息模型，以及以业务、信息、应用和技术架构这四要素为基本内容的技术文本。

1. 城市交通信息平台所需遵循的基本原则

为了指导城市交通信息平台建设，需要强调如下基本原则：

(1) 目标导向、业务驱动。应以提高我国城市交通行业经济调节、市场监管、应急管理、行政管理与公共服务等政府职能能力和水平为导向，以公共服务、行业监管、政务管理三条业务为主线，收集、整理、描述业务需求，梳理共享协同业务，分析业务变革趋势，并按层次呈现，形成业务框架，以此为出发点构建信息化总体框架解决当前信息化建设中存在的“理不清”问题。

(2) 总揽全局、统筹协调。应跳出局部环境的束缚和影响，站在我国城市交通全行业互联和全网协同的整体高度和全局视野，坚持统筹集约和互联互通，统筹考虑城市交通全行业业务、应用、数据、技术和实施环境等各要素之间的关系，使信息化建设效益最大化，解决当前信息化建设中存在的“拿不到”“联不通”“统不起”的问题。

(3) 强调落地、持续建设。以满足城市交通业务需求为宗旨，分析基础设施资源共建共享的范围、技术框架和服务模式，研究专项信息化工程建设模式和实施指南，规范信息化工程建设、服务和运维流程、体系，确保基础设施资源与专项信息化工程无缝融合接入和统一管理，发挥信息化工程建设整体规模效应，解决当前信息化建设可持续发展问题。

2. 交通信息化发展框架

城市交通共享信息平台的框架，具有如图 7-6 所示的总体架构。在业务模式和高阶流程设计的基础上，通过业务架构、应用架构、数据架构、技术基础架构、安全架构和运维架构描述整体技术结构，所有这些技术内容均建立在 IT 治理和规范标准基础之上。

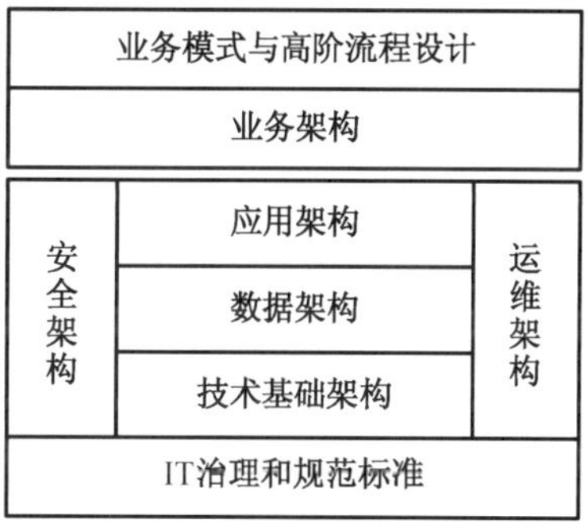

图 7-6 交通信息化顶层设计总体架构示意

1) 顶层设计业务架构

业务架构是城市交通共享信息平台顶层设计的出发点，建立内容全面、重点突出、合理规范的业务架构是城市交通共享信息平台顶层设计的必要条件。在对各级城市交通管理机构的职能职责和发展需求进行全面梳理的基础上，通过业务架构研究来理顺各相关职能之间的业务关联关系及协同处理关系，识别核心基本业务并以核心业务职能为主线，分析其特征及关键业务流程，据此建立总体业务框架。业务架构主要包括管理业务域(业务子域)、核心业务线和业务事项三个层次。业务架构业务流程是依据业务职能划分业务域，然后进一步分析各业务域中业务事项，最终围绕城市交通管理的主体各级城市交通管理部门、管理人员和客体城市交通企业、从业人员和社会公众，建立业务间逻辑关系模型。

2) 顶层设计数据架构

数据构架(图 7-7)是城市交通共享信息平台顶层设计的关键点。科学的数据架构是城市交通共享信息平台顶层设计的核心内容。通过数据架构研究，从梳理业务过程产生的相关数据入手，建立总体数据框架，明确数据分类、数据分布、数据定义、数据来

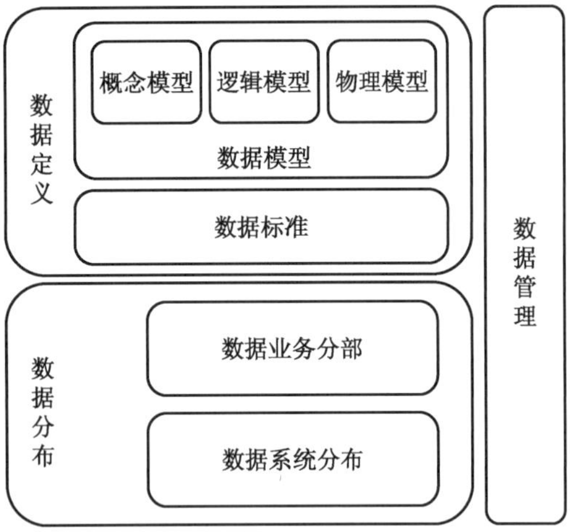

图 7-7　数据架构图

源，根据业务协同需要，提出数据交换与共享机制，提出构建数据资源共享服务体系的总体要求，以及城市交通信息资源规划与管理总体要求，明确数据分布原则、数据标准及数据质量控制机制。对数据访问和交换的服务模型进行标准化定义与描述，理清标准和数据架构的关系，形成城市交通数据资源目录体系明确不同层级数据中心间的物理和逻辑关系，明确数据的更新、维护关系，提出数据管理需要的管理组织和岗位建设指导意见。

3）顶层设计应用架构

应用架构是城市交通共享信息平台顶层设计的落脚点。建立功能齐全、操作简便、使用有效的应用架构是城市交通共享信息平台顶层设计的关键所在。应用架构通过对业务架构模型的理解，采用系统分析方法，对城市交通信息查询过程、信息使用目标进行全面的分析和提炼。将具体的业务实现按照功能模块组织形成相应的功能域。在梳理城市交通信息使用业务架构的基础上，通过分析应用架构的主体结构、内在关系以及与业务框架的衔接关系，构建包括核心基本业务应用、综合监管与综合服务应用和企业应用等业务应用的总体应用架构，明确各类应用的主要功能，对已有信息系统的改造和完善进行分析，对新开发信息系统进行应用分析。

4）顶层设计技术基础架构

技术架构是城市交通共享信息平台顶层设计的着力点。建立技术先进、标准统一、互联互通的技术架构是城市交通共享信息平台顶层设计的基本要求。通过关键技术研究，为业务与信息技术的融合提供技术实现途径。

技术架构研究在综合比较多种网络组建方式自建网络、租用专网、公专结合、无线网络的基础上，提出部省、省市县、企业的联网架构及组网策略研究和提出不同环境条件下数据中心架构、数据共享与交换平台的模式、数据存储架构、数据备份体系和数据中心管理策略以数据中心、基础业务平台为核心，对关键性平台和系统建设制定软硬件技术标准与接口协议，对基础技术方案与平台建设提出总体技术要求。

5）顶层设计安全架构

安全架构是城市交通共享信息平台顶层设计的重要环节，建立防范有力、运行有序、安全有效的安全架构，是城市交通共享信息平台建设的重要工作。安全架构研究依据国家、行业部门或地方政府制定的信息安全法律法规和技术标准，从安全管理制度、安全管理机构、人员安全管理等方面，构建城市交通信息系统的安全管理体系。

通过加强城市交通信息安全认证、信息系统分级保护和等级保护体系建设，从物理安全、网络安全、主机安全、应用安全和数据安全等方面，构建或完善信息安全技术措施，提高城市交通信息系统的综合安全防御能力与水平。

6）顶层设计运维架构

运维架构是城市交通共享信息平台顶层设计的保障部分。建立机构健全、维护规范的运维架构是城市交通共享信息平台顶层设计的现实要求。要围绕城市交通行业信息系统运行与维护管理实际，提出城市交通共享信息平台运维架构。

7.6.3 城市交通信息化建设内容

根据信息化建设城市的交通信息化总体需求和城市交通信息化框架结构，结合城市交通系统特点，可以将城市信息化建设主要内容划分为信息化基础设施和信息化应用系统。

1. 信息化基础设施建设

信息化基础设施建设包括交通指挥中心、交通呼叫服务中心、计算机网络、交通信息采集网络、交通信息发布网络、GIS(Geographic Information System，地理信息系统)支持平台和交通信息数据库平台等。

(1) 交通指挥中心。交通指挥中心结合车辆GPS卫星定位系统、调度系统、交通监控系统，与GIS支持平台相结合，支持对车辆进行远程调度和运行状况的监测。不同的指挥中心之间可以进行数据交换，并可以和目标车辆进行信息联系，在紧急事件发生时，指挥中心以交通事件响应系统为基础，可以在电子地图上显示交通事件信息，迅速启动相应的应急预案，指挥不同部门在最短的时间内完成时间处理。

(2) 交通呼叫服务中心。交通呼叫服务中心汇集各种公众信息，出行者可以通过电话、电子邮件、互联网等方式发出交通信息请求，然后服务中心会根据出行者的交通需求对出行者的信息请求作出响应，满足各类出行信息需求。

(3) 计算机传输网络。计算机传输网络由内网、外网和网络安全信任基础设施构成，例如各级交通管理部门以及交通运营企业内部的局域网络。不同部门之间的专网相互连接，由网络安全信任基础设施负责网络访问和信息传输的权限控制，它为网络提供信息加密和身份认证等网络和信息安全认证服务。

(4) 交通信息采集网络。交通信息采集网络是由安装在城市交通环境中各种信息采集设备及数据传输设备组成的信息采集网。它通过各种信息采集手段从交通运输网络中获取交通管理和控制需要的各类静态和动态交通信息，为管理部门提供决策支持，是重要的交通数据来源。

(5) 交通信息发布网络。交通信息发布网络是由布设的各类交通信息发布设备组成的信息发布网，包括交通标志、车载通信设备、可变信息板等，是实现交通管理和诱导的基础网络。

(6) GIS 支持平台。GIS 支持平台可以直观、形象地反映城市各项交通基础设施、运输场站、运输线路和建设工程的动态和静态交通信息,方便城市交通管理。

(7) 交通信息共享平台。交通信息共享平台是根据相关的管理和决策需要,建立的各类共享数据库,为交通管理和应用系统运行提供数据基础。

2. 交通信息化应用系统建设

交通信息化应用系统一般包括交通行政管理系统、交通行业管理系统和交通运营企业管理系统三大类型。

1) 交通行政管理系统建设

交通行政管理信息化的建设内容包括政务和业务办理系统、公众信息服务系统、交通事件响应系统、决策支持系统。

(1) 政务和业务办理系统。交通政务系统主要负责交通管理部门内的组织、人事、事务和财务等行政事务管理。业务办理系统主要负责交通行业管理中的项目建设、科技法规、城市公共交通、资金、道路客运和货运等交通业务办理,系统地建立以具体的部门业务办理程序和流程为基础。

(2) 公众信息服务系统。公众信息服务系统依托于其他交通行业管理系统提供的各类交通信息,以多元化的信息发布方式向公众提供道路信息、公共交通信息、交通运行信息、出租车信息等各类交通信息服务。

(3) 交通事件响应系统。交通事件是指在交通运输系统内由于各种原因导致的异常事件,交通事件往往会对交通运行产生影响,比如点段或区域性交通拥堵、交通基础设施损坏、车辆及货物损坏、人员伤亡等。交通事件响应系统的主要功能包括应急响应方案的自动生成、应急方案联动下发、方案实施跟踪等,可有效支持交通流疏导、人员救援、车辆调度等事件处理。

(4) 决策支持系统。决策支持系统通过对共享数据库的数据信息进行融合和分析,以交通数据为基础评估交通设施服务能力、交通资源效能、交通行业管理水平、路网运行状态等,为交通管理部门制定决策提供数据支持。

2) 交通行业管理系统建设

交通行业管理系统包括道路综合信息管理系统、城市公共交通管理系统、交通远程监控系统、出租车信息管理系统、交通信息统计和分析系统。

(1) 道路综合信息管理系统。道路综合信息管理系统主要负责管理城市交通系统中所有的道路信息,包括道路设计参数、道路使用现状、道路损坏及修复信息、道路施工信息等信息,方便城市道路系统化管理和建设。

(2) 城市公共交通管理系统。城市公共交通管理系统的主要功能有:公共交通规划管理,依靠 GIS 技术,完成公共交通系统的规划和管理,提高规划水平和管理效率;公共交通基础数据维护,为城市公共交通系统的正常运行维护和管理相关的车辆信息、人员信息、场站信息、线路信息等基础静态交通数据,保证交通行业信息共享;公交数据分析，对公共交通规模及运营特征进行分析，包括公交线网密度、客流量信息、站点密度等，实现智能化公共交通管理。

(3) 交通远程监控系统。建立交通远程监控系统，通过在城市各交通枢纽、重要路段和交叉口、运输场站等安装视频监控设备，联网监控城市交通运行情况，并对违法和违规现象实施监控和取证。

(4) 出租车信息管理系统。出租车信息管理系统主要通过网络管理城市出租车辆运行状况、出租车企业管理情况，及时准确的信息采集可以保证出租行业管理提供依据，有效提高管理水平。同时建立出租车驾驶员信息管理制度，记录驾驶员身份档案及黑名单，保证驾驶员从业素质。

(5) 交通信息统计和分析系统。交通信息统计和分析系统通过整合不同信息管理和应用系统的信息资源，向交通各行业、公众及企业提供信息汇总、处理、分析和统计服务，为各部门科学决策提供依据。

3) 交通运营企业管理系统建设

交通运营企业管理系统是交通运营企业利用信息技术，加速企业生产、改善企业管理、优化营销方式，增强企业的市场竞争力。交通运营企业管理系统包括客运联网售票系统、交通一卡通系统、公共交通调度系统、物流信息管理系统、企业内部管理系统。其中，售票系统、交通一卡通系统、物流信息管理系统由于与公众出行紧密相关，系统涉及面广且社会影响大，单一企业难以完成建设要求，所以这三个系统的建设应由政府部门牵头，联合各相关企业共同建设。企业内部管理系统是交通运营企业制定企业信息化建设目标，根据自身业务内容和范围建立的企业内部信息和业务管理系统，促进企业的现代化转变。

7.7 交通信息化的政府引导和市场机制

随着社会发展政府愈加重视交通信息化的建设问题，2016 年 4 月 25 日，交通运输部印发《交通运输信息化"十三五"发展规划》(以下简称"十三五"规则)。

"十三五"规划指出应大力推进智慧交通建设，以行业信息化重点工程和示范试点工程为依托，着力落实国家信息化战略任务，对接国家电子政务工程建设，支撑三大战略实施，努力实现交通运输信息化的上下贯通、左右连通和内外融通，促进现代综合交通运输体系发展。

"十三五"规划明确，到 2020 年，部省两级信息共享和数据开放水平大幅提升，行业主要业务领域运用大数据能力显著提高，"互联网＋"促进行业转型升级取得新突破，交通运输信息服务政企合作模式基本形成，行业网络信息安全保障能力显著增强，信息化发展环境进一步优化，信息化在引领综合交通运输发展、保障国家战略实施、促进行业治理体系和治理能力现代化方面发挥重要作用。信息化是实现智慧交通的重要载体和手段，智慧交通是交通运输信息化发展的方向和目标。要以国家信息化战略为引领，强化信息化顶层设计，实现行业重要信息系统的互联互通；结合行业转型升级发展要求，推进信息技术与行业管理和服务的深度融合；大力促进大数据发展应用，深化政府与企业间合作，共同打造交通信息服务产业新生态；加强新技术应用，强化网络与信息安全保障体系建设。

7.7.1 政府推进交通信息化建设

“十三五”交通运输信息化建设重点开展“三推进、五提升、两保障”，包括多个方向行业信息化工程。在各项政策的引导下交通运输信息化建设呈现更多方向、需求和建设内容。

1. 推进“互联网＋”重点行动

在全国“两会”上提出要制定“互联网＋”行动计划，意味着“互联网＋”正式上升为国家战略。“十三五”期间，互联网将同交通行业深度渗透融合，对相关环节产生深刻变革，并将成为建设智慧交通的重要技术和思路。

大数据思维。未来城市非涉密数据将有条件地开放，政府将鼓励企业基于开放的数据进行挖掘，挖掘出大数据背后的潜在价值，为百姓提供更为智能和便利的交通信息服务。

用户思维。为使智慧交通中投入的资金更有效率，更有针对性，在项目建设中，运用互联网众筹的思想开展百姓需求调查，了解百姓最迫切希望解决的问题，从而有针对性地选择项目，将有限的“好钢”(资金)用在“刀刃”上。

跨界思维。电子商务与智能交通逐步融合，使得人们的出行体验与购物、消费等服务结合在一起。

组合运作思维。在盈利方式上，引入互联网思维的盈利思路，创新项目商业运营模式，对于可以市场化的项目加强具体项目的商业运作模式可行性研究，增强项目自身造血功能，使项目建成后能快速持续地收回成本。比如基础服务免费、增值服务收费，或者短期免费、长期收费，或者对百姓免费、转嫁收费等。

1）实施“互联网＋”便捷交通

政企合力推动“畅行中国”信息服务系统建设。深化推进省域客运联网售票系统建设，提高联网售票二级以上客运站覆盖率，推广普及电子客票、实名制购票，引导第三方综合客运联网售票平台发展，鼓励发展联程运输票务一体化服务，建设全国道路客运信息联网服务工程。推进重点区域水路客运电子客票系统建设。在京津冀等重点区域率先启动交通一卡通互联互通，推动交通一卡通在出租汽车、长途客运、停车服务等交通领域的应用。持续推进城市公交智能化建设，支撑公交都市建设示范工程。推进全国地市以上城市整合建设出租汽车监管平台。鼓励企业建设汽车租赁车辆管理服务信息平台。完善全国互联互通的汽车维修救援体系，推动汽车电子健康档案系统和重点汽车维修配件追溯信息系统建设。推进驾驶员培训监管系统建设，实现驾培与考试信息共享。完善12328交通运输服务监督电话系统，推进部级电话系统建设，实现公众监督服务“一号通”。扩大中国高速公路交通广播覆盖范围，突出不同区域差异化信息服务。推进港航和船舶信息服务智能化应用。

2）推进“互联网＋”高效物流

进一步制定完善物流信息化相关标准规范，深化国家交通运输物流公共信息平台建设。加强公路、水路与铁路、民航、邮政、海关、贸易、检验检疫等部门物流相关信息系统对接，推动政府相关公共信息向物流市场的开放和共享。

鼓励各地区因地制宜推进区域物流信息服务平台建设和互联应用，并作为交换节点接入国家物流平台。积极推进与商业化物流信息服务平台广泛合作，融合相关物流信息资源，共建全国物流信息服务网络。引导各地区开展农村物流信息平台建设。

积极推进集装箱等铁水、公铁、公水、江海等多式联运的信息互联互通。推广使用货运“电子运单”，推动“一单制”多式联运试点示范。引导推动智慧港口、智慧物流园区建设，实现货运枢纽内多种运输方式顺畅衔接和协调运行。建设水路便利运输电子口岸信息服务平台。

3）加强其他高新技术的创新应用

智慧交通行业中的应用将更加普及云计算、大数据、移动互联网等新兴技术。

物联网：激活智能要素。通过各类传感器、移动终端或电子标签，使信息系统对外部环境的感知更加丰富细致，这种感知为人、车、路、货、系统之间的相互识别、互操作或智能控制提供了无限可能。未来，智能公路、智能航道、智能铁路、智能民航、智能车辆、智能货物、智能场站等将快速发展，管理者对交通基础设施、运输装备、场站设备等的技术运行情况和外部环境能够更加全面、及时、准确地掌握。

云计算、大数据：点亮交通管理智慧。据不完全统计，当前交通运输行业每年产生的数据量在百PB(PB是较高级别的存储单位，1 PB＝1 024 TB)级别，存储量预计可达到数十PB。以北京市交通运行监测调度中心为例，目前该调度中心共有包括6 000多项静动态数据、6万多路视频，其静动态数据存储达到20 TB，每天数据增量达30 G左右。面对增长迅速的海量数据，在云计算、大数据等技术支撑保障下，未来的交通管理系统将具备强大的存储能力、快速的计算能力以及科学的分析能力，系统模拟现实世界和预测判断的能力更加出色，能够从海量数据中快速、准确提取出高价值信息，为管理决策人员提供应需而变的解决方案，交通管理的预见性、主动性、及时性、协同性、合理性将大幅提升。

移动互联网：提高信息服务水平。服务是交通运输的本质属性，随着移动互联网、智能移动终端大范围应用，信息服务向个性化、定制化发展。信息服务系统与交通要素的信息交互更加频繁，系统对用户的需求跟踪、识别更加及时准确，能够为用户提供交通出行或货物运输的全过程规划、实时导航和票务服务，基于位置的信息服务和主动推送式服务水平大大提升。

2. 促进大数据发展和应用

制定交通运输数据资源共享管理办法，明确交通运输数据管理与共享要求。制定完善交通运输数据交换共享标准，强化行业基础性标准执行。完善部省两级数据资源目录体系，加快部省两级统一的数据交换共享平台建设，推动交通运输管理部门数据资源向部省两级汇聚，利用国家数据统一共享交换平台实现跨部门数据交换。在依法加强安全保障和隐私保护前提下，建立交通运输管理部门数据开放清单制度，落实数据开放和维护责任。制定交通运输数据开放政策意见和相关标准，提升数据开放程度。建立部省两级联动的数据统一开放平台，优先推动交通运输基础要素、民生保障服务等数据向社会开放共享。推动跨部门数据融合的综合交通服务大数据平台建设。

鼓励在交通出行信息服务、规划决策、运行管理领域开展交通大数据产业化应用。

3. 深化行业信息化应用

1）提高行业运行监测能力

各级交通运输主管部门统筹推进综合交通运输运行协调和应急指挥平台建设，接入铁路、民航、邮政等行业运行信息，实现与公安、安监、气象、国土资源等相关部门的互联互通、信息共享和协调联动，综合运用各类信息资源，加强综合运输服务能力和运行动态监测分析。推动基础设施数字化和运行智能化，重点推进信息采集和监测设施与交通运输基础设施工程同步规划、同步建设和改造，加快国省干线公路和内河高等级航道运行状态信息监测体系建设，增强网络协同运行能力。

加快构建车联网提升“两客一危”车辆的在线监管能力，重点营运车辆联网联控的入网率和上线率分别达到99%和95%以上，研究推进星基AIS建设，推动行业北斗卫星导航地基增强系统建设和应用。充分利用全国环境监测系统信息资源，完善交通运输环境数据中心。加强对交通运输企业数据的采集，形成政府公共数据与市场数据相融合的交通运输大数据体系，为交通运输运行状态监测、行业监管和科学决策提供数据支持。

2）增强安全生产监管监察能力

升级改造道路运输重点营运车辆联网联控系统，提升道路运输安全协同防控能力。全面推广道路危险品运输电子运单管理制度，建立部省两级道路危险品运输安全监管平台，实现电子运单交换共享。

3）提高行业协同执法能力

加快推动行政执法案件电子化改造，实现跨区域、跨部门执法的联防联控以及行政执法案件信息异地交换共享。运用信息化手段稳步推进非现场执法，实现违法行为的综合巡检和自动甄别。积极推进交通执法电子监察，实现执法诚信考核，提高执法公信度。加大交通执法和行政许可管理的信息共享，实现行政执法和行政许可管理的业务协同。加强全国治超现场执法、源头治理、运政管理等方面的联网工作，提高超限超载运输联网联控能力。

4）提升交通决策支持能力

开展综合交通统计信息决策支持系统建设，稳步推进统计信息管理系统与业务管理系统的互联互通。强化互联网数据资源利用和信息服务，加强与政务数据资源的关联分析和融合利用。加强跨部门数据关联对比分析，充分挖掘政府公共数据价值。运用大数据分析技术，开展交通运输经济运行分析、政策实施效果评价、交通发展趋势研判等分析工作，提高交通运输宏观掌控能力。充分利用交通运输运行状态数据，开展交通运输运行状态预测预警、趋势分析，并及时向社会发布，增强交通运输运行管理的预见性、主动性和协同性。

4. 开展信息化示范试点工程

(1) 政府监管平台与企业运行平台的融合创新。探索建立交通运输行业企业创新服务平台，为交通运输企业科技创新、技术改造、成果转化、技术交流提供信息服务载体。在城市客运和长途客运领域，探索开展行业监管与企业运行同平台示范，促进行业管理部门、交通运输企业、社会公众有机互动与共享。

(2) 开展智慧交通示范工程。在高速公路和中心城市开展新一代交通控制网示范应用，实现交通运输网络化、智能化控制，提高运行效率和交通运输安全水平。推进智慧公路示范应用，实现路网管理、车路协同和出行信息服务的智能化。

5. 完善信息化发展环境

1）强化网络通信保障能力

充分利用国家电子政务网、公用网络或行业专网等资源，构建各省统一的交通运输通信信息骨干网，并对接全国高速公路信息通信干线传输网络；进一步提升全国高速公路信息通信干线传输系统的网络稳定性和可靠度，研究建立健全市场化运维保障机制。落实国家“宽带中国”战略，支持电信企业充分利用高速公路通信管道资源建设宽带网络，推动汽车客运站等交通场站实现多家宽带运营商网络覆盖，保障用户公平选择权。

2）健全网络与信息安全保障体系

全面评估数据开放、系统互联带来的安全风险，落实信息安全等级保护制度，完善网络数据共享、利用等安全管理措施，推进部省市三级网络和信息安全通报体系建设。深化网络安全防护、态势感知、信息通报、预警预防及应急处置能力建设，建立完善交通运输行业网络与信息安全监测管理平台、网络与信息安全认证系统。采用安全可信产品和服务，提升基础设施关键设备安全可靠水平。加强国产密码在已建、新建网络和信息系统的应用，组织开展高速公路联网电子不停车收费等重要信息系统的国产密码算法迁移和应用工作。

3）健全交通电子政务管理体制机制

完善交通运输信息化管理体制，建立职责清晰、分工明确推进组织体系，业务部门负责明确需求、指导实施和应用，信息化主管部门负责技术管控，并不断提升统筹推进信息化工作的能力。落实国家电子政务工程建设管理、项目绩效评价的相关要求，规范交通运输信息化建设项目管理，提高项目应用效能，提升政府投资决策水平和投资效益。

在明确事权划分基础上，加快推进信息化工作跨层级、跨部门合作机制。建立信息联盟机制，推动政企、企业间信息交换共享。

建立公益性服务政府主导，非公益性服务市场主导的信息化工作和服务机制，形成"政府、社会、市场"共同参与、多方共赢的交通运输信息化治理体系。完善行业信息化标准体系，强化标准贯彻执行。

4）完善信息化运维保障机制

建立分工明确、流程规范、安全高效的运维管理体系。切实保障运维资金投入，积极争取纳入各级财政预算管理。加强运维管控平台建设，运用技术手段提升运维管控水平。加强运维队伍建设，提升运维人员技术和管理素质。积极探索运维服务外包模式，利用社会化资源提升运维管理水平。

7.7.2 交通信息化建设市场化模式的发展

2014 年 12 月，国家发改委发布了《关于开展政府和社会资本合作的指导意见》，支持社会资本参与重点领域建设。《交通运输部关于全面深化交通运输改革的意见》则提出，完善社会资本参与交通建设机制。"十三五"期间，国家层面对社会资本参与智慧交通的态度日渐明朗，同时随着"互联网＋"上升为国家战略，互联网的技术、思维模式等将逐步渗透到交通行业的各大领域。互联网企业将积极参与智慧交通建设，用户也将成为智慧交通的重要参与主体，智慧交通建设的主体将呈现多元化的特征，包括政府、互联网企业、运营商、公众等。

政府引导和市场化模式作为解决大型工程建设问题的一剂良药，已得到国内外学者的高度关注和普遍认可，市场化模式的研究已经比较成熟，但是针对交通信息化领域的市场化模式研究则相对缺乏。因此，迫切需要从管理体制层面出发，以应用实践为依据，进一步深化交通信息化领域市场化模式研究。基于此，将全方位解读交通信息化建设中市场化模式的特点、适用性以及应用实践情况，以期丰富交通信息化建设理论，并为城市交通信息化发展提供借鉴。

1. 交通信息化建设面临的难题

作为一项复杂系统工程，交通信息化体系建设并非易事，涉及资金筹措、人才技术、用户多样性等一系列难题。

按照传统方式，交通信息化建设一般是由政府财政投资实现，但是现有财政资金投入难以满足信息化飞速发展的实际需求，加上信息化对技术和人才的高要求，政府必须引导社会力量投入交通信息化建设，形成有效的投资建设运营模式，从而解决交通信息化建设中面临的一系列问题。

(1) 资金筹措问题。确保稳定、持续的资金投入是交通信息化建设成败的关键。目前交通信息化财政资金投入虽然逐年增长，但仍难以满足新形势下交通信息化发展的实际需求。同时在实际操作中，通过财政筹措交通信息化资金也有一定难度，包括审批程序、审批时间、实际资金规模等将影响项目进度。市场化模式能够在政府引导和利益驱动下，让社会资本参与到信息化项目建设和经营中来，能基本解决信息化项目建设的资金问题和项目运行期间的运营维护问题。

（2）技术和人才问题。交通信息化发展不仅受到市场驱动，也受到技术驱动。交通信息化专业程度较高，政府部门自身技术力量有限，因此，需要通过市场化模式广泛吸纳高新技术企业和人才，稳定人才队伍，保持技术先进性。

（3）用户多样性问题。交通信息化用户包括政府部门、各类交通企业以及普通市民等，种类众多，需求各异，并且随着时间推移在不断发生新的变化。以公众信息化建设为例，公众信息化系统既要满足行业监管要求，又要满足企业生产经营需求，还要满足公众信息服务需求，同时随着技术进步和系统完善，诸如辅助决策、客流分析、设备感知、电子路单等更高层次的需求被激发出来。因此，面对复杂的用户多样性问题，需要充分调动和发挥社会的广大力量，共同参与到交通信息化建设事业中来。

2. 市场机制主要理论分析

交通运输系统作为服务于国家、城市或区域的基本的设施和系统，即城市基础设施的组成部分，已得到国内外专家的一致认同，而信息化作为提升交通运输系统效率的手段必然成为基础设施的范畴。在基础设施领域，我们还必须认真分析公共物品这一重要概念。根据经济学家萨缪尔森的观点，以消费中的竞争性和技术上的排他性为标准，人类社会中的所有经济物品可以划分为三类：纯公共物品、准公共物品和私人物品。基于此，项目区分理论按照是否有收费机制（资金流入）及其投资价值回报机制，将项目区分为经营性、准经营性和非经营性项目，从而根据项目的属性决定项目的投资主体、管理模式、权益归属等。项目区分理论的目的是将政府投资与社会投资分开，非经营性项目由政府投资建设，政府应做好规划、保证重点、量力而行、减少风险；经营性项目属于社会投资范畴，应将其真正推向市场，通过公开、公平、竞争的招投标方式运作。

社会资本具体介入基础设施领域的研究已日趋成熟，大量的私营部门参与的市场化投融资方式被创造出来。从总体上看，私营部门参与城市基础建设投资的基本方式有三种：一是所有权（股权）参与，即通过将现有企业股份化改造，将部分或全部资产的所有权转移给私营部门；二是经营权参与，即通过签订各类承包经营合同，形成公共部门和私营部门共同担负某项服务的责任，如经营业绩协议、管理合同、服务合同等；三是私营部门通过项目融资、特许经营、融资租赁、资产证券化等创新投融资方式参与基础设施项目建设。

随着社会资本参与基础设施建设和服务提供研究与实践的不断深入，项目融资（Project Financing）和 PPP（Private Public Partnership）融资是近年来发展较快、应用范围较广也有比较代表性的两种社会资本参与模式。项目融资是为针对特定项目而组建的项目公司安排的融资，贷款人在安排贷款时，以该项目公司的现金流量和经营收益作为偿还贷款的资金来源，以该项目公司的资产作为贷款的安全保障的融资方式。项目融资经典模式包括 BOT（建设—经营—转让）项目融资方式及其衍生出来的 BOO（建设—经营—拥有）、BT（建设—转让）、BOOT（建设—经营—拥有—转让）、BTO（建设—转让—经营）等。PPP 融资是指政府、营利性企业和非营利性企业基于某个项目而形成的相互合作关系的形成。通过这种合作形式，合作各方可以达到与其单独行动相比更为有利的结果。合作各方参与某个项目时，政府并不是把项目的责任全部转移给私人企业，而是要通过对项目的扶持，实现参与合作各方的利益，同时共同承担责任和融资风险。

3. 信息化建设主要类型

（1）政府投资建设模式。政府投资建设模式是指政府全额投资建设的非经营性项目，整个项目的规划、设计、建设、验收和运维完全由政府部门主导和组织，有关投资也均由政府财政资金解决，最终多面向公众或政府本身服务。

（2）市场主导模式。市场主导模式是指通过市场引导等手段，完全由社会投资建设、运营的经营性项目。整个项目的规划可以由政府来进行，也可以由有关企业自发进行，并通过各种方式，引导社会力量进行具体的设计、投资、建设和长期的运维，投资者自负盈亏、自担风险。比较常见的有 B2B，B2C 等模式。

（3）政府引导和市场驱动模式。政府引导和市场驱动模式是指由政府引导、企业参与，政府引导社会资本，充分发挥市场机制的一种建设模式。从交通信息化实践情况来看，比较常见的有 BOT，PPP 等模式。

参考文献

[1] Lowson M V. Personal public transport[C]. Proc. Transport, 1999,135(3):139-151.

[2] Wardrop J G. Some Theoretical Aspects of Road Research, Proceeding[J]. Institute of Civil Engineers, Part 2, 1952.

[3] Beckmann M J, McGuire C B, Winsten C B. Studies in the economics of transportation[J]. Ecomomic Journal, 1956,26(1):820-821.

[4] Sheffi Y. Urban Transportation Network: Equilibrium Analysis with Mathematical Programming Methods[M]. Pretice Hall, 1985.

[5] 杨东援. 交通规划决策支持系统[M]. 上海:同济大学出版社,1997.

[6] Ran B, Boyce D. Dynamic urban transportation network models: theory and implications for intelligent vehicle-highway systems[M]. Springer Science & Business Media, 2012.

[7] 张天然. 基于交通网络均衡理论的交通需求管理政策评价研究[D]. 上海：同济大学,2008.

[8] 薛原. 受行程时间不确定性影响的公交客流分配研究[D]. 上海:同济大学,2012.

[9] Ajzen I, Fishbein M. Understanding attitudes and predicting social behavior[M]. Englewood

Cliffs, Prentice-Hall, New Jersey, 1980.

[10] Ajzen I. The theory of planned behavior [J]. Organizational Behavior and Human Decision Processes, 1991,50: 179-211.

[11] Gärling T, Ettema D, Gillholm R, et al. Toward a theory of the intention-behavior relationship with implications for the prediction of travel behavior[J]. World Transport Research, 1997,1: 231-240.

[12] Transportation Research Board. The Application of Traffic Simulation Models Special Report 194 [M]. Washington, DC, USA: Transportation Research Board(S0360-859X), 1981.

[13] Matti Pursula. Simulation of Traffic Systems-An Overview [J]. Journal of Geographic Information and Decision Analysis(S1480-8943), 1999, 3(1): 1-8.

[14] Algers S, Eric Bernauer, Marco Boero, el al. The SMARTEST Project: Review of Micro-Simulation Models[EB/OL]. (1999)[Accessed 2010]. http://www.its.leeds.ac.uk/projects/smartest/.

[15] 杨东援,段征宇.透过大数据把脉城市交通[M].上海:同济大学出版社,2017.

8 当代城市交通几个问题讨论

8.1 交通污染和节能

8.1.1 城市交通对大气污染的影响

大气污染严重威胁人们的健康和环境，据世界卫生组织数据统计，室外空气污染在世界范围内每年大约导致 130 万人丧生。与此同时，城市机动车污染所引起的人体健康危害和城市大气环境问题一直受到各国政府和公众的关注。在大城市或特大城市，交通排放已成为城市污染物排放的最大污染源。控制城市的机动车污染物排放，成为提高经济社会可持续发展和保障人民健康幸福的首要问题。

2016 年中国的机动车保有量已经达到 2.9 亿辆，其中汽车 1.94 亿辆。有 49 个城市的汽车保有量超过 100 万辆，18 个城市超过 200 万辆，6 个城市超过 300 万辆(图 8-1)。

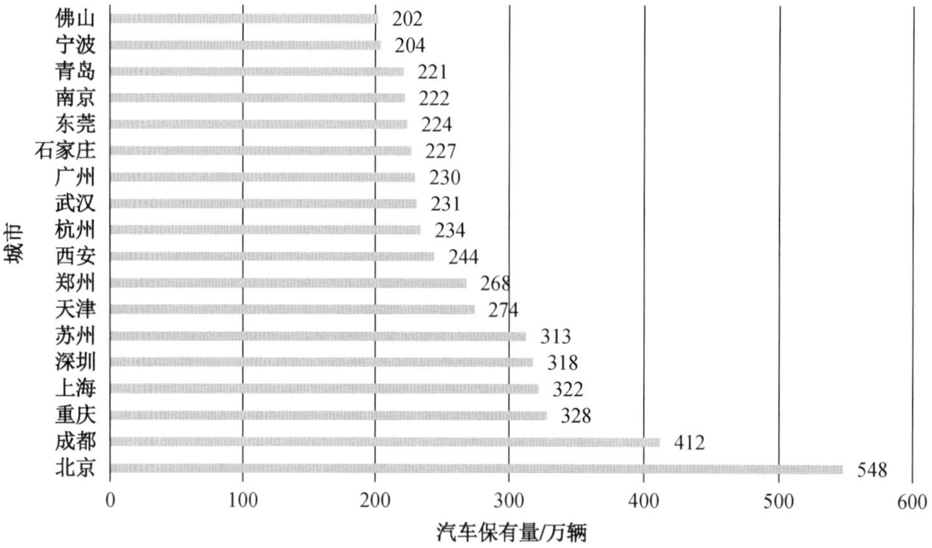

图 8-1 2016 年底汽车保有量超过 200 万辆的城市情况

2016 年小型载客汽车达到 1.6 亿辆，其中以个人名义登记的小型载客汽车(私家车)达到 1.46 亿辆，占小型载客汽车的 92.6%(图 8-2)。

快速增长的汽车使用，使得我国城市我国将面临更加严峻的机动车尾气污染。

交通拥堵无疑加剧了燃油的浪费和尾气排放的增加，而机动车尾气污染会导致呼吸系统疾病发病率上升及地表空气中的臭氧含量过高，加重城市热岛效应，使得城市环境进一步恶化，对市民健康造成严重危害。近期国际癌症研究机构在法国里昂的世界大会上，已经把大气污染认定为致癌物，且 $PM_{2.5}$ 是一种确认的人类致癌物。缓解交通拥堵、治理大气污染关乎民生大事，刻不容缓。

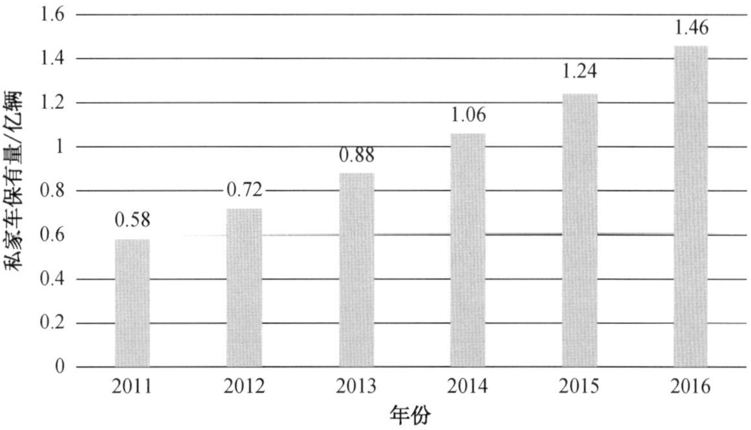

图 8-2　中国私家车保有量增长情况(2011—2016 年)

根据城市大气污染物来源的分类统计，一些大、中城市机动车排放的污染物对多项大气污染指标的贡献率已达到 60%以上。以北京为例，随着机动车保有量的迅猛攀升，交通拥堵日趋严重，机动车能耗及尾气排放的负面效应越发凸显。据北京市环保局对北京地区 $PM_{2.5}$ 来源解析的相关研究数据表明，机动车已成为北京市 $PM_{2.5}$ 排放的最大本地源，占比高达 31%；此外，北京市机动车排放的氮氧化物和挥发性有机物所占比例也分别达到 58%和 40%。

世界卫生组织在欧洲的一项调研报告指出，在奥地利、法国和瑞士，由于交通污染引起的生病、早死、医疗费用和生产损失等造成的经济损失约为每年 270 亿欧元，相当于这 3 个国家国民生产总值的 1.7%。

综上所述，交通领域污染治理和节能减排已成为世界各大城市大气污染防治的重要突破口。

8.1.2　不同功能及不同使用条件下城市交通的污染情况

城市交通中不同运输目的、营运特性的构成组分(可划分为出租行业、公交行业、旅游行业和货运行业交通)，所使用的交通工具以及所产生的交通污染有所差异，精细化区分有利于交通污染对策的精准设计。

1. 出租车

出租车作为城市客运体系的重要组成部分，承担着全国约 30%的客运量，也是行驶频率最高的机动车。以北京市为例，截至 2013 年底，北京市出租汽车共有 68 646 辆。2013 年北京市六环内采用出租车方式日均出行总量达到 3 099 万人次，此外，根据出租车计价器记录数据和市发展改革委成本调查队成本监审情况，2012 年北京市出租车单车月均行驶里程约 7 480 km，约为小汽车月均行驶里程的 6 倍。据不完全统计，高峰时车流中的出租汽车比例达到20%～30%。在这样的情况下，减少出租车的排放，对城市节能减排具有重要意义。

此外，出租汽车行驶随机性大，但车型种类固定，可以根据出租车安装GPS位置、速度采集装置等数据，研究其运营规律，并完成出租车油耗排放总量测算。

北京市出租汽车中，汽油发动机车辆有65 046辆，占市场份额的95%；天然气发动机车辆有2 000辆，占市场份额的3%；纯电动汽车有1 600辆，占市场份额的2%。不同类型车辆的能耗情况如表8-1所示。

表8-1　　不同能源类型出租汽车百公里能耗对比

能源类型	百公里油耗/L	百公里气耗/m^3	百公里电耗/(kW·h)
汽油车	8.7	—	—
双燃料	8.93	8.22	—
电动车	—	—	22.3

北京市交通节能的整体工作计划，强调推广新能源和清洁能源车辆，但是在出租车行业则需要注意其特殊性。

目前北京市电动出租车，受车辆续航里程限制，单车日均行驶里程最大100 km左右，日均单车工作时间为8.3 h。在实际的运营过程中存在与实际运营需求不匹配的问题，短期内不适合推广。主要表现为三点：其一，车辆技术与运营需求不匹配，续驶里程短、故障率较高；其二，车辆成本与企业需求不匹配，成本较高、补贴不完善；其三，基础设施与使用需求不匹配，集中分布、建设主体及运营管理模式不明确。

2. 公共交通

公共交通工具有载量大、运送效率高、能源消耗低、相对污染小和运输成本低等优点。在交通干线上这些优点尤其明显。在中国的一些城市中，有些机关团体、大型企事业单位的自备客车参与了本单位职工上下班的接送运输，它在客观上已经成为城市公共交通中的一支辅助力量。

截至2013年底，北京市公共汽(电)车运营线路813条，运营车辆23 592辆，运营里程达到135 609万公里。2013年，公共汽(电)车客完成客运量48.4亿人次，与2012年同期相比下降6.0%，日均客运量1 320万人次，最高日客运量1 548万人次。

近年来，尽管特大城市常规公交运行条件不断得到改善，但是相应的常规公交客运量却出现不断下降的趋势。以上海市为例，无论公交汽(电)车的线路条数、线路总里程等均在持续改善之中，2015年达到公交营运线路1 429条，营运车辆16 531辆，营运线路里程24 047 km(图8-3)，但是常规公交客运量所呈现的下降趋势并没有得到扭转(图8-4)。得益于轨道交通的大规模建设(图8-5)，公共交通整体分担率才得以小幅上升(图8-6)。

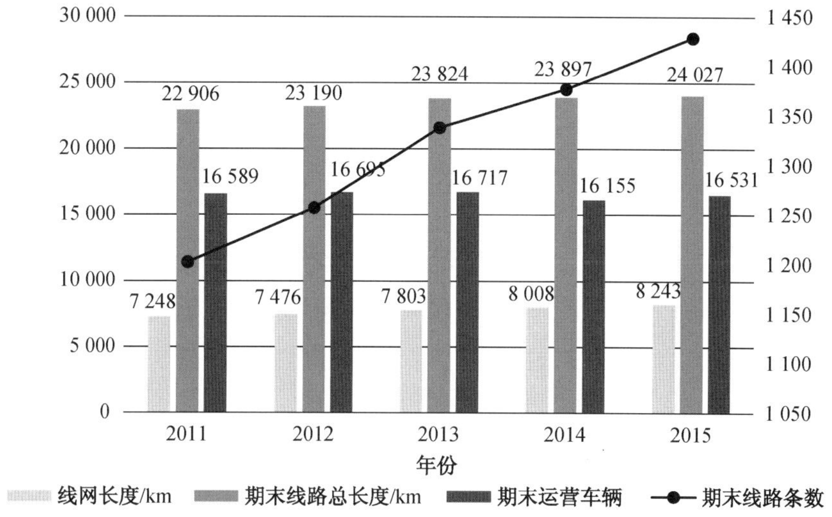

图 8-3　上海市公交相关供给特征

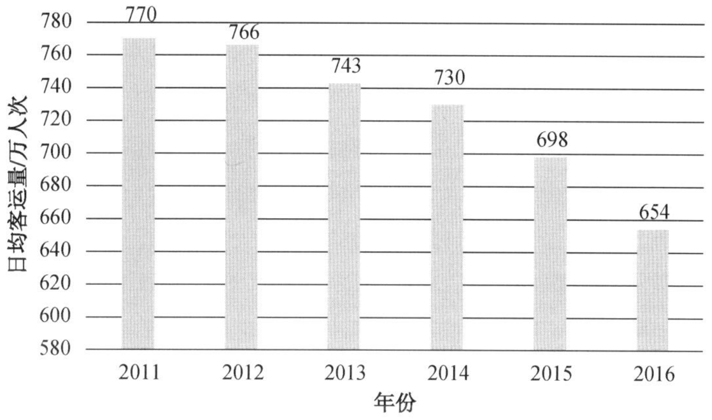

图 8-4　上海市公交汽(电)车日均客运量变化

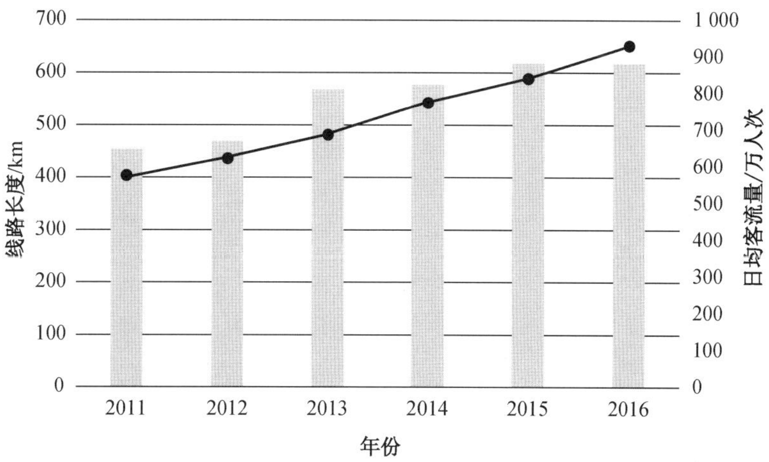

图 8-5　上海市轨道交通运营线路长度及日均客运量近年来的变化

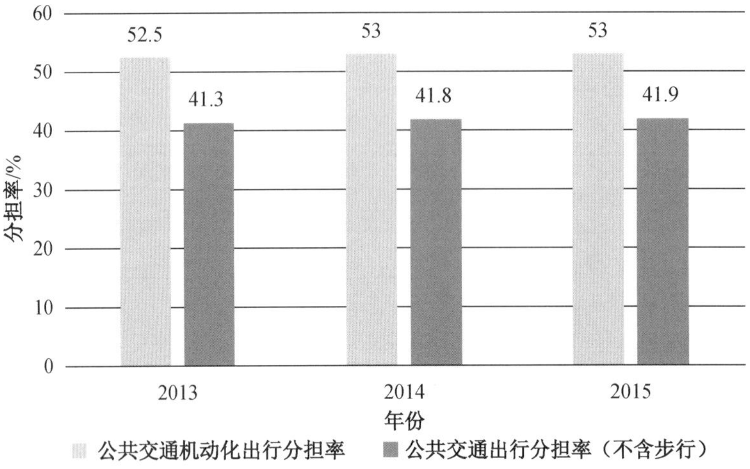

图 8-6　上海市公交分担率变化

3. 货运车辆

城市货运交通是指中心城区、新城用于保障居民日常生活用品的货运交通。该类交通的主要目的地为企业自建的市区货运中心、批发市场、连锁门店、企事业单位等，主要行驶在城市道路；使用的车辆主要是厢式货车、封闭货车和电动三轮车，对城市交通影响较大。根据北京市交通管理局监控数据统计，中心城区日均流量超过 30 万辆，随着居民生活水平的不断提高、市区人口的不断增加，流量呈增长的趋势。

城市公共服务保障货运交通是指用于保障城市公共服务正常运行的货运交通。该类交通的主要目的地为消防、环卫、绿化、水务、供电、通讯等部门相关作业点，主要行驶在城市道路，使用车辆多为中型柴油车和中小型汽油车，对中心城区交通有一定影响。根据北京市交通管理局监控数据抽样统计分析，中心城区日均流量超过 3 万辆，随着居民生活水平的不断提高、市区人口的不断增加，流量呈增长的趋势。

截至 2013 年底，北京市货运车辆总数达到 25.7 万辆，较 2008 年年均增长 1.52 万辆，年均增长率为 7.32%。但自 2010 年机动车限购政策实行以来，年均增长 2.1 万辆，年均增长率为 9.83%，远超于同期北京市机动车保有量 4.18%的年均增长率。主要原因是由于限购政策的影响，导致以往城市物流货运企业选择轻型客车作为货运车辆以绕开城区货车限行的状况发生改变，要求企业必须选择城市货运车辆进行城市物流货运，若限购政策不取消，这种趋势还将持续下去。

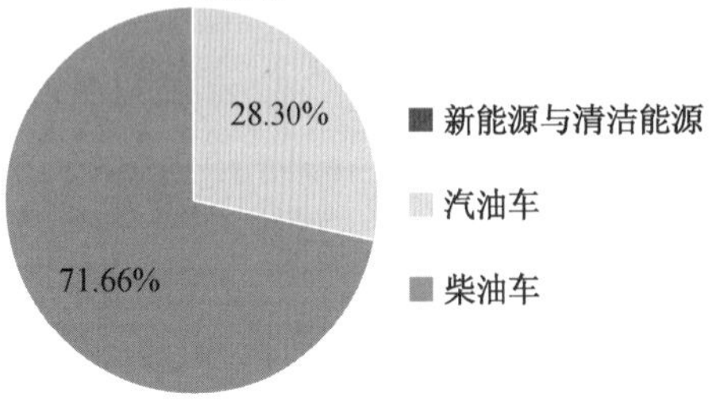

图 8-7　北京市货运车辆按燃料类型分类

目前，北京市运营货车仍以传统能源为主。2012 年，北京市运营货车为 163 706 辆，其中柴油车 117 313 辆，占 71.66%；汽油车 46 323 辆，占 28.30%；新能源与清洁能源车辆 70 辆，占 0.04%(图 8-7)。

纵观国内外城市交通管理经验，尽管在城市货运车辆政策方面因相互影响和相互借鉴具有趋同趋势，针对城市货运车辆采取的政策主要有车辆总质量限制、车辆通行时间限制、通行证政策、车辆大小限制、车辆排放标准限制、行驶道路限制等，但由于城市在政策导向以及城市本身实际情况的不同，各国城市制定的货运车辆车型政策呈现出不同的特点。

4. 旅游车辆

北京市旅游客运车辆按照客位分类可分为大型、中型、小型三种。标记客位 15 座及以下的为小型客车；标记客位 16～30 座的为中型客车；标记客位 30 座以上的为大型客车。其中，大型车有 4 887 辆，占总市场份额的 73%；中型车有 1 130 辆，占总市场份额的 17%；小型车有 700 辆，占总市场份额的 10%。

北京市旅游客运车辆按照车身长度分为大型、中型、小型客车。大型客车是指车身长度在 9 m 以上的车辆；中型客车是指车身长度在 6～9 m(含)的车辆；小型客车是指车身长度在 6 m(含)以下的车辆。其中，大型车有 3 351 辆，占总市场份额的 49.9%；中型车有 2 573 辆，占总市场份额的 38.3%；小型车有 793 辆，占总市场份额的 11.8%(图 8-8)。

北京市根据客车的动力性、行驶平顺性、制动性、密封性、车内噪声、空气调节、乘客座椅(卧铺)、车内服务设施、整车布置与内饰等指标将旅游客运车辆按照等级分为高级、中级、普通三种。其中，高级车有 4 905 辆，占总市场份额的 73.1%；中级车有 1 790 辆，占总市场份额的 26.6%；普通车有 22 辆，占总市场份额的 0.3%(图 8-9)。

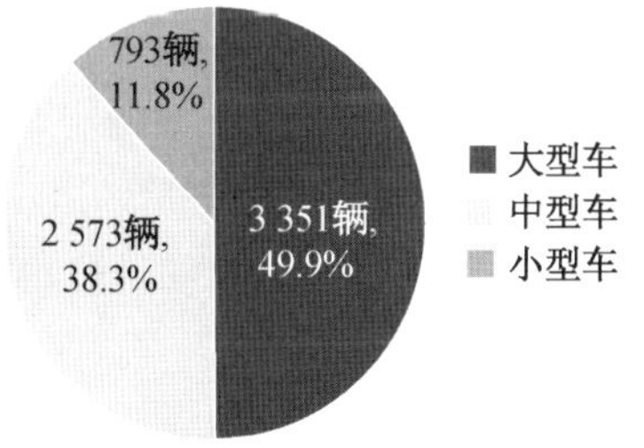

图 8-8 北京市旅游客运车辆按车辆类型分类结构

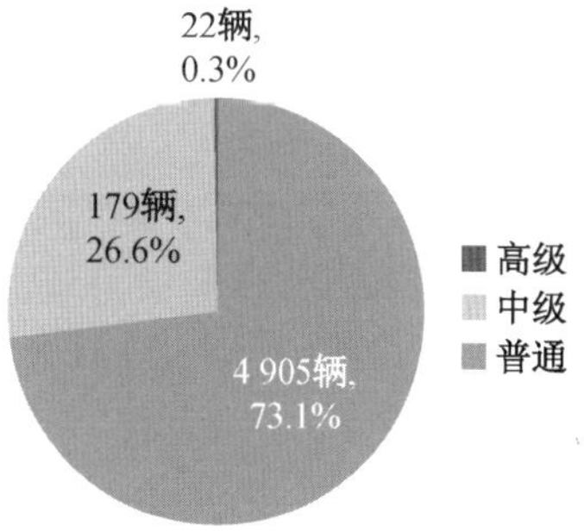

图 8-9 北京市旅游客运车辆按等级分类

北京市旅游客运车辆按照经营范围划分，包括市内包车客运和省际包车客运。市内包车客运是指起讫点都在北京市范围内的车辆；省际包车客运是指从室内发至其他省市的车辆。其中，市内包车客运车辆为 282 辆，占总市场份额的 4%；省际包车客运为 6 435 辆，占总市场份额的 96%。

北京市旅游客运车辆按排放标准分为国Ⅱ、国Ⅲ、国Ⅳ和国Ⅴ。2012 年，国Ⅱ排放标准车辆有 93 辆(全部为汽油车)，国Ⅲ排放标准车辆有 5 956 辆(其中汽油车有

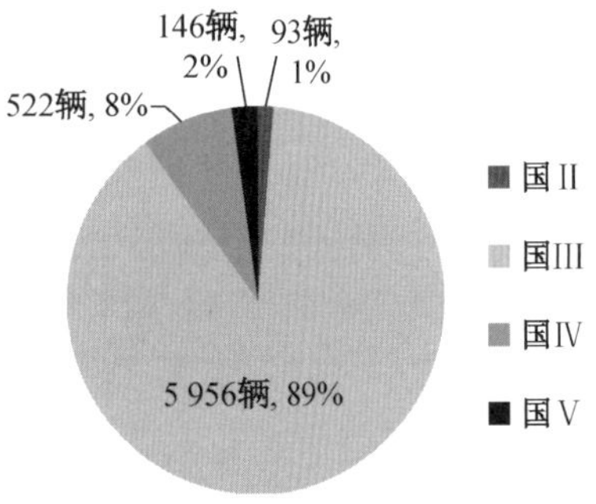

图 8-10 旅游客运车辆按排放标准分类

958 辆,柴油车有 4 998 辆),国Ⅳ排放标准车辆有 522 辆(其中汽油车有 195 辆,柴油车有 32 辆),国Ⅴ排放标准车辆有 146 辆(全部为柴油车)。如图 8-10 所示,97%的车辆都在国Ⅳ及以上标准。

根据不同道路等级、不同速度区间下各车型的油耗对比,再结合四种车型在不同道路等级下平均油耗对比,即可获得不同道路等级下的最优车型,即油耗最小车型,此结果可为北京市客运车辆日后的优化选型提供决策支持。

8.1.3 城市交通节能措施

为减少道路交通污染物排放问题,世界各国正在作各种努力,主要包括改进新型能源动力系统和车辆技术、改造在用车技术、优化驾驶员行为、优化城市交通管理和实施更加严格的排放标准。

1. 改进新型能源动力系统和车辆技术

车辆技术是直接影响燃油消耗量的关键因素之一,目前我国车辆技术性能远低于国际先进水平,平均油耗高于国外 10%以上,尤其是发动机技术,2007 年的统计数据表明,我国汽车的平均油耗约为 8.06 L/100 km,而欧洲为 7.05 L/100 km,日本为 5.04 L/100 km。车辆的技术性能主要体现在车身重量、发动机制造、附属设备等方面,因此,车辆质量、发动机效率和车辆外形对汽车的燃油经济性影响很大。

车身质量直接影响汽车行驶中的滚动阻力、坡度阻力和加速阻力,车身质量与油耗的关系成正比,即车身越重的汽车其所形成的摩擦力越大(在车轮不打滑的情况下,摩擦力等于驱动力),所以所需要的能量也就越大,而能量的提供需要燃烧燃料来实现,从而增大油耗。一般来说,整车重量每减轻 100 kg,百公里油耗可以下降 0.1 L 以上。目前通过车身结构设计优化来减少车身钢板厚度、铝质车身或使用碳纤维材质的车身部件来减少车身重量,从而控制油耗,提高动力表现。

发动机作为将燃油等化学品转化为机械能的核心部件,其效率决定了汽车油耗的水平。目前普通汽油机的热效率在 26%～40%,而提高热效率的方式主要有以下几种:最常用高压缩比来提高热效率(比如 10.5∶1 的高压缩比),但对燃油抗爆性能提高了要求;通过增大进气量来提高发动机效率,比如涡轮/机械增压技术;可变气门正时技术,比如丰田的 VVT-i、宝马的 Vanos 技术等。

良好的车况也是节油的根本,汽车的运行状况不是固有不变的,随着汽车里程的增加,其性能时刻发生着变化,因此,正确的保养是汽车具有经济燃油性和良好性能的保障。气缸进气量减少会导致混合气过浓,油耗增加,因此需要保持空气滤芯清洁,定期更换空气滤芯;摩擦阻力增大,油耗增加,车辆应具有良好的润滑,需要保证轮毂轴承有充足的润滑油。行车制动时，应将发动机处于怠速状态，否则制动器长期处于摩擦状态，不仅造成刹车性能的下降，同时增加了油耗。因此保持汽车良好的车况，对于汽车的性能和降低油耗有重要作用。

根据计算结果，纯电动车比汽油车在10万km的使用成本可节省3.34万元(表8-2)。虽然纯电动车的裸车成本看似比汽油车高一倍，但是从长远的角度来说，纯电动车的使用成本从理论上来说还是低于汽油车的。

表8-2　纯电动车与汽油车成本比较　单位：万元

成本类型	纯电动车	汽油车	差价
裸车价格	16	8	8
国家补贴	4.5	—	4.5
北京市补贴	4.5	—	4.5
电池成本	10.24	—	10.24
能源成本	2	8.6	−6.6
保险及税费	1.4	0.7	0.7
合　计	20.64	17.3	3.34

注：以北汽新能源EV150为例，行驶10万km的成本。

突破混合动力、纯电动车推广的经济鼓励政策和障碍，不断提高新能源车辆技术，不断完善基础设施配套和维修服务保障体系。

2. 改造在用车技术

在用轻型车辆加装三元催化器，在用柴油车加装测试，结果表明，正常状态下的三元催化器减排效果显著。与未安装车辆相比，已安装三元催化的出租车氮氧化物(NO_x)、一氧化碳(CO)、碳氢化合物(HC)排放分别能减少97%、83%和82%(表8-3)。三元催化器存在使用寿命，当出租车行驶里程达到20万km左右时，三元催化器尾气净化作用基本失效，需要更换。

表8-3　三元催化器安装前后污染物排放对比

污染物	安装前/($g \cdot km^{-1}$)	安装后/($g \cdot km^{-1}$)	降低率
一氧化碳(CO)	8.44	1.54	−82%
碳氢化合物(HC)	1.123	0.19	−83%
氮氧化物(NO_x)	2.291	0.08	−97%

3. 实施更加严格的燃油消耗和排放标准

出于环境保护的压力，我国的汽车排放标准不断升级。北京市自1999年实施国Ⅰ标准起，到2013年2月1日起实行京Ⅴ标准，平均每3年升级一次。到2013年，实现14年连跨五级，比欧美升级速度快近一倍。根据规定，自2013年2月1日起，北京市对新增轻型汽油车实施《轻型汽车(点燃式)污染物排放限值及测量方法(北京Ⅴ阶段)》

(DB11/946—2013)，对新增公交、环卫用途的重型柴油车实施《车用压燃式、气体燃料点燃式发动机与汽车排气污染物排放限值及测量方法(中国Ⅲ、Ⅳ、Ⅴ阶段)》(GB 17691—2005)中的第五阶段排放控制要求。

深入研究机动车燃油消耗定量测算，定量测量符合我国实际道路条件的机动车燃油消耗现状，从而为机动车的燃油消耗以及为新车型优化提供基础前提是一项重要的研究工作。

为落实国家《节能与新能源汽车产业发展规划(2012—2020 年)》提出的“到 2020 年，当年生产的乘用车平均燃料消耗量降至 5.0 L/100 km”的要求，2015 年 1 月 5 日，工业和信息化部发布了新修订的《乘用车燃料消耗量限值》和《乘用车燃料消耗量评价方法及指标》。新标准沿用了第三阶段标准采用的“车型燃料消耗量限值＋企业平均燃料消耗量目标值”的评价体系，并分别加严单车燃料消耗量限值和企业平均目标值要求。工信部表示，从 2015 年到 2020 年，当年生产乘用车设立的平均油耗目标分别为 6.9 L/100 km、6.7 L/100 km、6.4 L/100 km、6 L/100 km、5.5 L/100 km 和 5 L/100 km。最终的目标是实现 2020 年所有乘用车企业必须满足企业平均燃料消耗量降至 5.0 L/100 km 的目标。

此外，在第三阶段汽、柴油车的基础上，增加对天然气、新能源(含纯电动、插电式混合动力、燃料电池)乘用车的考核。《核算办法》特别规定了对节能与新能源汽车实施优惠、鼓励措施。纯电动乘用车、燃料电池乘用车、纯电动驱动模式综合工况续驶里程达到 50 km 及以上的插电式混合动力乘用车的综合工况燃料消耗量实际值按零计算，并按 5 倍数量计入核算基数之和；综合工况燃料消耗量实际值低于 2.8 L/100 km(含)的车型(不含纯电动、燃料电池乘用车)，按 3 倍数量计入核算基数之和。我们查阅了不同车型在综合工况下的燃料消耗量，目前满足低于 2.8 L/100 km 的仅有比亚迪、江淮、上汽、通用的几款车型，且均为混合动力或插电式混合动力。

4. 优化驾驶员驾驶行为

根据北京市交通领域能耗统计监测平台(一期)的监测数据，针对有 2 年车龄的 1.6 L伊兰特进行百公里油耗测试，监测结果显示，监测的 1 090 辆出租车中，最高油耗为15.36 L/100 km，最低油耗为 6.43 L/100 km，平均为 8.88 L/100 km。其中，车辆油耗 8 L/100 km 以上的占 94.13%，大于平均值的占据 35.69%，北京市出租行业驾驶员驾驶行为现状仍有较大的改进空间(图 8-11)。

另据调查结果显示，驾驶员对生态驾驶了解程度调查分析表明其对生态驾驶行为(节能减排驾驶行为)的了解程度低。具体表现为：总体了解程度低，平均得分 4.49，接近 50%的驾驶员未听说；具体内容了解少，泊车熄火标志了解度平均得分 4.26，对标志功能存在误解(图 8-12)。

根据四种主要生态驾驶行为的节能减排效果(表 8-4)，建议加大宣传培训力度，通过企业例会、考试中心、社会培训等渠道定期组织针对出租司机生态驾驶的技能培训和

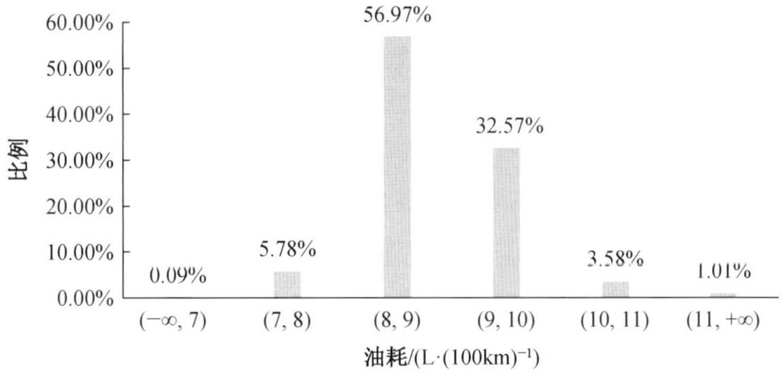

图 8-11　出租车百公里油耗分布图

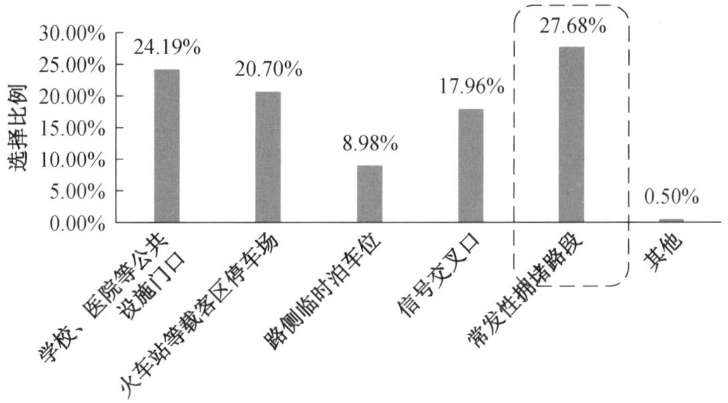

图 8-12　泊车熄火标志设置位置选择比例

体验活动；纳入奖励惩罚制度（企业将司机驾驶行为情况纳入考核奖励制度中）；加大技术手段应用（鼓励出租车在出厂时加装自动怠速启停装置）。

表 8-4　　驾驶行为与减排效果表

驾驶行为	具体参数	二氧化碳（CO_2）↓	一氧化碳（CO）↓	氮氧化物（NO_x）↓	碳氢化合物（CH）↓	油耗↓
提前减速	减速距离从 20 m 调整为 50 m	48%		7%		48%
停车熄火	停车不熄火与熄火 60 s	40.4%	50%	6%		40.4%
车辆加速	加速时间 6 s 与 2 s	12.8%	92.9%	27.5%	646%	33.2%
持续驾驶	匀速相对于加减速	12.2%	94.7%	92.6%	92.6%	14.9%

5. 优化城市交通管理政策

2006 年伦敦开始使用混合动力客车，在 2008 年建立了低排放区（Low Emission Zone），要求进入该区域的旅游客车排放标准达到欧 III，2010 年使用氢燃料电池旅游客车（75 kW PEM 燃料电池）。2012 年，英国交通部统计，伦敦本地 50%的空气污染来自机动车。因此2013年初，伦敦市启动了超低污染区(Ultra Low Emission Zone，ULEZ)计划，开始使用纯电动客车，要求进入低排放区的旅游客车排放标准达到欧IV。到2020年要求全部旅游客车采取欧VII标准，氮氧化物(NO_x)排放中心城区减少51%。目前正在将欧II客车更换新的欧V双层客车，计算可减少4%的二氧化碳(CO_2)排放；同时计划到2017或2018年将氮氧化物(NO_x)的排放减少40%，PM_{10}排放减少50%。

截至2013年底，伦敦旅游客运车辆排放标准组成为40%的欧Ⅲ车辆(安装有柴油颗粒物过滤器)、20%的欧Ⅳ车辆、30%的欧Ⅴ车辆、10%的EEV车辆(增强型环保车)。

经测算，伦敦巴士传统柴油车辆的耗油量为49 L/100 km；现有旧型混合燃料巴士的等价耗油量为33 L/100 km，比传统柴油车辆节省33%；新型混合燃料巴士的等价耗油量为26 L/100 km，比传统柴油车辆节省46%(表8-5)。

表8-5　伦敦巴士燃油效率(均为欧Ⅴ标准双层巴士)

巴士类型	等价柴油消耗/($L \cdot (100\ km)^{-1}$)	节约柴油比例
传统柴油	49	
旧混合燃料巴士	33	33%
新型混合燃料巴士	26	46%

根据英国伦敦最近一次的MLTB排放测试结果显示，已认证的新型巴士的二氧化碳(CO_2)、氮氧化物(NO_x)、PM和碳氢化合物(HC)这四项主要排放指标均比相同排放标准下的混合燃料汽车和柴油车的排放低，达到最优排放效果。

8.2 我国城市停车问题与对策思考

8.2.1 城市停车问题与症结

1. 城市停车问题

机动化的快速发展带来了停车问题，产生了一系列的负面影响，严重影响了城市的可持续发展，日渐成为全社会普遍关注的热点。当前，各城市停车的主要问题体现在以下几个方面：

(1) 停车占用小区通道，影响消防和救护。以北京市为例，据统计，每年因乱停车占压消防设施影响灭火的事件有几百起，由于占压生命通道造成的救援不及时现象时有发生。

(2) 停车占用公共空间和绿地，宜居环境遭到破坏。越来越多的公共活动空间、绿地被停车占据，严重侵蚀了社区居民特别是老年人、小孩活动的场所，影响了社区的活力，引发居民的不满。

(3) 停车占用步道和自行车道，导致交通体系恶性循环。大量新建设的微循环道路很快沦为“停车场”，制约了路网功能和整体效率的发挥；北京市自行车出行比例从

2000 年的 38.5%降至 2013 年的 12.1%，违法停车挤占自行车路权是造成这种局面的重要影响因素。

近几年来，停车问题日渐突出，从发展趋势上看，当前的停车发展模式不可持续。

(1) 停车供需紧张的问题仍在扩大。需求没有得到理性引导，供给总量难以与之匹配。按照北京市近几年的年平均竣工住宅面积 1 507.3 万 m^2 测算，配建基本车位每年增量约为 4.3 万～7.2 万个；2014 挖潜的车位也仅不到 1 万个。车位的增加速度难以匹配机动车年均 15 万辆的增量。

(2) 城市中心区矛盾更为集中。大量的新建建筑集中在城市外围，而机动车增量更多地集中在城市中心区，北京市 2011 年的注册机动车空间分布表明，76%的新注册车辆集中在城六区，使停车压力本来就大的城六区停车形势更加严峻。

(3) 绿化、消防通道和道路路侧等资源几乎被侵蚀殆尽，可用资源越来越少。近几年，居住区挖潜车位越来越少，2014 年北京市共挖潜车位 9 927 个，仅为 2012 年的 1/3，而居民夜间占道停车比例却呈现明显的上升趋势，双排停车甚至多排停车现象越来越多，可利用的道路资源正在逐渐减少。

2. 问题产生的症结

停车问题的产生是多方面原因综合作用的结果，有历史原因，也有管理不到位的问题，归结起来主要有以下几个方面：

(1) 早期规划建设不足，导致历史欠账。早期规划欠缺对机动车停车的考虑。北京市 1994 年前建设的居住小区未对停车位的配建提出要求，1994 年开始设置居住区配建停车位指标并不断提高，2015 年之前普通居住区配建指标也仅为 0.3～0.5 个/户，难以匹配当前 0.7 辆/户的户均拥车率；社会公共停车场虽有规划但是落地比较难，加之欠缺有效的规划验收机制，停车场被挪作他用的现象屡见不鲜。

(2) 免费停车大量存在，刺激小客车需求过度增长。北京市存在大量的免费停车，车辆停放占用土地资源所付出的成本与土地资源的价值没有对等挂钩，价格杠杆失灵，市场调节作用难以发挥。近两次交通综合调查的结果显示，2005 年北京城六区免费停车比例为 73%，2010 年这一比例进一步提高，达到了 86%，停车价格未能反映停车供需情况和土地价值。平均来看，一个停车位需要占用 30 m^2 的空间，与北京市城镇人口的人均住宅面积(31 m^2)持平，高于一般党政机关的办公用房面积(一级办公用房 26～30 m^2，二级办公用房 20～24 m^2，三级办公用房 16～18 m^2)。免费或低价的停车无异于隐性福利和补贴，严重扭曲了停车消费市场，刺激了小汽车的不理性消费，带来了过度的停车需求。

(3) 执法不到位，政策效果未得到有效保障。停车执法不到位，小汽车违法停放现象严重，造成停车市场混乱、收费政策失灵。自 2011 年 4 月 1 日，北京市大幅度提高了非居住区的停车收费标准。政策实施之后的两个月内，在严格执法的配合下，停车新政取得良好效果，然而之后，由于缺乏长期持续的执法，违法停车数量整体反弹。由于大量的违法停车没有受到应有的处罚，许多车辆选择免费停放在路侧，即使在停车位充裕的区域违法停车现象也依然猖獗。在停车执法不到位的情况下，尽管政府相关部门陆续出台了一系列政策措施吸引社会资本进行停车场建设，但是社会资本建设停车场的积极性依然不高。

(4) 市民停车付费、停车入位的规则意识尚未形成。由于在过去较长的一段时间内，大量停车处于免费的环境，产生了停车不用缴费的心理；大量私家车占用公共资源随意停放缺乏有效的规范，停车入位、停车付费的现代交通意识未得到引导和培养。尽管《中华人民共和国道路交通安全法》中明确规定，违法停车要受到相应处罚，但是已经形成的普遍违法停车的氛围给执法带来了极大的阻力，执法难度增大，更加不利于停车秩序的规范和管理。

总的来说，规划滞后、停车成本低、执法不到位、市民合法停车意识不强等多种原因相互交织作用，造成了北京市停车发展陷入了如下所述的死循环：

由于配建指标设置缺失等历史原因，导致停车供需不匹配，部分车辆无合法车位可停，市民守法意识淡薄，争抢车位，部分车辆进行违法停车；违法停车执法和管理的不到位，造成"羊群效应"凸显，刺激了更多的违法停车，违法停车增多又导致执法面临阻力加大，执法部门的执法积极性下降，反过来又刺激了违法停车的增多，市民守法意识更加淡薄；大量的车辆免费或者低价停放，一方面扭曲了停车市场，使得停车成本和拥车成本低，刺激了购车和停车需求，另一方面则使得路外停车场利用率低，停车场收不回成本、建设的积极性降低，供给无法增加，上述两方面综合作用导致供需缺口进一步增大。

8.2.2 城市停车综合治理对策

城市停车综合治理是一项系统工程，既要仰望星空、描绘蓝图，又要脚踏实地、立足现状。结合我国城市的停车现状，立足于目前供不应求的现实，既要保证治理措施符合长远发展的要求，又要保证措施具有可操作性，社会可接受。根据大量的实际调查，并参照国内外经验来看，尽管目前停车总量供需矛盾比较突出，但是解决停车问题仍然具备条件。只要政府管理者和社会大众转变观念，全社会共同参与停车治理，停车问题依然有解决的方法和出路。按照"分区分类，循序渐进"的基本原则，立足现状，有疏有堵，提出停车管理的路径如下：

(1) 严格执法、建立秩序。虽然从总量上看，供需缺口巨大，但实际上很多区域的停车缺口和溢出都是虚假现象，道路被大量违法停车免费占用，而临近的路外停车场的利用率却不高，这是长期缺乏管理而造成的恶果。深圳、南京以及北京市部分地区的实践表明，一旦加强管理，违法停车很快就会消失。

对于停车供需能够平衡的区域率先进行无盲区严格执法，针对违法停车行为，特别是在商业、办公区以及供需能够平衡的居住区进行持续、严厉、高频次的处罚。组织专门力量负责对违法停车进行取证、处罚，创新执法手段，提升执法能力，确保严格执法。其他区域的违法停车执法也要逐步加强，向社会释放"违停受罚"的信号。

(2) 建管并举、疏堵结合。虽然从数字上看，停车供需缺口巨大，但"没有一辆车停在天上”，很多车停在树挡、道路、空地等区域。只要对相应的规范稍作调整，通过利用居住区周边的道路临时设置停车位、结合绿化综合利用设置停车位等方式合法化一批车位，这些车辆是可以规范停放的。

有些老旧小区、胡同区停车位供给确实不足，但区域内的土地资源利用效率很低，可以通过立体化的方式，利用边角地、空地、已被停车侵占荒废的绿地、整合部分低矮辅助建筑建设立体停车设施，不但可以解决停车问题，还可以在很大程度上释放公共活动空间，提升居住品质。

对于确有困难的地区，还可以考虑建设公共停车场，缓解居住小区停车难问题。

在严格执法的环境下，通过合法化、建设和设置停车位等方式给车辆停放以出口，可以提高停车新政的可行性。

(3) 停车收费、价格起效。在高密度的城市中心区，公共交通系统相对完善，小汽车的拥有和使用是可以替代的，而且城市中心区土地价值高，拥有和使用小汽车需要为其所占用土地资源付出高昂代价，即便在高收入的东京、中国香港、新加坡等城市，中心区居民的车辆拥有率也很低，人们或者选择拥有车辆搬家至郊区居住，或者选择放弃拥有小汽车。

对于老旧小区、胡同区等区域，帮助居民建立起社区土地共有的观念，停车占用需要付费，收益返还当地，用于小区基础设施建设、改善居住品质等；利用周边道路施划的临时停车位也要进行收费，杜绝免费和违法停车；同时，从政府机构和单位大院着手，停止提供免费停车位，改为发放公交补贴，同时鼓励停车设施对外共享；逐步放开路外停车收费价格，允许企业自行调节，合理收费。

(4) 选择试点、先行推进。停车管理重在实践，坚持正确的方向，先进行试点，再全面推广是成功的经验。日本出台泊位证明政策之前先在东京进行了试点；深圳推行占道停车管理之前，也先选择了一些道路进行尝试，逐步全面推开。

选择典型区域作为试点，综合应用前述几个方面的方法，先行先试，积累经验。

8.3 交通安全

交通事故已经成为“世界第一害”，城市交通安全关系到我们每个人的切身利益。中国是世界上交通事故死亡人数较多的国家之一。在城市中常态拥堵的情况下，交通安全出现一个新的现象：交通死亡事故多发于城市郊区，城市交通安全主要集中在中弱势交通群体中，行人的交通安全日益突出，中小学生的交通安全问题已经备受社会关注。

据公安部统计，2003 年，我国中小学生交通死亡人数高达 4 104 人，受伤人数为 19 196 人；2004 年全国共有 4 205 名学生在交通事故中死亡，平均每天有近 12 名中小学生丧生在车轮之下，还有 21 000 多名学生在交通事故中受伤；2005 年 1 月至 4 月我国已有 1 455名学生死于交通事故，5 905 名学生因交通事故受伤。交通事故已成为我国少年儿童的头号杀手。由此可见，解决中小学生出行交通安全问题，是管理者不容忽视的课题。

大型公共活动是城市活力的显著特征之一，也给交通带来了新的挑战。例如2008年奥运会，一方面要满足奥运会期间高度密集的动态人群集散的交通需求和城市政策工作生活所必需的交通畅通；另一方面要做好应对奥运期间突发事件的一切防范准备，任何细节的疏忽和遗漏都可能给城市带来不可挽回的生命、财产损失。高效、有序的交通应急疏散方案是应对爆炸火灾、化学品泄漏、恐怖袭击等多类危及公共安全突发事件的重要措施。因此，迫切需要从交通方面做好城市大型公共活动重大突发事件的应急工作，防患未然。

8.3.1 我国城市交通安全问题

随着中国社会经济的快速发展，城镇化进程逐步推进，机动车保有量持续增长，生活节奏逐渐加快，更多的交通问题也应运而生。通过对北京、上海、广州等大城市的交通状况进行分析，可以看到我国大城市普遍存在的交通安全问题，启发对改善措施及建议的思考。

1. 国内大城市交通安全的现状

随着我国经济社会持续快速发展，群众购车刚性需求旺盛，汽车保有量继续呈快速增长趋势。而在各大城市汽车保有量快速增加的同时，城市交通事故频发。据统计，2014年仅占全国道路里程7.4%的城市道路的交通违法行为却占全国交通违法数量的60.2%，道路交通事故数量和死亡人数分别占41.6%，29.6%[1]。交通事故不仅严重威胁我们的生命健康，影响家庭幸福，还大量消耗社会财产，给社会带来巨大负担。图8-13—图8-18所示的北京、上海和广州三市的交通事故状况，就从一个侧面反映了交通事故的危害。

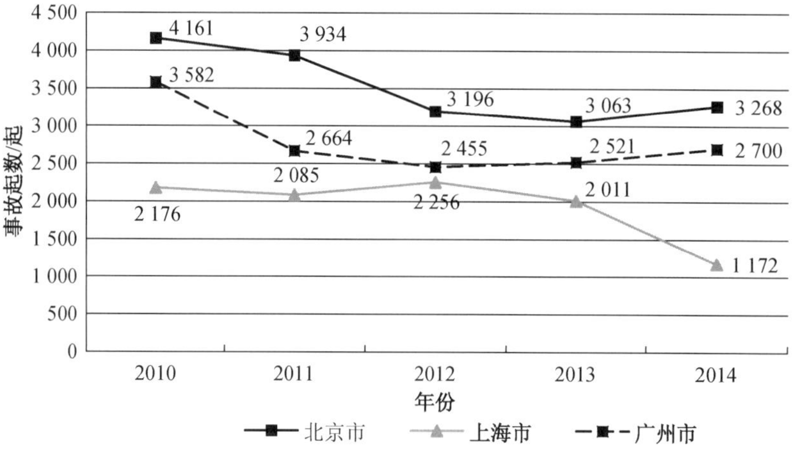

图8-13 2010—2014年北京、上海、广州三市交通事故起数①

① 数据来源北京市、上海市、广州市《统计年鉴》2011—2015年。

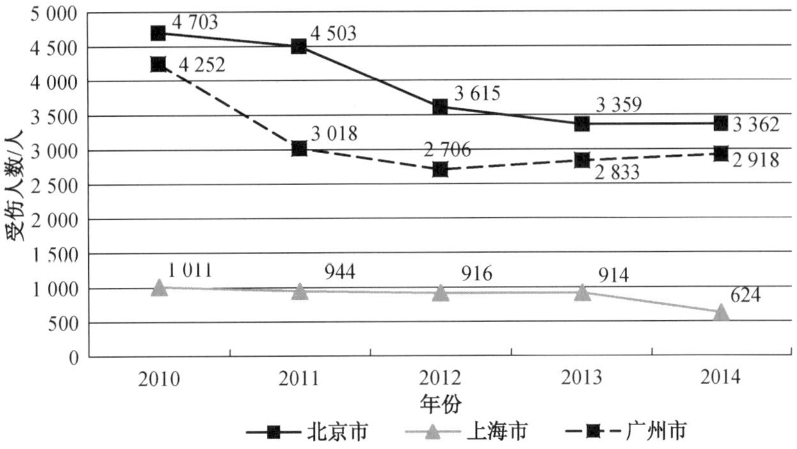

图 8-14　2010—2014 年北京、上海、广州三市交通事故受伤人数

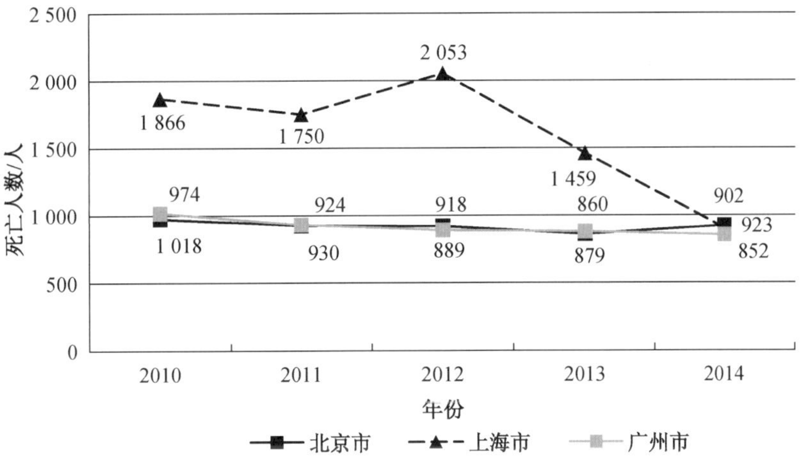

图 8-15　2010—2014 年北京、上海、广州三市因交通事故死亡人数

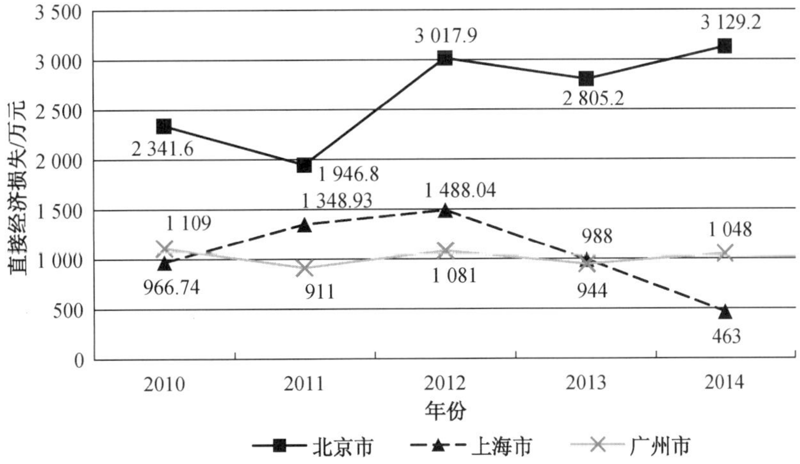

图 8-16　2010—2014 年北京、上海、广州三市因交通事故导致的直接经济损失

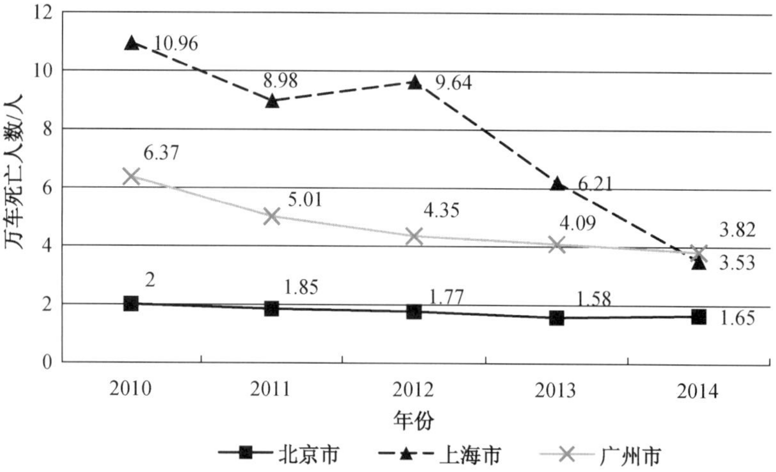

图 8-17　2010—2014 年北京、上海、广州三市每年交通事故万车死亡人数

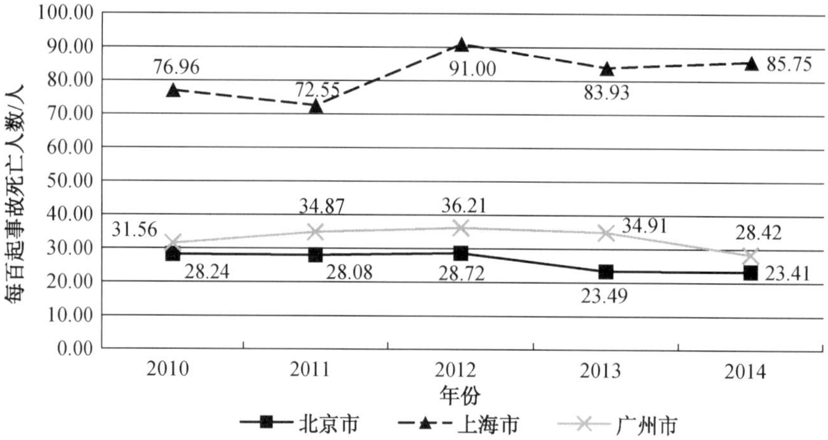

图 8-18　2010—2014 年北京、上海、广州三市平均百起交通事故死亡人数

与国际相同规模等级的大城市相比，北京、上海、广州的城市交通安全形势依旧非常严峻。如图 8-19 所示，北京、上海、广州三市因交通事故死亡人数在 850～950 人之间，远高于纽约和东京，北京 2014 年交通事故死亡人数是纽约的 3.7 倍，东京的5.9 倍。

从万车死亡率来看，北京市万车死亡率与纽约市相差相对较小，约是纽约市的 1.36 倍，东京市的 3.3 倍；但上海市与广州市的万车死亡率相对较高(图 8-20)。

2. 城市交通安全的改善措施

虽然近些年各省市发生的交通事故有所回落，但城市交通安全问题依然严峻。一起严重的交通事故往往导致不止一个家庭支离破碎，人心摧残，数个家庭饱受至亲离世之苦，影响甚远，即使一起轻微的交通事故也会引起一些不可小觑的纠纷。所以我们应防微杜渐，在源头上防止或减少交通事故的发生，又或者降低交通事故的危害。

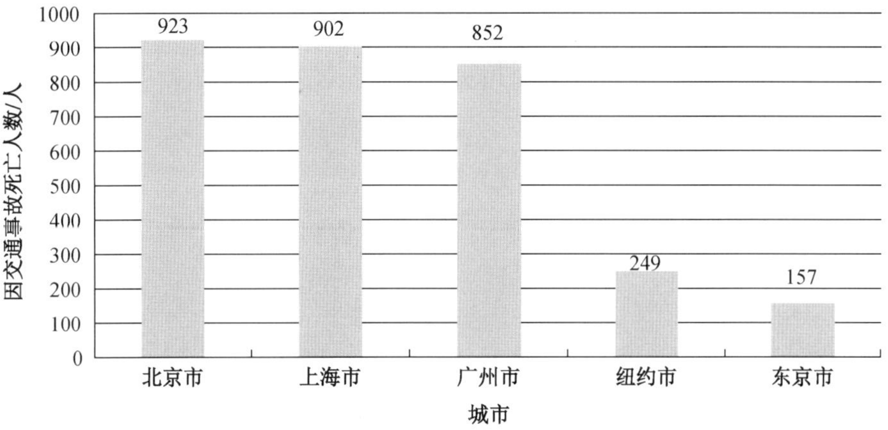

图 8-19　2014 年不同城市因交通事故死亡人数比较

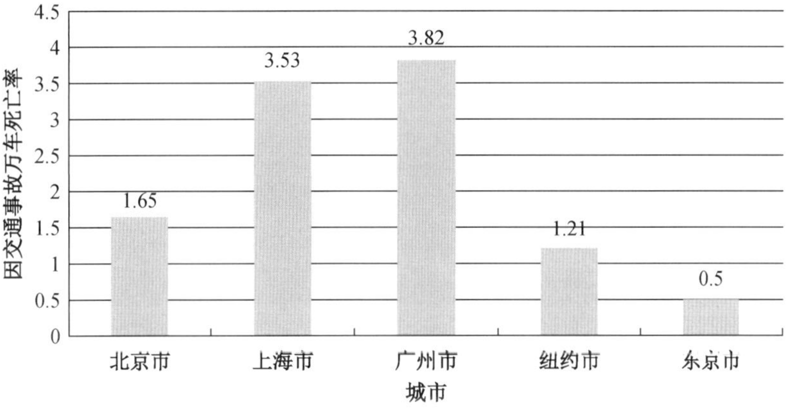

图 8-20　2014 年各市交通事故万车死亡率

城市交通系统交通主体密集、交通环境复杂多变、交通流冲突多，潜在风险相较于公路大。机动车、非机动车、行人的混合交通流是我国城市交通的主要特征，尤其是机动车与非机动车在交叉口混行更是各城市交通管理的一大难点。这往往导致通行能力下降，交通事故增加。以下是对交通安全问题提出的几点措施与建议。

政府部门积极探索交通安全宣传社会化新途径，增强全民交通安全意识。开展预防重特大交通事故和“三超一疲劳”等专项整治行动，警媒联动，随警采访，及时报道，提高整治行动的影响力和威慑力。认真落实“政府领导、社会联动、齐抓共管、综合治理”的工作思路，建立重大交通事故研判预防系统和安全隐患排查治理机制，严肃处理疲劳驾驶、酒后驾驶、超员超速和无证驾驶等交通违法行为，严厉打击非法营运行为，预防交通事故的发生。加大设施投入力度，优化道路交通安全环境，统筹规划城乡路网、停车泊位、人行道等基础设施的设计，完善城区路网结构，强化交通节点整治，抓好公交站点建设与维修工作。加强交管队伍建设，提升交通安全管理水平，加大重点区域和路段巡逻力度，提高路面见警率，强化对交通违法行为的震慑效果，加大对行人和非机动车交通违法的查处力度。

8.3.2 我国大城市中小学生的交通安全现状

1. 中小学生交通出行的特点

中小学生处在启蒙教育和基础教育阶段，知识面窄，加之只注重文化课的学习，缺乏对交通法规和交通安全知识的系统学习和了解，不懂得机动车辆的行驶特点，不明确行人的行走规则，不知道自己违反交通规则将会导致怎样的后果，对违章的危险性没有足够的预料。在交通活动中，往往充满幼稚的自信，想跑就跑，想走就走，想过马路就立即横穿，令正常行驶的车辆防不胜防。因此，中小学生在交通活动中法制观念和交通安全意识淡薄。其交通出行特点主要表现在以下几方面特点：

1）小学生交通出行特点

活泼好动，行为无常。小学生精力充沛，一举一动都充满生机和活力。具有活泼好动的生理特点。小学生主要以步行作为出行方式，他们在通行公路和街道时，或互相追逐嬉戏，或蹦蹦跳跳，行走路线变化无常，不顾前后左右，不注意来往车辆，任意穿行，极具突然性，因此发生交通事故的概率很高。

好奇心强，敢于冒险。小学生思维简单，思想单纯，参与社会活动少，辨别是非的能力和应变能力较差。但求知欲望强烈，好奇心强，富于幻想并敢于探索。这些心理特点，易于产生盲目的冲动和冒险行为。如会穿越隔离障碍，与车辆赛跑，追逐打闹，横穿马路，从而诱发交通事故。

交通活动频繁。小学生交通活动的路线虽不复杂，但是每日需数趟往返通行于学校和家庭之间的街道和公路。另外节假日和课余时间还经常上路嬉耍，是参与交通活动比较频繁的群体。虽部分学生有家长同行，但家长存在看管不利、表率作用不强等问题，造成交通安全隐患。

交通活动具有群体性和时间性强的特点。小学生上学、放学时间性强，且基本上都是集体活动。放学时蜂拥而出，小则数百人，多则上千人，迅速充斥特定路段，行走匆忙，甚至走捷径。逢各单位上下班，是车辆行人的最高峰期，机动车流、自行车流、人流和学生群迅速交汇，交通环境复杂。

2）中学生出行特点

处于青春期或叛逆期。中学生正处在青春期或叛逆期，行事容易冲动。多采用自行车作为出行方式，且三五成群，并排行驶。或在马路上溜旱冰、踩滑板，行走路线多样，存在占用机动车道、追逐、赛车等不安全行为。

对交通安全重视程度低。中学生交通安全知识掌握情况较好，但对交通安全重视程度低，对交通安全态度较差。存在与车辆赛跑、追车扒车、骑车追逐戏嬉、截头猛拐、骑车撒把、闯红灯等行为，从而诱发交通事故。

出行时间与出行高峰重合。中学生出行路线、出行时间、出行频率固定。就一天而言，几次交通高峰都与小学生上学、放学时间重合，高峰期车流量大，交通组织比较混乱，是事故多发时段，这在城市尤为突出。

具有集体出行的特点。中学生一般会集体出行，上学时，怕迟到而抢时间，三五成群，你追我赶，车速较快。近年来中学生骑自行车上学的人数急剧上升，城市中学生达到了 50% 以上，农村也达到了 20% 左右。他们骑车技术不熟练，上路晃晃悠悠，往往还并排骑行或追赶赛车，成为交通安全的一大隐患[2]。

2. 我国城市中小学生交通安全现状

在儿童和少年意外伤害中，道路交通事故损伤仍是其伤亡的主要原因。美国在 1978 年报道交通事故损伤是各年龄阶段儿童的严重损伤及致死原因[3]；我国自 1978 年以来，随着机动车数量急剧增长，交通事故及伤亡人数也大幅增加[4]。中国江苏省，0～14 岁儿童交通事故损伤死亡在儿童意外死亡中排第三位，但在城市内是第一位意外死因[5]。上述数据均说明，交通事故损伤已成为城市儿童安全的主要威胁。

大量的交通事故原因分析结果表明，每起事故均涉及道路使用者、交通工具和道路环境三个因素，其中以道路使用者因素最关键[6]。据王正国分析，交通事故的肇事原因 92.7%是人的因素，其中 83.2%是由于汽车司机违章造成的，车辆机械事故占 4.7%，而道路因素仅占 0.1%[7]。据报道，儿童交通意外发生时的行为在不同的年龄有差异，这与他们活动、上学时的交通方式有关。1～4 岁儿童多是在乘车或者横穿马路时，5～9 岁儿童以行走和横穿马路为主，10～14 岁儿童以骑车为主[8]。在美国，儿童交通事故伤害中，乘车损伤死亡多发生在 5 岁以下儿童[9]。此外，由于机动车辆的增长与道路建设速度比例严重失调，交通管理水平滞后，以及人们交通安全意识淡漠，父母或者监护人对儿童照顾不周等因素，均会造成儿童期交通事故多发[10]。据报道，加拿大儿童在单行道行驶发生的交通事故的机会是双行道的2.5倍[11]。

3. 中小学生交通安全中需要关注的问题

根据教育部《2006 年全国中小学安全形势分析报告》，交通事故占全年中小学生事故总数的 19.64%，导致的受伤人数占全年受伤总人数的 45.74%[12]。日益严重的道路交通安全现状和形势要求做好中小学生道路交通安全管理工作。我国中小学交通安全需要关注的问题主要在以下几个方面。

(1) 中小学校多位于城市主干道、次干道。我国中小学校多位于城市的主干道和次干道，学校出入口设置不合理。主、次干道交通流量大、车辆行驶速度快，是造成校园周边交通安全的重要因素之一。

(2) 家长上下学接送孩子诱发校园周边交通拥挤。家长在学生上下学期间的接送，尤其是私家车的停放使得学校门口停车问题突出，严重影响交通运行，诱发了校园周边的交通拥挤。由于校园周边地处主、次干道，造成停车设施严重不足，接送学生的私家车、电动车等在校园门口形成了严重的交通拥挤，近年来以电动车和私家车为主的上下学交通方式逐渐增多，这种交通结构在上下学的短时间内形成了高强度的交通流，给学校周边的交通带来巨大压力，加之学校门口停车设施的不完善，交通组织的不到位，严重影响学校周边的交通运行，导致学校周边交通秩序混乱不堪，极易引发交通安全事故的发生。

(3) 中小学校周边交通设施不健全。中小学校周边道路路况不好和缺少交通控制措施是不能忽视的交通安全隐患。部分学校周边道路的人行道被货摊所占据，而破损的路面和人行道设施使行人没有足够的安全步行空间；部分学校出入口处交通禁停标志、警告标志、限速标志不全，缺乏行人过街安全信号灯。

(4) 中小学生交通安全意识淡薄。中小学生在交通活动中有较大的自由性，其交通行为特点和交通安全意识淡薄是引发交通事故的诱因。中小学生具有活泼好动、好奇心强、冒险心理强等特点，容易把上、下学的道路当作玩耍、游戏的场所，过街时存在着过街前不观察、当车辆接近时试图跑步过街等不安全行为，交通安全意识淡薄是中小学生交通安全事故频发的重要因素①。

4. 中小学生交通安全问题的改善措施

针对我国中小学校周边交通安全的现状及影响因素分析，总结国内外的校园周边交通安全管理经验，通常采用：立法规范、安全计划、设施设计、安全教育几种措施来降低中小学校周边交通安全隐患，提高学生出行的方便性和安全性，创造良好的上下学交通环境。

其中立法规范通过制定校园周边车辆、行人和驾驶员的相关规定，约束交通参与者的行为；安全计划通过实施多种学校交通安全计划来保障中小学生上下学及校园周边的交通安全；设施设计则通过改善道路设施(如设置交通信号、交叉口改造等)调节或终止交通流运行(如改变学校出入口设置等)；安全教育则通过向中小学生进行道路交通安全知识和行为的教育，提高学生的交通安全意识，减少随意的交通行为，从而保障自身的交通安全。中小学生交通安全问题可从以下几方面进行改善。

1) 立法规范的交通管理对策

国外多个城市制定了学校周边的交通安全法规或者指南，来制定校园周边车辆、行人和驾驶员的相关规定，约束交通参与者的行为，如亚利桑那州、德克萨斯州等[13]。美国儿科学会支持社区、学校开展活动减少儿童和青少年接触交通，特别是高速大容量的交通；支持政府和工业界采取行动，改进车辆设计、驱动程序，驾驶员行为和教育，以及数据收集来减少儿童和青少年行人受交通安全伤害[14]。

① Arizona Department of Transportation. Traffic Safety for School Areas Guidelines[R]. Arizona: Arizona Department of Transportation, 2003.

国内目前电动车接送学生上下学比例也较高，根据对南京市长江路小学的交通调查，电动车比例达到31%，高于私家车的28.7%和自行车的15.3%，作为一种新的家长接送上下学的交通方式，对电动车方式所引发的新问题，需要及时出台相关交通管理措施。此外针对校园周边超速行驶和饮酒行驶的驾驶员，建议加强对其的处罚力度，考虑将其纳入危害社会公共安全行为中。

2）安全计划的交通管理对策

国外通过实施多种学校交通安全计划来保障中小学生上下学及校园周边的交通安全，如以色列的过街保护计划、美国的上学安全路径计划。研究结果显示，以色列小学实施的过街保护计划，产生了显著的效果，7年级的学生在实施后有更好的交通安全知识和过街前的安全行为[15]。

3）设施设计的交通管理对策

通过改善道路交通设施（如在学校附近的路口设置行人触摸式交通信号灯、交叉口改造、设置车速监控系统、校车自动定位系统等）来调节或终止交通流运行（如改变学校出入口设置、停车场设置等），来改善校园周边交通运行状况，缓解中小学生上下学出行安全问题，减少学校周边交通安全事故的发生。在中小学校周边的适当位置设置必要、醒目的交通标志与标线，提醒驾驶员注意学校路段、注意学生过街，车辆减速慢行。妥善处理好家长接送学生车辆的停放问题，减轻对学校门口道路的占用。一方面可以通过增加乘坐校车的学生人数来减少车辆的停放，另一方面增设临时停车位，诱导家长按位停车。北卡罗来纳州交通运输部制定了专门的学校停车交通区域，包括了家长接送孩子上下学的停车等待路线等；而南卡罗来纳州交通运输部则根据小学、初中、高中学生人数的不同，对停车范围的大小进行了规范，以此约束家长接送学生时的停车行为。

4）安全教育的交通管理对策

加强对中小学生的交通安全教育，提高其道路安全意识，自觉按章行走，过街时要注意观察，红停绿行，提高交通安全意识是降低中小学生步行时交通伤亡的最有效措施。通过交通安全教育，系统地学习交通法规和交通安全知识，有利于克服中小学生过街时的自由性和不安全的交通行为，强化其交通安全意识，保障安全。同时在中小学生上下学时建议由学校安排专职人员维护校园周边交通秩序，保障中小学生的交通安全。

5. 儿童交通事故伤害的预防与控制

交通事故伤害影响了儿童的生命与健康，降低了受害者的生存和生活质量，造成了沉重的家庭、社会负担以及经济损失。交通事故管理是一项系统工程，需要依靠全社会的参与，需要家庭、社会、医疗卫生部门以及政府等多方面的协作，具体的措施也应该是多样的。应找出危险因素中的主要因素，并进行针对性的干预和控制。

从道路使用者角度，主要是针对人为因素预防和减少交通事故的发生。学龄前儿童在居住地周围玩耍，一定要有成人监护；对于较大儿童，学校和家长要教育孩子遵守交通规则，不要在马路上玩耍；同时交通部门要加强司机的安全教育，按章驾驶，严禁酒后和无证驾驶;此外,儿童佩戴头盔和乘车时使用安全带是一项降低交通意外伤害的重要措施[16]。

交通工具的因素也十分重要,要加强机动车辆的检修、检查和管理,确保车辆使用一定年数后或者行驶一定的里程数后予以报废,以保障道路交通安全。儿童骑自行车时也要定期检查车况,预防意外情况的发生。Lapner 等人建议设计和使用更加适合儿童的安全带,这样可以大大减少儿童 MVC(Motor Vehical Crashes)的发生率[17],因为不符合儿童身体特点的安全带或者汽车设计不合理的部件也可以成为儿童生命的杀手。

8.3.3 大型公共活动的交通安全服务

1. 大型公共活动的定义[18]

1988 年美国联邦公路局对已规划特殊活动(planned special events)进行了定义:即已规划的在特定的时间和地点发生的能引起交通需求不正常增长的特殊活动,如大型体育活动、游行、国家庆典、国际峰会、大型展销会、节日集会、焰火表演等。从这个定义来看,并未对活动的参与人数进行界定,无法区别大型活动和一般特殊活动。

北京市出台的《北京市大型社会活动安全管理条例》中定义:"大型活动是指主办者租用、借用或者以其他形式临时占用场所、场地,面向社会公众举办的文艺演出、体育比赛、展览展销、招聘会、庙会、灯会、游园会等群体性社会活动,对其中单场次参加人数一千以上的大型活动实行安全许可。"

对比以上定义,既有相同之处又有区别,美国和中国关于大型活动的定义都以列举的方法阐明了大型活动的主要类型。但美国看重的是大型活动对周围道路产生的交通影响,更多地是从活动本身的目的以及交通影响的角度对大型活动进行界定;而我国则从活动举办的场所、参加人数的规模等方面对其进行界定,更多地关注其带来的安全问题。通过以上分析,本书将大型活动的定义为:服务于某一特定而明确的目的、具有预先可知的时间和空间范围,参加活动的人数众多、对城市交通或区域交通影响较大的社会公共活动。

2. 大型活动造成的交通安全问题

2013 年 10 月 13 日,印度达蒂亚,印度中央邦一座寺庙当日上午发生踩踏事件,109 人丧生。

2014 年 12 月 31 日 23 时 35 分,上海外滩举行跨年夜活动,上海市黄浦区外滩陈毅广场东南角通往黄浦江观景平台的人行通道阶梯处底部有人失衡跌倒,继而引发多人摔倒、叠压,致使拥挤踩踏事件发生,造成 36 人死亡,49 人受伤。

根据 2001—2014 年国内外中英文报道的拥挤踩踏事件的报告,通过对事件发生的地点、伤亡人数和事件发生的原因进行统计,发现:有 150 起拥挤踩踏事件均发生在人员密集的场所,伤亡总数 1 858 人,其中死亡 5 867 人(占总伤亡人数的 31.56%),受伤

12 722 人(68.44%),死伤比率为 1∶2.17。伤亡人数占前三位的场所分别是宗教场所(50.14%)、体育场所(19.67%)、公众集会场所(12.26%)。在拥挤踩踏事件发生的触发诱因中,突发情况诱发者 37 起,占 24.67%;有人摔倒为诱发因素者 46 起,占 30.67%;人为破坏因素为诱因者 27 起,占 16.00%[19]。

伴随经济社会的快速发展,国内外大型赛事活动、群众性公共活动数量及频次日益增加,由此带来公共安全隐患问题,尤其是拥挤踩踏事故风险急剧增加,也成为当代大型活动应急防范的重点。近年来,各国拥挤踩踏事故屡屡发生,教训极其惨痛[20],引发了一系列的公共安全问题,造成了人员大量伤亡和恶劣的社会影响。因此,大型公共活动期间的交通安全也越来越受到相关部门的重视。

3. 2008 年北京奥运会期间的交通安全服务

奥运交通的安全组织[21]涉及两方面的保障工作:

其一是力保社会正常交通。保证在奥运期间人们基本的、必要的日常需求是人文奥运的基本体现。北京奥运期间交通组织管理措施采取的原则为:力保社会正常交通、优先安排奥运交通。因此在奥运会各项活动顺利进行的前提下,应确保居民日常出行和城市日常交通正常运行,不对城市生活造成过大影响。保证社会交通的正常运行应做到以下几点:①给予公共交通车辆充分的道路优先行驶权;②部分车辆的通行限制;③交通出行的信息诱导;④社会正常交通的勤务管理。

其二是优先安排奥运交通。奥运交通的主体在出行过程中的出行要求与城市居民日常出行存在显著差异,而且比较苛刻,为了保证奥运交通的顺利运行,必须制定、执行与当时交通情况相符的交通组织管理措施:①设置奥运专用车道;②完善道路交通指路标志;③奥运场馆交通组织管理;④奥运交通的勤务管理;⑤奥运交通安全应急预案设计[23];⑥奥运主要突发事件类型及分级;⑦奥运主要突发事件类型。

从交通疏散的角度出发,对奥运期间,奥运村及其周边地区可能发生的、与应急交通疏散相关的、由交通领域主要负责的突发事件类型进一步总结如表 8-6 所示。

表 8-6　　奥运可能发生的主要突发事件类型

事件类型	包含种类
自然灾害	洪涝、地震
事故灾害	交通事故、建筑物坍塌、火灾、爆炸、毒气泄漏
社会安全事件	恐怖袭击、体育骚乱

对于奥运突发事件分级标准则做出如下的考虑。由于现有突发事件分级标准仅停留于定性描述,且对交通疏散应用意义不大(如其所划分的一级突发事件在疏散时对于交通的影响有时非常小,而四级事件对交通疏散的影响反而很大的情况时有发生),因此在制定交通疏散预案前,需要根据突发公共事件对城市交通的影响程度以及应急交通疏散的可控性、严重程度和影响范围进行重新划分(表 8-7)。

表 8-7　　北京奥运可能发生的突发事件分级及基本对策

级别	特别重大（Ⅰ级）	重大（Ⅱ级）	较大（Ⅲ级）	一般（Ⅳ级）
	红色等级	橙色等级	黄色等级	蓝色等级
疏散方式	步行＋车辆/飞机	步行＋车辆/飞机	车辆、步行	步行
疏散半径/km	≥25	(10, 25)	(4, 10)	≤4
疏散人数/万人	≥15	(7, 15)	(4, 7)	≤4
道路资源	所有道路	所有道路	部分道路	部分道路
信号控制	Ⅰ级	Ⅱ级	Ⅲ级	Ⅳ级
指挥级别	市级以上	市级	区县级	区级

奥运应急交通疏散预案主要内容包括：

1）疏散方式

奥运应急交通疏散可能采用到的疏散方式主要有步行疏散、车辆疏散与直升机疏散三种。对于人员步行速度以及其可忍耐的最大步行距离，当影响区范围小于 4 km 左右时（对应Ⅳ级预警与Ⅲ级下限），多采用步行疏散的方式。

而当预警级别为Ⅰ、Ⅱ级或Ⅲ级上限时，则需采用车辆疏散的方式。而在一些特殊情况下，需采用直升机疏散的方式。如考虑一些重要参与人员（国内外政府首脑及重要官员、重要的外宾、知名运动员与教练员等公众人物）的特殊安全需求，需采用直升机对其进行单独疏散；此外，当突发事件的事态发展迅速，单独使用车辆难以满足时间要求，或者人员通往车辆停靠地的路径完全中断时，也应当采用直升机进行疏散。而当发生洪涝灾害致使道路被淹没时，则主要使用船只来进行人员疏散。

2）疏散起讫点

当突发事件发生时，根据突发事件发展过程与影响范围，可将疏散区域划分为危险区、缓冲区及安全区。

突发事件起点均位于危险区内或危险区边缘，步行疏散情况下为突发事件发生时所需疏散人员所处位置；如果单独考虑车辆疏散，为了方便车辆进入疏散路网，其疏散起点一般位于事发地附近的停车场或事发区域出口外的道路两侧。因此，奥运应急交通疏散的起点可设定为奥运村场馆区的 8 个进出口及其附近的公交场。

疏散人员到达地点，即讫点，则一般位于缓冲区边缘或安全区内。步行疏散时可以仅是受灾建筑物或建筑群外或是附近避难场所；车辆疏散时，则大多为避难所或其他可以安置人员的场馆或场所，如学校、礼堂等，有时也可以是某些缓冲区的出口，即仅以离开事件影响区为目的。当选定一些固定的场所作为避难所时，则要求这些场所具有一定的容量和设施水平，其地理位置最好处于城市中心拥堵区外围，而且具有较好的交通可达性。

3）疏散人数及车辆配置

根据奥运交通规划报告，奥运会举行期间，每一天的场馆参观人数不同，所对应的疏散人数也是不同的;在一天中的各个时段随着参观人数的不同,对应的疏散人数也是会改变,这要求对每一种情形制定不同的预案。

疏散车辆的配置数量是根据突发事件的性质决定的,即当确定了需要疏散的人数之后,方可确定疏散车辆的配置。在奥运场馆及其周边地区发生突发事件时,考虑到奥运村及周边地区对私家车的限行的措施,疏散多以大型公交车辆作为交通工具。城市公交车的额定载客量可以表示为:

城市公交车额定载客量=车厢固定乘客座位数+车厢有效站立面积(m^2)×8 人/m^2

但是在发生突发事件情况下,人们追求的迅速离开事发地,对于舒适的要求低于平时。因此,疏散车辆在核算其负荷能力时可将规定的载客人数扩大 1.2 倍。这样做是争取用最少的资源完成巨大的疏散人流。根据此观点,大型疏散车辆的载客人量为:

城市公交车额定载客量=车厢固定乘客座位数+车厢有效站立面积(m^2)×10 人/m^2

4) 疏散路径

根据突发事件发展过程及影响范围,可将疏散区域划分为危险区、缓冲区及安全区。在制定预案时,应根据危险区、缓冲区及其行人、车辆对疏散路径的不同需求,分层次进行应急疏散路径选择。应急交通疏散预案中,所选路径主要包括以下 2 个层次:

第一层次为向导路径,也称为强制型路径,主要为疏散车辆所准备,强制疏散车辆按其路线运行。路径选择主体为政府或其他行政机关决策部门,一般为应急交通疏散中的固定路径。

第二层为机动路径,即非强制型路径或备选路径,多为社会车辆所准备。该路径选择主体为驾驶员,疏散线路具有一定的灵活机动性,在疏散车辆疏散过程中,机动路网中会存在多个可选路径与向导路径相连。

5) 交通组织策略

在制定交通组织策略时,应根据不同的疏散区域特点制定不同的交通组织策略。

危险区交通组织策略:对危险区进行交通组织时,应尽量扩大疏散方向的通行能力,同时禁止除救援车辆或人员外的其他车辆或人员进入。故在危险区与缓冲区边缘路口或进出口应设置路障,并在其上游路口提供提示信息。

缓冲区交通组织策略:缓冲区为事件的威慑区,该区域暂时未受事件直接波及,但在随着事态的发展有可能会在将来的某一时刻成为危险区域。由于该区域存在一定的信息滞后性和暂时的安全性,且区域覆盖范围较广,因此疏散时该区域仍然存留有为数不少的社会车辆,故此区域内的交通组织策略应兼顾社会车辆的疏导与疏散,并需着重处理疏散车流与社会车流的、疏散车流与疏散车流之间的关系。在此区域内,根据不同的突发事件等级,对社会车辆与疏散车辆冲突的处理方式应有所不同,即虽然整体上都为疏散方向优先,但在路权的分配上仍会存在一定的差异。

起讫点交通组织策略:此处的起讫点为车辆疏散的起点和终点,即为事发地附近的停车场所或事发区域出口所连接道路的两侧,以及避难所附近的停车场所或避难所进出口所连接的道路两侧。而对于不集中疏散至固定场所的车辆,由于其数量相对较少、且疏散方向分散,对交通疏散的影响不大,在此不予考虑。起讫点的交通组织中,主要涉及人员疏散与车辆疏散的衔接与冲突问题。因此,在该两点进行交通组织时,首要遵循人车分离的原则。

6）疏散时间

奥运应急交通疏散所用时间主要是针对车辆疏散所用时间,车辆的调度、响应时间、人员的登车时间,几乎与危险区行人步行疏散同步发生。北京奥运应急交通疏散时间主要指,从第一辆疏散车辆出发到最后一辆疏散车辆进入安全区域所用的时间,其具有以下特点:一是其突发事件预案的制定是围绕人口高度密集的赛事场馆进行的;二是其所面临的突发事件基本是无预警和准备时间的;三是对于人群的疏散需要用到大量的公交车辆。

7）次生事件处置

次生事件是指:在第一突发事件疏散过程中所遇到的,由该事件连锁反应、其他突发事件或疏散本身所引起的事件,该事件的发生干扰或阻碍了疏散的进程,最终造成疏散时间延长、疏散秩序混乱、甚至疏散无法进行等一系列问题。其中,主要可能出现的次生事件有:疏散路径上的桥梁坍塌、房屋倒塌致使该路径封闭;疏散车辆燃料不足或出现性能故障使得车辆不能继续移动,造成疏散瓶颈干扰疏散速度等。

当指定疏散路径被截断时需通过广播、可变信息板等方式,及时发布道路现状及诱导信息,并通过摄像设备实时监控事态的发展,以便实时更新疏散信息。此外,通过应急指挥中心对各机构或人员下达指令,进行总体调度。

对于车辆问题,当该车辆发生故障路段有紧急事件处置车辆(如吊车、牵引车)时,应首先由吊车或牵引车将故障车辆清出疏散道路,再进一步检查故障原因,并由对应车辆管理人员尽快解决。当该路段暂无紧急事件处置车辆时,则需要驾驶员或疏散车辆上的服务人员或者疏散路径上所配备的管理指挥人员负责联系应急指挥部,进行总体车辆调度。

8.4 健全政策法规机制,推进城市交通综合治理

随着城市化和机动化快速发展,资源匮乏、环境恶化、交通拥堵等“城市病”日益突出,城市可持续发展面临严峻挑战。2015 年 12 月,中央城市工作会议召开,明确要求转变城市发展方式,完善城市治理体系,提高城市治理能力,有效化解“城市病”。健全政策法规、完善体制机制、有效推进城市交通综合治理工作,是化解交通相关“城市病”,提高城市治理水平的重要抓手。

8.4.1 当前城市交通工作面临的问题

各地政府都高度重视交通工作，纷纷开展多轮次规划，投入大量资金，安排大规模交通基建项目，初步建成综合交通系统。然而，我国城市小汽车保有量高速增长，交通拥堵严重、停车秩序混乱等城市交通问题仍然十分突出，究其原因，主要包括以下方面：

(1) 认识不统一，部门协调难。交通问题日趋复杂，涉及多方利益和诉求，不仅社会各界对交通认识差别大，政府各相关职能部门对需求管理、公交优先、停车、步行和自行车等重大交通工作的认识也不统一，导致各自的工作目标不一致，在规划、建设、运营等各阶段都存在各自为政、协调难情况，严重影响相关决策的准确性和时效性，极易造成实施走样乃至重大工程存在功能缺陷、效率低下、浪费巨大等问题。

(2) 公共政策严重匮乏，规划实施难。各地政府虽然不断更新交通发展目标和理念，不断扩大基建规模，但是往往对规章规定、法律法规等公共政策的重要性认识不足，一直没有形成有效的公共政策体系，未能提供行之有效的政策工具去推动目标、理念和规划的落地。

(3) 体制机制不适应，工作推进慢。城市交通系统庞大复杂，需要在实施过程中，全面协调各相关部门、各类交通方式以及社会各界之间的利益和诉求，但是我国城市既有体制机制中的机构设置、工作流程、协调和考核机制往往难以适应新的发展要求，导致工作推进慢、实施效果差。

当前这种主要依靠扩大基建规模来改善交通的发展模式已经难以持续，必须采取交通综合治理模式，以公共政策作为下阶段工作的主要抓手，以协同实施机制为工作组织保障，有效提升城市交通建设、管理和服务水平。

(1) 坚持综合施策，统筹推进原则。城市交通综合治理内涵广泛，不应片面理解为“治堵”，更不是“治小汽车堵”，而应充分认识交通问题的复杂成因，建管并举，综合考虑经济、用地、环境等多种因素，面向步行、公交、小汽车等各类交通方式，采取经济、科技、法律、行政等多种措施，远近结合，统筹兼顾，全面治理交通问题。

(2) 构建一整套精细化的公共政策体系，统一思想认识，推动目标和理念落地。通过制定一系列强有力的法规条例、规章制度等面向实施的、具体的公共政策工具，如国家层面的《公共交通法》《停车法》，地方层面的《规划标准准则》等，形成政府各相关部门的工作要求与准则，有效推动交通需求管理、公交优先等各项重大工作的落地。

(3) 构建协同实施机制，提供工作组织保障。从改进工作组织机制，建立一体化规划设计技术体系，强化公众参与和社区治理等方面，加强部门协同、技术协同、社会协同，凝聚社会各界力量推动规划协同实施。

8.4.2 健全政策法规，推动理念落地

建议各地区近期重点完善交通需求管理、停车、步行和自行车、公共交通等四方面公共政策。

1. 着力强化交通需求管理政策

国内外城市发展经验证明,交通需求管理是城市交通治理工作不可或缺的重要组成部分,越早采取相关政策,越有利于调整交通结构,有利于城市可持续发展。目前,我国多数城市已建成较大规模的交通系统,更要加快开展交通需求管理工作,优化既有资源的分配原则,合理安排设施使用的优先次序。

着力统一认识。由市级政府组织编制交通需求管理政策白皮书,明确发展导向和工作重点,统一各部门认识,统一工作目标,统一行动计划。着力扭转小汽车是必需品观念,坚持和宣导"拥者自负,用者自付"理念,凝聚社会各界共识。

制定组合政策。面向车辆拥有和使用各环节,以用地、交通和环境承载力为约束,采取经济、科技、法律和行政等多种手段,调控小汽车增速,征收小汽车应付的使用成本,引导小汽车合理使用,优化车辆的时间和空间分布。

提前做好准备。交通需求管理政策涉及因素多,影响面广,需提早谋划,周全准备。相关职能部门应结合各自职责,引入专业技术支持团队,制定整体推进方案,合理安排实施步骤,加强部门协调,强化舆论引导与宣传,有序推进各项工作。

2. 加快完善停车发展政策

制订停车专项规划。将调节与引导小汽车交通需求作为大城市停车规划建设及管理的主导思路,合理调整停车配建上、下限标准。按照"小而散"的设置原则建设社会公用停车场。针对停车供需矛盾十分突出的热点地区,统筹考虑综合交通系统供需情况,合理挖掘停车潜力,并采取片区交通综合治理模式,全面改善各类相关交通问题。

严格停车执法,改善停车秩序。建立健全的停车规划建设及管理相关的法律法规与政策体系,建立网格化管理工作机制,在道路交通繁忙路段设置停车严管路、严管区,尽快扭转停车乱局面。

推进停车产业化发展。按照国家相关部委要求,结合地方实际情况,制定推进停车产业化的具体操作办法,发挥市场在停车资源配置中的决定性作用,由企业为主承担停车设施建设经营,完善停车市场规则和价格体系。

3. 优化步行和自行车政策

制定系统的步行和自行车发展政策和工作计划,明确工作要求、责任分工、投资来源、考核标准。制定精细化规划设计标准,着力改善出行体验。出台步行廊道、步行街区的改善计划,分阶段、分片区推进精细化街道设计,着力改善通勤、通学通道,保证步行和自行车优先路权,强化交通安全,提升街区活力,改善出行环境。

统筹推进"最后一公里"建设。市级政府主导,多部门联合参与,共同制定改进轨道、公交站点周边步行和自行车设施的指导意见,提出具体工作目标和指标,明确各部门责任分工、考核办法和实施计划。针对规划、设计、建设、运营和维护等各阶段,由相关部门联合出台具体工作办法,细化责任分工、工作衔接与协调的细则。

建立以社区为单元的步行和自行车交通改善工作模式。充分发挥社区自主治理作用，由社区牵头组织改善规划编制和具体实施工作，政府提供技术和财政支持。采取交通综合治理模式，全面改善社区交通，推进各类交通方式协调发展。

4. 有效落实公交优先政策

由市级政府制定关于落实公交优先政策的具体指导意见。统一公交发展共识，着力构建适应公交发展的城市空间结构和土地利用形态，建立从宏观到微观多层次协调交通与用地开发的工作机制。就进一步加大资源配置向公共交通倾斜的力度，提出明确的工作目标，在设施用地、投资安排、路权分配、财税扶持等方面提出明确的工作要求和实施计划。

各地区结合实际情况，将专用道、场站等公交设施的规划、建设和管理要求纳入地方法规或规定。政府各相关部门就各自职能制定具体操作办法或细则，主要包括以下几个方面：

(1) 扩大公交路权。制定公交专用道规划建设技术标准。将公交专用道规划纳入控制性规划等法定规划。制定公交专用道施划、验收、执法等方面的具体操作办法，明确工作流程、责任分工以及考核机制。

(2) 严控公交场站用地。根据城市和交通规划、人口和岗位分布情况，尽快制定公交场站，尤其是公交首末站的配建标准和实施办法。制定公交场站用地控制规定、综合开发办法，严格保障场站用地，提高用地综合利用效率。

(3) 深化公交经营模式改革。按照政府负责监管、市场提供服务的原则，出台公交行业改革办法，制定面向乘客的财税补贴机制，提高企业积极性，改善公交服务。

8.4.3 完善体制机制，落实工作保障

完善体制机制，落实工作保障应包括以下内容：

(1) 健全决策和执行机构，强化部门协同。结合实际情况，各地区应加强交通综治领导，酌情建立综合协调机构，统筹交通发展的整体工作计划，明确任务分工和责任单位，强化部门协调与工作考核，常态化、持续性推进交通综治工作。

(2) 完善规划设计体系，强化技术协同。建立多层次、相互衔接的交通规划设计体系，积极应用大数据等新技术，面向规划、建设、运营、服务等各阶段工作提供技术支持，加强对交通发展各个阶段的全过程管理。

(3) 开展精细化的交通设计，强化建设协同。在规划和工程设计之间，增加交通设计环节，整体落实设施功能、协调空间布局和建设时序，衔接宏观规划与工程实施，保障规划意图落实到工程建设中。

(4) 引入年度实施计划评估机制，强化计划协同。滚动开展交通发展建设综合评估工作，建立综合项目库，从中遴选年度实施项目，形成年度实施计划，明确各项工作的责任单位、建设进度要求、协同实施要求，后评估要求，形成“编制—实施—评估—调整”的滚动闭环。

(5) 加强社区参与，强化社会协同。建立健全的公众参与机制，完善社区参与组织工作，丰富参与形式，加强相关制度建设，鼓励社区居民参与交通综合治理工作，发挥社区治理在发现问题、沟通协调与自治管理的重要作用。

8.5 交通知识教育与宣传

为了有效提高行人和驾驶员的城市交通意识，需要认真研究加强交通相关知识的教育和宣传措施。

8.5.1 交通知识教育与宣传的背景

与西方发达国家机动化发展过程相比，我国近年来快速的城市化与机动化发展过程，用十几年的时间走过了西方发达国家几十年的发展过程，据公安部交管局统计，截至 2015 年，全国机动车保有量达 2.79 亿辆其中汽车保有量 1.72 亿辆；机动车驾驶人 3.27 亿人，其中汽车驾驶人超过 2.8 亿人，2015 年我国的机动车保有量已达 1.72 亿辆，其中私家车总量超过 1.24 亿，每百户家庭已拥有 31 辆私家车，全国有 40 个城市的汽车保有量超过百万辆，有北京、成都、深圳、上海等 11 个城市的汽车保有量超过200 万辆。机动车及驾驶人数量迅速增长，给人们生产生活带来便捷的同时，也带来不容忽视的安全隐患。针对这一现象，我国十分重视交通安全知识的宣传教育，并越来越重视有针对性的系统化地对相关人群进行交通安全教育。

2008 年 2 月由科技部、公安部和交通运输部共同启动“道路交通安全科技行动计划”，经过 3 年的努力，“道路交通安全行动计划”在交通安全信息集成、山区公路网安全保障技术、国家高速公路安全服务技术、营运车辆安全保障技术、交通行为安全性提升技术、区域公路网交通安全态势评估及应急指挥技术和道路交通安全执法技术等方面取得了丰硕的成果。尤其是在交通安全宣传教育方面，创新了道路交通安全宣传教育的理念、方法及手段，围绕重点交通参与群体，从分析受教者特征、受教内容与方式适应性入手，设计融入趣味新颖、参与互动、体验感悟的教育方法，开发形成了系列面向重点交通参与群体的核心科普教育系统装备。在重点交通参与群体交通出行行为、驾驶行为特征及干预方法的基础上实现了深入的定性与量化分析研究，系统研究提出了面向各类交通参与群体的心理特征、受教内容、易接受的教育形式的教育方法，以及驾驶性格特征测试评估方法、典型驾驶行为特征信息采集分析与评估方法、驾驶风险分析判断及干预的方法等，为有效提升交通参与者交通素质和安全意识奠定了扎实的理论与方法基础，为相关技术标准制修订、政策制定提供了有力支撑。

相对快速机动化发展与交通环境变化，在交通知识教育方面面临较大的挑战。如在行人的交通知识教育方面，我们教育内容的细化与教育手段多样化还有待提高；在驾驶员交通知识教育方面，主要的教育方式为讲道理和讲案例，较少地运用先进的方法与手段。

8.5.2 行人与驾驶员城市交通知识教育热点问题举例

1. 机动车儿童座椅使用教育

近年来随着我国家庭小轿车拥有数量的快速发展，儿童交通安全问题也越来越被重视，有研究表明，我国每年有 18 000 多名 14 岁以下儿童因交通事故死亡，其死亡率是欧美等国家的 2.5 倍以上，交通事故已经成为中国儿童意外伤亡第二大原因。世界卫生组织预计在 2020 年道路交通伤害将成为危害儿童安全的“第一杀手”。世界卫生组织的数据显示：在发生小轿车碰撞时，儿童安全座椅能使婴儿的死亡率降低 71%，幼儿的死亡率降低 54%，因此，发达国家普遍认为挽救生命最简单有效的做法就是增加安全带和儿童安全座椅的使用。

儿童安全座椅又名儿童约束系统(child restraint system)，是专门为婴幼儿和儿童乘车安全而设计的装置。近年来，儿童安全座椅的研究在欧美等国得到了极大的重视，在我国此项工作还处在起步阶段。相关调查研究的结果表明，我国 75%左右的汽车内没有安装儿童安全座椅，约有 40%的家长曾让孩子坐在副驾驶位置，有 40%以上的家长选择在乘车时怀抱儿童，约 10%的家长认为安全气囊能有效保护儿童，这反映我国相当一部分家长缺少对儿童使用安全座椅的必要性与重要性认识。与发达国家比较，目前世界已有超过 40 个国家通过对儿童安全座椅立法以强制其使用，很多国家儿童安全座椅的使用率高达 90%。如美国国家公路安全局在 1968 年就通过了第一部安全带法规，于 1981 年要求每个州制定相关法律并严格执行。美国多个州都有自己的儿童座椅具体使用要求的相关法律规定，如美国康涅狄格州要求不满 1 岁应设置背向的婴儿座椅，1～6 岁则采用儿童安全座椅，并制定了相应的罚款措施。在亚洲日本和韩国也规定 6 岁以下的儿童必须使用儿童安全座椅。

一项针对北京市的研究发现人们不使用安全座椅的主要原因是路途比较近，认为没有必要，长途旅行时不舒服以及儿童自身意愿问题等。针对这些问题，近年来我们一方面进行各种不同形式使用儿童安全座椅知识的教育，教育方式主要包括播放宣传片、案例教育、现场演示等，另一方面协调相关厂家生产质量可靠并比较舒适的儿童安全座椅。2015 年我国的汽车销量近 2 400 多万辆，儿童座椅销量仅 100 多万件，使用率低。

要想让家长将使用儿童安全座椅作为习惯，最关键的还是要依赖于强制性立法的推动。目前上海、山东、深圳已将 4 岁以下儿童强制使用安全座椅写进了地方性法规。2014 年《上海市未成年人保护条例》正式施行，明确规定携带未满 4 周岁的未成年人乘坐家庭乘用车，应当配备并正确使用儿童安全座椅。同年《山东省高速公路交通安全条例》规定，未满 4 周岁的未成年人乘坐家庭乘用车，应当为其配备并正确使用儿童安全座椅。深圳也在 2014 年通过《关于修改〈深圳经济特区道路交通安全违法行为处罚条例〉的决定》，如果 4 周岁以下儿童乘坐小型、微型非营运载客汽车未使用符合国家标准儿童安全座椅的，将对机动车驾驶人处 300 元罚款。中国汽车技术研究中心、公安部道路交通安全研究中心、中国质量认证中心等机构正在共同推动儿童安全座椅强制使用的全国性立法。

2. 大货车驾驶员安全知识教育

近年来货运物流朝着大型化、重载化方向发展，大型货车数量不断增多，全国公路货运量长年保持着较快的增长。2015 年中国公路货运量为 315 亿吨，在经济新常态下公路货运量依然有所增长。但随之而来的是，有大货车参与的交通事故数量也在逐年上升，其中由大货车超速、超载等违法行为导致的交通事故更是较为普遍。大货车超速、超载等违法行为不但会降低大货车车辆操纵性能，影响大货车运输效能，而且会严重扰乱公路运输市场秩序，极易引发大量特大交通事故，给人民的生命和财产安全带来不可估量的危害。例如，2012 年全国共发生一次死亡 10 人以上的特大交通事故 27 起，造成 451 人死亡。其中，大中型客货车肇事的事故 23 起，造成 390 人死亡，分别占特大事故起数和死亡人数的 85.1%和 86.5%。在以山区公路交通为主的某地，对其三年间交通事故资料统计显示，虽然大型车在总交通量中占有的比例只有 8%，但是其在所发生的交通事故中所占的比例却高达 53.2%。可见，提高大货车运输安全性已成为我国亟待解决的社会问题。

根据我国的规定，大货车是指重型载货汽车车长大于等于 6 m，总质量大于等于 12 000 kg的货运车辆，大货车驾驶主要特性包括以下几个方面：首先，驾驶员方面，由于大货车在重量和体积较其他交通参与者占绝对优势，导致大货车驾驶员从心理上产生一种优越感，这种优越感使得他们在驾驶过程中常常表现出横冲直撞的攻击性驾驶；此外，大货车驾驶员是靠计件运输获得利润，受利益的驱使，超载、超速、闯红灯等违章驾驶行为较为普遍。其次，在车辆结构方面，大货车一般具有体积大、载荷重，制动困难和重心高、视线高，易侧倾失稳的特点，且在其右转弯时往往存在视野上的盲区。因此，相对于普通小汽车来讲，大货车在高速转向时更容易失控、侧翻或相撞。另外，大货车由于底盘高，底盘整体离地间隙大，其在行驶过程中会产生瞬间真空将车辆周边气流吸入车辆底端。而且很多大货车没有设置侧向护栏，当大货车行驶在机非混行的车道上时，很容易将非机动车或行人带倒在地甚至卷入车底。最后，大货车过大过长的车身也会对其他车辆的视线形成前后遮挡和侧向遮挡，很容易引发交通事故。第三，车辆制动方面，大货车车辆直行时是对滚动摩擦的轮胎制动，如果边踩刹车边转向，轮胎将以滑动摩擦的方式制动，不仅制动效果不好，而且车辆稳定性将大幅下降，车辆很有可能失控。最后，大货车对道路要求方面，大货车因其较大的重量、体积和车长，对道路条件的要求较高，相较于普通小汽车道路的宽度、弯道半径、坡度坡长等设计要素对大货车的安全性影响更大。大货车驾驶员对道路线形、宽度的变化判断不准确，会造成操作失误，引发交通事故。

近年来针对货车交通事故致死率高、易不按规定让行和违反交通信号、路口和夜间事故率高等的特征,各地开展了内容系统有针对性、形式多样化的安全宣传教育。

大货车的驾驶员安全教育是一个系统工程,在大货车驾驶员安全教育内容方面除了重视交通安全法律法规和职业道德的教育之外,普遍开始重视对驾驶员心理学与专业驾驶技术的教育培训,并针对不同年龄段的大货车驾驶员,尤其是对一些容易引起交通事故的驾驶行为如攻击性驾驶、右转盲区与内轮差、疲劳驾驶等开展了较为深入的系统培训,不断提高交通安全教育的深度。同时在交通安全教育的方法手段与技术方面,也越来越现代化和多样化,并大量利用互联网的方式共享教育资源。如通过事故案例录像与事故动画片观看来丰富大货车驾驶员安全培训的方法与手段,通过举办货车驾驶员安全驾驶行为经验交流会、安全知识竞赛等活动提高参与者主动性与积极性,通过情景模拟驾驶等行为操作培训提高大货车驾驶员安全驾驶实际技能等。

由于我国汽车货运行业企业的总体结构是小而散,这也给货运车驾驶员安全教育培训带来一定的难度,目前在货运车驾驶员安全培训系统化制度建设方面,大型货运企业与专业货运企业做得比较好,只有一两辆车的小微企业做得比较差。针对这种现象,一些地区已探讨通过提高行业准入门槛,将分散的运输个体户集中整合起来,就可以形成运输企业,实现企业化管理,这样既能提高了运输行业的议价能力、服务质量,也为运输企业建立职业健康安全管理体系提供了财力支持与组织准备。大货车驾驶员职业健康安全管理体系主要包括安全管理目标、安全管理组织、安全管理员职责、安全管理程序、企业内部存在的各种危险源的辨识与相应的防范措施、应急处置方案、职业健康培训与安全教育等。

总之,大货车驾驶不仅仅是技能更是一种职业,必须强调职业安全管理,在其职业安全管理过程中,涉及多个部门、多个主体,相关职能部门应当对此全程负责与把关,使大货车司机在整个职业生涯中都保持规范安全的驾驶行为。

参考文献

[1] 戴帅. 我国城市道路交通安全问题及对策[J]. 综合运输,2015(7):9-12.

[2] 庞勇. 关于我国中小学生交通安全教育的若干思考[J]. 中国公共安全(学术版),2005(4):141-145.

[3] Rivara F P. Tranmatic deaths of children in the United Sates: Currently available prevention startges[J]. Pedatircs,1985,75(3):456-462.

[4] 王正国. 新世纪道路交通事故的发生趋势[J]. 中华创伤杂志,2002,18(6):325-328.

[5] 陈荣华,张佩斌,邓静云. 江苏省 0～14 岁儿童车祸损伤死亡流行病学调查[J]. 中华儿科杂志,1999,37(11):661-663.

[6] 李昌吉. 从预防医学角度研究汽车运输交通事故的危险因素及预防对策[J]. 中华劳动卫生职业病杂志,2002,20(1):66-67.

[7] 王正国. 全国道路交通事故伤害流行病学:1996 年回顾[J]. 中华创伤杂志,1997,16(4):

242-246.

[8] Rivara F P. Traumatic deaths of children in the United States: currently available prevention strategies[J]. Pediatrics, 1985,75(4): 56-62.

[9] Braddock M, Lapidus G, Gregorio D, et al. Population, income, and ecological correlates of child pedestrian injury[J]. Pediatrics 1991,88(6):1242-1247.

[10] Wazana A, Rynard V L, Raina P, et al. Are child pedestrians at, increased risk of injury on one-way compared to two-way, streets? [J]. Can Journal of Public Health 2000,91(3): 201-206.

[11] 2006年全国中小学安全形势分析报告[J]. 人民教育,2007(8):9-11.

[12] 程传伟,韩娟,沈晨卫. 中小学校周边交通安全影响因素分析及管理对策[J]. 交通信息与安全,2011,29(2):100-103.

[13] Committee on Injury. Violence, and Poison Prevention. Policy statement: pedestrian safety[J]. Pediatrics, 2009,124(2): 802-812.

[14] Rosenbloom T, Ben-Eliyahu A, Nemrodov D. Children's crossing behavior with an accompanying adult[J]. Safety Science, 2008(46):1248-1254.

[15] Dowswell T, Towner E M, Simpson G, et al. Preventing childhood unintentional injuries what works? A literature review[J]. Injury Prevention Journal of the International Society for Child & Adolescent Injury Prevention, 1996,2(2):140.

[16] Lapner P C, Mckay M, Howard A, et al. Children in crashes: mechanisms of injury and restraint systems[J]. Canadian Journal of Surgery Journal Canadien De Chirurgie, 2001, 44(6):445-9.

[17] 吴丹. 大型活动公共交通组织与调度[D]. 成都:西南交通大学,2012.

[18] 周进科,刘翠萍,靳凤彬,等. 拥挤踩踏事件伤亡情况和发生原因分析[J]. 中华灾害救援医学,2015,3(2):67-71.

[19] 刘泽照,杨帆,黄杰. 大型公共活动踩踏事故模糊风险评估应用研究:以上海"12・31"踩踏事件为例[J]. 南京航空航天大学学报(社会科学版),2015,17(2):33-38.

[20] 刘东. 畅通与安全:2008北京奥运会公安交通管理组织措施探究[C]. 海峡两岸暨香港澳门警学研讨会,2007.

[21] 曹静. 奥运应急交通疏散预案评价体系研究[D]. 北京:北京工业大学,2007.